Mein Leben und meine Lieben

Band 1

Frank Harris

Writat

Diese Ausgabe erschien im Jahr 2024

ISBN: 9789359949512

Herausgegeben von
Writat
E-Mail: info@writat.com

VORWORT

Zu

DIE GESCHICHTE VON „MEINEM LEBEN UND MEINER LIEBE.“

„Geh, Seele, Gast des Körpers,

Auf einem undankbaren Auftrag:

Fürchte dich nicht, das Beste zu berühren,

Die Wahrheit wird Deine Garantie sein.“

Sir Walter Raleigh.

Hier in der glühenden Hitze eines amerikanischen Augusts, inmitten der Hektik und Hektik von New York, setze ich mich hin, um mein letztes Glaubensbekenntnis als Vorwort oder Einleitung zu meiner Lebensgeschichte zu schreiben. Letztendlich wird es in dem Geist gelesen werden, in dem es geschrieben wurde, und ich wünsche mir nichts Besseres. Meine journalistische Tätigkeit während des Krieges und nach dem Waffenstillstand brachte mir Strafverfolgungen durch die Bundesregierung ein. Die Behörden in Washington beschuldigten mich des Aufruhrs, und obwohl der dritte Generalpostmeister, Ex-Gouverneur Dockery aus Missouri, der vom Ministerium zum Richter gewählt wurde, meine Unschuld beteuerte und mir versicherte, dass ich nicht erneut strafrechtlich verfolgt würde, wurde meine Zeitschrift (Pearson's) immer wieder auf dem Postweg aufgehalten, und ihre Auflage schrumpfte dadurch auf ein Drittel. Ich wurde durch die illegale Verfolgung von Präsident Wilson und seinem Erzassistenten Burleson ruiniert und ausgelacht, als ich um Entschädigung bat. Die amerikanische Regierung ist offenbar zu arm, um für ihre unehrenhaften Fehler zu zahlen.

Ich berichte von dieser beschämenden Tatsache zum Wohle jener Rebellen und Liebhaber des Ideals, die sich in zukünftigen Notfällen sicherlich in einer ähnlichen Lage befinden werden. Ich selbst beschwere mich nicht. Im Großen und Ganzen bin ich in meinem Leben besser behandelt worden als der Durchschnittsmensch und habe mehr Liebe erfahren, als ich vielleicht verdient hätte. Ich beschwere mich nicht.

Wenn Amerika mich nicht in Armut gestürzt hätte, hätte ich dieses Buch wahrscheinlich nicht so kühn geschrieben, wie es das Ideal verlangt. Im letzten Moment des Schicksals (ich bin eher siebzig als sechzig) neigen wir alle dazu, etwas von der Wahrheit zu opfern, um die freundliche Anerkennung unserer Mitmenschen und ein friedliches Ende zu erlangen. Da ich dieses „böse Tier" bin, wie die Franzosen sagen, „ das sich verteidigt, wenn es angegriffen wird", wende ich mich schließlich dem Angriff zu, hoffentlich ohne Bosheit, aber auch ohne Furcht, die zu Kompromissen führen könnte. Ich habe immer für den Heiligen Geist der Wahrheit gekämpft und war, wie Heine sagte, ein tapferer Soldat im Befreiungskrieg der Menschheit: jetzt noch ein Kampf, der beste und der letzte.

Es gibt zwei Haupttraditionen der englischen Literatur: die eine der vollkommenen Freiheit, die von Chaucer und Shakespeare, die völlig freimütig war, mit einer gewissen Vorliebe für laszive Details und geistreiche Obszönitäten, die Rede eines Mannes; die andere wurde durch den Puritanismus immer mehr entmannt und seit der Französischen Revolution auf zahmste Schicklichkeit reduziert; denn dieser Umbruch brachte die ungebildete Mittelklasse an die Macht und sicherte die Vorherrschaft der Mädchen als Leser. Unter Viktoria wurde die englische Prosaliteratur halb kindisch, wie in den Geschichten von „Little Mary", oder bestenfalls provinziell, wie jeder sehen kann, der den Einfluss von Dickens, Thackeray und Reade in der Welt mit dem Einfluss von Balzac, Flaubert und Zola vergleicht.

Ausländische Meisterwerke wie „Les Contes „Drolatiques " und „ L'Assommoir " wurden in London auf Anordnung eines Richters als obszön vernichtet; sogar die Bibel und Shakespeare wurden zensiert und alle Bücher auf den steifen Anstand der englischen Sonntagsschule gebracht. Und Amerika verschlimmerte mit unpassender Bescheidenheit das schändliche, hirnlose Beispiel.

Mein ganzes Leben lang habe ich gegen die Verhaltensregeln dieser alten Jungfer rebelliert, und meine Revolte wurde mit zunehmendem Alter immer stärker.

Im „Vorwort" zu „The Man Shakespeare" habe ich versucht zu zeigen, wie der Puritanismus, der aus unserer Moral verschwunden war, in die Sprache übergegangen ist, wodurch das englische Denken geschwächt und die englische Sprache verarmt wurde.

Endlich kehre ich zur alten englischen Tradition zurück. Ich bin entschlossen, die Wahrheit über meine Pilgerreise durch diese Welt zu sagen, die ganze Wahrheit und nichts als die Wahrheit, über mich selbst und andere, und ich werde versuchen, zu anderen mindestens ebenso freundlich zu sein wie zu mir selbst.

Bernard Shaw versichert mir, dass niemand gut oder schlecht genug sei, um die nackte Wahrheit über sich selbst zu sagen; ich jedoch stehe in dieser Hinsicht jenseits von Gut und Böse.

Die französische Literatur kann hier Stichworte und Inspirationen liefern: Sie ist die freieste Literatur, wenn es um die Diskussion sexueller Themen geht, und vor allem aufgrund ihrer ständigen Beschäftigung mit allem, was mit Leidenschaft und Verlangen zu tun hat, ist sie für Männer aller Rassen zur Weltliteratur geworden.

„Frauen und Liebe", schreibt Edmond de Goncourt in seinem Tagebuch, „sind immer Gesprächsthema, wenn sich intellektuelle Menschen treffen, die durch Essen und Trinken sozial zusammengeführt werden. Unser Gespräch beim Abendessen war zunächst obszön (polissonne) und Tourgueneff hörte uns mit offenem Mund und Erstaunen zu (l'étonnement un peu medusé) eines Barbaren, der nur sehr natürlich (très von Natur aus)."

Wer diese Passage aufmerksam liest, wird die Freiheit verstehen, die ich mir zunutze machen möchte. Aber ich werde mich nicht einmal an französische Konventionen binden lassen. So wie in der Malerei unser Wissen über das, was die Chinesen und Japaner getan haben, unsere gesamte Auffassung von der Kunst verändert hat, so haben auch die Hindus und Burmesen unser Verständnis von der Kunst der Liebe erweitert. Ich erinnere mich, wie ich mit Rodin durch das Britische Museum ging und überrascht war, wie viel Zeit er mit den kleinen Idolen und Figuren der Südseeinsulaner verbrachte: „Einige davon sind trivial", sagte er, „aber sehen Sie sich das und das und das an – reine Meisterwerke, auf die jeder stolz sein könnte – wunderschöne Dinge!"

Die Kunst ist inzwischen ein und dieselbe Dimension wie die Menschheit, und einige meiner Erfahrungen mit sogenannten Wilden könnten sogar für die kultiviertesten Europäer von Interesse sein.

Ich möchte erzählen, was mich das Leben gelehrt hat. Und wenn ich mit dem ABC der Liebe beginne, dann deshalb, weil ich in Großbritannien und den USA aufgewachsen bin. Dabei werde ich nicht stehen bleiben.

Natürlich weiß ich, dass die Veröffentlichung eines solchen Buches sofort das Schlimmste rechtfertigen wird, was meine Feinde über mich gesagt haben. Seit vierzig Jahren vertrete ich nun fast alle unpopulären Anliegen und habe mir dadurch viele Feinde gemacht; jetzt können sie alle ihre Bosheit befriedigen und gleichzeitig die Ehre für ihre Voraussicht einheimsen. Das Buch an sich wird die „ unpopulären " Leser mit Sicherheit abschrecken. guid " und die Mittelmäßigkeiten aller Art, die mir gegenüber immer unfreundlich waren. Ich zweifle auch nicht daran, dass viele aufrichtige Literaturliebhaber, die bereit wären, eine solche Freiheit zu akzeptieren, wie sie gewöhnliche französische Schriftsteller haben, mich dafür verurteilen werden, dass ich diese Grenze überschreite. Dennoch gibt es viele Gründe, warum ich mir in diesem letzten Buch vollkommene Freiheit nehmen sollte.

Erstens habe ich in jungen Jahren schreckliche Fehler gemacht und gesehen, wie andere Jugendliche aus reiner Unwissenheit noch schlimmere Fehler machten. Ich möchte die Jungen und Beeinflussbaren vor den Untiefen und verborgenen Riffen des Ozeans des Lebens warnen und sie sozusagen gleich zu Beginn der Reise, wenn die Gefahr am größten ist, vor den „unbefestigten Gewässern" kartieren.

Andererseits habe ich unbeschreibliche Freuden verpasst, weil die Fähigkeit, Freude zu genießen und zu schenken, in jungen Jahren am stärksten ausgeprägt ist, während das Verständnis, wie man Freude bereitet und empfängt, viel später kommt, wenn die Fähigkeiten bereits im Nachlassen begriffen sind.

Ich habe die Absurdität unseres gegenwärtigen Erziehungssystems für junge Menschen immer mit einem kuriosen Gleichnis veranschaulicht. „Als ich das Schießen lernte", sagte ich, „gab mir mein irdischer Vater eine kleine einläufige Flinte, und als er sah, dass ich den Mechanismus beherrschte und man ihm vertrauen konnte, gab er mir eine doppelläufige Schrotflinte. Nach einigen Jahren kam ich in den Besitz einer Magazinwaffe, mit der ich bei Bedarf ein halbes Dutzend Mal schießen konnte, ohne nachladen zu müssen, und meine Effizienz stieg mit meinem Wissen."

Mein Schöpfer oder Himmlischer Vater hingegen gab mir, als ich noch völlig unerfahren und gerade erst in die Pubertät gekommen war, sozusagen eine Magazinwaffe des Sex, und kaum hatte ich gelernt, sie zu gebrauchen und zu genießen, nahm er sie mir für immer weg und gab mir an ihrer Stelle eine doppelläufige Waffe: Nach einigen Jahren nahm er mir auch diese weg und gab mir eine einläufige Waffe, mit der ich mich den größten Teil meines Lebens zufrieden geben musste.

Gegen Ende zeigte die alte Einlaufwaffe erste Abnutzungs- und Alterserscheinungen: Manchmal ging sie zu früh los, manchmal gab es Fehlzündungen und ich war beschämt, egal was ich wollte.

Ich möchte jungen Menschen beibringen, wie sie ihre Sexwaffe mit Magazin benutzen, damit sie jahrelang hält, und wie sie, wenn sie zur doppelläufigen Waffe wechseln, darauf achten können, dass ihnen die gute Waffe bis in ihre Fünfziger gute Dienste leistet, und die einläufige Waffe ihnen dann bis zu 70 Jahre lang Freude bereitet.

Darüber hinaus möchte ich auf diese Weise nicht nur das Glück auf der Welt mehren und gleichzeitig die Schmerzen und Behinderungen der Menschen verringern, sondern ich möchte auch mit gutem Beispiel vorangehen und andere Autoren dazu ermutigen, ihre Arbeit fortzusetzen, die meiner Überzeugung nach nicht nur unterhaltsam, sondern auch wohltätig ist.

WL George schreibt in „A Novelist on Novels": „Wenn ein Romanautor seine Charaktere gleichmäßig entwickeln würde, könnte der 300-seitige Roman auf 500 Seiten anwachsen, die zusätzlichen 200 Seiten würden sich ausschließlich mit den sexuellen Vorlieben der Charaktere befassen. Es gäbe ebenso viele Szenen im Schlafzimmer wie im Salon, wahrscheinlich sogar mehr, je mehr Zeit im Schlafzimmer verbracht wird. Die zusätzlichen 200 Seiten würden Bilder der sexuellen Seite der Charaktere bieten und sie zum Leben erwecken: Gegenwärtig werden sie oft nicht zum Leben erweckt, weil sie nur, sagen wir, fünf von sechs Seiten entwickeln... Unsere literarischen Charaktere sind einseitig, weil ihre gewöhnlichen Züge vollständig dargestellt werden, während ihr Sexualleben verschleiert, minimiert oder weggelassen wird... Daher sind die Charaktere in modernen Romanen alle falsch. Sie sind megalozephal und entmannt. Englische Frauen sprechen sehr viel über Sex... Das ist eine grausame Situation für den englischen Roman. Der Romanautor kann über alles schreiben, nur nicht über die Hauptthemen des Lebens … wir sind gezwungen, uns mit Mord, Diebstahl und Brandstiftung vollzustopfen, obwohl dies, wie jeder weiß, vollkommen moralische Themen sind, über die man schreiben kann."

Rein ist der Schnee – bis er sich mit Schlamm vermischt –

Aber nie halb so rein wie Feuer.

Es gibt ernstere Gründe als alle, die ich bisher genannt habe, warum man die Wahrheit offen sagen sollte. Die Zeit ist gekommen, in der diejenigen, die, wie Shakespeare sie nannte, „Gottes Spione" sind, die das Geheimnis der Dinge erkannt haben, zu Rat gerufen werden sollten, denn die gewöhnlichen politischen Führer haben die Menschheit ins Verderben geführt: blinde Führer der Blinden!

Wir sind über die Niagarafälle gestürzt, wie Carlyle es vorhergesagt hat und wie es jeder Weitblicker vorausgesehen haben muss, und jetzt treiben wir wie Treibholz hilflos im Kreis durch den Strudel, ohne zu wissen, wohin oder warum.

Eines ist sicher: Wir verdienen das Elend, in das wir geraten sind. Die Gesetze dieser Welt sind unerbittlich und betrügen nicht! Wo, wann, wie sind wir vom rechten Weg abgekommen? Das Übel ist so weitreichend wie die Zivilisation, die die Untersuchung glücklicherweise auf die Zeit beschränkt.

Seit wir gegen Ende des 18. Jahrhunderts begannen, die Naturgewalten zu bezwingen, und der materielle Wohlstand sprunghaft zunahm, hat sich unser Verhalten verschlechtert. Bis dahin hatten wir dem Evangelium Christi zumindest Ehre erwiesen und unseren Mitmenschen in gewissem Maße Rücksicht, wenn nicht Liebe, erwiesen: Wir gaben keinen Zehnten für wohltätige Zwecke, aber wir gaben kleine Almosen, bis plötzlich die Wissenschaft auftauchte und unseren Egoismus mit einer neuen Botschaft bestärkte: Fortschritt komme durch Auslöschung der Untauglichen, wurde uns gesagt, und Selbstbehauptung wurde als Pflicht gepredigt: Die Idee des Übermenschen erwachte zum Leben und der Wille zur Macht und damit Christi Lehren von Liebe, Mitleid und Sanftmut wurden in den Hintergrund gedrängt.

Wir Menschen gaben uns sofort dem Unrecht hin und unsere Sünden nahmen monströse Formen an.

Der Glaube, den wir bekannten, und der Glaube, den wir praktizierten, waren grundverschieden. Ich glaube, noch nie in der Weltgeschichte gab es eine solche Verwirrung in den Gedanken des Menschen über sein Verhalten, noch nie wurden ihm so viele verschiedene Ideale als Orientierung vorgelegt. Es ist für uns unbedingt notwendig, Klarheit in dieses Durcheinander zu bringen und zu erkennen, warum und wo wir auf die schiefe Bahn geraten sind.

Denn der Weltkrieg ist nur der letzte einer Reihe teuflischer Taten, die das Gewissen der Menschheit erschüttert haben. Die schlimmsten Verbrechen aller Zeiten wurden im letzten halben Jahrhundert von den zivilisiertesten Nationen , die sich immer noch als Christen bezeichnen, fast ohne Protest begangen. Wer die menschlichen Angelegenheiten im letzten halben Jahrhundert beobachtet hat, muss zugeben, dass unser Fortschritt stetig in Richtung Hölle ging.

Die abscheulichen Massaker und Verstümmelungen von Zehntausenden von Frauen und Kindern im Freistaat Kongo ohne Protest Großbritanniens, das das alles mit einem Wort hätte stoppen können, sind sicherlich demselben Geist geschuldet, der die abscheuliche Blockade (die sowohl von England als auch von Amerika noch lange nach dem Waffenstillstand fortgesetzt wurde) leitete, die Hunderttausende von Frauen und Kindern unserer eigenen Freunde und Verwandten zum Hungertod verurteilte. Die unsägliche Gemeinheit und der offenkundige Betrug des Friedens von Versailles mit seinen tragischen Folgen von Wladiwostok bis London und schließlich der schamlose, niederträchtige Krieg, den alle Alliierten und Amerika des Geldes wegen gegen Russland führten, zeigen uns, dass wir beim Sturz der Moral selbst mitgewirkt und zur Ethik des Wolfes und zur Politik der Diebesküche zurückgekehrt sind.

Und unser öffentliches Handeln als Nation wird von unserem Umgang mit unseren Mitmenschen innerhalb der Gemeinschaft begleitet. Für die kleine Minderheit haben die Freuden des Lebens auf außerordentliche Weise zugenommen, während die Schmerzen und Sorgen der Existenz stark gemildert wurden, aber die große Mehrheit selbst der zivilisierten Völker hat kaum an den Vorteilen unseres erstaunlichen materiellen Fortschritts teilhaben können. Die Elendsviertel unserer Städte zeigen denselben Geist, den wir bei der Behandlung der schwächeren Rassen an den Tag gelegt haben. Es ist kein Geheimnis, dass über fünfzig Prozent der englischen Freiwilligen im Krieg unter dem erforderlichen körperlichen Standard eines Zwerges lagen und etwa die Hälfte unserer amerikanischen Soldaten Schwachköpfe mit der Intelligenz von Kindern unter zwölf Jahren waren: „ vae „ victis " war unser Motto mit den schrecklichsten Ergebnissen. Wir sind eindeutig am Ende einer Periode angelangt und müssen über die Zukunft nachdenken.

Die Religion, die neunzehn Jahrhunderte lang unser Verhalten lenkte oder lenken sollte, wurde endgültig verworfen. Sogar den göttlichen Geist Jesu warf Nietzsche beiseite, wie man das Beil nach dem Stiel wirft, oder, um das bessere deutsche Gleichnis zu verwenden, das Kind mit dem Bade ausgeschüttet wurde. Die alberne Sexualmoral des Paulus hat das gesamte Evangelium in Verruf gebracht. Paulus war impotent, rühmte sich sogar, keine sexuellen Wünsche zu haben, wünschte, alle Menschen wären in dieser Hinsicht so wie er, genau wie der Fuchs in der Fabel, der seinen Schwanz verloren hatte, wünschte, alle anderen Füchse sollten auf die gleiche Weise verstümmelt werden, um seine Vollkommenheit zu erreichen.

Ich sage oft, dass den christlichen Kirchen zwei Dinge angeboten wurden: der Geist Jesu und die idiotische Moral des Paulus, und sie alle lehnten die höchste Inspiration ab und nahmen sich das unglaublich niederträchtige und dumme Verbot zu Herzen. In Anlehnung an Paulus haben wir die Göttin der Liebe in einen Teufel verwandelt und den krönenden Impuls unseres Seins zu einer Todsünde degradiert; doch alles Hohe und Erhabene in unserer Natur entspringt direkt dem Sexualtrieb.

Grant Allan sagt zu Recht: „Seine Verbindung besteht ganz und gar mit dem, was in uns am reinsten und schönsten ist. Ihm verdanken wir unsere Liebe zu leuchtenden Farben , anmutigen Formen, melodischen Klängen und rhythmischen Bewegungen. Ihm verdanken wir die Entwicklung der Musik, der Poesie, der Romantik, der Schönheiten . der Literatur , der Malerei, der Bildhauerei, der dekorativen Kunst, der dramatischen Unterhaltung. Ihm verdanken wir die gesamte Existenz unseres ästhetischen Sinnes, der letztlich ein sekundäres Geschlechtsmerkmal ist. Ihm entspringt die Liebe zur Schönheit, um sie herum kreisen alle schönen Künste als ihr Zentrum . Sein subtiler Duft durchdringt die gesamte Literatur. Und ihm verdanken wir die väterlichen, mütterlichen und ehelichen Beziehungen, das Wachstum der Zuneigung, die Liebe zu kleinen trippelnden Füßen und Babylachen."

Und diese wissenschaftliche Aussage ist unvollständig: Der Sexualtrieb ist nicht nur die inspirierende Kraft aller Kunst und Literatur; er ist auch unser wichtigster Lehrer für Sanftmut und Zärtlichkeit, er macht Güte zu einem Ideal und bekämpft so Grausamkeit und Härte und jenes Fehlurteil gegenüber unseren Mitmenschen, das wir Menschen Gerechtigkeit nennen. Meiner Meinung nach ist Grausamkeit die einzige teuflische Sünde, die aus dem Leben ausgelöscht und unmöglich gemacht werden muss.

Paulus' Verurteilung des Körpers und seiner Begierden steht in direktem Widerspruch zu den sanften Lehren Jesu und ist an sich idiotisch. Ich lehne den Paulusismus ebenso leidenschaftlich ab, wie ich das Evangelium Christi annehme. In Bezug auf den Körper gehe ich zurück zu den heidnischen Idealen, zu Eros und Aphrodite und

Die schönen Geisteswissenschaften der alten Religionen.

Paulus und die christlichen Kirchen haben die Lust beschmutzt, die Frauen erniedrigt, die Fortpflanzung entwürdigt und unseren besten Instinkt vulgarisiert und verteufelt.

„Priester in schwarzen Gewändern machen ihre Runde,

Und mit Dornen meine Freuden und Wünsche fesseln."

Und das Schlimmste von allem ist, dass die höchste Funktion des Menschen durch üble Worte herabgewürdigt wurde, so dass es fast unmöglich ist, das Freudenlied des Körpers so zu schreiben, wie es geschrieben werden sollte. Die Dichter haben sich in dieser Hinsicht fast ebenso schuldig gemacht wie die Priester: Aristophanes und Rabelais sind zotig und schmutzig; Boccaccio ist zynisch, während Ovid kaltblütig lüstern blickt, und Zola findet es wie Chaucer schwierig, die Sprache seinen Wünschen anzupassen. Walt Whitman ist besser, obwohl er oft nur banal ist. Die Bibel ist das Beste von allem; aber nicht freimütig genug, selbst im edlen Hohelied Salomons, dem es hin und wieder allein durch seine Vorstellungskraft gelingt, das Unaussprechliche auszudrücken!

Wir beginnen, den Puritanismus und seine unsägliche, hirnlose Prüderie abzulehnen; aber der Katholizismus ist genauso schlimm. Gehen Sie in die Vatikanische Galerie und in die große Peterskirche in Rom und Sie werden die schönsten Figuren der antiken Kunst in bemaltes Blech gekleidet finden, als ob die wichtigsten Organe des Körpers abstoßend wären und verborgen werden müssten.

Ich sage, der Körper ist schön und muss durch unsere Ehrfurcht erhoben und gewürdigt werden: Ich liebe den Körper mehr als jeder Heide von allen, und ich liebe auch die Seele und ihre Sehnsüchte. Für mich sind Körper und Seele gleichermaßen schön, alles der Liebe und ihrer Anbetung gewidmet.

Meine Loyalität ist ungeteilt und was ich heute unter dem Spott und Hass der Menschen predige, wird morgen allgemein akzeptiert werden; denn auch in meiner Vision sind tausend Jahre wie ein Tag.

Wir müssen die Seele des Heidentums, die Liebe zur Schönheit, zur Kunst und zur Literatur mit der Seele des Christentums und seiner menschlichen Güte in einer neuen Synthese vereinen, die alle süßen, sanften und edlen Impulse in uns einschließt.

Was wir alle brauchen, ist mehr vom Geist Jesu: Wir müssen mit Shakespeare ausgiebig lernen: „Vergebung ist das Wort für alle!"

Dieses heidnisch-christliche Ideal möchte ich den Menschen auch als das höchste und menschlichste vor Augen führen.

Nun noch ein Wort zu meinem eigenen Volk und seinen besonderen Schwächen. Die herrschsüchtige Kampfeslust der Angelsächsischen ist die größte Gefahr für die Menschheit in der heutigen Welt. Die Amerikaner sind stolz darauf, die Indianer ausgerottet und ihre Besitztümer geraubt zu haben und im heiligen Namen der Gleichheit Neger verbrannt und gefoltert zu haben. Wir müssen um jeden Preis unsere Heuchelei und Lügen loswerden und uns selbst als das sehen, was wir sind – eine herrschsüchtige Rasse, rachsüchtig und brutal, wie Haiti sie beispielhaft zeigt; wir müssen die unvermeidlichen Auswirkungen unserer seelenlosen, hirnlosen Selbstsucht studieren, wie sie sich im Weltkrieg gezeigt hat.

Das germanische Ideal, das zugleich das englische und amerikanische Ideal des erobernden Mannes ist, der alle schwächeren und weniger intelligenten Rassen verachtet und sie versklaven oder vernichten will, muss aufgegeben werden. Vor hundert Jahren gab es nur fünfzehn Millionen Engländer und Amerikaner; heute sind es fast zweihundert Millionen, und es ist klar, dass sie in etwa einem Jahrhundert die zahlenmäßig größte sein werden, da sie bereits jetzt die mit Abstand mächtigste Rasse auf der Erde sind.

Das bis dahin zahlreichste Volk, die Chinesen, haben ein gutes Beispiel gegeben, indem sie innerhalb ihrer eigenen Grenzen geblieben sind, aber diese erobernden, kolonisierenden Angelsachsen drohen, die Erde zu überrennen und alle anderen Arten der Spezies Mensch zu vernichten. Schon jetzt vernichten wir den Indianer, weil er nicht unterwürfig ist, während wir uns damit zufrieden geben, den Neger zu erniedrigen , der unsere Herrschaft nicht bedroht.

Ist es klug, sich in diesem Garten der Welt nur eine Blume zu wünschen? Ist es klug, die besseren Sorten auszurotten und die minderwertigen zu erhalten?

Und das angelsächsische Ideal des Individuums ist noch niedriger und unfähiger. Er ist darauf bedacht, seine eigene, siegreiche Lust zu befriedigen, und hat das weibliche Geschlecht zu einer unnatürlichen Keuschheit in Gedanken, Taten und Worten gezwungen. So hat er aus seiner Frau eine sanftmütige Hausfrau gemacht, die kaum intellektuelle Interessen hat und deren spirituelles Wesen nur einen schmalen Weg in ihren Mutterinstinkten findet. Die Tochter hat er mühsam zu der seltsamsten Art von zahmen zweibeinigen Vögeln degradiert, die man sich vorstellen kann: Sie muss einen Partner suchen und dabei all ihre stärksten sexuellen Gefühle verbergen oder verleugnen: Kurz gesagt, sie sollte so kaltblütig wie ein Frosch und so schlau und rücksichtslos wie ein Apache auf dem Kriegspfad sein.

Das Ideal, das er sich gesetzt hat, ist verworren und verwirrend: Er möchte in Wirklichkeit gesund und stark sein und gleichzeitig alle seine sexuellen Gelüste befriedigen. Der höchste Typus, der englische Gentleman, hat jedoch ziemlich ständig das individualistische Ideal eines „Allround-Mannes" im Sinn, wie er es nennt, eines Mannes, dessen Körper und Geist harmonisch entwickelt und auf einen vergleichsweise hohen Leistungsstand gebracht sind.

Er hat keine Ahnung von der höchsten Wahrheit, dass jeder Mann und jede Frau eine kleine Facette der Seele besitzt, die das Leben auf besondere Weise widerspiegelt oder, um die Sprache der Religion zu verwenden, Gott sieht, wie keine andere auf die Welt geborene Seele ihn jemals sehen kann.

Es ist die erste Pflicht eines jeden Menschen, alle seine körperlichen, geistigen und seelischen Fähigkeiten so vollständig und harmonisch wie möglich zu entwickeln; aber es ist eine noch höhere Pflicht für jeden von uns, seine spezielle Fähigkeit so weit zu entwickeln, wie es mit der Gesundheit vereinbar ist; denn nur so werden wir das höchste Selbstbewusstsein erreichen oder in der Lage sein, unsere Schuld gegenüber der Menschheit zurückzuzahlen. Soweit ich weiß, hat kein Angelsachse jemals dieses Ideal vertreten oder davon geträumt, es als Pflicht zu betrachten. Tatsächlich hat bisher kein Lehrer auch nur daran gedacht, Männern und Frauen zu helfen, die besondere Kraft zu entdecken, die ihr Wesen und ihr Sein ausmacht und ihre Existenz rechtfertigt. Und so gehen neun von zehn Männern und Frauen durchs Leben, ohne ihre eigene besondere Natur zu erkennen : Sie können ihre Seele nicht verlieren, denn sie haben sie nie gefunden.

Für jeden Sohn Adams und jede Tochter Evas ist dies die ultimative Niederlage, die endgültige Katastrophe. Doch meines Wissens hat niemand je vor dieser Gefahr gewarnt oder von diesem Ideal gesprochen.

Aus diesem Grund liebe ich dieses Buch trotz all seiner Unzulänglichkeiten und Fehler: Es ist das erste Buch, das jemals geschrieben wurde, um den

Körper und seine leidenschaftlichen Wünsche sowie die Seele und ihre heiligen, aufsteigenden Sympathien zu verherrlichen.

Geben und vergeben, sage ich immer, ist die wichtigste Lektion des Lebens.

Ich wünschte nur, ich hätte das Buch vor fünf Jahren begonnen, bevor ich in der brackigen Flut des Alters halb ertrunken wäre und mir bewusst geworden wäre, dass mein Gedächtnis nachlässt. Aber trotz dieser Behinderung habe ich versucht, das Buch zu schreiben, das ich schon immer lesen wollte, das erste Kapitel der Bibel der Menschheit. Und so stelle ich dieses Vorwort mit der schönen Gestalt der Venuskönigin an den Anfang und schließe es mit dem Antlitz Christi, wie es Rubens sah, als er der ehebrecherischen Frau vergab.

Hören Sie auf gute Ratschläge:

„Lebe dein ganzes freies Leben, solange du noch auf der Erde bist,

Ergreife das schnelle Geschenk , schätze deinen einzigen sicheren Segen:

Obwohl es nur ein kurzer Tag ist, wird an jedem Tag eine goldene Sonne geboren.

Obwohl es dunkel ist, ist die Nacht mit Sternen und Mond geschmückt."

Christus und die Ehebrecherin
von Rubens.

MEIN LEBEN UND MEINE LIEBE
Kapitel I.

Die Erinnerung ist die Mutter der Musen, der Prototyp des Künstlers. In der Regel wählt sie das Wichtige aus und lässt das Zufällige oder Nebensächliche weg. Hin und wieder macht sie jedoch Fehler, wie alle anderen Künstler auch. Trotzdem lasse ich mich im Großen und Ganzen von der Erinnerung leiten.

Ich wurde am 14. Februar 1855 geboren und nach den beiden Brüdern meines Vaters James Thomas genannt. Mein Vater war bei der Marine, als Leutnant auf einem Zollkutter oder Kanonenboot, und wir Kinder sahen ihn nur in großen Abständen.

Meine früheste Erinnerung ist, dass ich auf den Füßen meines Bruders James, dem Kapitän eines Ostindienfahrers, getanzt wurde, der uns im Süden von Kerry besuchte, als ich etwa zwei Jahre alt war. Ich erinnere mich deutlich daran, wie ich ihm ein Kirchenlied auswendig vorsang, während meine Mutter auf der anderen Seite des Kamins saß und mich dazu aufforderte: „Dann brachte ich ihn dazu, noch ein bisschen mit mir zu tanzen, und das war alles, was ich wollte." Ich erinnere mich, wie meine Mutter ihm sagte, ich könne lesen, und wie überrascht er war.

Die nächste Erinnerung muss etwa zur selben Zeit stattgefunden haben: Ich saß schreiend auf dem Boden, als mein Vater hereinkam und fragte: „Was ist los?"

„Es ist nur Master Jim", antwortete die Krankenschwester verärgert, „er schreit nur vor lauter Wut, Sir, sehen Sie, er hat keine Träne im Auge."

Ungefähr ein Jahr später muss es gewesen sein, als ich stolz in einem langen Raum auf und ab ging, während meine Mutter ihre Hand auf meinen Kopf legte und mich ihren Spazierstock nannte.

Ich erinnere mich noch, wie ich später nachts in ihr Zimmer kam. Ich flüsterte ihr etwas zu und küsste sie dann, aber ihre Wange war kalt und sie antwortete nicht, und ich weckte das ganze Haus mit meinem Geschrei: Sie war tot. Ich fühlte keinen Kummer, aber etwas Düsteres und Schreckliches angesichts des plötzlichen Aufhörens der üblichen Haushaltstätigkeiten.

Ein paar Tage später sah ich, wie ihr Sarg hinausgetragen wurde, und als die Krankenschwester meiner Schwester und mir sagte, dass wir unsere Mutter nie wiedersehen würden, war ich einfach überrascht und fragte mich, warum.

Meine Mutter starb, als ich fast vier war, und bald darauf zogen wir nach Kingstown in der Nähe von Dublin. Ich stand nachts immer mit meiner vier Jahre älteren Schwester Annie auf und suchte nach Brot und Marmelade oder Zucker. Eines Morgens schlich ich mich gegen Tagesanbruch ins Zimmer der Schwester und sah einen Mann neben ihr im Bett liegen, einen Mann mit einem roten Schnurrbart. Ich zog meine Schwester herein und auch sie sah ihn. Wir schlichen wieder hinaus, ohne sie zu wecken. Ich war nur überrascht, aber am nächsten Tag verweigerte mir die Schwester Zucker auf mein Butterbrot und ich sagte: „Ich werde es erzählen" – ich weiß nicht, warum: Ich hatte damals keine Ahnung vom modernen Journalismus.

„Was erzählen?", fragte sie.

„Da war ein Mann in deinem Bett", antwortete ich, „letzte Nacht."

„Pssst, pssst!", sagte sie und gab mir den Zucker.

Danach musste ich nur noch „Ich erzähle es!" sagen, um zu bekommen, was ich wollte. Meine Schwester wollte eines Tages sogar wissen, was ich zu erzählen hatte, aber ich wollte es nicht sagen. Ich erinnere mich noch genau an mein Überlegenheitsgefühl ihr gegenüber, weil sie nicht genug Verstand hatte, die Zuckermine auszubeuten.

Als ich zwischen vier und fünf war, wurde ich mit Annie in ein Mädcheninternat in Kingstown geschickt, das von einer gewissen Mrs. Frost geleitet wurde. Ich kam wegen meiner Rechenkünste in die Klasse der ältesten Mädchen und tat mein Bestes, weil ich bei ihnen sein wollte, obwohl ich keinen bewussten Grund für meine Vorliebe hatte. Ich erinnere mich, wie das Mädchen, das mir am nächsten stand, mich hochhob und in meinen Hochstuhl setzte und wie ich mich beeilte, die Aufgaben in zusammengesetzter schriftlicher Division und Proportion zu lösen, denn sobald ich fertig war, ließ ich meinen Bleistift auf den Boden fallen, drehte mich um und kletterte von meinem Stuhl herunter, angeblich, um ihn aufzuheben, aber eigentlich, um mir die Beine der Mädchen anzusehen. Warum? Das hätte ich nicht sagen können.

Ich war der Letzte in der Klasse und zum Ende des langen Tisches hin wurden die Beine immer größer und ich schaute mir lieber die Großen an.

Sobald das Mädchen neben mir mich vermisste, schob sie ihren Stuhl zurück und rief mich, und ich tat so, als hätte ich gerade meinen Schieferstift gefunden, von dem ich sagte, er sei gerollt, und sie hob mich zurück in meinen Hochstuhl.

Eines Tages bemerkte ich auf der anderen Seite des Tisches, ganz oben, ein schönes Paar Beine. Hinter dem Mädchen musste ein Fenster gewesen sein, denn ihre Beine bis zu den Knien lagen im vollen Licht und erfüllten mich mit Emotionen, was mir ein unbeschreibliches Vergnügen bereitete. Es waren nicht die dicksten Beine, was mich überraschte. Bis zu diesem Moment hatte ich gedacht, dass mir die dicksten Beine am besten gefielen; aber jetzt sah ich, dass mehrere Mädchen, drei jedenfalls, größere Beine hatten, aber keines wie ihre, so wohlgeformt, mit so schmalen Knöcheln und spitz zulaufenden Linien. Ich war fasziniert und gleichzeitig ein wenig verängstigt.

Ich kroch zurück in meinen Stuhl, mit einem Gedanken im Kopf: Könnte ich diesen schönen Beinen nahe kommen und sie vielleicht berühren – atemlose Erwartung. Ich wusste, ich könnte meinen Schieferstift anschlagen und ihn zwischen die Reihen von Beinen rollen lassen. Am nächsten Tag tat ich dies und kroch ganz nah heran, bis ich nah an den Beinen war, die mir das Herz bis zum Hals schlagen ließen und mir doch ein seltsames Vergnügen bereiteten. Ich streckte meine Hand aus, um sie zu berühren; plötzlich kam mir der Gedanke, dass das Mädchen einfach Angst vor meiner Berührung bekommen und ihre Beine zurückziehen würde und ich entdeckt werden würde und – ich hatte Angst.

Ich kehrte zu meinem Stuhl zurück, um nachzudenken, und fand bald die Lösung. Am nächsten Tag hockte ich mich wieder vor die Beine des Mädchens, fast erstickend vor Erregung. Ich legte meinen Bleistift neben ihre Zehen und griff mit meiner linken Hand zwischen ihre Beine, als wolle ich ihn erreichen, wobei ich darauf achtete, ihre Wade zu berühren. Sie kreischte, zog ihre Beine zurück, hielt meine Hand fest zwischen ihnen und rief: „Was machst du da?“

„Ich habe meinen Bleistift geholt“, sagte ich demütig, „er ist gerollt.“

„Da ist es“, sagte sie und trat mit dem Fuß dagegen.

„Danke“, antwortete ich überglücklich, denn ich spürte noch immer ihre weichen Beine auf meiner Hand.

„Du bist ein komischer kleiner Kerl“, sagte sie, aber das war mir egal; ich hatte zum ersten Mal das Paradies und die verbotene Frucht gekostet – den wahren Himmel!

An ihr Gesicht kann ich mich nicht erinnern. Es wirkte angenehm, das ist alles, woran ich mich erinnere. Keines der Mädchen machte auf mich einen Eindruck, aber ich kann mich noch an die Bewunderung und Freude erinnern, die mir ihre wohlgeformten Glieder bereiteten.

Ich berichte ausführlich über diesen Vorfall, weil er in meiner Erinnerung einzigartig ist und weil er beweist, dass sexuelle Gefühle bereits in der frühen Kindheit auftreten können.

Eines Tages um 1890 speiste ich mit Meredith, Walter Pater und Oscar Wilde in Park Lane und wir sprachen über den Zeitpunkt des sexuellen Erwachens. Sowohl Pater als auch Wilde sprachen davon als Zeichen der Pubertät; Pater meinte, es beginne mit etwa 13 oder 14 Jahren, und Wilde setzte es zu meiner Überraschung erst mit 16 Jahren an. Nur Meredith neigte dazu, es früher anzusetzen.

„Es zeigt sich sporadisch“, sagte er, „und manchmal vor der Pubertät.“

Ich erinnerte mich daran, dass Napoleon erzählte, er sei schon vor seinem fünften Lebensjahr in eine Schulkameradin namens Giacominetta verliebt gewesen , aber selbst Meredith lachte darüber und wollte nicht glauben, dass sich schon so früh echte sexuelle Gefühle zeigen könnten. Um das zu beweisen, erzählte ich meine Erfahrung, wie ich sie hier geschildert habe, und brachte Meredith zum Innehalten: „Sehr interessant“, dachte er, „aber eigenartig!“

„In ihren Abnormitäten“, sagt Goethe, „enthüllt die Natur ihre Geheimnisse“; hier liegt eine Abnormität vor, die vielleicht als solche der Beachtung wert ist.

Bis fast sechs Jahre später, als ich elf war, hatte ich kein weiteres sexuelles Gefühl mehr. Seit dieser Zeit habe ich solche Emotionen fast unaufhörlich gehabt.

Meine Beförderung in die älteste Klasse im Rechnen brachte mich in Schwierigkeiten, weil ich mit der Schulleiterin, Mrs. Frost, in Kontakt kam, die sehr verärgert war und zu glauben schien, ich müsse genauso gut buchstabieren wie rechnen. Als sie merkte, dass ich das nicht konnte, zog sie mich an den Ohren und gewöhnte sich an, mir ihren langen Daumennagel ins Ohr zu bohren, bis es blutete. Der Stich machte mir nichts aus; im Gegenteil, ich war entzückt, denn ihre Grausamkeit brachte mir das Mitleid der älteren Mädchen ein, die mir mit ihren Taschentüchern die Ohren abwischten und sagten, die alte Frost sei ein Tier und eine Katze.

Eines Tages ließ mich mein Vater rufen und ich begleitete einen Unteroffizier zu seinem Schiff im Hafen: Mein rechtes Ohr hatte an meinem Kragen geblutet. Als mein Vater das bemerkte und die alten Narben sah, wurde er wütend und brachte mich zurück zur Schule und erzählte Mrs. Frost, was er von ihr und ihren Strafen hielt.

Unmittelbar danach wurde ich, so glaube ich, zu meinem ältesten Bruder Vernon geschickt, der zehn Jahre älter war als ich und während seines College-Studiums bei Freunden in Galway wohnte.

Dort verbrachte ich die nächsten fünf Jahre, die ohne etwas zu sagen vergingen. Ich lernte in diesen Jahren nichts außer „ Tig “, „Verstecken“, „Fußball“ und Ball. Ich war bloß ein gesundes, starkes kleines Tier ohne Schmerzen oder eine Spur von Gedanken.

Dann erinnere ich mich an eine Zeit in Belfast, wo Vernon und ich bei einem alten Methodisten wohnten, der mich zwang, mit ihm in die Kirche zu gehen, und während des Gottesdienstes eine kleine schwarze Kippa aufsetzte, was mich mit Scham erfüllte und ihn in mir Hass hervorrufen ließ. Es gibt eine

Zeit im Leben, in der alles Eigenartige oder Individuelle Abneigung erregt und an sich schon eine Beleidigung ist.

Ich lernte hier, zu „mitchen" und zu lügen, nur um der Schule aus dem Weg zu gehen und zu spielen, bis mein Bruder bemerkte, dass ich hustete, und nachdem er einen Arzt gerufen hatte, erfuhr, dass ich eine Lungenkongestion hatte. Die Wahrheit ist, dass ich den ganzen Tag spielte und nie zum Abendessen nach Hause kam, selten sogar vor sieben Uhr, wenn ich wusste, dass Vernon zurück sein würde. Ich erwähne diesen Vorfall, weil ich, während ich zu Hause eingesperrt war, unter dem Bett des alten Methodisten einen Stapel Arztbücher mit farbigen Abbildungen des Innenlebens und der Scham von Männern und Frauen entdeckte. Ich verschlang alle Bände und die Wissensbrocken daraus blieben viele Jahre lang an mir hängen. Aber seltsamerweise wurde mir die wichtigste sexuelle Tatsache nicht damals offenbart, sondern in Gesprächen etwas später mit Jungen in meinem Alter.

Ich habe in Belfast nichts gelernt außer den Spielregeln und der Leichtathletik. Mein Bruder Vernon ging jeden Abend ins Fitnessstudio und trainierte und boxte. Zu meinem Erstaunen gehörte er nicht zu den Besten. Während er boxte, begann ich also dies und das zu üben, mich hochzuziehen, bis mein Kinn über der Stange war, und dies zu wiederholen, bis Vernon eines Abends feststellte, dass ich es dreißig Mal hintereinander konnte: sein Lob machte mich stolz.

Carrickfergus zusammengebracht ; meine Brüder und Schwestern wurden für mich damals zum ersten Mal zu lebendigen, individuellen Wesen. Vernon ging als Bankangestellter in eine Bank und war den ganzen Tag weg. Willie, sechs Jahre älter als ich, Annie, vier Jahre älter als ich, und Chrissie, zwei Jahre jünger als ich, gingen in dieselbe Tagesschule, obwohl die Mädchen in den Mädcheneingang gingen und weibliche Lehrerinnen hatten. Willie und ich waren in derselben Klasse; obwohl er inzwischen größer als Vernon geworden war, konnte ich ihn in den meisten Stunden schlagen. Es gab jedoch einen wichtigen Unterrichtszweig, in dem er bei weitem der Beste in der Schule war. Als ich ihn zum ersten Mal „Die Schlacht von Ivry " von Macaulay rezitieren hörte , war ich hin und weg. Er machte Gesten und seine Stimme veränderte sich so natürlich, dass ich mich in Bewunderung verlor.

An diesem Abend waren meine Schwestern und ich zusammen und wir sprachen über Willies Talent. Meine älteste Schwester war begeistert, was vermutlich Neid und Nachahmung in mir weckte, denn ich stand auf und imitierte ihn, und zur Überraschung meiner Schwestern kannte ich das ganze Gedicht auswendig. „Wer hat es dir beigebracht?", wollte Annie wissen, und als sie hörte, dass ich es gelernt hatte, nur weil ich Willie es einmal rezitieren hörte, war sie erstaunt und muss es unserem Lehrer erzählt haben, denn am nächsten Nachmittag bat er mich, Willie zu folgen, und sagte mir, ich sei sehr gut. Von diesem Zeitpunkt an war der Rezitationsunterricht meine wichtigste Ausbildung. Ich lernte die Stücke jedes Jungen und konnte sie alle perfekt imitieren, außer einem rothaarigen Schlingel, der den „African Chief" besser rezitieren konnte als alle anderen, besser sogar als der Meister. Es war reines Melodrama; aber Redhead war ein geborener Schauspieler und riss uns alle mit dem Realismus seiner Nachahmung mit. Nie werde ich vergessen, wie der Junge die Worte wiedergab:

„Schau, weide deine gierigen Augen am Gold,

Lange aufbewahrt für den dringendsten Bedarf;

Nimm es, du verlangst unermessliche Summen

Und sagen Sie, dass ich frei bin.

Nimm es; meine Frau, der lange, lange Tag

Weint am Kakaobaum,

Und meine kleinen Kinder verlassen ihr Spiel

Und bittet vergeblich um mich."

Ich habe das Gedicht seit über fünfzig Jahren weder gesehen noch gehört. Es kommt mir jetzt wie geschmackloses Zeug vor; aber die Aussprache des Jungen war die Seele der Tragödie, und mir wurde klar, dass ich dieses Gedicht nicht so gut rezitieren konnte wie er. Er war unnachahmlich. Jedes Mal änderten sich seine Aussprache und seine Art; mal sang er diese Verse wunderbar, mal jene, so dass ich ihn nicht nachahmen konnte; immer lag ein Hauch von Neuheit in seiner intensiven Umsetzung der Tragödie. Seltsamerweise war es das einzige Gedicht, das er einigermaßen gut rezitierte.

Eine Prüfung stand an und ich war der Beste in der Schule in Arithmetik und auch in Rhetorik; Vernon lobte mich sogar, während Willie mir eine Ohrfeige gab und für seine Mühen gegen die Schienbeine trat. Vernon trennte uns und sagte Willie, er solle sich schämen, einen Gegner zu schlagen, der nur halb so groß war wie er. Willie log sofort und sagte, ich hätte ihn zuerst getreten. Ich mochte Willie nicht; ich weiß kaum, warum, außer, dass er in der Schule ein Rivale war .

Danach begann Annie, mich anders zu behandeln, und jetzt schien ich sie so zu sehen, wie sie wirklich war, und war von ihrer komischen Art beeindruckt. Sie wollte, dass sowohl Chrissie als auch ich sie „Nita" nannten; das sei die Kurzform von „Anita", sagte sie, was die elegante französische Aussprache von Annie sei. Sie hasste „Annie" – es war „gewöhnlich und vulgär"; ich konnte nicht verstehen, warum.

Eines Abends waren wir zusammen und sie hatte Chrissie fürs Bett ausgezogen, als sie ihr eigenes Kleid öffnete und uns zeigte, wie ihre Brüste gewachsen waren, während Chrissies noch klein geblieben waren, und tatsächlich waren „Nitas" viel größer und hübscher und rund wie Äpfel. Nita ließ uns sie sanft berühren und war offensichtlich sehr stolz auf sie. Sie schickte Chrissie ins Bett im Nebenzimmer, während ich neben ihr weiter lernte. Nita verließ das Zimmer, um etwas zu holen, glaube ich, als Chrissie mich rief und ich ins Schlafzimmer ging und mich fragte, was sie wollte. Sie wollte, dass ich wusste, dass ihre Brüste auch wachsen und genauso hübsch sein würden wie Nitas. „Meinst du nicht?", fragte sie, nahm meine Hand und legte sie darauf, und ich sagte „Ja", denn tatsächlich mochte ich sie lieber als Nita, die nur Allüren und Anmut hatte und voller Allüren war.

Plötzlich rief mich Nita, und Chrissie küsste mich, flüsterte „sag es ihr nicht", und ich versprach es. Ich mochte Chrissie und Vernon immer. Chrissie war sehr klug und hübsch, mit dunklen Locken und großen haselnussbraunen Augen, und Vernon war eine Art Held und immer sehr nett zu mir.

Ich habe aus diesem Vorfall nichts gelernt. Ich hatte mit keiner der Schwestern irgendeinen sexuellen Nervenkitzel, tatsächlich nicht annähernd so viel wie fünf Jahre zuvor, als ich in Mrs. Frosts Schule durch die Beine des Mädchens gevögelt hatte, und ich erzähle den Vorfall hier hauptsächlich aus einem anderen Grund. Eines Nachmittags um 1890 hatten Aubrey Beardsley und seine Schwester Mabel, ein sehr hübsches Mädchen, mit mir in Park Lane zu Mittag gegessen. Danach gingen wir in den Park. Ich begleitete sie bis zur Hyde Park Corner. Aus irgendeinem Grund ging ich ausführlich darauf ein, dass Männer von dreißig oder vierzig Jahren normalerweise junge Mädchen verdorben und Frauen von dreißig oder vierzig Jahren wiederum Jugendliche verdorben.

„Da stimme ich dir nicht zu", bemerkte Aubrey: „Normalerweise ist es die Schwester eines Kerls, die ihm seine ersten Lektionen in Sachen Sex erteilt. Ich weiß, dass es Mabel hier war, die es mir zuerst beigebracht hat."

Ich war erstaunt über seine Offenheit; Mabel wurde dunkelrot und ich beeilte mich hinzuzufügen:

„In der Kindheit sind Mädchen viel frühreifer, aber diese kleinen Lektionen kommen normalerweise zu früh, um eine Rolle zu spielen." Er wollte das nicht zulassen, aber ich wechselte entschlossen das Thema und Mabel erzählte mir einige Zeit später, dass sie mir sehr dankbar war, dass ich die Diskussion abgekürzt hatte : „Aubrey", sagte sie, „liebt alle sexuellen Dinge und kümmert sich nicht darum, was er sagt oder tut."

Ich hatte schon früher gesehen, dass Mabel hübsch war: Als sie sich an jenem Tag über eine Blume beugte, wurde mir klar , dass ihre Figur wunderschön schlank und rund war. In diesem Moment fiel mir Aubrey auf und bemerkte boshaft:

„Mabel war mein erstes Modell, nicht wahr, Mabs ? Ich war in ihre Figur verliebt", fuhr er richterlich fort, „ihre Brüste waren so hoch und fest und rund, dass ich sie als mein Ideal ansah." Sie lachte, errötete ein wenig und erwiderte: „Deine Figuren, Aubrey, sind nicht „ganz ideal"."

mir klar , dass die Schwestern der meisten Männer genauso frühreif waren wie meine und in Sachen Sex genauso bereit waren, mir eine Lehrtätigkeit zu erteilen.

Ungefähr ab dieser Zeit begann mich die Individualität der Menschen deutlich zu beeindrucken. Vernon bekam plötzlich eine Anstellung bei einer Bank in Armagh und ich zog zu ihm in eine Pension. Die Pensionsverwalterin mochte ich nicht: Sie versuchte immer, mich dazu zu bringen, mich an die Öffnungszeiten und Regeln zu halten, und ich war so wild wie ein streunender Hund, aber Armagh war für mich eine Wunderstadt. Vernon machte mich zum Tagesschüler an der Royal School: Es war meine erste große Schule; ich lernte alle Lektionen sehr leicht und die meisten Jungen und alle Lehrer waren nett zu mir. Die große Mall oder der parkähnliche Platz im Zentrum der Stadt entzückte mich; bald war ich auf fast jeden Baum dort geklettert, wobei Baumklettern und Rezitieren die beiden Sportarten waren, in denen ich brillierte.

Als wir in Carrickfergus waren , hatte mich mein Vater an Bord seines Schiffes geholt und sich mit mir beim Klettern in der Takelage mit einem Schiffsjungen gemessen. Obwohl der Matrose zuerst an der Saling war, holte ich ihn beim Abstieg ein, indem ich nach einem Seil sprang und es durch meine Hände gleiten ließ, fast mit Fallgeschwindigkeit auf das Deck. Ich hörte, wie mein Vater dies später mit Vergnügen Vernon erzählte, was meine Eitelkeit außerordentlich befriedigte und, wenn das möglich war, meine Freude am Angeben steigerte.

Aus einem anderen Grund war meine Eitelkeit maßlos gewachsen. In Carrickfergus hatte ich ein Buch über Leichtathletik in die Hände bekommen, das Vernon gehörte, und dort gelernt, dass man schwimmt, wenn man bis zum Hals ins Wasser geht, sich kühn nach vorne wirft und versucht zu schwimmen; denn der Körper ist leichter als das Wasser und schwimmt.

Als ich das nächste Mal mit Vernon zum Baden hinunterging, ging ich nicht ins seichte Wasser am Strand und watete hinaus, sondern begleitete ihn bis zum Ende des Piers. Als er hineinsprang, ging ich die Stufen hinunter und sobald er an die Oberfläche kam, rief ich: „Schau! Ich kann auch schwimmen", und ich warf mich mutig nach vorne und schwamm nach einem Moment schrecklichen Sinkens und Stotterns tatsächlich. Als ich zurück wollte, überkam mich ein Moment entsetzlicher Angst: „Könnte ich mich umdrehen?" Im nächsten Moment fiel es mir ganz leicht, mich umzudrehen, und ich war bald wieder sicher auf den Stufen.

„Wann hast du schwimmen gelernt? ", fragte Vernon, der neben mir herauskam. „Sofort", antwortete ich, und da er überrascht war, sagte ich ihm, ich hätte alles in seinem Buch gelesen und mir vorgenommen, es beim nächsten Mal, wenn ich bade, zu wagen. Kurze Zeit später hörte ich, wie er das einigen seiner männlichen Freunde in Armagh erzählte , und sie waren sich alle einig, dass es außergewöhnlichen Mut bewies, denn ich war klein für mein Alter und wirkte immer noch jünger, als ich war.

Rückblickend sehe ich, dass viele Ursachen zusammenkamen, um meine Eitelkeit zu verstärken, die bereits maßlos geworden war und in Zukunft mein Leben prägen und seine Ziele lenken sollte. Hier in Armagh trug alles dazu bei, meine Hauptsünde zu fördern. Ich wurde unter Jungen in meinem Alter gesteckt, ich glaube in die Unterstufe des vierten Schuljahrs, und als der Klassenlehrer feststellte, dass ich kein Latein konnte, zeigte er mir eine lateinische Grammatik und sagte mir, ich müsse sie so schnell wie möglich lernen, da die Klasse bereits begonnen hatte, Caesar zu lesen. Er zeigte mir als Beispiel die erste Deklination *mensa* und fragte mich, ob ich sie bis zum nächsten Tag lernen könnte. Ich sagte, ja, und wie es der Zufall wollte, sagte ihm der Klassenlehrer, da der Mathematiklehrer gerade vorbeikam, ich sei zurückgeblieben und sollte in eine niedrigere Klasse gehen.

„Er kann wirklich sehr gut mit Zahlen umgehen", erwiderte der Mathematiklehrer, „er könnte in die Oberstufe kommen."

„Wirklich!", rief der Klassenlehrer. „Schauen Sie, was Sie tun können", sagte er zu mir, „vielleicht können Sie es ja einholen. Hier ist auch ein Cäsar, den können Sie auch gleich mitnehmen. Wir haben erst zwei oder drei Seiten gemacht."

An diesem Abend setzte ich mich an die lateinische Grammatik und hatte in ungefähr einer Stunde alle Deklinationen und fast alle Adjektive und Pronomen gelernt. Am nächsten Tag zitterte ich vor Hoffnung auf Lob, und wenn der Klassenlehrer mich ermutigt oder ein Wort des Lobes gesagt hätte, hätte ich mich in der Klasse hervorgetan und so vielleicht mein ganzes Leben verändert; aber am nächsten Tag hatte er meine Zurückgebliebenheit offenbar völlig vergessen. Indem ich die Antworten der anderen Jungen hörte , bekam ich ein paar Brocken der Lektionen mit, genug, um sie ohne Strafe durchzustehen, und bald brachte mich mein gutes Gedächtnis zu den besten Jungen, obwohl ich kein Interesse daran hatte, Latein zu lernen.

Ein anderer Vorfall stärkte mein Selbstwertgefühl und öffnete mir die Welt der Bücher. Vernon besuchte oft einen Geistlichen, der eine hübsche Tochter hatte, und auch ich wurde zu seinen Abendgesellschaften eingeladen. Die Tochter fand heraus, dass ich rezitieren konnte, und bald wurde es zur Gewohnheit, mich überall, wo wir hinkamen, ein Gedicht aufsagen zu lassen. Vernon kaufte mir die Gedichte von Macaulay und Walter Scott, und bald hatte ich sie alle auswendig gelernt und pflegte sie mit unendlicher Begeisterung vorzutragen. Anfangs waren meine Gesten Imitationen von Willies, aber Vernon lehrte mich, natürlicher zu sein, und ich verbesserte seine Lehrmethoden. Zweifellos trug meine kleine Körpergröße zu dieser Wirkung bei, und die irische Liebe zur Rhetorik tat ihr Übriges. Aber alle lobten mich, und die Angeberei machte mich sehr eitel, und - was noch wichtiger war - das Lernen neuer Gedichte brachte mich dazu, Romane und Abenteuerbücher zu lesen. Bald verlor ich mich in dieser neuen Welt. Obwohl ich in der Schule mit den anderen Jungen spielte, schlug ich abends nie ein Lehrbuch auf. aber er verschlang Lever und Mayne Reid, Marryat und Fenimore Cooper mit unsagbarem Vergnügen.

Ich hatte in der Schule ein oder zwei Schlägereien mit Jungen meines Alters. Ich hasste Kämpfen, aber ich war eingebildet, kämpferisch und stark und so kam es zwei- oder dreimal zu Faustkämpfen. Jedes Mal, sobald ein älterer Junge das Gefecht sah, riet er uns, nachdem er ein oder zwei Runden zugesehen hatte, aufzuhören und uns anzufreunden. Die Iren sollen das Kämpfen lieber lieben als das Essen, aber meine Schulzeit versichert mir, dass sie bei weitem nicht so kämpferisch oder, vielleicht sollte ich sagen, so brutal sind wie die Engländer.

Bei einem meiner Streitereien ergriff ein Junge meine Partei und wir wurden Freunde. Sein Name war Howard und wir machten lange Spaziergänge zusammen. Eines Tages wollte ich ihm Strangways vorstellen, den Sohn des Pfarrers. Er war vierzehn, aber dumm, dachte ich. Howard schüttelte den Kopf: „Er würde mich nicht kennenlernen wollen", sagte er, „ich bin ein Katholik." Ich erinnere mich noch an das Entsetzen, das sein Geständnis in mir auslöste: „Ein Katholik! Könnte jemand, der so nett ist wie Howard, ein Katholik sein?"

Ich war wie vom Donner gerührt, und dieses Erstaunen hat mir immer die Abgründe protestantischer Bigotterie aufgezeigt. Aber ich wollte nicht mit Howard brechen, der zwei Jahre älter war als ich und der mir viele Dinge beigebracht hat. Er hat mir die Fenianer sympathisch gemacht , obwohl ich kaum wusste, was das Wort bedeutet. Ich erinnere mich, dass er mir eines Tages am Gerichtsgebäude einen Zettel zeigte, auf dem 5000 Pfund Sterling als Belohnung für jeden ausgelobt wurden, der den Aufenthaltsort von James Stephen, dem Oberhaupt der Fenianer , verriet . „Er reist durch ganz Irland", flüsterte Howard, „jeder kennt ihn", und fügte enthusiastisch hinzu: „aber niemand würde das Oberhaupt an die schmutzigen Engländer verraten." Ich erinnere mich, wie mich das Mysterium und die Ritterlichkeit dieser Geschichte faszinierten. Von diesem Augenblick an war das Oberhaupt für mich ebenso wie für Howard ein heiliges Symbol.

Eines Tages trafen wir Strangways und kamen irgendwie auf Sex zu sprechen. Howard wusste alles darüber und hatte Freude daran, uns beide aufzuklären. Es war Cecil Howard, der Strangways und auch mich in die Selbstbefriedigung einführte. Obwohl ich Romane las, war ich mit elf Jahren noch zu jung, um viel Freude an der Praxis zu haben; aber ich war erfreut zu erfahren, wie Kinder gemacht werden und viele neue Fakten über Sex. Strangways hatte Haare an seinen Geschlechtsteilen, wie Howard auch, und als er sich rieb und der Orgasmus kam , spritzte eine klebrige milchige Flüssigkeit aus Strangways Schwanz, von der Howard uns sagte, dass es der Samen des Mannes sei, der direkt in die Gebärmutter der Frau gelangen müsse, um ein Kind zu zeugen.

Eine Woche später überraschte uns Strangways beide, indem er erzählte, wie er sich mit dem Kindermädchen seiner jüngeren Schwestern versöhnt hatte und nachts in ihr Bett stieg. Beim ersten Mal schien sie ihn nichts tun zu lassen, aber nach ein oder zwei Nächten schaffte er es, ihr Geschlecht zu berühren, und versicherte uns, es sei ganz mit seidigen Haaren bedeckt. Etwas später erzählte er uns, wie sie ihre Tür abgeschlossen hatte und wie er am nächsten Tag das Schloss abgenommen und wieder zu ihr ins Bett gestiegen war. Zuerst war sie böse, oder tat zumindest so, sagte er, aber er küsste sie weiter und flehte sie an, und nach und nach gab sie nach, und er berührte ihr Geschlecht wieder: „Es war ein Schlitz", sagte er. Ein paar Nächte später erzählte er uns, dass er seinen Schwanz in sie gesteckt hatte und „Oh! Meine Güte, es war wunderbar, wunderbar!"

„Aber wie hast du das gemacht?", wollten wir wissen und er erzählte uns von seiner ganzen Erfahrung. „Mädchen lieben es zu küssen", sagte er, „und so küsste ich sie immer wieder und legte mein Bein auf sie und ihre Hand auf meinen Schwanz und ich berührte immer wieder ihre Brüste und ihre Muschi (so nennt sie es) und schließlich stieg ich zwischen ihre Beine und sie führte meinen Schwanz in ihre Muschi (Gott, es war wunderbar!) und jetzt gehe ich jede Nacht mit ihr und oft auch tagsüber. Sie mag es, wenn man ihre Muschi berührt, aber sehr sanft", fügte er hinzu, „sie hat mir gezeigt, wie man es mit einem Finger so macht", und er ließ die Tat dem Wort folgen.

Strangways wurde für uns augenblicklich nicht nur zu einem Helden, sondern zu einem Wundertäter. Wir gaben vor, ihm nicht zu glauben, damit er uns mehr erzählte, aber in unserem Herzen wussten wir, dass er uns die Wahrheit sagte, und wir waren fast verrückt vor atemloser Begierde.

Ich brachte ihn dazu, mich ins Pfarrhaus einzuladen, und dort sah ich Mary, das Kindermädchen. Sie kam mir fast wie eine Frau vor und sprach ihn mit „Master Will" an, und er küsste sie, obwohl sie die Stirn runzelte und sehr wütend „Hör auf" und „Benimm dich" sagte. Doch ich hatte das Gefühl, dass sie ihre Wut nur vortäuschte, um mich daran zu hindern, die Wahrheit zu erraten.

Ich brannte vor Verlangen, und als ich es Howard erzählte, brannte auch er vor Lust. Er nahm mich mit auf einen Spaziergang und stellte mir noch einmal alle möglichen Fragen, und unter einem Heuhaufen auf dem Land gaben wir uns einer wilden Fickorgie hin, die mir zum ersten Mal lustvolle Erregung bereitete.

Die ganze Zeit, während wir mit uns selbst spielten, musste ich an Marys heißen Schlitz denken, wie Strangways ihn beschrieben hatte, und schließlich kam ein richtiger Orgasmus und schüttelte mich; die Vorstellung hatte mein Vergnügen noch verstärkt.

Nichts in meinem Leben bis zu diesem Moment war an Freude mit dieser Geschichte sexueller Lust vergleichbar, wie sie Strangways für uns beschrieben und gespielt hat.

MEIN VATER.

Vater kam: Ich war krank vor Angst: Er war so streng und bestrafte gern. Auf dem Schiff hatte er mich mit einem Riemen geschlagen, weil ich nach vorne gegangen war und den Matrosen beim schmutzigen Gerede zugehört hatte: Ich fürchtete ihn und mochte ihn nicht, seit ich ihn einmal betrunken an Bord kommen sah.

Es war der Abend einer Regatta in Kingston. Er war zum Mittagessen auf einer der großen Jachten eingeladen worden. Ich hörte die Offiziere darüber reden. Sie sagten, er sei eingeladen worden, weil er mehr über Gezeiten und Strömungen entlang der Küste wisse als jeder andere, sogar mehr als die Fischer. Die Rennkapitäne wollten ein paar Informationen aus ihm herausbekommen. Ein anderer fügte hinzu: „ Er kennt die Windrichtungen vor Howth Head, ja, und auch das Wetter, besser als jeder andere Lebende!" Alle stimmten darin überein, dass er ein erstklassiger Segler sei, „einer der besten, der allerbeste, wenn er ein anständiges Temperament hätte – der kleine Teufel."

„ Dir Erinnern Sie sich , als er das Gig in diesem Rennen für alle steuerte? Gewonnen? Natürlich hat er gewonnen, er hat immer gewonnen – ah! Er ist ein toller kleiner Seemann und kümmert sich auch um das Essen der Männer, aber er hat ein teuflisches Temperament – und das ist die Wahrheit."

An diesem Nachmittag der Regatta stieg er schnell die Leiter hinauf und stolperte lächelnd auf das Deck. So hatte ich ihn noch nie gesehen; er grinste und ging unsicher: Ich starrte ihn erstaunt an. Ein Offizier wandte sich ab und sagte im Vorbeigehen zu einem anderen: „Besoffen wie ein Lord." Ein anderer half meinem Vater in seine Kabine und kam fünf Minuten später wieder hoch: „Er schnarcht: Er wird bald wieder gesund sein: Das liegt an dem Champagner, den sie ihm geben, und all dem Lob und dem Drängen, ihnen Trinkgeld für dies und das zu geben."

„Nein, nein!", rief ein anderer, „es liegt nicht am Alkohol; er wird nur betrunken, wenn er nicht dafür bezahlen muss", und alle grinsten; es stimmte, fühlte ich, und ich verachtete diese Gemeinheit unsagbar.

Ich hasste sie dafür, dass sie ihn sahen, und ich hasste ihn – betrunken, mit wirrem Gerede und umhertorkelnd; ein Gegenstand des Spotts und des Mitleids! – mein „Gouverneur", wie Vernon ihn nannte; ich verachtete ihn.

Und ich erinnerte mich an andere Dinge, die ich ihm gegenüber empfand. Ein Lord der Admiralität war einmal an Bord gekommen: Vater war in seinem besten Gewand gekleidet; ich war sehr jung: Es war kurz nachdem ich in Carrickfergus schwimmen gelernt hatte . Mein Vater ließ mich jeden Morgen nach dem Unterricht ausziehen und ins Schiff gehen und eine Runde schwimmen.

An diesem Morgen war ich wie üblich um elf Uhr aufgetaucht, und ein fremder Herr und mein Vater unterhielten sich in der Nähe der Kajüte. Als ich auftauchte, warf mir mein Vater einen finsteren Blick zu und sagte, ich solle untertauchen, aber der Fremde bemerkte mich und rief mich lachend. Ich kam zu ihnen, und der Fremde war überrascht, als er hörte, dass ich schwimmen konnte. „Spring rein, Jim!", rief mein Vater, „und schwimm herum."

Nichts ahnend rannte ich die Leiter hinunter, zog meine Kleider aus und sprang hinein. Der Fremde und mein Vater standen über mir, lächelten und redeten; mein Vater winkte mit der Hand und ich schwamm um das Schiff herum. Als ich zurückkam, wollte ich gerade die Stufen hinaufsteigen und an Bord kommen, als mein Vater sagte:

„Nein, nein, schwimm weiter, bis ich dir sage, dass du aufhören sollst."

Ganz stolz lief ich wieder los, aber als ich das zweite Mal herumkam, war ich müde. Ich war noch nie so weit geschwommen, war tief ins Wasser gesunken und ein wenig Gischt war mir in den Mund gelaufen. Ich war sehr froh, als ich die Stufen erreichte, aber als ich die Hand ausstreckte, um hinaufzusteigen, winkte mein Vater.—

„Weiter, weiter!", rief er, „ bis man Ihnen sagt, dass Sie aufhören sollen."

Ich machte weiter, aber jetzt war ich auch sehr müde und verängstigt, und als ich den Bug erreichte, beugten sich die Matrosen über die Reling, und einer machte mir Mut: „Mach langsam, Jim, du kriegst das schon hin." Ich sah, dass es der große Newton war, das Schlagruder der Gig meines Vaters, aber gerade wegen seines Mitgefühls hasste ich meinen Vater noch mehr dafür, dass er mich so müde und verängstigt machte.

Als ich das dritte Mal herumkam, schwamm ich sehr langsam und ließ mich sehr tief sinken, und der Fremde sprach für mich mit meinem Vater, und dann sagte er mir selbst, ich solle „hochkommen".

Ich kam gern, hatte aber auch ein wenig Angst davor, was mein Vater tun könnte. Doch der Fremde kam zu mir herüber und sagte: „Er ist ganz blau. Das Wasser ist sehr kalt, Captain. Jemand sollte ihn gründlich abtrocknen . "

Mein Vater sagte nur: „Geh runter und zieh dich an", und fügte hinzu: „ Mach dich warm."

Die Erinnerung an meine Angst machte mir klar, dass er immer zu viel von mir verlangte, und ich hasste ihn, der sich betrinken und mich beschämen und mich dazu bringen konnte, in der Takelage mit den Schiffsjungen, die erwachsene Männer waren und mich schlagen konnten, um die Wette zu laufen. Ich mochte ihn nicht.

Ich war damals zu jung, um zu wissen, dass es wahrscheinlich die Gewohnheit des Befehls war, die ihn davon abhielt, mich zu loben, obwohl ich halbbewusst wusste, dass er stolz auf mich war, weil ich das einzige seiner Kinder war, das nie seekrank wurde.

Wenig später kam er in Armagh an , und die folgende Woche war furchtbar: Ich musste jeden Tag direkt von der Schule nach Hause kommen und mit dem „Gouverneur" lange Spaziergänge machen, und er war kein angenehmer Gefährte. Ich konnte nicht mit ihm gehen wie mit einem Kumpel; im Eifer des Gerede könnte ich irgendein Wort sagen oder ihm etwas sagen und einen schrecklichen Streit bekommen. Also ging ich schweigend neben ihm her und überlegte mir, was ich auf seine einfachste Frage antworten sollte. Das war keine Kameradschaft!

Abends schickte er mich immer früh ins Bett, sogar vor neun Uhr, obwohl Vernon mich immer bis elf oder zwölf Uhr aufbleiben und mit ihm lesen ließ. Eines Abends ging ich in mein Schlafzimmer im nächsten Stock, kam aber fast sofort zurück, um mir ein Buch zu holen und im Bett zu lesen, was für mich ein seltener Genuss war. Ich hatte Angst, ins Wohnzimmer zu gehen, schlich aber ins Esszimmer, wo ein paar Bücher lagen, die allerdings nicht so interessant waren wie die im Wohnzimmer ; die Tür zwischen den beiden Zimmern stand halb offen. Plötzlich hörte ich meinen Vater sagen:

„Er ist ein kleiner Fenianer .“

„ Fenian “, wiederholte Vernon erstaunt, „wirklich, Gouverneur, ich glaube nicht, dass er die Bedeutung des Wortes kennt. Er ist erst elf, das müssen Sie bedenken.“

„Ich sage dir“, unterbrach ihn mein Vater, „er hat heute mit wilder Bewunderung von James Stephen, dem Fenian Head-Center, gesprochen. Er ist zwar ein Fenianer , aber wie hat er sich angesteckt?“

„Das weiß ich wirklich nicht“, antwortete Vernon, „er liest viel und ist sehr flink: Ich werde es herausfinden.“

„Nein, nein!“, sagte mein Vater. „Es geht darum, ihn zu heilen. Er muss in England auf eine Schule gehen, dort wird er gesund.“

Ich wartete nicht, bis ich mehr hörte, sondern nahm mein Buch und schlich nach oben; da ich das Fenian Head-Center liebte, musste ich also ein Fenian sein .

„Wie dumm Vater ist“, war mein Fazit, aber England lockte mich, England – das Leben öffnete sich mir.

Im Sommer nach meinen sexuellen Erlebnissen mit Strangways und Howard begann ich in der Royal School zum ersten Mal, auf Kleidung zu achten. Ein Junge in der Oberstufe namens Milman hatte mich ins Herz geschlossen, und obwohl er fünf Jahre älter war als ich, ging er oft mit Howard und mir spazieren. Er legte großen Wert auf Kleidung und sagte, dass niemand außer „Schurken“ (ein Name, den ich zum ersten Mal von ihm erfuhr) und dem einfachen Volk eine selbstgemachte Krawatte tragen würde: Er gab mir einen seiner Schals und zeigte mir, wie man einen Knoten für Liebespaare daraus macht. Bei einer anderen Gelegenheit sagte er mir, dass nur „Schurken“ ausgefranste oder geflickte Hosen tragen würden.

War es Milmans Rede, die mich verlegen machte, oder mein sexuelles Erwachen durch Howard und Strangways? Ich kann es nicht sagen, aber zu dieser Zeit hatte ich ein merkwürdiges und langwieriges Erlebnis. Als mein Bruder Vernon mich einmal über meine Kleidung klagen hörte, besorgte er mir drei Anzüge, einen in Schwarz mit einer Eton-Jacke als Spitze und einem hohen Hut und die anderen in Tweed. Er gab mir auch Hemden und Krawatten, und ich begann, sehr auf mein Äußeres zu achten. Bei unseren Abendgesellschaften waren die Mädchen und jungen Frauen (Vernons Freundinnen) netter zu mir als je zuvor, und ich fragte mich, ob ich wirklich „hübsch“ aussah, wie sie sagten.

Ich begann, mich sorgfältig zu waschen und zu baden und mein Haar so zu bürsten, dass es vorschriftsmäßig glatt war (nur „Schurken“ benutzten Pomade, sagte Milman), und wenn ich aufgefordert wurde, etwas vorzutragen, schmollte ich und flehte hübsch, dass ich das nicht wolle, nur um dazu gedrängt zu werden.

Zu dieser Zeit erwachte in mir das sexuelle Verlangen, aber ich glaube, es war noch unbestimmt; denn über sechs Monate lang beherrschten mich zwei Motive: Ich fragte mich immer, wie ich aussah, und beobachtete, ob die Leute mich mochten. Ich versuchte, mit dem Akzent der „besten Leute" zu sprechen, und wenn ich einen Raum betrat, bereitete ich meinen Auftritt vor. Jemand, ich glaube, es war Vernons Liebste Monica, sagte, ich hätte ein energisches Profil, also versuchte ich immer, mein Profil zu zeigen. Tatsächlich war ich etwa sechs Monate lang mehr ein Mädchen als ein Junge, mit all der Selbstbefangenheit eines Mädchens und den vielfältigen Allüren und Sentimentalitäten: Ich dachte oft, dass sich niemand wirklich um mich kümmerte, und ich weinte über meine ungeliebte Einsamkeit.

Wenn ich später als Schriftsteller den Wunsch hatte, ein junges Mädchen darzustellen, brauchte ich in meinem Bewusstsein nur in diese Zeit zurückzukehren, um den besonderen Standpunkt des Mädchens zu gewinnen.

DAS LEBEN AN EINER ENGLISCHEN GRAMMARSCHULE.

Kapitel II.

Wenn ich mein Bestes gab, bräuchte ich ein Jahr, um das Leben an diesem englischen Gymnasium in R... zu beschreiben. Ich war in allen irischen Schulen immer vollkommen glücklich, besonders in der Royal School in Armagh . Einen Unterschied möchte ich so kurz wie möglich beschreiben. Wenn ich in Irland im Klassenzimmer flüsterte, runzelte der Lehrer die Stirn und schüttelte den Kopf. Zehn Minuten später redete ich wieder und er hob mahnend den Finger. Beim dritten Mal sagte er wahrscheinlich: „Hör auf zu reden, Harris, siehst du nicht, dass du deinen Nachbarn störst ?" Eine halbe Stunde später rief er verzweifelt: „Wenn du dann noch redest, muss ich dich bestrafen."

Zehn Minuten später hieß es: „Du bist unverbesserlich, Harris, komm herauf", und ich musste den restlichen Vormittag neben seinem Pult verweilen. Und selbst diese leichte Strafe kam nicht öfter als zweimal pro Woche vor, und als ich Klassenbester wurde, wurde sie seltener.

In England war die Vorgehensweise ganz anders. „Der neue Junge dort redet; nimm dir 300 Zeilen zum Aufschreiben und sei still."

„Bitte, Sir", sagte ich dann, „machen Sie 500 Zeilen und seien Sie still."

„Aber, Sir" – als Protest.

„Schreiben Sie 1000 Zeilen und wenn Sie noch einmal antworten, schicke ich Sie zum Arzt" – was bedeutete, dass ich eine Tracht Prügel oder eine lange Standpauke bekommen würde.

Die Englischlehrer übten allesamt Strafe aus; deshalb war ich im ersten Jahr fast jeden Tag und jeden halben Feiertag drinnen und schrieb Zeilen. Dann beschwerte sich mein Vater auf Vernons Anregung hin beim Doktor, dass das Zeilenschreiben meine Handschrift ruiniere.

Danach wurde ich mit Zeilen bestraft, die ich auswendig lernen musste. Die Zeilen wurden schnell zu Seiten, und noch vor Ende des ersten Halbjahres stellte sich heraus, dass ich durch diese Strafen die gesamte Schulgeschichte Englands auswendig konnte. Nach einem weiteren Vorwurf meines Vaters bekam ich Vergil-Zeilen zum Lernen. Gott sei Dank! Das schien es wert, gelernt zu werden, und die Geschichte von Odysseus und Dido an den „wilden Meeresufern" wurde für mich zu einer Reihe lebendiger Bilder, die mein Leben lang nicht verblassen werden.

Die Englischschule war für mich anderthalb Jahre lang ein brutales Gefängnis mit dummen täglichen Strafen. Am Ende dieser Zeit bekam ich dank des Mathematiklehrers einen eigenen Platz, aber das ist eine andere Geschichte.

Die zwei oder drei besten Jungen meines Alters in England waren in Latein viel weiter als ich und hatten bereits die Hälfte der griechischen Grammatik durchgearbeitet, die ich noch nicht einmal begonnen hatte, aber in Mathematik war ich besser als jeder andere in der gesamten Unterstufe. Da ich in Sprachen hinter dem englischen Standard zurücklag, hielt mich der Klassenlehrer für dumm und nannte mich „dumm", und infolgedessen lernte ich in meinen zweieinhalb Jahren auf der Grammar School nie eine einzige Latein- oder Griechischstunde. Trotzdem war ich dank der Strafe, Vergil und Livius auswendig lernen zu müssen, auch in Latein mit Abstand der Beste meines Alters, bevor das zweite Jahr vorbei war.

Ich hatte ein außergewöhnliches verbales Gedächtnis. Ich erinnere mich, dass der Doktor einmal einige Zeilen aus „Paradise Lost" vortrug und uns in seiner pompösen Art erzählte, dass *Lord* Macaulay „Paradise Lost" von Anfang bis Ende auswendig kannte. Ich fragte: „Ist das schwer, Sir?" „Wenn Sie die Hälfte gelernt haben", antwortete er, „ werden Sie verstehen, wie schwer! *Lord* Macaulay war ein Genie", und er betonte das „ *Lord* " erneut.

Als der Doktor eine Woche später wieder Literaturunterricht in der Schule gab, sagte ich am Ende der Stunde: „Bitte, Sir, ich kenne das ‚Paradise Lost' auswendig"; er prüfte mich und ich erinnere mich, wie er mich danach von Kopf bis Fuß musterte, als ob er sich fragte, wo ich all das Wissen hingelegt hatte. Diese „Unverschämtheit", wie die älteren Jungen es nannten, brachte mir mehrere Schläge und Tritte von den Jungen aus der Sechsten und viel Übelwollen von vielen anderen ein.

Das ganze englische Schulleben war für mich auf das „Fagging" beschränkt. In der Royal School in Armagh gab es zwar „Fagging" , aber es war freundlich. Wenn man für einen langen Spaziergang mit einem Kumpel davonkommen wollte, brauchte man nur einen der Sechsten zu fragen, und man bekam die Erlaubnis, es zu überspringen.

In England jedoch galt die Regel „ Rhadamanthine" ; die Namen der diensthabenden Schwuchteln wurden an einer Tafel ausgehängt, und wer nicht pünktlich war und sich noch dazu unterwürfig verhielt, bekam ein Dutzend Tropfen aus einer Esche auf den Hintern, und zwar nicht oberflächlich und angewidert, wie der Doktor es tat, sondern mit solcher Wucht, dass ich schmerzhafte Striemen am Hintern hatte und mich tagelang nicht ohne einen Stich hinsetzen konnte.

Auch die Schwuchteln wurden, da sie jung und schwach waren, sehr oft nur zum Spaß brutal behandelt. Sonntagmorgens im Sommer zum Beispiel durften wir eine Stunde länger im Bett bleiben. Ich war einer von einem halben Dutzend jüngerer Schüler im großen Schlafzimmer; zwei ältere Jungen waren darin, einer an jedem Ende, vermutlich um für Ordnung zu sorgen, in Wirklichkeit aber, um ihre jüngeren Lieblinge Lüsternheit zu lehren und zu verderben. Wenn die Mütter Englands wüssten, was in den Schlafsälen dieser Internate in ganz England vor sich geht, würden sie alle, von Eton und Harrow aufwärts oder abwärts, an einem Tag geschlossen werden. Wenn englische Väter auch nur so viel Verstand hätten, um zu verstehen, dass das Feuer der Sexualität in der Kindheit nicht geschürt werden muss, würden auch sie ihre Söhne vor dem üblen Missbrauch schützen. Aber darauf werde ich zurückkommen. Jetzt möchte ich von der Grausamkeit sprechen.

An den jüngeren, schwächeren und nervöseren Jungen wurde jede Form von Grausamkeit verübt. Ich erinnere mich an einen Sonntagmorgen, als das halbe Dutzend älterer Jungen ein Bett an der Wand entlangzog und alle sieben jüngeren Jungen darunter zwängte, wobei sie mit Stöcken auf alle Hände und Füße schlugen, die zu sehen waren. Ein kleiner Kerl schrie, er könne nicht atmen, und sofort begann die Bande der Peiniger, alle Öffnungen zu verstopfen, und sagte, sie würden ein „schwarzes Loch" daraus machen. Bald erklangen Schreie und Zappeln unter dem Bett, und schließlich begann einer der Jüngsten zu schreien, sodass die Peiniger aus dem Gefängnis rannten, aus Angst, ein Meister könnte es hören.

An einem verregneten Sonntagnachmittag mitten im Winter wurde ein kleiner, nervöser „Mutters Liebling" aus Westindien, der immer erkältet war und sich immer in die Nähe des Feuers im großen Schulzimmer schlich, von zweien der Fünften gefangen und in die Nähe der Flammen gedrückt. Zwei weitere Bestien zogen ihm die Hose fest über den Hintern, und je mehr er sich wand und darum flehte, losgelassen zu werden, desto fester hielten sie die Hose und desto näher wurde er an die Flammen gedrängt, bis die Hose plötzlich auseinanderbrach und durchbrannte, und als der kleine Kerl schreiend nach vorne taumelte, wurde den Folterern klar, dass sie zu weit gegangen waren. Der kleine „Nigger", wie er genannt wurde, erzählte nicht, wie er so verbrannt wurde, sondern nahm sich die zwei Wochen in der Krankenstation als Erholung.

Wir lesen von einem Jungen in Shrewsbury, der von einigen älteren Jungen in eine Badewanne mit kochendem Wasser geworfen wurde, weil er gern sehr heiß badete. Dieses Experiment endete jedoch mit einem Misserfolg, denn der kleine Kerl starb und die Angelegenheit konnte nicht vertuscht werden, obwohl man sie schließlich als bedauerlichen Unfall abtat.

Die Engländer sind stolz darauf, dass sie einen Großteil der Schuldisziplin den älteren Jungen überlassen: Sie schreiben diese Neuerung Arnold von Rugby zu, und natürlich ist es möglich, dass die Aufsicht, wenn sie von einem Genie aufrechterhalten wird, zum Guten und nicht zum Bösen führt; aber normalerweise verwandelt sie die Schule in eine Brutstätte der Grausamkeit und Unmoral. Die älteren Jungen begründen die Legende, dass nur Schleicher den Lehrern etwas erzählen würden, und dann können sie ihren niedersten Instinkten freien Lauf lassen.

Die beiden Aufseher in unserem großen Schlafzimmer waren zu meiner Zeit ein kräftiger großer Kerl namens Dick F…, der alle kleinen Jungs ermüdete, indem er in ihre Betten ging und sie ihn wichsen ließ, bis sein Sperma kam. Die kleinen Kerle hassten es alle, mit seinem schmutzigen Schleim bedeckt zu werden, aber sie mussten so tun, als ob es ihnen gefiel, was er ihnen sagte, und normalerweise bestand er darauf, sie zu wichsen, um sich selbst zu erregen. Dick hat mich ein- oder zweimal ausgesucht, aber ich habe es geschafft, sein Sperma auf seinem eigenen Nachthemd aufzufangen, und nachdem er mich einen „dreckigen kleinen Teufel" genannt hatte, ließ er mich in Ruhe.

Der andere Aufseher war Jones, ein etwa siebzehnjähriger Junge aus Liverpool, der im Unterricht sehr zurückgeblieben, aber sehr stark war und beim Kämpfen der „Schwanz" der Schule. Er ging immer mit einem Jungen ins Bett, den er in vielerlei Hinsicht bevorzugte. Henry H… konnte von jeder Erektion loskommen und ließ nie raus, was Jones ihn nachts tun ließ, aber auf lange Sicht wurde er mit einem anderen kleinen Kerl befreundet und es kam alles raus. Eines Nachts, als Jones in Henrys Bett war, erklang ein Schmerzensschrei und man hörte Jones sein Opfer danach fast eine Stunde lang küssen und liebkosen. Wir fragten uns alle, ob Jones ihn gehabt hatte oder was passiert war. Henrys Kumpel ließ eines Tages die Katze aus dem Sack. Es schien, als würde Jones den kleinen Kerl dazu bringen, sein Geschlecht in den Mund zu nehmen und ihn gleichzeitig zu reiben und zu lutschen. Aber eines Abends brachte er etwas Butter mit, schmierte sie auf seinen Schwanz und führte sie nach und nach in Henrys Anus ein, und das wurde seine übliche Vorgehensweise. Aber in dieser Nacht hatte er die Butter vergessen, und als er einen gewissen Widerstand spürte, stieß er heftig nach vorne, was extreme Schmerzen verursachte und sein Bein bluten ließ. Henry schrie, und so wurde nach einigen Wochen oder Monaten der ganze Vorgang bekannt.

Wenn es keine großen Jungen als Aufseher gegeben hätte, hätte es trotzdem ein gewisses Maß an einsamem Ficken gegeben; ab zwölf oder dreizehn Jahren praktizieren die meisten Jungen und auch die meisten Mädchen von Zeit zu Zeit Selbstbefriedigung bei einer leichten Provokation, aber die Praxis wird nicht oft zur Gewohnheit, es sei denn, sie wird von den Älteren gefördert und gemeinsam praktiziert. In Irland war es sporadisch; in England ständig und in englischen Schulen führte es oft zu regelrechter Sodomie wie in diesem Fall.

In meinem Fall gab es zwei hemmende Einflüsse, und ich möchte auf beide eingehen, um den Eltern einen Hinweis zu geben. Ich war ein sehr eifriger kleiner Athlet: Dank der Anweisungen und Fotos in einem Buch über Leichtathletik, das Vernon gehörte, lernte ich, wie man springt und wie man rennt. Um hoch zu springen, musste man nur einen kurzen Anlauf von der Seite nehmen und sich horizontal aufrichten, wenn man die Stange überquerte. Durch ständiges Üben konnte ich mit dreizehn unter der Stange durchgehen und dann darüber springen. Ich merkte bald, dass ich nicht so gut springen konnte, wenn ich mich am Abend zuvor gequält hatte, was zur Folge hatte, dass ich mich zurückhielt und nie mehr quälte, außer am Sonntag, und es bald schaffte, das Training an drei von vier Sonntagen auszulassen.

Seitdem ich es verstanden habe, war ich dieser Übung für diese Lektion in Selbstbeherrschung immer dankbar. Außerdem befriedigte sich einer der Jungen ständig selbst: Sogar in der Schule behielt er seine rechte Hand in der Hosentasche und machte damit weiter. Wir alle wussten, dass er ein Loch in seine Tasche gerissen hatte, damit er mit seinem Penis spielen konnte; aber keiner der Lehrer bemerkte jemals etwas. Der kleine Kerl wurde allmählich immer blasser, bis er anfing, in einer Ecke zu weinen, und unerklärliche nervöse Zittern schüttelten ihn jeweils eine Viertelstunde lang. Schließlich wurde er von seinen Eltern weggebracht: Was danach aus ihm wurde, weiß ich nicht, aber ich weiß, dass er, bis man ihm Selbstbefriedigung beibrachte, einer der flinksten Jungen seines Alters im Unterricht war und wie ich viel las.

Diese anschauliche Lektion über die Folgen hatte damals wenig Wirkung auf mich, war mir aber später als Warnung nützlich. Eine solche Lehre mag die Spartaner beeinflusst haben, denn wir lesen aus der Geschichte, dass sie ihren Kindern Mäßigung beibrachten, indem sie ihnen einen betrunkenen Heloten zeigten. Ich möchte jedoch betonen, dass ich Selbstbeherrschung zuerst durch einen starken Wunsch lernte, im Springen und Laufen hervorzustechen. Sobald ich merkte, dass ich nach der Selbstquälerei nicht mehr so schnell laufen oder so hoch springen konnte, begann ich, mich zurückzuhalten, was wiederum eine sehr starke Wirkung auf meine Willenskraft hatte.

Ich war über dreizehn, als sich ein zweiter und noch stärkerer hemmender Einfluss bemerkbar machte, und seltsamerweise wuchs dieser Einfluss gerade durch mein Verlangen nach Mädchen und meine Neugier auf sie.

Die Geschichte markiert einen Meilenstein in meinem Leben. Wir bekamen in der Schule Gesangsunterricht, und als man herausfand, dass ich eine gute Altstimme und ein sehr gutes Gehör hatte, wurde ich ausgewählt, sowohl in der Schule als auch im Kirchenchor Solos zu singen. Vor jedem Kirchenfest wurde viel mit dem Organisten geübt, und Mädchen aus den Nachbarhäusern nahmen an unserem Unterricht teil. Ein Mädchen allein sang Alt, und sie und ich wurden von den anderen Jungen und Mädchen getrennt; das Klavier wurde in die Ecke des Raumes gestellt, und wir beide saßen oder standen dahinter, fast außer Sichtweite aller anderen Sänger; der Organist saß natürlich vor dem Klavier. Das Mädchen E…, das mit mir Alt sang, war ungefähr in meinem Alter: Sie war sehr hübsch oder kam mir zumindest so vor, mit goldenem Haar und blauen Augen, und ich schmeichelte ihr immer so gut ich konnte, auf meine jungenhafte Art. Eines Tages, als der Organist etwas erklärte, stand E… auf dem Stuhl auf und beugte sich über die Rückenlehne des Klaviers, um besser zu hören oder mehr zu sehen. Als ich auf meinem Stuhl hinter ihr saß, erblickte ich ihre Beine; denn ihr Kleid rutschte hinten hoch, als sie sich vorbeugte: sofort blieb mir der Atem im Halse stecken. Ihre Beine waren wunderschön, dachte ich, und die Versuchung überkam mich, sie zu berühren; denn niemand konnte es sehen.

Ich stand sofort auf und stellte mich neben den Stuhl, auf dem sie stand. Beiläufig ließ ich meine Hand auf ihr linkes Bein fallen. Sie zog ihr Bein nicht weg und schien meine Hand auch nicht zu spüren, also berührte ich sie mutiger. Sie bewegte sich nicht, aber jetzt wusste ich, dass sie meine Hand gespürt haben musste. Ich begann, meine Hand an ihrem Bein hochzuschieben, und plötzlich spürten meine Finger das warme Fleisch an ihrem Oberschenkel, wo der Strumpf über dem Knie endete. Das Gefühl ihres warmen Fleisches ließ mich buchstäblich vor Erregung ersticken: Meine Hand wanderte weiter nach oben, wärmer und wärmer, als ich plötzlich ihr Geschlecht berührte: Es war weicher Flaum darauf. Der Herzschlag pochte in meiner Kehle. Mir fehlen die Worte, um die Intensität meiner Empfindungen zu beschreiben.

Gott sei Dank bewegte sich E… nicht und zeigte auch kein Anzeichen von Abneigung. Die Neugier war in mir sogar stärker als die Lust; ich betastete ihr Geschlecht überall und sofort kam mir der Gedanke, dass es wie eine Feige war (die Italiener, wie ich später erfuhr, nennen es im allgemeinen „fica "); es öffnete sich bei meiner Berührung und ich führte meinen Finger sanft ein, so wie Strangways mir erzählt hatte, dass Mary es ihm beigebracht hatte; E… bewegte sich immer noch nicht. Sanft rieb ich mit meinem Finger den vorderen Teil ihres Geschlechts. Ich hätte sie aus leidenschaftlicher Dankbarkeit tausendmal küssen können.

Plötzlich, als ich weitermachte, fühlte ich, wie sie sich bewegte, und dann noch einmal; offensichtlich zeigte sie mir, wo meine Berührung ihr die größte Lust bereitete: Ich hätte vor Dankbarkeit für sie sterben können; wieder bewegte sie sich und ich konnte einen kleinen Hügel oder kleinen Fleischknopf direkt an der Vorderseite ihrer Scham spüren, oberhalb der Verbindung der inneren Schamlippen: natürlich war es ihre Klitoris. Bis zu diesem Moment hatte ich alle alten methodistischen Arztbücher vergessen; dieses Fragment längst vergessenen Wissens kam mir wieder in den Sinn: Sanft rieb ich die Klitoris und sofort drückte sie für einen Moment oder zwei auf meinen Finger. Ich versuchte, meinen Finger in die Vagina einzuführen; aber sie zog sich sofort und schnell zurück und schloss ihre Scham, als ob es weh täte, also streichelte ich weiter ihren Kitzler.

Plötzlich hörte das Wunder auf. Der verfluchte Organist hatte seine Erklärung des neuen Chorals beendet, und als er die ersten Töne auf dem Klavier anschlug, zog E… ihre Beine zusammen; ich nahm meine Hand weg, und sie stieg vom Stuhl herunter: „Du Liebling, Liebling", flüsterte ich; aber sie runzelte die Stirn und lächelte mich dann nur aus den Augenwinkeln an, um mir zu zeigen, dass sie nicht unzufrieden war.

Ach, wie schön, wie verführerisch erschien sie mir jetzt, tausendmal schöner und begehrenswerter als je zuvor. Als wir wieder aufstanden, um zu singen, flüsterte ich ihr zu: „Ich liebe dich, liebe dich, Liebling, Liebling!"

Ich kann nie die leidenschaftliche Dankbarkeit ausdrücken, die ich ihr gegenüber für ihre Güte und ihre Süße empfand, als sie mich ihre Geschlechtsteile berühren ließ. E… sie war es, die mir die Tore des Paradieses öffnete und mich erstmals die verborgenen Geheimnisse sexueller Lust kosten ließ. Noch immer, nach mehr als fünfzig Jahren, spüre ich die Erregung der Freude, die sie mir mit ihrer Reaktion bereitete, und die leidenschaftliche Ehrfurcht meiner Dankbarkeit ist in mir immer noch lebendig.

Diese Erfahrung mit E… hatte die wichtigsten und unerwartetsten Ergebnisse. Allein die Tatsache, dass Mädchen sexuelle Lust „genauso wie Jungen" empfinden konnten, steigerte meine Zuneigung zu ihnen und hob den gesamten Geschlechtsverkehr in meinen Gedanken auf eine höhere Ebene. Die Erregung und die Lust waren so viel intensiver als alles, was ich zuvor erlebt hatte, dass ich beschloss, mich für diese höhere Freude aufzusparen. Keine Selbstquälerei mehr für mich; ich kannte etwas unendlich Besseres. Ein Kuss war besser, eine Berührung des Geschlechts eines Mädchens.

Dass Küssen und Liebkosen eines Mädchens Selbstbeherrschung einflößen kann, wird von unseren spirituellen Führern und Meistern nicht gelehrt, ist aber dennoch wahr. Ein weiteres ähnliches Erlebnis bekräftigte zu dieser Zeit dieselbe Lektion. Ich hatte alles von Scott gelesen und seine Heldin Di Vernon machte großen Eindruck auf mich. Ich beschloss nun, meine ganze Leidenschaft in Zukunft für Di Vernon aufzubewahren. So heilten mich die ersten Erfahrungen der Leidenschaft und das Lesen einer Liebesgeschichte vollständig von der schlechten Angewohnheit der Selbstquälerei.

Natürlich war ich nach diesem ersten göttlichen Erlebnis für eine Sekunde nervös und gespannt wie ein forschender Falke. Ich konnte E… erst zur nächsten Musikstunde sehen, eine Woche Wartezeit; aber auch so eine Woche geht einmal zu Ende, und wieder einmal waren wir in unserer Einsamkeit hinter dem Klavier gefangen; und obwohl ich alle süßen und flehenden Worte flüsterte, die ich mir vorstellen konnte, tat E… nichts anderes, als ablehnend die Stirn zu runzeln und ihren hübschen Kopf zu schütteln. Das zerstörte für den Moment mein ganzes Vertrauen in Mädchen: Warum verhielt sie sich so? Ich zerbrach mir den Kopf über eine vernünftige Antwort und fand keine. Es war Teil der verdammten Unergründlichkeit von Mädchen, aber im Moment erfüllte es mich mit rasender Wut. Ich war außer mir vor Enttäuschung.

„Du bist gemein!", flüsterte ich ihr schließlich zu, und ich hätte noch mehr gesagt, wenn der Organist mich nicht zu einem Solo aufgefordert hätte, das ich sehr schlecht sang, so schlecht sogar, dass er mich hinter dem Klavier hervorholen ließ und mir damit sogar die Chance auf zukünftige Intimitäten verwehrte. Immer wieder verfluchte ich den Organisten und das Mädchen, aber ich war immer auf der Hut vor einer ähnlichen Erfahrung. Wie Hundeliebhaber über Jagdhunde sagen: „Ich hatte Blut geleckt und konnte den Geruch davon nie mehr vergessen."

25 Jahre oder mehr später aß ich mit Frederic Chapman zu Abend, dem Herausgeber von „The Fortnightly Review", dessen Herausgeber ich damals war. Einige Wochen später fragte er mich, ob mir eine Dame aufgefallen sei, beschrieb mir ihr Kleid und fügte hinzu: „Sie war sehr neugierig auf Sie. Als Sie das Zimmer betraten, erkannte sie Sie sofort und bat mich, ihr zu sagen, ob Sie sie erkannt hätten. Haben Sie sie erkannt?"

Ich schüttelte den Kopf: „Ich bin kurzsichtig, wissen Sie", sagte ich, „und deshalb ist mir das zu verzeihen, aber seit wann kennt sie mich?"

Er antwortete: „Als Junge in der Schule sagte sie, du würdest dich an sie unter ihrem Vornamen E erinnern …"

„Natürlich", rief ich, „Oh! Bitte sagen Sie mir ihren Namen und ihren Wohnort. Ich werde sie besuchen, ich möchte ihr ein paar Fragen stellen (und dann kam mir die Überlegung, dass ich vorsichtig sein sollte), fügte ich lahm hinzu.

„Ich kann Ihnen weder ihren Namen noch ihre Adresse geben", antwortete er. „Ich habe ihr versprochen, das nicht zu tun, aber ich wollte es Ihnen sagen, da sie schon lange glücklich verheiratet ist."

Ich drängte ihn, aber er blieb hartnäckig, und als ich es mir noch einmal überlegte, wurde mir klar, dass ich kein Recht hatte, mich einer verheirateten Frau aufzudrängen, die meine Bekanntschaft nicht erneuern wollte. Aber oh! Ich sehnte mich danach, sie zu sehen und aus ihrem eigenen Mund die Erklärung für ihren für mich damals unerklärlichen, grausamen Sinneswandel zu hören.

Als Mann weiß ich natürlich, dass sie dafür möglicherweise einen sehr guten Grund hatte, und allein ihr Name übt für mich noch immer einen besonderen Zauber aus, eine unvergessliche Faszination.

Mein Vater war immer bereit, mich zu Selbständigkeit zu ermuntern. Tatsächlich versuchte er, mich schon als Kind wie einen Mann zu benehmen. Die Weihnachtsferien dauerten nur vier Wochen. Daher war es für mich billiger, in einer benachbarten Stadt zu übernachten, als nach Irland zurückzukehren. Der Schulleiter wurde daher gebeten, mir etwa sieben

Pfund für meine Ausgaben zu geben, und er tat dies und gab mir außerdem viele gute Ratschläge.

Meine ersten Ferien verbrachte ich im Badeort Rhyl in Nordwales, weil ein Freund von mir, Evan Morgan, von dort kam und mir versprach, es für mich interessant zu machen. Und tatsächlich tat er viel dafür, dass ich die Menschen mochte und den Ort liebte. Er stellte mich drei oder vier Mädchen vor, unter denen ich eine Gertrude Hanniford sehr mochte . Gertie war über fünfzehn, groß und sehr hübsch, dachte ich, mit langen kastanienbraunen Zöpfen; eine der besten Gefährtinnen, die man sich vorstellen kann. Sie küsste mich bereitwillig; aber wann immer ich versuchte, sie intimer zu berühren, rümpfte sie ihre kleine Nase und sagte „Tu das nicht!" oder „Sei nicht schmutzig!"

Eines Tages sagte ich vorwurfsvoll zu ihr: „Wenn du das Wort weiterhin so oft verwendest, werde ich es mit ‚schmutzig' und ‚Gertie' kombinieren." Allmählich wurde sie zahmer, wenn auch für meine Ansprüche viel zu langsam; aber das Glück war mir gern behilflich.

Eines Abends waren wir zusammen auf einer Anhöhe hinter der Stadt, als plötzlich ein grelles Leuchten am Himmel aufstieg, das zwei oder drei Minuten anhielt. Im nächsten Moment wurden wir von einer Art Erdbeben erschüttert, das von einem dumpfen Knall begleitet wurde.

„Eine Explosion!", rief ich, „auf der Eisenbahnlinie: lasst uns hingehen und nachsehen!" Und los ging es zur Eisenbahnlinie. Etwa hundert Meter weit war Gertie genauso schnell wie ich; aber nach der ersten Viertelmeile musste ich sie zurückhalten, um sie nicht zu verlassen. Für ein Mädchen war sie immer noch sehr schnell und stark. Wir nahmen einen Fußweg neben der Eisenbahnlinie, denn wir fanden, dass es sehr langsam und gefährlich war, über die Holzschwellen zu laufen. Wir hatten etwas mehr als eine Meile zurückgelegt, als wir das Feuer vor uns sahen und eine Menge Gestalten, die sich im grellen Licht bewegten.

Nach wenigen Minuten standen wir vor drei oder vier brennenden Eisenbahnwaggons und dem Wrack einer Lokomotive.

„Wie schrecklich!", rief Gertie. „Lass uns über den Zaun steigen", antwortete ich, „und ganz nah ran!" Im nächsten Moment hatte ich mich auf den Holzpfosten geworfen und war halb darüber gesprungen, halb darübergeklettert. Aber Gerties Röcke hinderten sie daran, es mir gleichzutun. Als sie bestürzt dastand, kam mir ein großer Gedanke: „Steig auf das untere Geländer, Gertie", rief ich, „und dann auf das obere, und ich hebe dich rüber. Schnell!"

Sie tat sofort, was ihr gesagt wurde, und während sie zögernd mit einem Fuß auf jedem Geländer stand und ihre Hand auf meinem Kopf legte, um sich zu stützen, legte ich meine rechte Hand und meinen rechten Arm zwischen ihre Beine und zog sie im selben Moment mit meiner linken Hand zu mir heran. Ich hob sie sicher hoch, aber mein Arm war in ihrem Schritt, und als ich ihn herauszog, blieb meine rechte Hand auf ihrem Geschlecht stehen und begann es zu berühren:

Er war größer als der von E…, hatte mehr Haare und war genauso weich, aber sie gab mir keine Zeit, mich so intensiv von ihm erregen zu lassen.

„Nicht!", rief sie wütend. „Nimm deine Hand weg!" Und langsam und widerstrebend gehorchte ich und versuchte sie erst einmal aufzuregen. Als sie noch immer die Stirn runzelte, rief ich: „Komm schnell!", und nahm ihre Hand und zog sie zu dem brennenden Wrack hinüber.

Kurz darauf erfuhren wir, was passiert war: Ein mit Ölfässern beladener Güterzug hatte auf dem Abstellgleis gestanden; er begann durch sein eigenes Gewicht nach unten zu gleiten und stieß mit dem Irish Express zusammen, der auf dem Weg von London nach Holyhead war . Als die beiden aufeinandertrafen, wurden die Ölfässer über die Lokomotive des Schnellzuges geschleudert, fingen unterwegs Feuer und ergossen sich in Flammen über die ersten drei Waggons, so dass diese und ihre unglücklichen Insassen innerhalb kürzester Zeit zu Asche wurden. Im vierten und fünften Waggons gab es einige Verbrennungen und Versengungen, aber nicht viele. Mit offenen Augen beobachteten wir, wie die Arbeiterkolonne verkohlte Dinge, die eher wie verbrannte Holzscheite als Männer und Frauen aussahen, heraushob und sie ehrfürchtig in Reihen neben den Gleisen ablegte. Wenn ich mich recht erinnere, wurden etwa vierzig Leichen aus diesem Holocaust gerettet.

merkte Gertie , dass es spät war, und schnell machten wir uns Hand in Hand auf den Heimweg: „Sie werden böse auf mich sein", sagte Gertie, „weil ich so spät dran bin, es ist schon nach Mitternacht." „Wenn du ihnen erzählst, was du gesehen hast!", antwortete ich, „werden sie sich nicht wundern, dass wir gewartet haben." Als wir uns trennten, sagte ich: „Gertie, Liebes, ich möchte dir danken –" „Wofür", sagte sie kurz angebunden. „Weißt du", sagte ich listig, „das war so nett von dir" – sie verzog das Gesicht und rannte die Stufen zu ihrem Haus hinauf.

Langsam kehrte ich in meine Unterkunft zurück und war am nächsten Morgen, als ich die Geschichte erzählte, der Held des Hauses.

Diese gemeinsame Erfahrung machte Gertie und mich zu guten Freunden. Sie küsste mich und sagte, ich sei süß; einmal ließ sie mich sogar ihre Brüste sehen, als ich ihr erzählte, dass mir einmal ein Mädchen (ich sagte nicht, wer es war) ihre Brüste gezeigt hatte: Ihre Brüste waren fast so groß wie die meiner Schwester und sehr hübsch. Gertie ließ mich sogar ihre Beine bis zum

Knie berühren; aber sobald ich versuchte, weiter zu gehen, zog sie stirnrunzelnd ihr Kleid herunter. Trotzdem stieg ich immer höher und machte Fortschritte; Beharrlichkeit bringt einen jedem Ziel näher; aber leider war es kurz vor dem Ende der Weihnachtsferien und obwohl ich zu Ostern nach Rhyl zurückkehrte, sah ich Gertie nie wieder.

Als ich gerade über dreizehn war, versuchte ich hauptsächlich aus Mitleid, einen Aufstand der Schwulen anzuzetteln, und hatte zunächst auch teilweisen Erfolg, aber einige der kleinen Kerle redeten, und als Rädelsführer bekam ich eine Tracht Prügel. Die Aufseher warfen mich mit dem Gesicht nach unten auf ein langes Pult: Ein Junge aus der Oberstufe setzte sich auf meinen Kopf, ein anderer auf meine Füße, und auf einen dritten, es war Jones, legte man eine Aschenputtel . Ich ertrug es ohne zu stöhnen, aber ich kann den Sturm aus Wut und Hass, der in mir brodelte, nicht beschreiben. Glauben englische Väter wirklich, dass solche Arbeit Teil der Erziehung ist? Es machte mich zu einem Mörder. Als sie mich aufstehen ließen, sah ich Jones an, und wenn Blicke töten könnten, wäre er schnell fertig geworden. Er versuchte, mich zu schlagen, aber ich wich dem Schlag aus und ging hinaus, um Rache zu planen.

Jones war der Chef der Cricket First Eleven, in der auch ich einen Platz bekam, nur um zu bowlen. Vernon von der Sixth war der Chefbowler, aber ich war der Zweite, der einzige Junge in der Unterstufe, der überhaupt in der Elf war. Bald darauf kam eine Mannschaft aus einer anderen Schule herüber, um gegen uns zu spielen: Die gegnerischen Kapitäne trafen sich vor dem Zelt, alle zeigten ihr bestes Benehmen ; aus irgendeinem Grund, weil Vernon nicht bereit war oder so, bekam ich den neuen Ball. Ein paar der Lehrer standen in der Nähe. Jones verlor den Münzwurf und sagte sehr höflich zum gegnerischen Kapitän: „Wenn Sie bereit sind. Sir! Wir gehen raus." Der andere Kapitän verbeugte sich lächelnd, meine Chance war gekommen:

„Ich werde nicht mit dir spielen, du Vieh!", schrie ich und schleuderte Jones den Ball ins Gesicht.

Er war sehr schnell und warf seinen Kopf zur Seite, sodass er der vollen Wucht des Schlags entging; dennoch streifte die Naht des neuen Balls seinen Wangenknochen und durchbohrte die Haut. Alle standen erstaunt da. Nur Leute, die die Stärke der englischen Konventionen kennen, können sich das Gefühl vorstellen . Jones selbst wusste nicht, was er tun sollte, aber er holte sein Taschentuch heraus, um das Blut abzuwischen, denn die Haut war gerade durchbohrt. Ich ging allein weg. Ich hatte das oberste Gesetz unserer Schuljungenehre gebrochen: niemals unsere Meinungsverschiedenheiten einem Lehrer anzuvertrauen, und schon gar nicht Jungen und Lehrern einer anderen Schule. Ich hatte außerdem in aller Öffentlichkeit und vor allen gesündigt. Ich würde allgemein verurteilt werden.

Die Wahrheit ist, ich war verzweifelt und schrecklich unglücklich, denn seit dem Zusammenbruch des Schwulenaufstands hatten sich die unteren Klassen von mir zurückgezogen, und die älteren Jungs sprachen, wenn sie es vermeiden konnten, nie wieder mit mir, und dann immer als „Pat".

Ich fühlte mich wie ein Außenseiter und war so einsam und unglücklich, wie es nur verachtete Außenseiter sein können. Ich war mir auch sicher, dass ich von der Schule verwiesen werden würde, und wusste, dass mein Vater mich hart verurteilen würde; er stand immer auf der Seite der Autoritäten und Meister. Die Zukunft sollte jedoch nicht so düster sein, wie ich es mir vorgestellt hatte.

Der Mathematiklehrer war ein junger Mann aus Cambridge, vielleicht sechsundzwanzig, mit Namen Stackpole : Ich hatte ihn eines Tages nach einem Algebra-Problem gefragt und er war freundlich zu mir gewesen. Als ich an diesem verhängnisvollen Nachmittag gegen sechs zur Schule zurückkehrte, traf ich ihn zufällig am Rand des Spielfelds und mit ein wenig Mitgefühl entlockte er mir bald meine ganze Geschichte.

„Ich will rausfliegen. Ich hasse diese scheußliche Schule", war mein Schrei. Der ganze Charme der irischen Schulen gärte in mir: Ich vermisste die Freundlichkeit der Jungen untereinander und der Lehrer gegenüber den Jungen; vor allem die fantasievollen Fantasien über Feen und „die kleinen Leute", die uns unsere Kindermädchen beigebracht hatten und an die wir zwar nur halb glaubten, die aber das Leben bereicherten und verherrlichten – all das war für mich verloren. Vor allem war mein Kopf voller Geschichten über Banshees und Feenköniginnen und Helden, die ich zur Hälfte aus der Erinnerung, zur Hälfte aus eigener Entwicklung herrührte, was mich zu einer begehrten Gefährtin für irische Jungen machte und mir von den Engländern nur Spott einbrachte.

„Ich wünschte, ich hätte gewusst, dass man dich verarscht", sagte Stackpole , als er alles gehört hatte, „das kann ich leicht wiedergutmachen", und er ging mit mir ins Klassenzimmer, strich dort und dort meinen Namen von der Schwuchtelliste und trug meinen Namen in die erste Mathematikabteilung ein.

„So", sagte er lächelnd, „Sie sind jetzt in der Oberstufe, wo Sie hingehören. Ich denke", fügte er hinzu, „ich gehe besser und erzähle dem Doktor, was ich getan habe. Seien Sie nicht entmutigt, Harris", fügte er hinzu, „ es wird alles gut."

Am nächsten Tag unternahm die Sechste nichts, außer meinen Namen aus der Liste der Ersten Elf zu streichen. Man sagte mir, Jones würde mich verprügeln, aber ich erschreckte meinen Informanten mit den Worten:

„Wenn er mich anfasst, stoße ich ihm ein Messer in die Kehle. Das können Sie ihm sagen."

Tatsächlich wurde ich jedoch zur Hälfte nach Coventry geschickt, und was mich am meisten schmerzte, war, dass es die Jungen der Unterstufe waren, die am kältesten zu mir waren, genau die Jungen, für die ich gekämpft hatte. Das gab mir einen bitteren Vorgeschmack auf das, was mir mein ganzes Leben lang immer wieder passieren sollte.

Der teilweise Boykott meiner Person berührte mich nicht sehr; ich machte lange Spaziergänge im schönen Park von Sir W. W— in der Nähe der Schule.

Ich habe hier viele harte Dinge über das englische Schulleben gesagt; für mich hatte es jedoch zwei große positive Seiten: die Bibliothek, die jedem Jungen offen stand, und die körperliche Ertüchtigung auf den Spielfeldern, die verschiedenen sportlichen Übungen und die Turnhalle. Die Bibliothek bedeutete für mich einige Monate lang Walter Scott. Wie recht George Eliot hatte, als er von ihm sagte, er habe „vielen jungen Menschen Freude bereitet". Bestimmte Szenen aus seinem Werk hinterließen einen unauslöschlichen Eindruck auf mich, obwohl es sich leider nicht immer um seine besten Werke handelte. Der Ringkampf zwischen dem Puritaner Balfour von Burleigh und dem Soldaten war eine meiner Lieblingspassagen. Eine andere Lieblingsseite fand nach meinem reiferen Urteil ebenfalls Zustimmung, nämlich der mutige Selbstmord der kleinen atheistischen Apothekerin in „Fair Maid of Perth". Aber Scotts beste Werke, wie die Charakterzeichnung alter schottischer Diener, ließen mich kalt. Dickens konnte ich weder als Junge noch später ertragen. Seine „Geschichte aus zwei Städten" und „Nicholas Nickleby" schienen mir damals die besten zu sein, und ich hatte nie den Wunsch, mein Urteil zu revidieren, nachdem ich in meinen Studententagen „David Copperfield" gelesen hatte und Männer durch einen Namen, einen Satz oder eine Geste, Frauen durch ihre Bescheidenheit und Seelen durch ein albernes Schlagwort charakterisiert fand; „das bloße Talent des Karikaturisten", sagte ich mir, „in seinen besten Momenten ein zweiter Hogarth."

Natürlich habe ich die Romanzen und Abenteuergeschichten alle verschlungen, aber nur wenige haben mich wirklich berührt: „The Chase of the White Horse" von Mayne Reid ist mir wegen der Liebesszenen mit der spanischen Heldin noch immer im Gedächtnis, und Marryats „Peter Simple", das ich hundertmal gelesen habe und morgen noch einmal lesen könnte, denn meiner bescheidenen Meinung nach zeichnet Chucks, der Bootsmann, eine bessere Charakterzeichnung als Dickens insgesamt. Ich weiß noch, wie erstaunt ich zehn Jahre später war, als Carlyle verächtlich von Marryat sprach. Ich wusste, dass er unfair war, so wie ich wahrscheinlich unfair gegenüber Dickens bin: Schließlich hat sogar Hogarth ein oder zwei gute Bilder vorzuweisen, und niemand überlebt auch nur drei Generationen ohne irgendeinen Wert.

In den zwei Jahren, die ich dort verbracht habe, habe ich jedes Buch in der Bibliothek gelesen, und ein halbes Dutzend davon hänge mir immer noch am Herzen.

Ich profitierte auch von allen Spielen und Übungen. Ich war nicht gut im Cricket; ich war kurzsichtig und bekam durch einen unerwarteten Astigmatismus einige böse Schläge ab; aber ich hatte ein außergewöhnliches Talent fürs Bowlen, das mich, wie ich bereits erwähnte, in die erste Elf brachte. Ich mochte Fußball und war gut darin. Ich hatte an jeder Art von Übung die größte Freude: Ich konnte besser springen und rennen als fast jeder andere Junge in meinem Alter und gehörte im Ringen und etwas später im Boxen zu den Besten in der Schule. Auch in der Turnhalle trainierte ich eifrig; ich war so begierig darauf, hervorragende Leistungen zu erbringen, dass der Lehrer mir ständig riet, es langsam anzugehen. Mit vierzehn konnte ich mich mit der rechten Hand hochziehen, bis mein Kinn über der Stange war.

Bei allen Spielen haben die Engländer ein hohes Ideal von Fairness und Höflichkeit. Niemand nutzte jemals einen unfairen Vorteil gegenüber einem anderen aus und Höflichkeit war ein Gesetz. Wenn eine andere Schule eine Mannschaft schickte, um gegen uns Cricket oder Fußball zu spielen, jubelten die Sieger immer den Besiegten zu, wenn das Spiel vorbei war, und es war eine Regel, dass der Kapitän dem Kapitän der Besucher für seine Freundlichkeit dankte, dass er gekommen war, und für das gute Spiel, das er uns geboten hatte. Dieser Brauch galt auch in den königlichen Schulen in Irland, die für die englische Garnison gegründet wurden, aber ich konnte nicht umhin festzustellen, dass diese Höflichkeiten in gewöhnlichen irischen Schulen nicht praktiziert wurden. Es war jahrelang das Einzige, in dem ich die Überlegenheit von John Bull anerkennen musste.

Das Ideal eines Gentleman ist nicht sehr hoch gesteckt. Emerson sagt irgendwo, die Entwicklung des Gentleman sei das wichtigste geistige Produkt der letzten zwei oder drei Jahrhunderte; aber das Konzept, so scheint es mir, stellt das Ideal in den Schatten. Ein „Gentleman" ist für mich eine Sache mit einigen Aspekten, aber ohne Bedeutung: Man sollte ein Gentleman und noch viel mehr sein: ein Denker, Führer oder Künstler.

Die englischen Spielgewohnheiten lehrten mich den Wert und die Notwendigkeit von Höflichkeit, und die emsige Ausübung der Leichtathletik trug viel dazu bei, meine Kontrolle über alle meine körperlichen Begierden zu stärken und zu festigen: Sie gaben meinem Geist und meiner Vernunft die Macht über mich. Gleichzeitig lehrten sie mich die Gesundheitsgesetze und die Notwendigkeit, sie zu befolgen.

Ich fand heraus, dass ich durch wenig Trinken zu den Mahlzeiten sehr schnell abnehmen konnte und dadurch höher springen konnte als je zuvor. Doch als ich weiter abnahm, lernte ich, dass es eine Grenze gab, jenseits derer ich, wenn ich beharrlich weitermachte, an Kraft zu verlieren begann: Durch die Leichtathletik lernte ich, was die Franzosen „ juste milieu" nennen, den mittleren Weg der Mäßigung.

Mit etwa vierzehn Jahren entdeckte ich, dass man, wenn man vor dem Schlafengehen an die Liebe denkt, nachts davon träumt. Und diese Erfahrung lehrte mich noch etwas anderes: Wenn ich kurz vor dem Schlafengehen eine Lektion wiederholte, konnte ich sie am nächsten Morgen perfekt beherrschen. Das Gehirn scheint sogar in der Bewusstlosigkeit zu arbeiten. Seitdem habe ich oft im Schlaf Mathematik- und Schachaufgaben gelöst, die mir tagsüber Kopfzerbrechen bereitet haben.

SCHULTAGE IN ENGLAND.

Kapitel III.

In meinem dreizehnten Jahr fand das wichtigste Erlebnis meines Schullebens statt. Als ich eines Tages mit einem etwa sechzehnjährigen Jungen aus Westindien hinausging, gestand ich, dass ich in der Church of England „konfirmiert" werden würde. Ich war damals sehr religiös und nahm das ganze Ritual mit erschreckender Ernsthaftigkeit. „Glaube, und du wirst gerettet werden" klang mir Tag und Nacht in den Ohren, aber ich hatte keine glückliche Überzeugung. Was glauben? „Glaube an mich, Jesus." Natürlich glaube ich; dann sollte ich glücklich sein, und ich war nicht glücklich.

„Glaube nicht" und ewige Verdammnis und ewige Folter folgen. Meine Seele empörte sich über die Ungerechtigkeit der schrecklichen Verurteilung. Was wurde aus den Myriaden, die noch nie von Jesus gehört hatten? Das alles war mir ein schreckliches Rätsel; aber die strahlende Gestalt und die süßen Lehren Jesu ermöglichten es mir, zu glauben und zu beschließen, so zu leben wie er, selbstlos – rein. Ich mochte das Wort „rein" nie und verbannte es in den dunkelsten Hintergrund meiner Gedanken. Aber ich würde versuchen, gut zu sein – ich würde es zumindest versuchen!

„Glauben Sie all die Märchen in der Bibel?", fragte mein Begleiter.

„Natürlich tue ich das", antwortete ich, „es ist das Wort Gottes, nicht wahr?" „Wer ist Gott?", fragte der Westinder.

„Er hat die Welt erschaffen", fügte ich hinzu, „all diese Wunder" – und mit einer Geste schloss ich Erde und Himmel mit ein.

„Wer hat Gott erschaffen?", fragte mein Begleiter.

Ich wandte mich erschüttert ab: Blitzschnell wurde mir klar, dass ich mich auf ein Wort gestützt hatte, das man mir beigebracht hatte: „Wer hat Gott erschaffen?" Ich ging allein die lange Wiese am kleinen Bach hinauf, und meine Gedanken wirbelten: Eine Geschichte nach der anderen, die ich geglaubt hatte, waren für mich jetzt „Märchen". Jona hatte nicht drei Tage im Bauch eines Wals gelebt. Ein Mann kann nicht in die Kehle eines Wals gelangen. Das Matthäusevangelium begann mit der Abstammung Jesu, die zeigte, dass er aus dem Samen Davids durch Josef, seinen Vater, geboren wurde, und gleich im nächsten Kapitel wird Ihnen gesagt, dass Josef nicht sein Vater war, sondern der Heilige Geist. Nach einer Stunde lag das gesamte Gefüge meiner spirituellen Überzeugungen in Trümmern: Ich glaubte nichts davon, nicht ein Jota, nicht ein Pünktchen: Ich fühlte mich, als wäre ich nackt der Kälte ausgesetzt.

der Mohammedanismus nur aus Lügen und Märchen bestand , dann waren die Verbote lächerlich und ich konnte jedes Mädchen küssen und haben, das sich mir hingab. Auf einmal hatte ich mich teilweise mit meiner geistigen Nacktheit abgefunden: Es gab eine Entschädigung.

Der Verlust meiner Überzeugungen war lange Zeit sehr schmerzhaft für mich. Eines Tages erzählte ich Stackpole von meiner Untreue und er empfahl mir, „Butlers Analogie" zu lesen und unvoreingenommen zu bleiben. Butler beendete, was der Westinder begonnen hatte, und in meinem Durst nach Gewissheit begann ich, tiefer zu lesen. In Stackpoles Räumen stieß ich eines Tages auf ein Buch mit Huxleys Essays; innerhalb einer Stunde hatte ich sie verschlungen und mich selbst zum „Agnostiker" erklärt; das war ich; ich wusste nichts mit Sicherheit, war aber bereit zu lernen.

In den nächsten sechs Monaten alterte ich geistig um zehn Jahre: Ich suchte ständig nach Büchern, die mich überzeugen konnten, und stieß schließlich auf Humes Argument gegen Wunder. Das machte allen meinen Zweifeln ein Ende und befriedigte mich endgültig. Zwölf Jahre später, als ich in Göttingen Philosophie studierte , erkannte ich, dass Humes Argumentation nur für die Zeit meiner Heilung schlüssig war. Zu Mittsommer verweigerte ich die Firmung. Wochenlang zuvor hatte ich die Bibel gelesen, um die unglaublichsten Geschichten und den Unsinn zu erfahren, den ich nachts zur Freude der Jungen im großen Schlafzimmer weitertippte.

Dieses Jahr verbrachte ich die Mittsommerferien wie üblich in Irland. Mein Vater hatte sein Haus bei meiner Schwester Nita dort eingerichtet, wo Vernon gerade von seiner Bank hingeschickt wurde. Diesen Sommer verbrachte ich, glaube ich, in Ballybay in der Grafschaft Monaghan. Ich erinnere mich kaum oder gar nicht an das Dorf, außer dass es in der Nähe eine Reihe schöner schilfgesäumter Seen gab, die Vernon im Herbst gute Möglichkeiten zum Enten- und Schnepfenschießen boten.

Diese Ferien sind mir wegen mehrerer Vorkommnisse in Erinnerung geblieben. Eines Tages beim Abendessen kam zwischen meiner Schwester und meinem ältesten Bruder ein Gespräch darüber, wie man sich an Mädchen ranmachen und sie gewinnen kann. Ich bemerkte mit Erstaunen, dass mein Bruder Vernon der Meinung meiner Schwester in dieser Angelegenheit sehr respektvoll gegenüberstand, also kontaktierte ich Nita gleich nach dem Mittagessen und bat sie, mir zu erklären, was sie mit „Schmeichelei" meinte. „Du hast gesagt, alle Mädchen mögen Schmeicheleien. Was hast du gemeint?"

„Ich meine", sagte sie, „sie alle hören gern, dass sie hübsch sind, dass sie schöne Augen oder schöne Zähne oder schönes Haar haben, je nachdem, oder dass sie groß und gut gebaut sind. Sie alle mögen es, wenn ihre guten Seiten bemerkt und gelobt werden."

„Ist das alles?", fragte ich. „Oh nein!", sagte sie, „sie alle mögen es, wenn ihre Kleidung und vor allem ihr Hut bemerkt werden; wenn er zu ihrem Gesicht passt, wenn er sehr hübsch ist und so weiter … Alle Mädchen denken, dass sie einem wirklich gefallen, wenn man auf ihre Kleidung achtet, denn das ist bei den meisten Männern nicht der Fall."

„Nummer zwei", sagte ich mir, „gibt es sonst noch etwas?"

„Natürlich", sagte sie, „müssen Sie sagen, dass das Mädchen, mit dem Sie zusammen sind, das hübscheste Mädchen im Raum oder in der Stadt ist, tatsächlich ganz anders als alle anderen Mädchen, allen anderen überlegen, das einzige Mädchen auf der Welt für Sie. Alle Frauen möchten für so viele Männer wie möglich das einzige Mädchen auf der Welt sein."

„Nummer drei", sagte ich mir: „Mögen sie es nicht, geküsst zu werden?", fragte ich.

„Das kommt hinterher", sagte meine Schwester, „viele Männer fangen damit an, dich zu küssen und zu begrapschen, bevor sie dir überhaupt gefallen. Das schreckt dich ab. Zuerst Schmeicheleien in Form von Aussehen und Kleidung, dann Hingabe und danach kommt das Küssen von selbst."

„Nummer vier!" Ich ging diese vier Dinge immer wieder für mich durch und begann, sie auch an den älteren Mädchen und Frauen in meiner Umgebung auszuprobieren, und bald stellte ich fest, dass sie alle fast sofort eine bessere Meinung von mir hatten.

Ich erinnere mich, dass ich mein neues Wissen zuerst an der jüngeren Miss Raleigh anwandte, die Vernon, wie ich dachte, mochte. Ich lobte sie einfach, wie meine Schwester es mir geraten hatte: zuerst ihre Augen und Haare (sie hatte sehr schöne blaue Augen). Zu meinem Erstaunen lächelte sie mich sofort an; dementsprechend sagte ich weiter, sie sei das hübscheste Mädchen in der Stadt, und plötzlich nahm sie meinen Kopf in ihre Hände und küsste mich und sagte: „Du bist ein lieber Junge!"

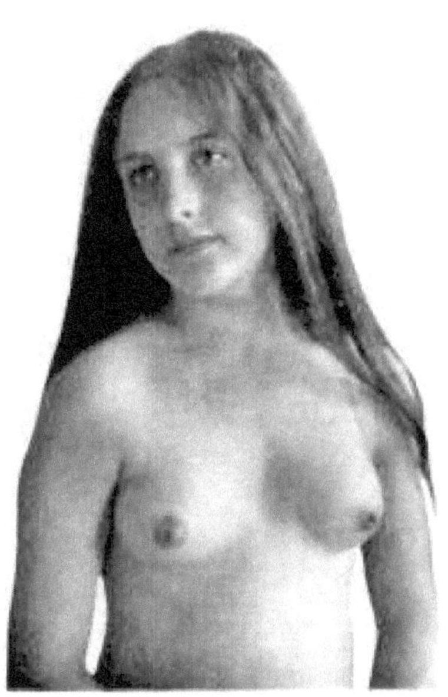

Aber mein großes Erlebnis sollte noch kommen. Es gab einen sehr gut aussehenden Mann, den ich zwei- oder dreimal auf Partys traf; ich glaube, sein Name war Tom Connolly: Ich bin nicht sicher, aber ich sollte es nicht vergessen; denn ich kann ihn so deutlich sehen, als stünde er jetzt vor mir: 1,78 oder 1,80 Meter groß, sehr gutaussehend mit schattigen violetten Augen. Jeder erzählte eine Geschichte über ihn, die sich bei seinem Besuch beim Vizekönig in Dublin zugetragen hatte. Es stellte sich heraus, dass die Vizekönigin ein sehr hübsches französisches Hausmädchen hatte, und Tom Connolly versöhnte sich mit dem Hausmädchen. Eines Nachts wurde die Vizekönigin krank und schickte ihren Mann nach oben, um das Hausmädchen zu rufen. Als der Mann an die Tür des Hausmädchens klopfte und sagte, dass seine Frau sie wollte, antwortete Tom Connolly mit starker Stimme:

„Es ist unfreundlich von Ihnen, einen Mann in einem solchen Moment zu unterbrechen."

Der Vizekönig entschuldigte sich natürlich sofort und eilte davon, aber wie ein Narr erzählte er die Geschichte seiner Frau, die sehr empört war, und am nächsten Tag beim Frühstück setzte sie einen Adjutanten zu ihrer Rechten und Tom Connollys Platz ganz hinten am Tisch. Wie üblich kam Connolly spät nach Hause, und als er die Anordnung der Plätze sah, nahm er alles in sich auf und ging zum Adjutanten.

„Nun, junger Mann", sagte er, „Sie werden später noch viele Gelegenheiten dazu haben, also geben Sie mir meinen Platz", und er wies ihn sofort von seinem Platz und nahm neben der Vizekönigin Platz , obwohl sie kaum mit ihm sprach.

Schließlich sagte Tom Connolly zu ihr: „Das hätte ich nicht von Ihnen gedacht, denn Sie sind so freundlich. Stellen Sie sich vor, Sie würden einem armen jungen Mädchen die Schuld geben, wenn sie zum ersten Mal einem Mann nachgibt!"

Diese Antwort brachte den ganzen Tisch zum Toben und begründete Connollys Ruf als unverschämter Mensch in ganz Irland.

Alle sprachen von ihm und ich folgte ihm durch den ganzen Garten und wann immer er sprach, spitzte ich meine großen Ohren, um jedes weise Wort zu hören, das über seine Lippen kommen mochte. Schließlich bemerkte er mich und fragte mich, warum ich ihm folgte.

„Alle sagen, Sie können jede Frau gewinnen, die Ihnen gefällt, Mr. Connolly", sagte ich halb beschämt: „Ich möchte wissen, wie Sie das machen und was Sie ihnen sagen."

„Faith, ich weiß es nicht", sagte er, „aber du bist ein komischer kleiner Kerl. Wie alt bist du, dass du solche Fragen stellst?"

„Ich bin vierzehn", sagte ich kühn.

„Vierzehn hätte ich dir nicht gegeben, aber selbst vierzehn ist zu jung; du musst warten." Also zog ich mich zurück, blieb aber in Hörweite.

Ich hörte ihn mit meinem ältesten Bruder über meine Frage lachen und dachte, mir sei vergeben. Am nächsten oder übernächsten Tag fand er mich so eifrig wie immer und sagte:

„Wissen Sie, Ihre Frage hat mich amüsiert und ich dachte, ich würde versuchen, eine Antwort darauf zu finden, und hier ist eine. Wenn Sie ihr einen steifen Penis in die Hand geben und dabei heftig weinen können, kommen Sie dem Herzen jeder Frau nahe. Aber vergessen Sie die Tränen nicht." Ich fand den Ratschlag perfekt; ich konnte in einem solchen Moment nicht weinen; aber ich habe die Worte nie vergessen.

Ballybay gab es eine große Kaserne der irischen Polizei und der Subinspektor war ein gutaussehender Kerl von 1,75 bis 1,80 m namens Walter Raleigh. Er sagte immer, er sei ein Nachfahre des berühmten Höflings von Königin Elisabeth und sprach seinen Namen „ Rolly " aus und versicherte uns, sein berühmter Namensvetter habe ihn oft so geschrieben, was darauf hindeutete, dass er ihn wie mit „o" ausgesprochen haben musste. Der Grund, warum ich Raleigh hier erwähne, ist, dass seine Schwestern und meine gute Freunde waren und er unser Haus fast so betrat und verließ, als wäre es sein eigenes.

Jeden Abend, wenn Vernon und Raleigh nichts Besseres zu tun hatten, räumten sie die Stühle in unserem Hinterzimmer weg, zogen Boxhandschuhe an und lieferten sich einen Schlagabtausch. Mein Vater saß immer in einer Ecke und sah ihnen zu: Vernon war leichter und kleiner, aber schneller; trotzdem hatte ich immer das Gefühl, dass Raleigh nicht seine ganze Kraft gegen ihn einsetzte.

An einem der ersten Abende, als Vernon sich beschwerte, dass Raleigh nicht gekommen oder geschickt worden war, sagte mein Vater: „Warum versuchst du es nicht, Joe?" (mein Spitzname!). Im Handumdrehen hatte ich die Handschuhe an und bekam meine erste Unterrichtsstunde von Vernon, der mir zumindest beibrachte, wie man gerade schlägt und dann, wie man abwehrt und zur Seite ausweicht. Ich war für meine Größe sehr schnell und stark, aber eine Zeit lang schlug Vernon nur sehr leicht zu. Bald jedoch wurde es für ihn schwierig, mich überhaupt zu treffen, und dann bekam ich manchmal einen heftigen Schlag, der mich umhaute. Aber durch beständiges Üben verbesserte ich mich schnell und nach etwa vierzehn Tagen zog ich die Handschuhe einmal mit Raleigh an. Seine Schläge waren sehr viel heftiger und brachten mich sogar beim Abwehren ins Wanken, also gewöhnte ich mich daran, jedem auf mich gezielten Schlag auszuweichen, auszuweichen oder zur Seite zu treten, während ich mit aller Kraft zurückschlug. Eines Abends, als Vernon und Raleigh mich beide gelobt hatten, erzählte ich ihnen von Jones und wie er mich tyrannisierte. Er hatte mir das Leben wirklich zur Hölle gemacht: Er begegnete mir nie außerhalb der Schule, ohne mich zu schlagen oder zu treten, und sein Lieblingsname für mich war „Moortrotter!" Auch seine Haltung wirkte sich auf die ganze Schule aus: Ich begann ihn ebenso zu hassen, wie ich ihn fürchtete.

Sie dachten beide, ich könnte ihn schlagen; aber ich beschrieb ihn als sehr stark, und schließlich beschloss Raleigh, zwei Paar 113 Gramm schwere Handschuhe oder Kampfhandschuhe zu schicken und diese mit mir zu tragen, um mir Selbstvertrauen zu geben. In der ersten halben Stunde mit den neuen Handschuhen schlug Vernon mich kein einziges Mal, und ich musste zugeben, dass er sogar stärker und schneller war als Jones. Am Ende der Ferien ließen sie mich beide versprechen, Jones gleich beim ersten Mal, wenn ich ihn in der Schule sah, eine Ohrfeige zu geben.

Wenn wir zur Schule zurückkamen, trafen wir uns immer im großen Klassenzimmer. Als ich das Zimmer betrat, herrschte Stille. Ich war furchtbar aufgeregt und verängstigt, ich weiß nicht warum; aber fest entschlossen: „Er kann mich nicht töten", sagte ich mir tausendmal; innerlich war ich immer noch in einer zitternden Angst, obwohl ich äußerlich ziemlich gefasst wirkte . Jones und zwei andere aus der Sechsten standen vor dem leeren Kamin : Ich ging zu ihnen: Jones nickte: „Guten Tag , Pat!"

„Ziemlich", sagte ich, „aber warum nimmst du so viel Platz ein?" und ich stieß ihn beiseite: Er stieß mich sofort heftig und ich schlug ihm, wie versprochen, ins Gesicht. Die älteren Jungen hielten ihn zurück, sonst hätte der Kampf sofort stattgefunden: „Willst du kämpfen?", bellte er mich an und ich antwortete: „So viel du willst, Bully!" Es wurde vereinbart, dass der Kampf am nächsten Nachmittag stattfinden sollte, was zufällig ein Mittwoch und ein halber Feiertag war. Von drei bis sechs würden wir genug Zeit haben. An diesem Abend bat mich Stackpole in sein Zimmer und sagte mir, er würde den Doktor veranlassen, den Kampf zu beenden, wenn ich es wünsche; ich versicherte ihm, dass es so sein müsse und ich es vorziehen würde, die Sache beizulegen.

„Ich fürchte, er ist zu alt und zu stark für Sie", sagte Stackpole : Ich lächelte nur.

Am nächsten Tag wurde der Ring am oberen Ende des Spielfeldes hinter dem Heuhaufen errichtet, damit wir von der Schule aus nicht gesehen werden konnten. Die ganze Sechste und fast die ganze Schule standen hinter Jones, aber Stackpole blieb, während er scheinbar umherschlenderte, immer in meiner Nähe. Ich war ihm sehr dankbar: Ich weiß nicht, warum; aber seine Anwesenheit linderte meine Einsamkeit. Zuerst war der Kampf fast wie ein Boxkampf. Jones holte mit der linken Hand aus, mein Kopf rutschte ihr aus und ich konterte mit der Rechten in seinem Gesicht: Einen Moment später stürzte er sich auf mich, aber ich duckte mich, trat zur Seite und traf ihn hart am Kinn. Ich konnte das Erstaunen der Schule in der Totenstille spüren:

„Gut, gut!", rief Stackpole hinter mir: „So geht das." Und tatsächlich war es in jeder Runde außer einer die „Art" des Kampfes. Wir hatten uns acht oder zehn Minuten lang angestrengt, als ich spürte, wie Jones schwächer wurde oder ihm die Puste ausging: Sofort ging ich mit aller Kraft zum Angriff über; als ich plötzlich, wie es der Zufall wollte, einen rechten Schlag knapp unter dem linken Ohr abbekam und von den Füßen gerissen wurde: Er konnte hart genug zuschlagen, das war klar. Als ich zur nächsten Runde in die Mitte des Rings ging, verhöhnte mich Jones:

„Das hast du verstanden, nicht wahr, Pat!"

„Ja", antwortete ich, „aber dafür werde ich dich grün und blau schlagen", und der Kampf ging weiter. Ich hatte mich entschlossen, auf dem Boden liegend nur auf sein Gesicht einzuschlagen. Er war klein und stark und meine Körperschläge schienen keinen Eindruck auf ihn zu machen; aber wenn ich sein ganzes Gesicht schwärzen könnte, würden die Meister und vor allem der Doktor verstehen, was passiert war.

Immer wieder schlug Jones zu, erst mit der rechten, dann mit der linken Hand, in der Hoffnung, mich wieder niederzuschlagen. Doch mein Training

war zu abwechslungsreich und umfassend gewesen, und der
niederschmetternde Schlag hatte mich die nötige Vorsicht gelehrt: Ich wich
seinen Schlägen aus oder wich ihnen zur Seite aus und traf ihn rechts und
links im Gesicht, bis seine Nase plötzlich zu bluten begann und Stackpole
hinter mir in höchster Aufregung schrie: „So ist es, so ist es; schlagt weiter
auf ihn ein!"

Als ich mich umdrehte, um ihn anzulächeln , sah ich, dass viele der
Schwuchteln, ehemalige Kumpels von mir, in meine Ecke gekommen waren
und mir jetzt alle aufmunternd zulächelten und mir mutig zuriefen, „ihm hart
zuzupacken". Da wurde mir zum ersten Mal klar, dass ich nur weitermachen
und vorsichtig sein musste, und der Sieg würde mir gehören. Eine kalte, harte
Freude wich in mir der nervösen Erregung, und als ich zuschlug, versuchte
ich, mit den Fingerknöcheln zu schneiden, wie Raleigh es mir einmal gezeigt
hatte.

Es dauerte eine Weile, bis Jones' Nasenbluten aufhörte, und sobald er in die
Mitte des Rings kam, fing ich mit einem weiteren Rechtshänder wieder an.
Nach dieser Runde hielten ihn seine Sekundanten und Unterstützer so lange
in seiner Ecke, dass ich schließlich auf Stackpoles geflüsterten Rat hin zu ihm
ging und zu ihm sagte: „Entweder du kämpfst oder du gibst auf: Ich hole mir
eine Erkältung." Er kam sofort heraus und stürzte sich kampflustig auf mich,
aber sein Gesicht war ein einziger blauer Fleck und sein linkes Auge fast
geschlossen. Bei jeder Gelegenheit schlug ich auf das rechte Auge ein, bis es
noch schlimmer war.

Es ist mir seitdem seltsam, dass ich nie Mitleid mit ihm empfunden und
angeboten habe, aufzuhören: Die Wahrheit ist, er hatte mich so unerbittlich
und fortwährend tyrannisiert, meinen Stolz so oft in der Öffentlichkeit
verletzt, dass ich selbst zum Schluss noch von kalter Wut auf ihn erfüllt war.
Ich bemerkte alles: Ich sah, dass ein paar aus der Sechsten zum Schulhaus
gingen und danach mit Shaddy , dem zweiten Lehrer, zurückkamen. Als sie
um den Heuhaufen herumkamen, kam Jones in den Ring; er schlug wild
rechts und links zu, als ich in Schlagdistanz kam, aber ich glitt außerhalb
seiner schwächeren Linken hindurch und traf ihn so hart ich konnte, erst
rechts, dann links am Kinn, und er fiel auf den Rücken.

Sofort ertönte ein Beifallschrei von den kleinen Kerlen in meiner Ecke und
ich sah, dass Stackpole sich zu Shaddy in der Nähe von Jones' Ecke gesellt
hatte . Plötzlich kam Shaddy direkt an den Ring heran und sprach zu meinem
Erstaunen mit einer gewissen Würde:

„Dieser Kampf muss sofort beendet werden", sagte er laut, „wenn noch ein
Schlag ausgeführt oder ein Wort gesagt wird, melde ich den Ungehorsam
dem Doktor." Wortlos ging ich und zog Mantel, Weste und Kragen an,
während seine Freunde von der Sechsten Jones zum Schulhaus begleiteten.

Ich hatte noch nie in meinem Leben so viele Freunde und Bewunderer wie damals, als sie auf mich zukamen, um mir zu gratulieren und ihre Bewunderung und ihr Wohlwollen zu bezeugen. Die ganze Unterstufe war, wie es schien, auf meiner Seite, und das schon von Anfang an, und ein oder zwei aus der Sechsten, besonders Herbert, kamen herüber und lobten mich herzlich: „Ein toller Kampf", sagte Herbert, „und jetzt werden wir vielleicht weniger schikaniert: jedenfalls", fügte er humorvoll hinzu, „wird niemand Sie schikanieren wollen: Sie sind ein Profi im Taschenformat: Wo haben Sie das Boxen gelernt?"

Ich hatte genug Verstand, um zu lächeln und meine Meinung zu behalten. Jones erschien an diesem Abend nicht in der Schule: Tatsächlich wurde er tagelang im Krankenzimmer im Obergeschoss festgehalten. Die Schwuchteln und die Jungs aus der unteren Klasse erzählten mir alle möglichen Geschichten, wie der Arzt gekommen war und gesagt hatte: „Er fürchtete eine Wundrose: Die Prellungen waren so groß und Jones musste im Bett und im Dunkeln bleiben!" und eine Menge anderer Einzelheiten.

Eines war ganz klar: Meine Position in der Schule hatte sich radikal geändert: Stackpole sprach mit dem Doktor, und ich bekam einen eigenen Platz in seinem Klassenzimmer und ging nur für Sonderstunden zum Klassenlehrer: Stackpole wurde mehr denn je mein Lehrer und Freund.

Als Jones zum ersten Mal in der Schule auftauchte, trafen wir uns im sechsten Raum, während wir auf den Doktor warteten. Ich sprach mit Herbert; Jones kam herein und nickte mir zu. Ich ging hinüber und streckte meine Hand aus: „Ich bin froh, dass es Ihnen wieder gut geht!" Er schüttelte mir die Hand, sagte aber nichts. Herberts Nicken und Lächeln zeigten mir, dass ich das Richtige getan hatte. „Vergangenes sollte vergangen sein", sagte er auf Englisch. Ich schrieb Vernon an diesem Abend die ganze Geschichte und dankte ihm, wie Sie sicher sein können, und Raleigh für die Ausbildung und Ermutigung, die sie mir gegeben hatten.

Meine ganze Lebenseinstellung war für immer verändert: Ich war übermütig und glücklich. Eines Nachts dachte ich an E… und praktizierte zum ersten Mal seit Monaten Onanismus . Aber am nächsten Tag fühlte ich mich schwer und beschloss, dass Glaube oder Nichtglaube, Selbstbeherrschung gut für die Gesundheit sei. Während all der nächsten Weihnachtsferien, die ich in Rhyl verbrachte, versuchte ich, mit irgendeinem Mädchen intim zu werden; aber es gelang mir nicht. Sobald ich versuchte, auch nur ihre Brüste zu berühren, zogen sie sich zurück. Ich mochte voll entwickelte Mädchen und sie dachten wohl alle, dass ich zu jung und zu klein sei: Wenn sie nur gewusst hätten!

Ein weiterer Vorfall gehört in dieses dreizehnte Jahr und ist vielleicht erwähnenswert. Befreit von der Schikane und sinnlosen Grausamkeit der älteren Jungen, die mich größtenteils immer noch auf Jones' Seite hielten und mich streng in Ruhe ließen, begannen mich die Zwänge des Schullebens zu ärgern. „Wenn ich frei wäre", sagte ich mir, „würde ich E... oder einem anderen Mädchen nachlaufen und eine tolle Zeit haben; so wie es ist, kann ich nichts tun, auf nichts hoffen." Das Leben war fade, langweilig und für mich unrentabel. Außerdem hatte ich fast alle Bücher in der Schulbibliothek gelesen, die ich für lesenswert hielt, und die Zeit lastete schwer auf meinen Händen: Ich begann mich nach Freiheit wie ein eingesperrter Vogel zu sehnen.

Was war der schnellste Ausweg? Ich wusste, dass mein Vater als Kapitän bei der Marine mir eine Nominierung geben oder verschaffen konnte, damit ich Fähnrich werden konnte. Natürlich musste ich vor meinem vierzehnten Geburtstag eine Prüfung ablegen, aber ich wusste, dass ich bei jeder Prüfung einen guten Platz erreichen konnte.

Die Sommerferien nach meinem dreizehnten Geburtstag am 14. Februar verbrachte ich, wie bereits erwähnt, zu Hause in Irland und bedrängte meinen Vater von Zeit zu Zeit, mir die Nominierung zu besorgen. Er versprach es mir, und ich nahm sein Versprechen ernst. Den ganzen Herbst über lernte ich sorgfältig die Fächer, in denen ich geprüft werden sollte, und schrieb meinem Vater von Zeit zu Zeit Briefe, um ihn an sein Versprechen zu erinnern. Aber er schien nicht gewillt, das Thema in seinen Briefen anzusprechen, die größtenteils voller biblischer Ermahnungen waren, was mich vor Verachtung für seine hirnlose Leichtgläubigkeit krank machte. Mein Unglaube ließ mich mir ihm gegenüber maßlos überlegen fühlen.

Weihnachten kam und ich schrieb ihm einen ernsten Brief und bestand darauf, dass er sein Versprechen halten sollte. Zum ersten Mal in meinem Leben schmeichelte ich ihm und sagte, ich wüsste, dass sein Wort heilig sei: aber die Frist war nahe und ich wurde nervös, dass ich durch eine offizielle Verzögerung die vorgeschriebene Altersgrenze überschreiten könnte. Ich bekam keine Antwort: Ich schrieb an Vernon, der sagte, er würde sein Bestes beim Gouverneur tun. Die Tage vergingen, der 14. Februar kam und ging: Ich war vierzehn. Diese Möglichkeit der Flucht in die weite Welt war mir von meinem Vater versperrt. Ich raste vor Hass auf ihn.

Wie sollte ich mich befreien? Wohin sollte ich gehen? Was sollte ich tun? Eines Tages las ich 1968 in einer illustrierten Zeitung von der Entdeckung der Diamanten am Kap und dann von der Erschließung der Diamantenfelder. Diese Aussicht reizte mich und ich las alles über Südafrika, was ich finden konnte, aber eines Tages fand ich heraus, dass die billigste Passage zum Kap 15 Pfund kostete, und ich verzweifelte. Kurz darauf las ich, dass man eine Zwischendeckpassage nach New York für 5 Pfund bekommen konnte; dieser Betrag schien mir erreichbar; denn es gab einen Preis von 10 Pfund für Bücher für den Zweitbesten der Mathematikprüfung, die im

Sommer stattfinden sollte: Ich dachte, ich könnte das gewinnen, und ich nahm mir vor, Mathematik intensiver zu studieren als je zuvor.

Das Ergebnis war – aber ich werde das Ergebnis an der richtigen Stelle erzählen. In der Zwischenzeit begann ich, über Amerika zu lesen und erfuhr bald von den Büffeln und Indianern auf den Great Plains, und meiner jungenhaften Vorstellungskraft eröffneten sich unzählige hinreißende romantische Bilder. Ich wollte die Welt sehen, und England hatte eine Abneigung gegen mich entwickelt; sein Snobismus, obwohl ich mich mit der Krankheit angesteckt hatte, war abstoßend, und schlimmer noch, sein Geist schmutzigen Eigennutzes. Die reichen Jungen wurden von allen Lehrern bevorzugt, sogar von Stackpole ; ich war angewidert von dem englischen Leben, wie ich es sah. Dennoch gab es gute Elemente darin, die ich nicht übersehen konnte und die ich später aufzuzeigen versuchen werde.

Gegen Mitte dieses Wintersemesters wurde bekannt gegeben, dass zu Mittsommer neben einer Szene aus einem Stück von Plautus, die auf Latein aufgeführt werden sollte, auch die Probeszene aus „Der Kaufmann von Venedig“ gespielt werden sollte – natürlich nur von Jungen der fünften und sechsten Klasse, und die Proben begannen sofort. Natürlich lieh ich mir „Der Kaufmann von Venedig“ aus der Schulbibliothek aus und konnte es nach einem Tag auswendig. Gute Gedichte konnte ich durch einmaliges sorgfältiges Lesen lernen; schlechte Gedichte oder Prosa waren viel schwieriger.

Außer Shylock gefiel mir nichts an dem Stück, und als ich Fawcett von der Sechsten zum ersten Mal die Rolle vortragen hörte, musste ich grinsen: Er wiederholte die leidenschaftlichsten Reden wie eine Lektion mit singendem, monotonem Ton. Tagelang brüllte ich Shylocks Trotz heraus, und eines Tages, wie es der Zufall wollte , hörte Stackpole mich. Wir waren gute Freunde geworden: Ich hatte die ganze Algebra mit ihm gemacht und verschlang jetzt Trigonometrie, entschlossen, danach Kegelschnitte und dann die Infinitesimalrechnung zu machen. Es gab bereits nur einen Jungen, der mir überlegen war, und das war der Kapitän der Sechsten, Gordon, ein großer Kerl von über siebzehn Jahren, der im Sommer mit dem Mathematikstipendium von achtzig Pfund nach Cambridge gehen wollte.

Stackpole sagte dem Direktor, ich wäre ein guter Shylock: Zu meiner Überraschung wollte Fawcett den Juden nicht spielen: Er fand es schwierig, die Rolle überhaupt zu lernen, und schließlich bekam ich sie. Ich war besonders begeistert, denn ich war überzeugt, dass ich damit einen großen Erfolg erzielen könnte.

Eines Tages verschaffte mir mein Mitgefühl mit den Gemobbten einen Freund. Der Sohn des Pfarrers, Edwards, war ein netter Junge von vierzehn Jahren, der schnell gewachsen und nicht stark war. Ein sechzehnjähriger

Schläger aus der Oberstufe verdrehte ihm den Arm und schlug ihm auf den verkrümmten Muskel, und Edwards versuchte, nicht zu weinen. „Lass ihn in Ruhe, Johnson", sagte ich, „ warum mobbst du?" „Das solltest du mal probieren", rief er, ließ Edwards jedoch gehen.

„Wenn du klug bist, probier es nicht an", erwiderte ich.

„Pat möchte, dass wir mit ihm sprechen", höhnte er und wandte sich ab. Ich zuckte mit den Schultern.

Edwards dankte mir herzlich für seine Rettung und ich bat ihn, mit mir spazieren zu gehen. Er nahm an und unsere Freundschaft begann, eine Freundschaft, die mir eine neue und wundervolle Erfahrung bescherte.

Das Pfarrhaus war ein großes Haus mit einem großen Grundstück. Edwards hatte einige Schwestern, aber sie waren zu jung, um mich zu interessieren; die französische Gouvernante dagegen, Mlle. Lucille, war mit ihren schwarzen Augen und Haaren und ihrem lebhaften, lebhaften Wesen sehr attraktiv. Sie war mittelgroß und nicht älter als achtzehn. Ich versöhnte mich sofort mit ihr und versuchte von Anfang an, Französisch mit ihr zu sprechen. Sie war sehr nett zu mir und wir verstanden uns sofort. Sie war wohl einsam, und ich begann gut, indem ich ihr sagte, sie sei das hübscheste und netteste Mädchen im ganzen Haus. Sie übersetzte „netteste", soweit ich mich erinnere, mit „la plus chic".

Am nächsten halben Feiertag ging Edwards wegen etwas ins Haus. Ich sagte ihr, ich wolle einen Kuss, und sie sagte:

„Du bist noch ein Junge, aber gentil ", und sie küsste mich. Als meine Lippen auf ihren ruhten, nahm sie meinen Kopf in ihre Hände, schob ihn weg und sah mich überrascht an.

„Du bist ein seltsamer Junge", sagte sie nachdenklich.

Die nächsten Ferien verbrachte ich im Pfarrhaus. Ich gab ihr einen kleinen französischen Liebesbrief, den ich aus einem Buch in der Schulbibliothek abgeschrieben hatte, und ich war entzückt, als sie ihn las, mir lächelnd zunickte und ihn in ihrem Mieder verstaute: „nahe ihrem Herzen", sagte ich mir, aber ich hatte nicht einmal die Chance auf einen Kuss, denn Edwards hing immer in meiner Nähe herum. Aber eines späten Nachmittags wurde er von seiner Mutter wegen etwas weggerufen, und meine Gelegenheit kam.

Normalerweise saßen wir in einer Art rustikalem Gartenhäuschen im Garten. An diesem Nachmittag saß Lucille in einem Sessel direkt vor der Tür zurückgelehnt, denn der Tag war schwül-schwül, und als Edwards ging, warf ich mich vor ihr auf die Türschwelle: Ihr Kleid schmiegte sich an ihre Figur und enthüllte verführerisch die Umrisse ihrer Schenkel und Brüste. Ich war wild vor Erregung. Plötzlich bemerkte ich, dass ihre Beine gespreizt waren;

ich konnte ihre schlanken Knöchel sehen. In meiner Stirn und meinem Hals klopfte der Puls: Ich bettelte um einen Kuss und kniete nieder, um ihn anzunehmen: Sie gab mir einen; aber als ich darauf beharrte, wies sie mich zurück und sagte:

„ Nein , nein! " sois sage!"

Als ich widerstrebend zu meinem Platz zurückkehrte, kam mir der Gedanke: „Steck deine Hand unter ihre Kleidung"; ich war sicher, dass ich ihre Geschlechtsteile erreichen konnte. Sie saß auf der Stuhlkante und lehnte sich zurück. Allein der Gedanke erschütterte und erschreckte mich: aber was kann sie tun, dachte ich: sie kann nur wütend werden. Ich dachte noch einmal über alle möglichen Konsequenzen nach: das Beispiel mit E… ermutigte und ermutigte mich. Ich beugte mich vor und kniete lächelnd vor ihr nieder, bettelte um einen Kuss, und als sie zurücklächelte, schob ich kühn meine Hand unter ihre Kleidung, auf ihre Geschlechtsteile. Ich fühlte die weichen Haare und die Form davon in atemloser Ekstase; aber ich konnte sie kaum festhalten, als sie aufsprang: „Wie kannst du es wagen!", rief sie und versuchte, meine Hand wegzustoßen.

Meine Gefühle waren zu überwältigend für Worte oder Taten; mein Leben lag in meinen Fingern; ich hielt ihre Möse. Einen Moment später versuchte ich, sie sanft mit meinem Mittelfinger zu berühren, so wie ich E… berührt hatte: Es war ein Fehler: Ich hielt ihre Scham nicht mehr fest und sofort wirbelte Lucille herum und war frei.

„Ich habe große Lust, dich zu schlagen", rief sie. „Ich werde es Mrs. Edwards erzählen", schnaubte sie empört. „Du bist ein böser, böser Junge und ich dachte, du wärst nett. Ich werde nie wieder nett zu dir sein: Ich hasse dich!", stampfte sie vor Wut.

Ich ging zu ihr, mein ganzes Wesen ein einziges Gebet. „Bitte verdirb mir nicht alles", rief ich. „Es tut so weh, wenn du wütend bist, Liebes." Sie drehte sich hitzig zu mir um: „Ich bin wirklich wütend, wütend", keuchte sie, „und du bist ein abscheulicher, unhöflicher Junge und ich mag dich nicht mehr", und sie drehte sich wieder weg und schüttelte ihr Kleid glatt. „Oh, wie könnte ich es verhindern?", begann ich. „Du bist so hübsch, oh, du bist wundervoll, Lucille."

„Wunderbar", wiederholte sie und schnaufte verächtlich, aber ich sah, dass sie besänftigt war.

„Küss mich", flehte ich, „und sei nicht böse."

„Ich werde dich nie wieder küssen", antwortete sie schnell, „da kannst du dir sicher sein." Ich bettelte, lobte und flehte immer weiter, bis sie schließlich meinen Kopf in ihre Hände nahm und sagte :

„Wenn du versprichst, das nie wieder zu tun, nie, gebe ich dir einen Kuss und versuche, dir zu vergeben.“

„Das kann ich nicht versprechen“, sagte ich, „es war zu süß; aber küss mich und ich werde versuchen, brav zu sein.“

Sie gab mir einen schnellen Kuss und stieß mich von sich.

„Hat es dir nicht gefallen?“, flüsterte ich. „Ja, wirklich. Ich kann dir gar nicht sagen, wie begeistert ich war: oh, danke, Lucille, danke, du bist das süßeste Mädchen auf der ganzen Welt und ich werde dir immer dankbar sein, du Liebe!“

Sie blickte nachdenklich und gedankenverloren auf mich herab. Ich spürte, dass ich Boden gutmachte:

„Du bist hübsch da“, flüsterte ich, „ bitte , Liebling, wie nennst du es? Ich habe einmal ‚Chat‘ gesehen: ist das richtig, ‚Muschi‘?“

„Sprich nicht davon“, rief sie ungeduldig. „Der Gedanke gefällt mir überhaupt nicht –“

„Sei nett, Lucille“, flehte ich, „für mich wirst du nie wieder dieselbe sein: Früher warst du hübsch, schick und aufreizend, aber jetzt bist du heilig. Ich liebe dich nicht, ich bete dich an, verehre dich, Liebling! Darf ich ‚Weichei‘ sagen?“

„Du bist ein komischer Junge“, sagte sie schließlich, „aber das darfst du nie wieder tun; es ist eklig und ich mag es nicht. Ich –“

„Sag so etwas nicht!“, rief ich und spielte Empörung vor. „Du weißt nicht, was du sagst – gemein! Schau, ich werde die Finger küssen, die deine Muschi berührt haben“, und ich ließ die Worte in die Tat umsetzen.

„Oh, nicht!“, rief sie und ergriff meine Hand, „nicht!“, aber irgendwie lehnte sie sich gleichzeitig an mich und ließ ihre Lippen auf meinen. Stück für Stück wanderte meine rechte Hand wieder zu ihrem Geschlecht, diesmal über ihr Kleid, aber sofort riss sie sich los und ließ mich nicht wieder an sich heran. Mein wahnsinniges Verlangen hatte mich wieder zum Fehler verleitet! Doch sie hatte halb nachgegeben, das wusste ich, und dieses Bewusstsein erfüllte mich mit Triumph und Hoffnung, aber ach! In diesem Moment hörten wir Edwards uns zurufen, als er das Haus verließ, um sich uns wieder anzuschließen.

Dieses Erlebnis hatte zwei unmittelbare und unerwartete Folgen: Erstens konnte ich in dieser Nacht nicht schlafen, weil ich an Lucilles Geschlecht denken musste; es war wie eine große, in der Mitte gespaltene Feige und von einem Geflecht weicher Haare umgeben: Ich konnte es noch immer an meinen Fingern spüren und mein Geschlecht war steif und pochte vor Verlangen danach.

Als ich einschlief, träumte ich von Lucille, träumte, dass sie mir nachgegeben hatte und ich mein Geschlecht in ihres hineinstieß; aber da war ein Hindernis, und während ich stieß und stieß, spritzte mein Samen in einem lustvollen Orgasmus heraus – und sofort erwachte ich, und als ich meine Hand herunternahm, merkte ich, dass ich immer noch kam: das klebrige, heiße, milchartige Sperma war überall auf meinen Haaren und meinem Schwanz.

Ich stand auf, wusch mich und ging zurück ins Bett. Das kalte Wasser hatte mich beruhigt. Doch bald wurde ich wieder geil, als ich an Lucille und ihre weiche, heiße, behaarte „Muschi" dachte, und in diesem Zustand schlief ich ein. Wieder träumte ich von Lucille, und wieder versuchte ich vergeblich, in sie einzudringen, als mich wieder ein Lustkrampf überkam. Ich fühlte, wie mein heißer Samen herausspritzte, und – erwachte.

Aber siehe da! Als ich meine Hand nach unten nahm, war da kein Samen, nur ein wenig Feuchtigkeit direkt an der Spitze meiner Scham – mehr nicht. Bedeutete das, dass ich nur einmal Samen abgeben konnte ? Ich prüfte mich sofort selbst: Während ich mir Lucilles Scham vorstellte, ihre weichen, heißen Rundungen und Haare, streichelte ich meine Scham, bewegte meine Hand schneller auf und ab, bis ich bald einen Orgasmus der Lust hatte und deutlich die heißen Schauer spürte, als würde mein Samen spritzen, aber es kam nichts, kaum Feuchtigkeit.

Am nächsten Morgen testete ich meinen Hochsprung und stellte fest, dass ich die Latte nicht einen Zentimeter tiefer als sonst überspringen konnte. Ich wusste nicht, was ich tun sollte: Warum hatte ich so töricht nachgegeben?

Doch in der nächsten Nacht kam der Traum von Lucille wieder zurück, und wieder erwachte ich nach einem heftigen Lustkrampf, ganz nass von meinem eigenen Samen. Was sollte ich tun? Ich stand auf, wusch mich, rieb mir mit kaltem Wasser einen Schwamm über die Hoden und die Geschlechtsorgane und kroch völlig durchgefroren zurück ins Bett. Doch meine Fantasie war die Oberhand. Immer wieder kam der Traum und weckte mich. Am Morgen fühlte ich mich erschöpft, ausgelaugt und brauchte keinen Test, um mir zu versichern, dass ich körperlich nicht in Form war.

Am selben Nachmittag nahm ich zufällig ein kleines Stück Peitschenschnur auf und sofort kam mir der Gedanke, dass, wenn ich diese harte Schnur um meinen Penis binde, sich die Schnur straffen und mich vor Schmerz aufwecken würde, sobald das Organ anfängt anzuschwellen und sich vor Erregung zu versteifen.

In dieser Nacht fesselte ich Tommy und dachte an Lucilles Geschlechtsteile: Sobald mein Geschlechtsteil erstarrte und steif wurde, schmerzte die

Peitschenschnur fürchterlich und ich musste sofort kaltes Wasser anwenden, um mein widerspenstiges Glied auf normale Proportionen zu bringen. Ich ging zurück ins Bett und schlief ein: Ich hatte einen kurzen, süßen Traum von Lucilles Schönheiten, erwachte dann aber unter Qualen. Ich stand rasch auf und setzte mich auf die kalte Marmorplatte des Waschtischs. Das wirkte schneller als sogar das kalte Wasser; warum? Den Grund erfuhr ich viele Jahre lang nicht.

Das Seil war wirksam und tat alles, was ich wollte: Nach dieser Erfahrung trug ich es regelmäßig und konnte innerhalb einer Woche wieder unter der Stange durchgehen und danach darüber springen. Außerdem konnte ich mich mit einer Hand hochziehen, bis mein Kinn über der Stange war. Ich hatte die Versuchung überwunden und war wieder Herr meines Körpers.

Das zweite unerwartete Erlebnis war, glaube ich, ebenfalls eine direkte Folge meines sexuellen Erwachens mit Lucille und der intensiven sexuellen Erregung. Jedenfalls geschah es kurz nach den Liebesabenteuern mit ihr, die ich beschrieben habe, und post hoc ist oft propter hoc.

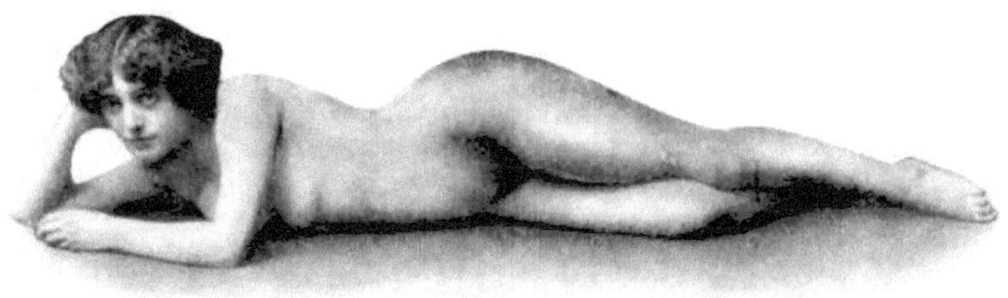

Die Schönheit der Natur war mir noch nie aufgefallen; tatsächlich übersprang ich Landschaftsbeschreibungen, wenn ich beim Lesen auf sie stieß, immer, weil sie ermüdend waren. Jetzt plötzlich, in einem Augenblick, öffneten sich meine Augen für die Schönheit der Natur. Ich erinnere mich an die Szenerie und mein verzücktes Staunen, als wäre es gestern gewesen. Es war eine Brücke über den Dee bei Overton im vollen Sonnenschein; zu meiner Rechten machte der Fluss eine lange Kurve, wirbelte tief unter einer bewaldeten Anhöhe hindurch und ließ eine kleine gelbbraune Sandbank halb kahl direkt vor mir zurück: zu meiner Linken zogen sich beide dicht bewaldeten Ufer zusammen und verliefen um eine Kurve außer Sicht. Ich war hingerissen und sprachlos – verzaubert von der reinen Farbenschönheit der Szenerie – sonnenbeschienenes Wasser hier und Schatten hier, das das prächtige Gewand der bewaldeten Anhöhe widerspiegelte. Und als ich den Ort verließ und wieder herauskam und auf die angrenzenden Kornfelder blickte, die golden vor dem Grün der Hecken und vereinzelten Bäume leuchteten, nahmen die Farben einen Zauber an, den ich nie zuvor bemerkt hatte: Ich konnte nicht verstehen, was mit mir geschehen war.

Ich glaube, dass mir die Schönheit der unbelebten Natur erst mit dem Erwachen meines Sexuallebens bewusst wurde.

Ein oder zwei Nächte später war ich hingerissen vom beinahe vollen Mond, der unser Spielfeld mit elfenbeinfarbenem Glanz überflutete und aus dem Heuhaufen in der Ecke etwas überirdisch Schönes machte.

Warum hatte ich nie zuvor das Wunder der Welt gesehen? Die Schönheit der Natur um mich herum? Von da an begann ich, Landschaftsbeschreibungen in den Büchern, die ich las, zu genießen und begann auch, Landschaftsmalereien zu lieben.

Gott sei Dank! Das Wunder war endlich vollbracht und mein Leben bereichert, veredelt und verklärt, als ob es die Güte eines Gottes wäre! Von diesem Tag an begann ich ein verzaubertes Leben zu führen; denn ich versuchte sofort, überall Schönheit zu sehen, und zu jeder Tages- und Nachtzeit erhaschte ich flüchtige Blicke, die mich entzückten und mein Wesen in einen Hymnus des Lobes und der Freude verwandelten.

Der Glaube hatte mich verlassen und mit ihm die Hoffnung auf den Himmel oder auch auf ein zukünftiges Leben. Traurig und ängstlich war ich wie jemand, der im Gefängnis sitzt und eine unbestimmte Strafe verbüßt hat. Doch jetzt war das Gefängnis in einem Augenblick zu einem Paradies geworden, die Mauern der Realität waren in Rahmen bezaubernder Bilder zerfallen. Mir wurde vage bewusst, dass, wenn dieses Leben schmutzig und gemein, kleinlich und unangenehm war, der Fehler bei mir selbst und bei meiner Blindheit lag. Da begann ich zum ersten Mal zu verstehen, dass ich selbst ein Zauberer war und mein eigenes Märchenland erschaffen konnte, ja, und meinen eigenen Himmel, indem ich diese Welt in den Thronsaal eines Gottes verwandelte!

Diese Freude und diesen Glauben möchte ich mehr als alles andere an andere weitergeben, denn für mich sind sie ein neues Evangelium des Mutes, der Entschlossenheit und der sicheren Belohnung, ein menschliches Glaubensbekenntnis, das lehrt, dass einem alle guten Dinge zuteil werden, wenn man an Weisheit, Mut und Güte wächst.

Ich merke, dass ich meiner Geschichte entkomme und hier eine Phase des Denkens und Glaubens wiedergebe, die ich erst viel später entwickelte. Doch der Beginn meines individuellen Seelenlebens war diese Erfahrung, dass ich für die Schönheit der Natur blind gewesen war und sie nun sehen konnte. Dies war sozusagen die Wurzel und der Keim des späteren Glaubens, der mein ganzes reifes Leben leitete, mich mit Mut erfüllte und in unbeschreibliche Hoffnung und Freude überging.

Sehr bald kam mir der erste Befehl fast stündlich über die Lippen: „Gib deiner eigenen Blindheit die Schuld! Gib dir immer selbst die Schuld!"

VON DER SCHULE NACH AMERIKA.

Kapitel IV.

Anfang Januar gab es eine Generalprobe der Gerichtsszene aus „Der Kaufmann von Venedig". Der Grande der Nachbarschaft, dem der große Park gehörte, Sir WWW, einige Abgeordnete, insbesondere ein Mr. Whalley , der eine hübsche Tochter hatte und in der Nähe lebte, und der Pfarrer und seine Familie waren eingeladen, sowie andere, die ich nicht kannte; aber mit der Gruppe vom Pfarrhaus kam Lucille.

Das große Klassenzimmer war als eine Art Theater eingerichtet worden, und die Estrade an einem Ende, auf der der Schulleiter bei offiziellen Anlässen saß, wurde in eine provisorische Bühne umgewandelt und mit einem großen Vorhang verhangen, der nach Belieben zurück- oder zugezogen werden konnte.

Portia war ein sehr hübscher Junge von sechzehn Jahren namens Herbert, sanft und freundlich, aber von seiner Verweichlichung befreit durch die Tatsache, dass er der schnellste Sprinter der Schule war und die hundert Meter in elfeinhalb Sekunden zurücklegen konnte. Der „Herzog" war natürlich Jones und der Kaufmann „Antonio" ein großer Kerl namens Vernon, und ich hatte Edwards die Rolle des „ Bassanio " besorgt und ein hübscher Junge aus der vierten Klasse wurde für die Rolle der „Nerissa" ausgewählt. Was das Aussehen anging, war die Besetzung passabel; aber der „Herzog" rezitierte seine Texte, als hätte er sie nicht perfekt gelernt, und so begann die „Gerichtsszene" schlecht. Aber die Rolle des „Shylock" lag mir sehr gut, und ich hatte gelernt, wie man rezitiert. Jetzt, vor E… und Lucille, war ich fest entschlossen, mein Bestes zu geben. Als mein Stichwort kam, verneigte ich mich tief vor dem „Herzog" und verneigte mich dann noch einmal links und rechts von ihm, schweigend und förmlich, als ob ich, der verstoßene Jude, den gesamten Hof grüßte; dann begann ich mit einer Stimme, die ich zunächst einfach langsam und klar und hart klingen ließ, die berühmte Antwort:

„Ich habe Eurer Gnaden besessen, was ich vorhabe;

Und bei unserem heiligen Sabbat habe ich geschworen

Um den fälligen Betrag meiner Kaution zu erhalten."

Ich erwarte nicht, dass man mir glaubt; aber dennoch sage ich die nackte Wahrheit, wenn ich behaupte, dass ich mit meiner Imitation von „Shylock" genau jene „Geschichte" geliefert habe, die Henry Irvings „Shylock"

fünfzehn Jahre später den Zeitungen zufolge „für immer unvergesslich"
machte.

Als Shylock am Ende ratlos und geschlagen nachgibt:

„Ich bitte dich, erlaube mir, von hier fortzugehen,

Mir geht es nicht gut; schickt mir die Urkunde nach,

Und ich werde es unterschreiben."

Der Herzog sagt: „Geh, aber tu es", und Gratiano beleidigt den Juden –
meiner Meinung nach die einzige Gelegenheit, bei der Shakespeare zulässt,
dass ein Gentleman einen Geschlagenen beleidigt.

Auf meinem Weg zur Tür als Shylock blieb ich vor der Entlassung des
Herzogs tief gebeugt stehen; doch als Gratiano mich beleidigte, drehte ich
mich langsam um, richtete mich zu meiner vollen Größe auf und musterte
ihn von Kopf bis Fuß.

Irving kehrte immer über die Bühne zurück, verschränkte die Arme vor der
Brust und blickte mit grenzenloser Verachtung auf ihn herab.

Als mich Irving fünfzehn Jahre später eines Abends nach dem Abendessen
im Garrick Club fragte, was ich von diesem neuen „Geschäft" halte,
antwortete ich, wenn Shylock das getan hätte, was er getan hat, hätte
Gratiano ihm wahrscheinlich ins Gesicht gespuckt und ihn dann von der
Bühne geworfen. Shylock beschwerte sich, dass die Christen auf seinen
Gabardine gespuckt hätten .

Meine jungenhafte, romantische Interpretation der Rolle war jedoch im
Wesentlichen die gleiche wie die Irvings, und Irvings Interpretation wurde in
London gebührend bejubelt, denn sie war eine Rehabilitierung des Juden,
und heute ist der Jude in allen Städten Europas das Maß aller Dinge.

Bei meinen ersten Worten spürte ich, wie die jüngeren Zuhörer sich
umschauten, als wollten sie sehen, ob ein Vortrag wie der meine angemessen
und erlaubt sei; dann gab einer nach dem anderen der Strömung und Flut der
Leidenschaft nach. Als ich fertig war, jubelten alle, Whalley und Lady W…
begeistert, und zu meiner Freude auch Lucille.

Nach der Probe drängten sich alle um mich: „Wo hast du es gelernt?" „Wer
hat es dir beigebracht?" Endlich kam Lucille. „Ich wusste, dass du jemand
bist", sagte sie auf ihre hübsche Art, „ quelqu'un ", „aber es war
außergewöhnlich! Du wirst ein großartiger Schauspieler, da bin ich sicher."

„Und doch verweigerst du mir einen Kuss", flüsterte ich und achtete darauf,
dass es niemand hörte.

„Ich verweigere dir nichts“, antwortete sie und wandte sich ab. Ich war wie gebannt von der Hoffnung und der Gewissheit, dass ich mich freuen würde. „Nichts“, sagte ich mir, „nichts bedeutet alles“; tausendmal wiederholte ich es mir in Ekstase.

Das war mein erster glücklicher Abend in England. Mr. Whalley gratulierte mir und stellte mich seiner Tochter vor, die mich begeistert lobte. Und das Beste von allem war, dass der Doktor sagte: „Wir müssen Sie zum Bühnenmanager machen, Harris, und ich hoffe, Sie werden etwas von Ihrem Feuer auf die anderen Schauspieler übertragen.“

Zu meinem Erstaunen schadete mir mein Triumph bei den Jungs. Einige spotteten, aber alle waren sich einig, dass ich es getan hatte, um anzugeben. Jones und die Sechste begannen erneut mit dem Boykott. Mir machte das nicht viel aus, denn ich hatte größere Enttäuschungen und größere Hoffnungen.

Das Schlimmste war, dass ich Lucille bei dem schlechten Wetter kaum sehen konnte; tatsächlich bekam ich sie den ganzen Winter kaum zu Gesicht. Edwards lud mich häufig ins Pfarrhaus ein; sie hätte ein halbes Dutzend Treffen abhalten können, aber sie wollte nicht, und ich war krank vor Enttäuschung und dem Bedauern über unerfüllte Wünsche. Es war März oder April, bevor ich mit ihr allein in ihrem Schulzimmer im Pfarrhaus war. Ich war zu böse auf sie, um mehr als höflich zu sein. Plötzlich sagte sie: „ Vous me boudez .“ Ich zuckte mit den Schultern.

„Du magst mich nicht“, begann ich, „ also, was nützt es mir, wenn ich mich um dich kümmere?“

„Ich mag dich sehr“, sagte sie, „aber –“

„Nein, nein“, sagte ich kopfschüttelnd, „wenn du mich mögen würdest, würdest du mir nicht aus dem Weg gehen und –“

„Vielleicht liegt es daran, dass ich dich zu sehr mag –“

„Dann würdest du mich glücklich machen“, unterbrach ich ihn.

„Glücklich“, wiederholte sie, „Wie kann ich?“

„Indem du mich dich küssen lässt und –“

„Ja, und –“, wiederholte sie bedeutungsvoll.

„Was schadet es dir?“, fragte ich.

„Was soll das?“, wiederholte sie. „Weißt du nicht, dass das falsch ist? So etwas sollte man nur mit seinem Ehemann machen, das weißt du.“

„Von so etwas weiß ich nichts", rief ich, „das ist doch alles Blödsinn. Das glaubt man heute nicht mehr."

„Ich glaube es", sagte sie ernst.

„Aber wenn du es nicht tätest, würdest du es mich tun lassen", rief ich, „ Lucille . Das wäre fast genauso gut, denn es würde zeigen, dass du mich ein wenig magst."

„Du weißt, dass ich dich sehr mag", antwortete sie.

„Dann küss mich", sagte ich, „das ist nicht schlimm", und als sie mich küsste, legte ich meine Hand auf ihre Brüste; sie erregten mich, so elastisch und fest waren sie, und im nächsten Moment glitt meine Hand an ihrem Körper hinab, doch sie zog sich sofort leise, aber entschlossen zurück.

„Nein, nein", sagte sie mit einem halben Lächeln.

„Bitte!", flehte ich.

„Ich kann nicht", sagte sie kopfschüttelnd, „ich darf nicht. Lass uns über andere Dinge reden – Wie läuft das Stück?" Aber ich konnte nicht über das Stück reden, als sie so vor mir stand. Zum ersten Mal erahnte ich durch ihre Kleidung fast die ganze Schönheit ihrer Figur. Die kühnen Rundungen ihrer Hüften und Brüste reizten mich und ihr Gesicht war ausdrucksstark und trotzig.

Wie konnte es sein, dass mir nie zuvor alle Einzelheiten aufgefallen waren? War ich blind gewesen? Oder kleidete sich Lucille, um ihre Figur zu betonen? Sicherlich waren ihre Kleider eher darauf ausgerichtet, die Figur zu betonen als englische Kleider, aber auch ich war neugieriger und aufmerksamer geworden. Würde mir das Leben weiterhin neue Schönheiten zeigen, die ich mir nicht einmal vorgestellt hatte?

Meine Erfahrungen mit E… und Lucille machten den Schulalltag für mich fast unerträglich. Ich konnte mich nur zum Lernen zwingen, indem ich mich daran erinnerte, dass ich den zweiten Preis im Mathematik-Stipendium gewinnen musste, der mir zehn Pfund einbringen würde, und mit zehn Pfund konnte ich nach Amerika.

Bald nach den Weihnachtsferien hatte ich den entscheidenden Schritt getan. Die Prüfung im Winter war zwar nicht annähernd so wichtig wie die am Ende des Sommersemesters, aber sie war für mich epochal gewesen. Da ich aufgrund meiner Strafen zwei oder drei Bücher von Vergil und ganze Kapitel von Caesar und Livius auswendig lernen musste, hatte ich mir einige Lateinkenntnisse angeeignet: In der Prüfung war ich nicht nur besser als alle anderen in meiner Klasse, sondern dank Trigonometrie, Latein und Geschichte auch in allen beiden nächsten Klassen. Sobald die Schule wieder zusammenkam, wurde ich in die Oberstufe der fünften Klasse versetzt. Alle Jungen waren zwei bis drei Jahre älter als ich, und sie machten sich gegenseitig bissige Bemerkungen über mich und vermieden es, mit „Pat" zu sprechen. All dies bestärkte mich in meinem Entschluss, so schnell wie möglich nach Amerika zu kommen.

In der Zwischenzeit arbeitete ich wie nie zuvor: an Latein und Griechisch sowie an Mathematik; aber hauptsächlich an Griechisch, denn da war ich zurückgeblieben: Bis Ostern beherrschte ich die Grammatik – unregelmäßige Verben und alles – und war so ziemlich der Beste in der Klasse. Auch mein Verstand hatte sich durch meine religiösen Zweifel und Herumtasten und durch die Lektüre der Denker erstaunlich entwickelt: Eines Morgens interpretierte ich einen Abschnitt aus Latein, der den Besten der Klasse Rätsel aufgegeben hatte, und der Doktor nickte mir zustimmend zu. Dann kam der Schritt, den ich als entscheidend bezeichnete.

Die Morgengebete waren an einem bitterkalten Morgen kaum vorüber, als der Doktor aufstand und die Bedingungen für die Stipendienprüfung zu Mittsommer bekannt gab; der Gewinner erhält drei Jahre lang 80 Pfund pro Jahr in Cambridge und der zweite zehn Pfund, um Bücher zu kaufen. „Alle Jungen", fügte er hinzu, „die sich um dieses Stipendium bewerben möchten, stehen jetzt auf und nennen ihren Namen." Ich dachte, nur Gordon würde aufstehen, aber als ich Johnson, Fawcett und zwei oder drei andere aufstehen sah, stand auch ich auf … Ein spöttisches Knurren ging durch die Schule; aber Stackpole lächelte mich an und nickte mit dem Kopf, als wollte er sagen: „ Sie werden schon sehen", und ich fasste mir ein Herz und nannte meinen Namen sehr deutlich. Irgendwie hatte ich das Gefühl, dass dieser Schritt entscheidend war.

Ich mochte Stackpole und in diesem Semester ermutigte er mich, zu ihm zu kommen und mit ihm zu reden, wann immer mir danach war. Da ich mir vorgenommen hatte, alle halben Ferien zum Lernen zu nutzen, tat mir diese Verbindung sehr gut und seine Hilfe war von unschätzbarem Wert.

Eines Tages, als er gerade in sein Zimmer gekommen war, schoss ich ihm eine Frage entgegen, und er hielt inne, kam zu mir herüber und legte mir beim Antworten den Arm auf die Schulter. Ich weiß nicht, woher ich das wusste, aber instinktiv fühlte ich in dieser scheinbar unschuldigen Geste eine Liebkosung. Ich wollte mich nicht zurückziehen oder ihm zeigen, dass ich etwas dagegen hatte, aber ich vertiefte mich fieberhaft in die Trigonometrie, und er ging bald weg.

Als ich später daran dachte, fiel mir ein, dass seine ausgeprägte Zuneigung zu mir nach meinem Streit mit Jones begann. Ich war oft kurz davor gewesen, ihm meine Liebesaffären zu gestehen; aber jetzt war ich froh, dass ich sie so mühevoll für mich behalten hatte, denn von Tag zu Tag bemerkte ich, dass seine Zuneigung zu mir wuchs, oder vielmehr, dass seine Komplimente und Schmeicheleien zunahmen. Ich wusste kaum, was ich tun sollte: Mit ihm und in seinem Zimmer zu arbeiten war ein Geschenk des Himmels für mich; doch gleichzeitig mochte ich ihn nicht besonders und bewunderte ihn auch nicht wirklich.

In mancher Hinsicht war er merkwürdig begriffsstutzig; er sprach vom Schulleben als dem glücklichsten und gesündesten von allen; hier herrschte ein guter moralischer Ton, sagte er, keine Lügen, Betrügereien oder Skandale, viel besser als das Leben draußen. Ich fand es immer schwierig, ihm nicht ins Gesicht zu lachen. In der Tat ein moralischer Ton! Wenn der Doktor die Laune verlor, war es unter den Jungen im Allgemeinen allgemein anerkannt, dass er seine Frau in der Nacht gehabt hatte und deshalb körperlich nicht ganz auf der Höhe war.

Stackpole ein wirklich guter Mathematiker und erstklassiger Lehrer war, geduldig und gewissenhaft und mit der Gabe klarer Erklärungen ausgestattet, erschien er mir dumm und engstirnig, und ich merkte bald, dass ich seinem Verlangen, mich mit seinen unwillkommenen Liebkosungen zu überhäufen, Einhalt gebieten konnte, indem ich über seine Komplimente lachte.

Einmal küsste er mich, doch mein belustigtes Lächeln ließ ihn erröten, während er beschämt murmelte: „Du bist ein komischer Junge!" Gleichzeitig wusste ich ganz genau, dass er sich weitere Freiheiten nehmen würde, wenn ich ihn dazu ermutigte.

Eines Tages sprach er von Jones und Henry H. … Er hatte offensichtlich etwas von dem gehört, was in unserem Schlafzimmer vorgefallen war; aber ich tat so, als wüsste ich nicht, was er meinte, und als er mich fragte, ob sich keiner der großen Jungs an mich rangemacht hätte, ignorierte ich die schmutzigen Ausflüge des großen Fawcett und sagte „Nein" und fügte hinzu, dass ich mich für Mädchen und nicht für schmutzige Jungs interessiere. Aus irgendeinem Grund kam mir Stackpole jünger vor als ich und nicht zwölf Jahre älter, und ich hatte keine wirklichen Schwierigkeiten, ihn bis zur Matheprüfung im Rahmen des Anstands zu halten.

Ich wurde einmal gefragt, ob ich glaube, dass „ Shaddy ", wie wir den Hausmeister nannten, jemals eine Frau gehabt hatte. Die Vorstellung von „ Shaddy " als Jungfrau brachte uns zum Lachen; aber wenn man von ihm als Liebhaber sprach, war es noch komischer. Er war ein Mann um die vierzig, groß und ziemlich stark: Er hatte einen Abschluss von einem College in Manchester, aber für uns kleine Snobs war er ein Schuft, weil er weder in Oxford noch in Cambridge gewesen war. Er war jedoch ziemlich fähig.

Aber aus irgendeinem Grund war er mir gegenüber missgünstig, und ich begann ihn zu hassen und dachte ständig daran, wie ich ihn verletzen könnte.

Meine neue Gewohnheit, mich selbst zu zwingen, alles zu beobachten, kam mir dabei zu Hilfe. Es waren fünf oder sechs Stufen aus poliertem Eichenholz bis zu dem großen Schlafzimmer, in dem vierzehn von uns schliefen. „ Shaddy “ gab uns normalerweise eine halbe Stunde Zeit, um ins Bett zu gehen, und dann kam er hoch, stand direkt hinter der Tür unter dem Gaslicht und fragte uns: „Habt ihr alle eure Gebete gesprochen?“ Wir antworteten alle: „Ja, Sir“, dann kam sein „Gute Nacht, Jungs“ und unsere stereotype Antwort: „Gute Nacht, Sir.“

Dann machte er das Licht aus und ging nach unten in sein Zimmer. Die Eichenstufen draußen waren in der Mitte abgenutzt und mir war aufgefallen, dass man beim Hinuntergehen auf die äußerste Kante jeder Stufe tritt.

Eines Tages hatte „ Shaddy “ mich verrückt gemacht, indem er mir aus einer kleinen Kavaliersdeliktsnot hundert Verse Vergil auswendig lernen ließ. Am Abend besorgte ich mir ein Stück braune Windsor-Seife, lief vor den anderen Jungen die Treppe hinauf, rieb die Seife großzügig auf den Kanten der beiden obersten Stufen und zog mich dann aus.

Als „ Shaddy “ das Licht ausmachte und die zweite Stufe hinunterstieg, rutschte er aus und knallte dann mit lautem Knall, als er halb rutschte und halb zu Boden fiel. Im nächsten Augenblick war ich aufgesprungen, öffnete die Tür und stieß unverständliche Beileidsrufe aus, während ich ihm beim Aufstehen half, denn mein Bett war der Tür am nächsten.

„Ich habe mir die Hüfte verletzt“, sagte er und legte seine Hand darauf. Er konnte sich seinen Sturz nicht erklären.

Ich grinste in mich hinein, als ich zurückging, rieb mit meinem Taschentuch die Seife von der obersten Stufe und legte mich wieder ins Bett, wo ich über den Erfolg meiner List kicherte. Er hat nur bekommen, was er reichlich verdient hat, sagte ich mir.

Schließlich ging die lange Frist zu Ende; die Prüfung wurde abgehalten und nach Rücksprache mit Stackpole war ich mir des zweiten Preises sehr sicher. „Ich glaube“, sagte er eines Tages, „dass Sie lieber den zweiten Preis als den ersten hätten.“ „Das würde ich in der Tat“, antwortete ich ohne nachzudenken.

„Warum?“, fragte er, „warum!“ Ich konnte mich gerade noch zurückhalten, sonst hätte ich ihm den wahren Grund verraten. „Sie werden dem Stipendium viel näher kommen“, sagte er schließlich, „als alle vermuten.“

Nach den „Ex ams“ kamen die sportlichen Spiele, die viel interessanter waren als die tierischen Lektionen. Ich gewann zwei erste Preise und Jones vier, aber ich gewann fünfzehn „Sekunden“, ein Rekord, glaube ich, denn meinem Alter nach war ich noch in der Unterstufe.

Ich war mir des Geheimnisses meines Erfolgs voll bewusst, und seltsamerweise hat er meine Eitelkeit nicht gesteigert, sondern eher verringert. Ich gewann nicht durch natürliche Vorteile, sondern durch Willenskraft und Übung. Ich wäre viel stolzer gewesen, wenn ich durch natürliche Gaben Erfolg gehabt hätte. Da war zum Beispiel ein Junge namens Reggie Miller, der mit 16 Jahren 1,78 m groß war, während ich noch unter 1,50 m war: Was auch immer ich tun wollte, er konnte höher springen als ich, obwohl er nur bis zum Kinn hochsprang, während ich die Stange über meinem Kopf hochspringen konnte. Ich glaubte, dass Reggie leicht üben und mich dann noch mehr überspringen konnte. Ich musste im Leben noch lernen, dass der entschlossene Wille zum Erfolg mehr war als jeder natürliche Vorteil. Aber diese Lektion lernte ich erst später. Von Anfang an nahm ich in allem den Weg zum Erfolg, indem ich meinen Willen noch mehr stärkte als meinen Körper. So erweist sich jedes Handicap in Form eines natürlichen Mangels für die tapfere Seele im Leben als Vorteil, während jede natürliche Gabe sicherlich ein Handicap ist. Demosthenes hatte Schwierigkeiten beim Reden. Er übte , diese zu überwinden und wurde so zum größten Redner.

Endlich war der letzte Tag gekommen und um elf Uhr versammelte sich die ganze Schule und eine stattliche Schar von Gästen und Freunden im Schulzimmer, um die Prüfungsergebnisse und insbesondere die Stipendienvergabe zu erfahren. Obwohl die meisten Jungen schon früh an der großen Tafel waren, wo die offiziellen Zahlen angezeigt wurden, ging ich nicht einmal in die Nähe, bis mir ein kleiner Junge schüchtern sagte: „Du bist Klassenbester und sicherst dir deinen Platz."

Ich fand heraus, dass das stimmte, war aber nicht gerade begeistert. Ein Professor aus Cambridge, so schien es, war persönlich gekommen, um das Ergebnis des „Mathematik"-Stipendiums bekannt zu geben.

Er hielt eine ziemlich lange Rede und erzählte uns, dass die Entscheidung ungewöhnlich schwer gefallen sei, da zwischen den beiden Jungen praktisch Gleichstand bestehe: Er hätte das Stipendium tatsächlich der Nr. 9 (meiner Nr.) und nicht der Nr. 1 geben können, allein schon aufgrund der Qualität der Arbeit, aber als er feststellte, dass der eine Junge unter fünfzehn war, während der andere achtzehn und bereit für die Universität war, hielt er es für richtig, der Meinung des Schulleiters zu folgen und das Stipendium dem älteren Jungen zu geben, denn der jüngere würde es ganz sicher nächstes Jahr gewinnen und selbst nächstes Jahr wäre er noch zu jung für das Universitätsleben. Er gab daher das Stipendium an Gordon und den zweiten Preis von zehn Pfund an Harris. Gordon stand auf und verbeugte sich dankend, während die ganze Schule immer wieder jubelte: Dann rief mich der Prüfer auf. Ich hatte die ganze Situation erfasst. Ich wollte mit so viel Geld wie möglich davonkommen und zwar so schnell wie möglich. Mein Stichwort war, mich unangenehm zu machen: dementsprechend stand ich auf und dankte dem Prüfer, wobei ich sagte, dass ich keinen Zweifel an seinem Wunsch hätte, fair zu sein, „aber", fügte ich hinzu, „hätte ich gewusst, dass die Entscheidung nach Alter getroffen wird, hätte ich mich nicht angemeldet . Jetzt kann ich nur sagen, dass ich nie wieder teilnehmen werde", und ich setzte mich.

Die Sensation, die meine kleine Rede auslöste, war tausendmal größer, als ich erwartet hatte. Es herrschte atemloses Schweigen und stumme Erwartung. Der Cambridge-Professor wandte sich an den Rektor der Schule, sprach sehr ernsthaft und mit sichtbarer Verärgerung mit ihm und stand dann wieder auf.

„Ich muss sagen", begann er, „ich muss sagen", und wiederholte sich, „dass ich das größte Mitgefühl für Harris empfinde. Ich war noch nie in einer so peinlichen Lage. Ich, ich muss die ganze Verantwortung dem Schulleiter überlassen. Ich kann leider nichts anderes tun!" und er setzte sich, sichtlich verärgert.

Der Doktor stand auf und hielt eine lange, heuchlerische Rede: „Es war eine jener schwierigen Entscheidungen, die man im Leben manchmal treffen muss. Er war überzeugt, dass jeder zustimmen würde, dass er versucht hatte, fair zu handeln, und soweit er es bei dem jüngeren Jungen wiedergutmachen konnte, würde er das sicherlich tun. Er hoffte, ihm im nächsten Jahr das Stipendium mit ebenso viel gutem Herzen zusprechen zu können, wie er ihm jetzt seinen Scheck gab . Und er ließ ihn in der Luft flattern."

Die Meister riefen mich alle, und ich ging auf die Bühne und nahm den Scheck entgegen , lächelte vor Freude, und als der Cambridge-Professor mir die Hand schüttelte und sich noch einmal entschuldigen wollte, flüsterte ich schüchtern: „Es ist alles in Ordnung, Sir, ich bin froh, dass Sie sich so entschieden haben." Er lachte laut vor Freude, legte seinen Arm um meine Schulter und sagte:

„Ich bin Ihnen sehr verbunden, Sie sind ganz sicher ein guter Verlierer, oder Gewinner, hätte ich vielleicht sagen sollen, und insgesamt ein bemerkenswerter Junge. Sind Sie wirklich unter sechzehn?" Ich nickte lächelnd und der Rest der Preisverleihung verlief ohne weitere Zwischenfälle, außer dass er mich freundlich anlächelte und den Jubel anstimmte, als ich auf das Podium trat, um den Buchpreis der Klasse entgegenzunehmen.

Ich habe den ganzen Vorfall beschrieben, weil er mir den englischen Wunsch nach Fairness veranschaulicht: Es ist wirklich ein Leitimpuls in ihnen, auf den man zählen kann, und soweit ich weiß, ist er bei ihnen vielleicht stärker ausgeprägt als bei jeder anderen Rasse. Wären da nicht ihre religiöse Heuchelei, ihre kindischen Konventionen und vor allem ihr unglaublicher Snobismus, würde allein ihre Liebe zum Fairplay sie zu den würdigsten

Führern der Menschheit machen. All das habe ich damals als Junge so deutlich gespürt, wie ich es heute sehe.

Ich wusste, dass der Weg meines Wunsches mir offen stand. Am nächsten Morgen bat ich um ein Treffen mit dem Schulleiter; er war sehr liebenswürdig; ich aber tat so, als sei ich verletzt und enttäuscht. „Mein Vater", sagte ich, „rechnet, glaube ich, mit meinem Erfolg, und ich möchte ihn sehen, bevor er die schlechten Nachrichten von irgendjemandem erfährt. Würden Sie mir bitte das Geld für meine Reise geben und mich heute gehen lassen? Es ist nicht sehr angenehm für mich, jetzt hier zu sein."

„Es tut mir leid", sagte der Doktor (und ich glaube, es tat ihm leid), „natürlich werde ich alles tun, was ich kann, um Ihre Enttäuschung zu mildern. Es ist sehr bedauerlich, aber Sie dürfen nicht entmutigt sein: Professor S... sagt, dass Ihre Arbeiten Ihren Erfolg im nächsten Jahr sicherstellen, und ich – nun, ich werde alles in meiner Macht Stehende tun, um Ihnen zu helfen."

Ich verbeugte mich: „Danke, Sir. Kann ich heute kommen? Um 12 Uhr fährt ein Zug nach Liverpool?"

„Sicher, sicher, wenn Sie es wünschen", sagte er, „ich werde die Anweisungen sofort erteilen", und er löste auch den Scheck über zehn Pfund ein, mit der einzigen Bemerkung, dass er angeblich zum Kauf von Büchern verwendet werden sollte, aber er nahm an, dass das im Ernst keine Rolle spielte.

Gegen Mittag saß ich mit fünfzehn Pfund in der Tasche im Zug nach Liverpool, von denen fünf für meine Fahrt nach Irland bestimmt waren. Ich zitterte vor Aufregung und Freude; endlich würde ich in die reale Welt eintreten und so leben, wie ich leben wollte. Ich hatte keine Reue, keine Sorgen, ich war voller lebhafter Hoffnungen und glücklicher Vorahnungen.

Sobald ich in Liverpool ankam, fuhr ich zum Adelphi Hotel und hielt Ausschau nach den Dampfern. Bald fand ich einen, der für eine Zwischendeckpassage nach New York nur vier Pfund verlangte, und zu meiner Freude fuhr dieser Dampfer am nächsten Tag gegen zwei Uhr ab. Um vier Uhr hatte ich meine Passage gebucht und bezahlt. Der Angestellte sagte irgendetwas über Bettwäsche, aber ich schenkte ihm keine Beachtung. Denn gerade als ich sein Büro betrat, hatte ich eine Anzeige für „Die zwei Rosen" gesehen, ein „romantisches Drama", das an diesem Abend aufgeführt werden sollte, und ich war entschlossen, mir einen Platz zu sichern und es mir anzusehen. Wissen Sie, wie viel Mut diese Tat erforderte? Mehr als nötig war, um mich von allen, die ich liebte, loszusagen und nach Amerika zu gehen. Denn mein Vater war ein Puritaner der Puritaner und hatte das Theater oft als „offene Tür zur Hölle" bezeichnet.

Ich hatte jeden Glauben an Hölle oder Himmel verloren, aber ein kalter Schauer durchlief mich, als ich meine Karte kaufte, und in den nächsten vier

Stunden war ich immer wieder kurz davor, sie zu verlieren, ohne das Stück zu sehen. Was, wenn mein Vater recht hatte? Ich konnte die Angst nicht unterdrücken, die mich wie ein Dampf überkam .

Ich saß auf meinem Platz, als sich der Vorhang hob, und saß drei Stunden lang wie entzückt da. Es war nur eine romantische Liebesgeschichte, aber die Heldin war lieblich, liebevoll und aufrichtig, und ich war auf den ersten Blick in sie verliebt. Als das Stück zu Ende war, ging ich auf die Straße, entschlossen, mich für ein Mädchen wie die Heldin rein zu halten. Keine moralische Lektion, die ich vorher oder nachher erhalten habe, kann mit der verglichen werden, die mir diese erste Nacht im Theater erteilte. Die Wirkung hielt viele Monate an und machte es mir praktisch unmöglich, mich danach jemals wieder selbst zu missbrauchen. Die Prediger können diese Tatsache in Ruhe verdauen.

Am nächsten Morgen frühstückte ich gut im Adelphi Hotel und war vor zehn an Bord des Dampfers, hatte meinen Koffer verstaut und nahm meinen Schlafplatz neben meinem mit Kreide auf dem Deck markierten Bett ein. Gegen Mittag kam der Doktor vorbei, ein junger Mann von stattlicher Größe mit lässigem Auftreten, rötlichem Haar, römischer Nase und lockerer, unkonventioneller Art.

„Wem gehört diese Koje?", fragte er und zeigte auf meine.

„Meins, Sir", antwortete ich.

„Sag deinem Vater oder deiner Mutter", sagte er knapp, „dass du so eine Matratze haben musst", und er zeigte auf eine, „und zwei Decken", fügte er hinzu.

„Danke, Sir", sagte ich und zuckte über seine Einmischung mit den Schultern. Eine Stunde später kam er wieder zu sich.

„Warum gibt es hier keine Matratze und keine Decke?", fragte er.

sie nicht brauche ", antwortete ich.

„Sie müssen sie haben", bellte er, „das ist die Regel, verstehen Sie ?" und er beeilte sich, seine Inspektion fortzusetzen. Nach einer halben Stunde war er wieder zurück.

„Du hast die Matratze noch nicht", knurrte er.

„Ich will keine Matratze", antwortete ich.

„Wo ist dein Vater oder deine Mutter?", fragte er.

„Hab keine", erwiderte ich.

„Lassen sie Kinder wie dich nach Amerika gehen?", rief er. „Wie alt bist du?"

Ich war wütend auf ihn, weil er meine Jugend vor allen Leuten öffentlich zur Schau stellte. „Was macht dir das aus?", fragte ich verächtlich. „Du bist Gott sei Dank nicht für mich verantwortlich!"

„Das tue ich aber", sagte er, „zumindest bis zu einem gewissen Grad. Gehen Sie wirklich alleine nach Amerika?"

„Das bin ich", erwiderte ich lässig und unhöflich.

„Was tun?" war seine nächste Frage.

„Alles, was ich kriegen kann", antwortete ich.

„Hm", murmelte er, „da muss ich mich kümmern."

Zehn Minuten später kam er wieder zurück. „Komm mit", sagte er, und ich folgte ihm in seine Kabine – eine komfortable Kabine mit einer guten Koje rechts neben der Tür, wenn man hereinkam, und einem guten Sofa gegenüber.

„Bist du wirklich allein?", fragte er.

Ich nickte, denn ich hatte ein wenig Angst, er könnte die Macht haben, mir das Gehen zu verbieten, und ich beschloss, so wenig wie möglich zu sagen.

„Wie alt bist du?", war seine nächste Frage.

„Sechzehn", log ich dreist.

„Sechzehn! ", wiederholte er, „man sieht Ihnen nicht so aus, aber Sie sprechen, als ob Sie eine gute Ausbildung genossen hätten." Ich lächelte; ich hatte die krasse Unwissenheit der Bauern im Zwischendeck bereits ermessen können.

„Haben Sie Freunde in Amerika?", fragte er.

„Warum wollen Sie mich befragen?", wollte ich wissen. „Ich habe meine Überfahrt bezahlt und tue nichts Böses."

„Ich möchte dir helfen", sagte er. „ Bleibst du hier, bis wir uns trennen und ich ein wenig Zeit habe?"

„Sicher", sagte ich, „ich bin lieber hier als bei diesen Rüpeln, und wenn ich Ihre Bücher lesen dürfte –"

Mir war aufgefallen, dass da zwei kleine Bücherregale aus Eichenholz standen, eines auf jeder Seite des Waschtischs, und dass überall verstreut kleinere Bücher und Bilder lagen.

„Natürlich dürfen Sie das", erwiderte er und riss die Tür des Bücherregals auf. Da stand ein Macaulay, der mich anstarrte.

„Ich kenne seine Gedichte", sagte ich, als ich sah, dass das Buch seine „Essays" enthielt und in Prosa geschrieben war. „Das würde ich gern lesen."

„Nur zu", sagte er lächelnd, „in ein paar Stunden bin ich wieder da." Als er zurückkam, fand er mich zusammengerollt auf seinem Sofa, verloren im Märchenland. Ich war gerade am Ende des Essays über Clive angelangt und war atemlos. „Gefällt es dir?", fragte er. „Das glaube ich", antwortete ich, „es ist sogar besser als seine Gedichte", und plötzlich klappte ich das Buch zu und begann zu rezitieren:

„Trotz all seiner Fehler, und es waren weder wenige noch geringfügige, gab es nur einen Friedhof, der würdig war, seine sterblichen Überreste aufzunehmen. In der Großen Abtei –"

Der Doktor nahm mir das Buch aus der Hand.

„Rezitieren Sie aus Clive?", fragte er.

„Ja", sagte ich, „aber der Aufsatz über Warren Hastings ist genauso gut", und begann erneut:

„Er sah aus wie ein großer Mann, und nicht wie ein schlechter. Eine Person, klein und ausgezehrt, die jedoch ihre Würde aus einer Haltung bezog, die zwar Ehrerbietung gegenüber dem Hof, aber auch gewohnte Selbstbeherrschung und Selbstachtung ausdrückte. Eine hohe und intellektuelle Stirn; eine nachdenkliche, aber nicht düstere Braue, ein Mund von unbeugsamer Entschlossenheit, ein Gesicht, auf dem so leserlich geschrieben stand wie unter dem großen Bild im Ratssaal von Kalkutta, *Mens „aequa in arduis*: Mit diesem Gesichtsausdruck trat der große Prokonsul seinen Richtern vor."

„Haben Sie das alles auswendig gelernt?", rief der Doktor lachend.

„So etwas muss ich nicht lernen", antwortete ich, „ einmal lesen genügt."

Er starrte mich an.

„Es war sicher richtig, Sie hierher zu bringen", begann er. „Ich wollte Ihnen eine Koje im Zwischendeck besorgen, aber da ist kein Platz: Wenn Sie sich mit dem Sofa zufriedengeben könnten, würde ich den Steward bitten, Ihnen darauf ein Bett zu machen."

„Oh, würden Sie das?", rief ich. „ Wie nett von Ihnen, und Sie lassen mich Ihre Bücher lesen?" „ Jedes einzelne " , antwortete er und fügte hinzu: „Ich wünschte nur, ich könnte sie genauso gut nutzen."

Das Ergebnis war, dass er mir innerhalb einer Stunde einiges von meiner Geschichte entlockt hatte und wir gute Freunde wurden. Sein Name war

Keogh. „Natürlich ist er Ire", sagte ich mir, als ich an diesem Abend schlafen ging: „Niemand sonst wäre so freundlich gewesen."

Der Normalbürger wird denken, ich würde hier mit meinem Gedächtnis angeben. Er irrt sich. Swinburnes Gedächtnis, insbesondere für Gedichte, war viel, viel besser als meines, und ich habe immer bedauert, dass ein gutes Gedächtnis einen oft daran hindert, selbst zu denken. Ich werde auf diesen Glauben zurückkommen, wenn ich später erkläre, wie mir der Mangel an Büchern die Originalität gab, die ich besitze. Ein gutes Gedächtnis und Bücher zur Hand sind zwei der größten Gefahren der Jugend und stellen für sich genommen ein schreckliches Handicap dar, aber wie alle Gaben kann ein gutes Gedächtnis einem Freunde unter den Gedankenlosen verschaffen, besonders wenn man sehr jung ist.

Tatsächlich prahlte Doktor Keogh mit meinem Gedächtnis und meiner Fähigkeit, zu rezitieren, bis sich einige der Kabinenpassagiere für den außergewöhnlichen Schuljungen interessierten. Das Ergebnis war, dass ich eines Abends in der Ersten Kabine gebeten wurde, zu rezitieren. Danach wurde eine Kollekte für mich einberufen, eine Erste-Klasse-Passage bezahlt und ich erhielt zusätzlich etwa zwanzig Dollar. Außerdem bot ein alter Herr an, mich zu adoptieren und mein zweiter Vater zu sein, aber ich war meinen Vater nicht losgeworden, um einen anderen anzunehmen, also hielt ich mich so weit wie möglich von ihm fern.

Ich greife meiner Geschichte jedoch wieder einmal vor. Am zweiten Abend der Reise wurde die See etwas rauer und es gab viele Übelkeitsgefühle. Doktor Keogh wurde aus seiner Kabine gerufen und während er weg war, klopfte jemand an die Tür. Ich öffnete sie und fand ein hübsches Mädchen vor.

„Wo ist der Doktor?", fragte sie. Ich sagte ihr, er sei zu einem Passagier gerufen worden.

„Bitte sagen Sie ihm", sagte sie, „ wenn er zurückkommt, dass Jessie Kerr, die Tochter des Chefingenieurs, ihn gerne sehen würde."

„Ich gehe ihm jetzt nach, Miss Jessie", sagte ich. „Ich weiß, wo er ist."

„Es ist nicht wichtig", erwiderte sie, „aber mir ist schwindlig, und er hat mir gesagt, er könne es heilen."

„An Deck zu kommen ist das beste Heilmittel", erklärte ich. „Die frische Luft wird das Übelkeitsgefühl schnell vertreiben. Sie werden wie ein Murmeltier schlafen und morgen früh wird es Ihnen gut gehen. Kommen Sie mit?" Sie willigte bereitwillig ein und gab nach zehn Minuten zu, dass die leichte Übelkeit in der scharfen Brise verschwunden war. Während wir auf dem schwach beleuchteten Deck auf und ab gingen, musste ich sie ab und zu stützen, denn das Schiff rollte ein wenig unter einem Südwestwind . Jessie erzählte mir etwas über sich selbst; wie sie nach New York ging, um einige Monate bei einer älteren verheirateten Schwester zu verbringen, und wie streng ihr Vater war. Im Gegenzug hatte sie meine ganze Geschichte und konnte kaum glauben, dass ich erst sechzehn war. Warum sie über sechzehn war und niemals hätte aufstehen und Stück für Stück vortragen können, wie ich es in der Kabine tat: Sie fand es „wunderbar".

Bevor sie unterging, sagte ich ihr, sie sei das hübscheste Mädchen an Bord, und sie küsste mich und versprach, am nächsten Abend wiederzukommen und noch einmal spazieren zu gehen. „Wenn Sie nichts Besseres zu tun haben", sagte sie zum Abschied, „können Sie nach vorne auf das kleine Promenadendeck der zweiten Kabine kommen, und ich werde einen der Männer bitten, uns einen Platz in einem der Boote zu besorgen." „Natürlich", versprach ich gerne und verbrachte den nächsten Nachmittag mit Jessie im Heck des großen Bootes, wo wir außer Sichtweite und auch außer Hörweite von allen waren.

Da lagen wir nun, eingehüllt in zwei Decken, sozusagen zwischen Meer und Himmel, während die scharfe Luft, die vorbeipfiff, unser Gefühl der Einsamkeit noch verstärkte. Jessie war zwar ziemlich klein, aber ein sehr hübsches Mädchen mit großen haselnussbraunen Augen und heller Haut.

Ich legte bald meinen Arm um sie und küsste sie weiter, bis sie mir sagte, sie habe noch nie einen Mann gekannt, der so gierig nach Küssen sei wie ich. Es war eine köstliche Schmeichelei für mich, von mir als Mann zu sprechen, und im Gegenzug schwärmte ich von ihren Augen, ihrem Mund und ihrer Figur; während ich ihre linke Brust streichelte, sagte ich ihr, ich könne den Rest erraten und wisse, dass sie einen schönen Körper habe. Aber als ich meine Hand unter ihre Kleidung schob, unterbrach sie mich, als ich knapp über ihrem Knie war, und sagte:

„Wir müssten verlobt sein, bevor ich dir das erlauben könnte. Liebst du mich wirklich?"

Natürlich schwor ich, dass ich es wusste, aber als sie sagte, dass sie ihrem Vater sagen müsse, dass wir verlobt seien, lief mir ein kalter Schauer über den Rücken.

„Ich kann noch lange nicht heiraten", sagte ich, „ich muss erst meinen Lebensunterhalt verdienen und ich weiß nicht genau, wo ich anfangen soll." Aber sie hatte gehört, dass ein alter Mann mich adoptieren wollte, und alle sagten, er sei sehr reich, und sogar ihr Vater gab zu, dass ich „gut versorgt" wäre.

Inzwischen war meine rechte Hand beschäftigt: Ich hatte meine Finger an ihr warmes Fleisch zwischen den Strümpfen und der Unterhose geführt und war wild vor Verlangen; bald berührte ich Mund auf Mund ihre Scheide.

Was für einen herrlichen Nachmittag wir hatten! Ich hatte jetzt genug gelernt, um langsam vorzugehen und ihren scheinbaren Launen zu gehorchen. Sanft, sanft streichelte ich ihre Scham mit meinem Finger, bis sie sich öffnete und sie sich an mich lehnte und mich aus eigenem Antrieb küsste, während ihre Augen nach oben gingen und ihr ganzes Wesen in ekstatischen Schauern versank. Als sie mich bat aufzuhören und meine Hand wegzunehmen, gehorchte ich sofort ihrem Befehl und wurde mit der Bemerkung belohnt, dass ich ein „lieber Junge" und „süß" sei, und bald begannen die Umarmungen und Liebkosungen wieder. Sie bewegte sich jetzt als Reaktion auf meine lasziven Berührungen, und als die Ekstase sie überkam, drückte sie mich fest an sich und küsste mich leidenschaftlich mit heißen Lippen, und danach weinte sie in meinen Armen ein wenig und schmollte, dass sie böse auf mich sei, weil ich so unartig war. Aber ihre Augen schenkten mir ihren ganzen Sinn, selbst als sie versuchte, mich zu schelten.

Die Essensglocke läutete und sie sagte, sie müsse gehen, und wir verabredeten uns für danach auf dem Oberdeck; aber als sie aufstand, gab sie mit einem kleinen Seufzer wieder meiner Hand nach und ich fand ihre Scham ganz nass, nass!

Sie stieg am Haupttakelungsstück aus dem Boot und ich wartete einen Moment, bevor ich ihr folgte. Zunächst schien unsere Vorsicht belohnt zu werden, hauptsächlich, so dachte ich später, weil alle glaubten, ich sei zu jung und zu klein, um ernst genommen zu werden. Aber an Bord erfährt man zumindest unter den Matrosen schnell alles.

Ich ging hinunter zu Dr. Keoghs Kabine, wieder einmal freudiger und dankbarer als bei E. Meine Finger waren wie Augen, die meine Neugier befriedigten, und die Neugier war unersättlich. Jessies Schenkel waren glatt und fest und rund: Ich freute mich, mich an ihre Berührung zu erinnern, und ihr Hintern war fest wie warmer Marmor. Ich wollte sie nackt sehen und ihre Schönheiten eine nach der anderen studieren. Auch ihr Geschlecht war wundervoll, voller noch als das von Lucille, und ihre Augen waren schöner. Oh, das Leben war tausendmal besser als die Schule. Ich war voller Freude und leidenschaftlicher wilder Hoffnungen – vielleicht würde Jessie es mir erlauben, vielleicht – mir blieb der Atem weg.

Unser Spaziergang an Deck an diesem Abend war nicht so zufriedenstellend: Der Wind hatte sich gelegt, es waren viele andere Paare da und die Männer schienen alle Jessie zu kennen, und es war Miss Kerr hier und Miss Kerr dort, bis ich sauer und enttäuscht war; ich konnte sie nicht für mich alleine haben, außer für wenige Augenblicke, aber dann musste ich zugeben, dass sie so süß war wie immer und dass ich sogar ihren Aberdeen-Akzent seltsam und charmant fand.

Ich bekam in den ungewöhnlichsten Momenten ein paar lange Küsse und kurz bevor wir untergingen, zog ich sie hinter ein Boot in den Davits und konnte ihre kleinen Brüste streicheln und als sie mir den Rücken zuwandte, um zu gehen, schlang ich meine Arme um ihre Hüften und zog sie an mich und fühlte ihr Geschlecht und sie lehnte ihren Kopf über ihre Schulter zurück und schenkte mir mit sterbenden Augen ihren Mund. Der Liebling! Jessie war in allen Lektionen der Liebe begabt.

Am nächsten Tag war es bewölkt und es drohte zu regnen, aber um zwei Uhr, gleich nach dem Mittagessen, waren wir sicher im Boot untergebracht und hofften, dass uns niemand gesehen hatte. Eine Stunde verging mit Liebkosungen und Zärtlichkeiten , mit Worten und Versprechen der Liebe: Ich hatte Jessie dazu gebracht, mein Geschlecht zu berühren, und ihre Augen schienen tiefer zu werden, als sie es streichelte.

„Ich liebe dich, Jessie, möchtest du nicht, dass es deins berührt?"

Sie schüttelte den Kopf. „Nicht hier, nicht im Freien", flüsterte sie und dann: „Warte noch ein bisschen, bis wir in New York sind, Liebling", und unsere Münder besiegelten den Pakt.

Dann fragte ich sie nach New York und dem Haus ihrer Schwester, und wir diskutierten gerade darüber, wo wir uns treffen sollten, als ein großer Kopf mit Bart über der Bordwand des Bootes auftauchte und eine tiefe schottische Stimme sagte: „Ich will dich, Jessie, ich habe überall nach dir gesucht ."

„ Alles klar , Vater", sagte sie, „ich bin gleich unten."

„Komm schnell", sagte die Stimme, als der Kopf verschwand.

„Ich werde ihm sagen, dass wir uns lieben, und er wird nicht lange böse sein", flüsterte Jessie; aber ich hatte Zweifel. Als sie aufstand, um zu gehen, fuhr meine freche Hand hinter ihr Kleid und betastete ihre warmen, glatten Pobacken. Ach, die Schärfe der unbeschreiblichen Empfindungen; ihre Augen lächelten mich über ihre Schulter an und sie war verschwunden – und das Sonnenlicht mit ihr.

Ich erinnere mich noch an die schmerzliche Enttäuschung, als ich allein im Boot saß. Das Leben hatte damals wie die Schule seine Tücken, und je intensiver die Freuden waren, desto bitterer waren die Hindernisse und Plagen. Zum ersten Mal in meinem Leben überkam mich ein vages Unbehagen, ein herzzerreißender Verdacht, dass alles Schöne und Freudige im Leben bezahlt werden müsse – ich wollte diese Angst nicht hegen. Wenn ich bezahlen müsste, würde ich bezahlen; schließlich konnte mir die

Erinnerung an die Ekstase nie genommen werden, solange der Kummer flüchtig war. Und diesen Glauben habe ich noch immer.

Am nächsten Tag teilte mir der Chefsteward eine Koje in der Kabine eines siebzehnjährigen englischen Fähnrichs zu, der nach Westindien zu seinem Schiff aufbrechen wollte. William Ponsonby war kein schlechter Kerl, aber er sprach von morgens bis abends nur über Mädchen und bestand darauf, dass Negerinnen besser seien als weiße Mädchen: Sie seien viel leidenschaftlicher, sagte er.

LeBreton haben , eine Gouvernante, die eine Stelle in Pittsburgh antreten würde.

„Aber was, wenn Sie sie in die Familie einweisen würden?", fragte ich.

„Das ist nicht meine Beerdigung", war seine Antwort, und da er sah, dass mich der Zynismus schockierte, sagte er weiter, es bestehe keine Gefahr, wenn man sich rechtzeitig zurückziehe. Ponsonby schlug nie ein Buch auf und war erstaunlich unwissend: Er schien nicht daran interessiert zu sein, etwas zu lernen, das nichts mit Sex zu tun hatte. Er stellte mich am selben Abend Miss LeBreton vor . Sie war ziemlich groß, hatte blondes Haar und blaue Augen, und sie lobte meine Rezitation. Zu meinem Erstaunen war sie eine hübsche Frau, und an der Art, wie sie Ponsonby ansah, konnte ich erkennen , dass sie mehr als nur ein bisschen in ihn verliebt war. Er war über mittelgroß, stark und gut gelaunt, und das war alles, was ich an ihm erkennen konnte.

Miss Jessie blieb den ganzen Abend fern und als ich ihren Vater auf dem „Oberdeck" sah, starrte er mich finster an und ging wortlos vorbei. An diesem Abend erzählte ich Ponsonby meine Geschichte, oder einen Teil davon, und er erklärte, er würde einen Matrosen finden, der Jessie am nächsten Morgen eine Nachricht überbringen würde, wenn ich sie aufschreiben würde.

Außerdem schlug er vor, dass wir die Kabine abwechselnd nachmittags belegen sollten. Er würde sie zum Beispiel am nächsten Tag nehmen und ich dürfte mich ihr nicht nähern, und wenn einer von uns irgendwann einmal die Tür verschlossen vorfände, sollte er die Privatsphäre seines Kumpels respektieren. Ich stimmte dem mit Begeisterung zu und ging in fieberhafter Hoffnung schlafen. Würde Jessie den Zorn ihres Vaters riskieren und zu mir kommen? Vielleicht würde sie das: auf jeden Fall würde ich ihr schreiben und sie fragen, und das tat ich. Nach einer Stunde kam derselbe Matrose mit ihrer Antwort zurück. Sie lautete wie folgt: „Liebes Herz, Vater ist verrückt, wir müssen zwei oder drei Tage lang sehr vorsichtig sein: Sobald es sicher ist, komme ich – deine dich liebende Jess", mit einem Dutzend Kreuzen für Küsse.

An diesem Nachmittag ging ich, ohne an meinen Pakt mit Ponsonby zu denken , in unsere Kabine und fand die Tür verschlossen vor. Sofort kam mir unser Pakt in den Sinn und ich ging leise weg. Hatte er es so schnell geschafft? Und war sie mit ihm im Bett? Die halbe Gewissheit ließ mein Herz klopfen.

An diesem Abend konnte Ponsonby seinen Erfolg nicht verbergen, nutzte ihn aber teilweise dazu, seine Herrin zu loben. Ich vergab ihm.

„Sie hat die schönste Figur, die Sie je gesehen haben", erklärte er, „und ist wirklich ein Schatz. Wir waren gerade fertig, als Sie an die Tür kamen. Ich sagte, es sei ein Irrtum gewesen, und sie glaubte mir. Sie möchte, dass ich sie heirate, aber ich kann nicht heiraten. Wenn ich reich wäre, würde ich schnell genug heiraten. Das ist besser, als eine schlimme Krankheit zu riskieren", und er erzählte weiter von einem seiner Kollegen, John Lawrence, der sich bei einer Negerin mit den Pocken, wie er die Syphilis nannte, angesteckt hatte.

„Er bemerkte es drei Monate lang nicht", fuhr Ponsonby fort, „und dann ging es ihm auf die Nerven; seine Nase wurde schlimm und er wurde nach Hause geschickt, der arme Teufel. Diese schwarzen Mädchen sind widerlich", fuhr er fort, „sie geben jedem die Klappe und das ist schlimm genug, das kann ich Ihnen sagen; sie sind dreckige Teufel." Sein lüsterner Kummer interessierte mich nicht besonders, denn ich hatte mir vorgenommen, nie wieder mit einer Prostituierten auszugehen.

Ich fasste an Bord dieses Schiffes mehrere solcher ungewöhnlichen Entschlüsse, und ich möchte hier kurz den wichtigsten davon darlegen. Zunächst einmal beschloss ich, jede mir übertragene Arbeit so gut wie möglich zu erledigen, damit sie niemand nach mir besser machen konnte. Im letzten Schulhalbjahr hatte ich in der Schule herausgefunden, dass man etwas sehr schnell und gründlich lernt, wenn man sich mit ganzem Herzen und ganzem Verstand darauf einlässt. Schon vor dem Probetraining war ich mir sicher, dass mein erster Job mir geradewegs zum Glück verhelfen würde. Ich hatte Männer bei der Arbeit gesehen und wusste, dass es leicht sein würde, jeden von ihnen zu schlagen. Ich konnte es nur kaum erwarten, das Probetraining zu beginnen.

Ich erinnere mich an einen Abend, an dem ich auf Jessie gewartet hatte und sie nie kam. Kurz bevor ich zu Bett ging, ging ich zum Bug des Schiffes, wo man mit dem Meer und dem Himmel allein war, und schwor mir diesen großen Eid, wie ich es in meiner romantischen Fantasie nannte: Was auch immer ich mir vornahm, ich würde es mit aller Kraft tun.

Wenn ich in meinem Leben Erfolg hatte oder gute Arbeit geleistet habe, dann verdanke ich dies zum großen Teil diesem Entschluss.

Ich konnte meine Gedanken nicht von Jessie abwenden. Wenn ich versuchte, sie aus meinem Kopf zu verbannen, bekam ich entweder eine kleine Nachricht von ihr, oder Ponsonby würde kommen und mich bitten, ihm den ganzen Tag die Kabine zu überlassen. Schließlich bat ich sie verzweifelt um ihre Adresse in New York, denn ich fürchtete, sie in diesem Wirbelsturm für immer zu verlieren. Ich fügte hinzu, dass ich immer von eins bis halb eins in meiner Kabine und allein sein würde, wenn sie jemals kommen würde.

An diesem Tag kam sie nicht, und der alte Herr, der gesagt hatte, er würde mich adoptieren, nahm mich in seine Obhut und sagte mir, er sei Bankier und würde mich nach Harvard schicken, der Universität in der Nähe von Boston. Nach dem, was der Doktor über mich gesagt hatte, hoffte er, ich würde Großes leisten. Er war wirklich nett und versuchte, mitfühlend zu sein, aber er hatte keine Ahnung, dass es mir vor allem darum ging, mich zu beweisen, meine eigene hohe Meinung von meinen Fähigkeiten im offenen Kampf des Lebens zu rechtfertigen. Ich wollte keine Hilfe und ich nahm ihm sein Beschützerinstinkt absolut übel.

Am nächsten Tag klopfte es an der Tür der Kabine und Jessie lag ganz aufgeregt in meinen Armen. „Ich kann nur eine Minute bleiben", rief sie. „Vater ist schrecklich. Er sagt, du bist noch ein Kind und will nicht, dass ich mich beschäftige, und er beobachtet mich von morgens bis abends. Ich konnte jetzt nur weg, weil er in den Maschinenraum musste."

Bevor sie fertig war, hatte ich die Kabinentür abgeschlossen.

„Oh, ich muss los", rief sie, „ich muss wirklich; ich bin nur gekommen, um Ihnen meine Adresse in New York zu geben, hier ist sie", und sie reichte mir den Zettel, den ich sofort in meine Tasche steckte. Und dann schob ich beide Arme unter ihre Kleidung und meine Hände lagen auf ihren warmen Hüften, und ich war sprachlos vor Entzücken; im nächsten Moment kam meine rechte Hand nach vorne, und als ich ihre Scham berührte, klammerten sich unsere Lippen aneinander, und ihre Scham öffnete sich sofort, und mein Finger begann, sie zu liebkosen, und wir küssten uns immer wieder. Plötzlich wurden ihre Lippen heiß, und während ich mich noch fragte, warum, wurde ihre Scham feucht, und ihre Augen begannen zu flattern und sich nach oben zu drehen. Einen oder zwei Augenblicke später versuchte sie, sich aus meiner Umarmung zu lösen.

„Wirklich, Liebes, ich habe Angst: Er könnte kommen und Lärm machen und ich würde sterben; bitte lass mich jetzt gehen: wir werden viel Zeit in New York haben" – aber ich konnte es nicht ertragen, sie gehen zu lassen. „Er würde nie hierher kommen, wo es zwei Männer gibt", sagte ich, „niemals, er könnte den Falschen finden", und ich zog sie an mich, aber als ich sah, dass sie nur halb beruhigt war, sagte ich, während ich ihr Kleid hochhob: „Lass meins nur deins berühren und ich werde dich gehen lassen" und im nächsten Moment war mein Geschlecht gegen ihres und fast wider Willen gab sie der pulsierenden Wärme nach; aber als ich mich eindrang, zog sie sich ein wenig zurück und legte sich darauf und ich sah Angst in ihren Augen, die mir sehr ans Herz gewachsen waren.

Sofort hörte ich auf, steckte mein Höschen weg und ließ ihre Kleider fallen. „Du bist so süß, Jess", sagte ich, „wer könnte dir etwas abschlagen; damals in New York, aber jetzt ein langer Kuss."

Sie öffnete mir sofort ihren Mund und ihre Lippen waren heiß. An diesem Morgen lernte ich, dass, wenn die Lippen eines Mädchens heiß werden, zuerst ihr Geschlecht heiß ist und sie bereit ist, sich hinzugeben und reif für die Umarmung.

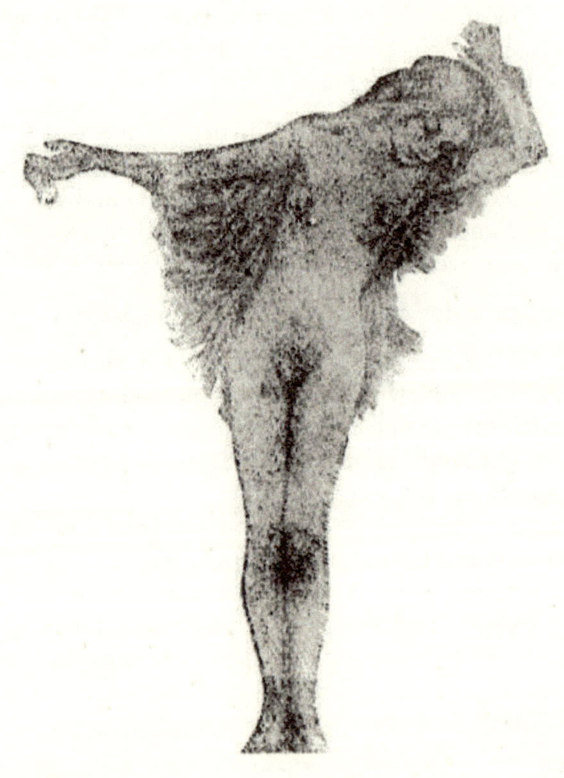

DIE GROSSE NEUE WELT!

Kapitel V.

Ein gestohlener Kuss und eine flüchtige Liebkosung, als wir uns nachts auf dem Deck trafen, waren alles, was ich für den Rest der Reise von Jessie hatte. Eines Abends lockten in der Ferne flackernde Landlichter Menschenmengen an Deck; das Schiff wurde langsamer. Die Kabinenpassagiere gingen wie üblich unter Deck, aber Hunderte von Einwanderern blieben wie ich wach und beobachteten, wie die Sterne am Himmel herabglitten, bis schließlich die Morgendämmerung mit silbernen Lichtern und überraschenden Offenbarungen anbrach.

Ich kann mich noch an die Erregung erinnern, die mich überkam, als ich die großen Wasserstraßen dieses Binnenhafens erkannte und auf der einen Seite den Long Island Sound sah, der sich wie ein Meer erstreckte, auf der anderen den prächtigen Hudson River mit seinen Palisaden, während vor mir der East River lag, fast eine Meile breit. Was für ein Eingang zu einer neuen Welt! Ein prächtiger und sicherer Seehafen, der zugleich der Treffpunkt großer Wasserwege zum Kontinent ist.

Man kann sich keinen schöneren Ort für eine Welthauptstadt vorstellen. Ich war verzaubert von der großzügigen Erhabenheit, der offenkundigen Bestimmung dieser „Königin der Gewässer".

Man zeigte mir die Old Battery, Governor's Island, das Gefängnis und den Ort, an dem die Brücke nach Brooklyn gebaut wurde. Plötzlich ging Jessie am Arm ihres Vaters vorbei und warf mir einen strahlenden, langen Blick voller Liebe und Versprechen zu.

Ich erinnere mich an nichts weiter, bis wir landeten und der alte Bankier zu mir kam und mir sagte, er habe meine kleine Schachtel von den „H"s, wo sie hingehörte, holen und mit seinem Gepäck zu den „S"s legen lassen.

„Wir fahren", fügte er hinzu, „zum Fifth Avenue Hotel weiter oben in der Stadt am Madison Square: dort werden wir uns wohlfühlen", und er lächelte selbstgefällig. Ich lächelte auch und dankte ihm; aber ich hatte nicht die Absicht, in seiner Begleitung zu gehen. Ich ging zurück zum Schiff und dankte Dr. Keogh von ganzem Herzen für seine große Güte mir gegenüber; er gab mir seine Adresse in New York und nebenbei erfuhr ich von ihm, dass, wenn ich den Schlüssel zu meinem Koffer behielte, niemand ihn öffnen oder wegnehmen könnte; er würde in der Obhut des Zolls bleiben, bis ich ihn abholen würde.

Nach einer Minute war ich wieder in dem langen Schuppen am Dock und war fast bis zum Ende gegangen, als ich die Treppe bemerkte: „Ist das der Weg in die Stadt?", fragte ich und ein Mann antwortete: „Sicher." Ein schneller Blick um mich, um sicherzugehen, dass ich nicht bemerkt wurde, und im Nu war ich die Treppe hinunter und auf der Straße: Ich rannte zwei oder drei Häuserblöcke geradeaus und fragte dann und erfuhr, dass die Fifth Avenue direkt vor mir war. Als ich in die Fifth Avenue einbog, begann ich frei zu atmen : „keine Väter mehr für mich." Der alte Graubart, der mich belästigt hatte, wurde ohne Bedauern in die Vergessenheit entlassen. Natürlich weiß ich jetzt, dass er eine bessere Behandlung verdient hätte. Vielleicht hätte ich es tatsächlich besser gemacht, wenn ich seine freundliche, großzügige Hilfe angenommen hätte, aber ich versuche, die schlichte, ungeschminkte Wahrheit darzulegen und muss gleich hier sagen, dass die Zuneigung von Kindern viel geringer ist, als sich die meisten Eltern vorstellen. Ich habe nie einen Gedanken an meinen Vater verschwendet; Sogar mein Bruder Vernon, der immer nett zu mir gewesen war und meine maßlose Eitelkeit genährt hatte, bedauerte ich nicht: Das neue Leben rief mich, ich war in einem Taumel der Erwartung und Hoffnung.

Irgendwann auf der Fifth Avenue kam ich auf den großen Platz und sah das Fifth Avenue Hotel, aber ich grinste nur und ging weiter, bis ich schließlich den Central Park erreichte. In der Nähe davon – ich kann mich nicht genau erinnern, wo, aber ich glaube, es war in der Nähe der Stelle, wo heute das Plaza Hotel steht – stand am anderen Ende des Grundstücks ein kleines Holzhaus mit einem Nebengebäude. Während ich starrte, kam eine Frau mit einem Eimer heraus und ging hinüber zum Nebengebäude. Nach ein paar Augenblicken kam sie wieder zurück und bemerkte, dass ich über den Zaun spähte.

„Würdest du mir bitte etwas zu trinken geben?", fragte ich. „Klar", antwortete sie mit starkem irischen Akzent. „Komm rein", und ich folgte ihr in ihre Küche.

„Sie sind Irin", sagte ich und lächelte sie an. „Das bin ich", erwiderte sie, „ wie haben Sie das erraten?" „Weil ich auch in Irland geboren bin", erwiderte ich. „Das sind Sie nicht!", rief sie nachdrücklich, mehr aus Freude als um zu widersprechen. „Ich bin in Galway geboren", fuhr ich fort und sofort wurde sie sehr freundlich und schenkte mir etwas warme Milch von der Kuh ein, und als sie hörte, dass ich nicht gefrühstückt hatte und sah, dass ich hungrig war, drängte sie mich zum Essen und setzte sich zu mir und hörte bald meine ganze Geschichte oder genug davon, um immer wieder in Erstaunen auszubrechen.

Im Gegenzug erzählte sie mir, wie sie Mike Mulligan geheiratet hatte, einen Hafenarbeiter, der gut verdiente und ein guter Ehemann war, aber hin und wieder einen Schluck zu viel trank, wie das bei Männern der Fall ist, wenn sie von einer dieser „Saloons" in Versuchung geführt werden . Ich erfuhr, dass die besten Iren in den Saloons zugrunde gingen, und „sie waren sowieso die besten Männer, und – und –" und das freundliche, einfache Gespräch ging weiter und bezauberte mich.

Als das Frühstück vorbei war und alles abgeräumt war, stand ich auf und wollte gehen, und dankte ihr vielmals, aber Mrs. Mulligan wollte nichts davon hören. „Du bist ein Kind", sagte sie, „und kennst New York nicht: Es ist ein schrecklicher Ort und du musst warten, bis Mike nach Hause kommt und …"

„Aber ich muss einen Platz zum Schlafen finden", sagte ich, „ich habe Geld."

„Du wirst hier schlafen", unterbrach sie ihn entschieden, „und Mike wird dich auf die Beine stellen; er kennt New York wie seine Westentasche, und du bist so willkommen wie die Blumen im Mai, und –"

Was konnte ich tun, außer zu bleiben und zu reden und mir alle möglichen Geschichten über New York anzuhören, und über „Rowdys", die „harte Fälle" waren, und „Revolverhelden" und „ Frauen, die noch schlimmer waren – für die war das ein übler Scherz ".

Zu gegebener Zeit aßen Mrs. Mulligan und ich zusammen zu Abend und nach dem Abendessen bekam ich ihre Erlaubnis, im Park spazieren zu gehen, aber „pass auf und sei um sechs zu Hause, sonst schicke ich Mike hinter dir her", fügte sie lachend hinzu.

Ich ging ein Stück durch den Park und machte mich dann wieder auf den Weg in die Innenstadt zu der Adresse, die Jessie mir in der Nähe der Brooklyn Bridge gegeben hatte. Es war eine schäbige Straße, dachte ich, aber ich fand bald das Haus von Jessies Schwester, ging in ein nahegelegenes Restaurant und schrieb meiner Liebsten eine kleine Notiz, die sie ihr bei Bedarf zeigen konnte. Darin stand, dass ich vorhatte, am 18. vorbeizukommen, oder zwei Tage, nachdem das Schiff, mit dem wir gekommen waren, nach Liverpool zurückkehren sollte. Nach dieser Pflicht, die es mir ermöglichte, am 18., 19. oder 20. auf alles Mögliche zu hoffen, schlenderte ich zur Fifth Avenue und machte mich wieder auf den Weg in die Stadt. Jedenfalls gab ich in meiner derzeitigen Unterkunft nichts aus.

Als ich an diesem Abend zurückkam, wurde ich Mike vorgestellt: Er war ein großer, gutaussehender Ire, der seine Frau für ein Wunder hielt und alles, was sie perfekt machte. „Mary", sagte er und zwinkerte mir zu, „ist eine der besten Köchinnen der Welt und wenn sie nicht so auf einen Mann losgeht, wenn er einen Tropfen in sich hat, wäre sie das beste Mädchen auf Gottes Erde. So wie es ist, habe ich sie geheiratet und es nie bereut: oder, Mary?" „Du hattest keinen Grund, Mike Mulligan."

Mike hatte am nächsten Morgen nichts Besonderes zu tun und versprach, meinen kleinen Koffer vom Zollhaus abzuholen. Ich gab ihm den Schlüssel. Er bestand ebenso leidenschaftlich wie seine Frau darauf, dass ich bei ihnen bleiben sollte, bis ich Arbeit hätte: Ich erzählte ihnen, wie sehr ich es kaum erwarten konnte, anzufangen, und Mike versprach, mit seinem Chef und einigen Freunden zu sprechen und zu sehen, was getan werden könnte.

Am nächsten Morgen stand ich gegen halb sechs auf, als ich Mike aufstehen hörte, und ging mit ihm die Seventh Avenue hinunter, bis er in die Pferdebahn in die Innenstadt stieg und mich verließ. Gegen halb acht bis acht Uhr begann ein Strom von Menschen in die Innenstadt zu ihren Büros zu laufen. An mehreren Ecken standen Schuhputzerhütten. In einer von ihnen waren zufällig drei Kunden und nur ein Schuhputzer.

„Willst du nicht, dass ich dir ein oder zwei Paar Schuhe putze? ", fragte ich. Der Schuhputzer sah mich an: „Das macht mir nichts aus", sagte er, und ich schnappte mir die Bürsten und machte mich an die Arbeit. Ich war mit den beiden fertig, gerade als er mit der ersten fertig war: Er flüsterte mir „Hälften" zu, als der nächste Mann hereinkam und mir zeigte, wie man den Polierlappen oder das Poliertuch benutzt. Ich zog Mantel und Weste aus und machte mich voller Tatendrang an die Arbeit; die nächsten anderthalb Stunden hatten wir beide alle Hände voll zu tun. Dann ließ der Ansturm nach, aber nicht bevor ich etwas mehr als anderthalb Dollar verdient hatte. Danach unterhielten wir uns, und Allison, der Schuhputzer, sagte mir, er würde mir gern jeden Morgen zu denselben Bedingungen Arbeit geben. Ich versicherte ihm, dass ich da sein und mein Bestes tun würde, bis ich eine andere Arbeit fände. Ich hatte drei Schilling verdient und herausgefunden, dass ich für drei Dollar die Woche eine gute Verpflegung bekommen konnte, also hatte ich in ein paar Stunden meinen Lebensunterhalt verdient. Die letzte Sorge verließ mich.

Mike hatte einen freien Tag und kam deshalb mittags zum Abendessen nach Hause. Dort hatte er tolle Neuigkeiten. Sie suchten Männer, die unter Wasser an den Eisensenkkästen der Brooklyn Bridge arbeiteten, und sie zahlten dafür fünf bis zehn Dollar pro Tag.

„Fünf Dollar", rief Mrs. Mulligan, „das muss gefährlich oder ungesund oder so etwas sein – sicher, Sie würden das Kind nie so arbeiten lassen."

Mike entschuldigte sich, aber die Gefahr, wenn es denn eine Gefahr gab, gefiel mir fast genauso gut wie der hohe Lohn: Meine einzige Angst war, dass sie mich für zu klein oder zu jung halten würden. Ich hatte Mrs. Mulligan gesagt, ich sei sechzehn, denn ich wollte nicht wie ein Kind behandelt werden, und jetzt zeigte ich ihr die achtzig Cent, die ich an diesem Morgen beim Stiefelputzen verdient hatte, und sie riet mir, weiterzumachen und nicht unter Wasser zu arbeiten; aber die versprochenen fünf Dollar pro Tag überzeugten mich.

Am nächsten Morgen brachte mich Mike kurz nach fünf Uhr zur Brooklyn Bridge, um den Bauunternehmer zu treffen: Er wollte Mike sofort engagieren, schüttelte aber den Kopf über mich. „Geben Sie mir eine Chance", flehte ich, „Sie werden sehen, ich werde es wiedergutmachen." Nach einer Pause sagte er: „OK, vier Schichten sind bereits hinterhältig abgearbeitet worden; Sie können es versuchen."

In meinem Roman „Die Bombe" habe ich ausführlich über diese Arbeit und ihre Gefahren berichtet, aber hier möchte ich einige Einzelheiten hinzufügen, um zu zeigen, was die Arbeiter erleiden müssen.

In der leeren Halle, in der wir uns fertig machten, erzählten mir die Männer, dass niemand die Arbeit lange verrichten könne, ohne die Taucherkrankheit zu bekommen. Die Taucherkrankheit war offenbar eine Art Krampfanfall, der den Körper wie einen Knoten verdrehte und einen oft lebenslang zum Invaliden machte. Bald erklärten sie mir das ganze Verfahren. Wir arbeiteten, so schien es, in einem riesigen glockenförmigen Senkkasten aus Eisen, der bis auf den Grund des Flusses reichte und mit Druckluft vollgepumpt wurde, damit kein Wasser von unten eindrang. Oben im Senkkasten befindet sich ein Raum, die sogenannte „Materialkammer", in die das aus dem Fluss gegrabene Material nach oben gelangt und weggebracht wird. An der Seite des Senkkastens befindet sich ein weiterer Raum, die sogenannte „Luftschleuse", in die wir zum „Komprimieren" gebracht werden sollten. Wenn die Druckluft eingelassen wird, absorbiert das Blut die Gase aus der Luft, bis die Spannung der Gase im Blut der in der Luft entspricht: Wenn dieses Gleichgewicht erreicht ist, können die Männer stundenlang im Caisson arbeiten, ohne ernsthafte Beschwerden zu verspüren, wenn ständig ausreichend reine Luft eingepumpt wird. Es war anscheinend die schlechte Luft, die den Schaden anrichtete: „Wenn sie gute Luft einpumpen würden, wäre es in Ordnung: aber das würde ein wenig Zeit und Mühe kosten und Menschenleben sind billiger." Ich sah, dass die Männer mich warnen wollten, weil sie dachten, ich sei zu jung, und dementsprechend gab ich vor, ihnen wenig Beachtung zu schenken.

Drucklufthahn nach dem anderen aufdrehten , legten die Männer ihre Hände an die Ohren, und ich tat es ihnen bald nach, denn der Schmerz war sehr stark. Tatsächlich werden die Trommelfelle oft eingepresst und platzen, wenn die Druckluft zu schnell eingeleitet wird. Ich fand heraus, dass der beste Weg, dem Druck zu begegnen, darin bestand, ständig Luft zu schlucken und sie ins Mittelohr zu pressen, wo sie als Luftpolster auf der Innenseite des Trommelfells wirkte und so den Druck von außen verringerte.

Es dauerte ungefähr eine halbe Stunde, uns zu „komprimieren", und diese halbe Stunde gab mir viel Stoff zum Nachdenken. Als die Luft vollständig komprimiert war, öffnete sich die Tür der Luftschleuse auf Knopfdruck, und wir gingen alle mit Spitzhacke und Schaufel auf dem kiesigen Boden an die Arbeit. Meine Kopfschmerzen wurden bald heftig. Wir sechs arbeiteten nackt bis zur Hüfte in einer kleinen Eisenkammer mit einer Temperatur von etwa 82 °C: Nach fünf Minuten strömte uns der Schweiß aus den Adern, und die ganze Zeit standen wir in eiskaltem Wasser, das nur durch den enormen Luftdruck am Steigen gehindert wurde. Kein Wunder, dass die Kopfschmerzen blendend waren. Die Männer arbeiteten nie länger als zehn Minuten am Stück, aber ich arbeitete unermüdlich weiter, entschlossen, mich zu beweisen und eine feste Anstellung zu bekommen; nur ein Mann, ein Schwede namens Anderson, arbeitete einigermaßen hart. Ich war überglücklich, als ich feststellte, dass wir zusammen mehr schafften als die vier anderen. Die wöchentlich geleistete Arbeit wurde, wie er mir erzählte, von einem Inspektor geschätzt. Anderson war dem Auftragnehmer bekannt und erhielt als Leiter unserer Gruppe einen halben Lohn mehr. Er versicherte mir, ich könne so lange bleiben, wie ich wolle, riet mir jedoch, nach Ablauf des Monats zu gehen: Das sei zu ungesund. Vor allem dürfe ich nicht trinken und sollte meine gesamte Freizeit im Freien verbringen. Er war die Freundlichkeit in Person zu mir, wie auch alle anderen. Nach zwei Stunden Arbeit unten gingen wir in die Luftschleuse, um uns allmählich „zu dekomprimieren", wobei der Luftdruck in unseren Adern allmählich auf den üblichen Luftdruck gesenkt werden musste. Die Männer begannen, ihre Kleidung anzuziehen, und ließen eine Flasche Schnaps herumgehen. Aber obwohl mir bald kalt war wie eine nasse Ratte und ich mich außerdem deprimiert und schwach fühlte, rührte ich den Schnaps nicht an. Im Schuppen oben trank ich mit Anderson eine Tasse heißen Kakao, wodurch das Zittern stoppte, und ich war bald in der Lage, mich der Tortur des Nachmittags zu stellen.

Ich hatte keine Ahnung, dass man sich so schlecht fühlen kann, wenn man in der Luftschleuse „dekomprimiert" ist, aber ich befolgte Andersons Rat und begab mich so schnell wie möglich ins Freie. Als ich am Abend nach Hause ging und mich umgezogen hatte, fühlte ich mich wieder stark. Die Kopfschmerzen ließen jedoch nicht ganz nach, und die Ohrenschmerzen kamen ab und zu zurück. Bis heute erinnert mich eine leichte Taubheit an diese Zeit der Arbeit unter Wasser.

Ich ging für eine halbe Stunde in den Central Park. Das erste hübsche Mädchen, das ich traf, erinnerte mich an Jessie. In einer Woche würde ich Zeit haben, sie zu treffen und ihr zu sagen, dass ich es gut mache und sie ihr Versprechen halten würde, da war ich mir sicher. Die bloße Hoffnung führte mich ins Märchenland. In der Zwischenzeit konnte mir nichts das stolze

Bewusstsein nehmen, dass ich mit meinen fünf Dollar an einem Tag zwei Wochen Lebensunterhalt verdient hatte. Ein Monat Arbeit würde mir ein Jahr lang Sicherheit geben.

Als ich zurückkam, sagte ich den Mulligans, dass ich für meine Verpflegung zahlen müsse, und sagte: „Wenn Sie mich lassen, würde es mir besser gehen", und schließlich stimmten sie zu, obwohl Mrs. Mulligan drei Dollar pro Woche zu viel fand. Ich war froh, als die Sache geregelt war, und ging früh zu Bett, um gut zu schlafen. Drei oder vier Tage lang ging es mir ziemlich gut, aber am fünften oder sechsten Tag kamen wir an eine Wasserquelle oder „Springbrunnen" und waren bis zur Hüfte nass, bevor der Luftdruck erhöht werden konnte, um dem entgegenzuwirken. Infolgedessen schoss ein furchtbarer Schmerz durch beide Ohren: Ich legte meine Hände fest darauf und saß eine Weile still. Glücklicherweise war die Schicht fast vorbei und Anderson kam mit mir zum Pferdewagen. „Hören Sie besser auf", sagte er, „ich habe schon erlebt, wie manche davon taub wurden."

Die Schmerzen waren entsetzlich gewesen, ließen aber langsam nach und ich war entschlossen, nicht aufzugeben. „Könnte ich einen Tag frei bekommen?", fragte ich Anderson. Er nickte. „Natürlich. Du bist die Beste in der Schicht, die Beste, die ich je gesehen habe, ein tolles kleines Pony."

Mrs. Mulligan sah sofort, dass etwas nicht stimmte, und ließ mich ihr Hausmittel ausprobieren – eine geröstete Zwiebel, die in zwei Hälften geschnitten und mit einem Flanellverband fest auf jedes Ohr geklebt wurde. Es wirkte wie ein Wunder: Nach zehn Minuten war ich schmerzfrei. Dann goss sie ein wenig warmes, süßes Öl hinein, und nach einer Stunde ging ich wie gewöhnlich im Park spazieren. Die Angst vor Taubheit hatte ich immer noch, und ich war sehr froh, als Anderson mir erzählte, dass er sich beim Boss beschwert hatte und wir nun zusätzlich 300 Meter reine Luft bekommen würden. Es würde einen großen Unterschied machen, sagte Anderson, und er hatte recht, aber die Verbesserung war nicht ausreichend. [1]

> 1. Wie ich inzwischen erfahren habe, verlangt der Staat in Deutschland, dass zehnmal so viel reine Luft bereitgestellt wird wie wir haben. Infolgedessen konnten die schweren Erkrankungen, die bei uns in drei Monaten 80 % ausmachten, auf acht reduziert werden. Die väterliche Regierung hat, wie es scheint, einige gute Seiten.

Eines Tages, als die anderthalb Stunden dauernde „Dekompression" gerade zu Ende war, fiel ein Italiener namens Manfredi hin und krümmte sich, wobei er mit dem Gesicht auf den Boden schlug , bis ihm das Blut aus Nase und Mund spritzte. Als wir ihn in den Schuppen brachten, waren seine Beine wie geflochtene Haare verdreht. Der Chirurg ließ ihn ins Krankenhaus bringen. Ich beschloss, dass mir ein Monat genügen würde.

Am Ende der ersten Woche bekam ich eine Nachricht von Jessie, dass ihr Vater am Nachmittag an Bord gehen würde und sie mich am nächsten Abend sehen könne. Ich ging hin und wurde Jessies Schwester vorgestellt, die zu meiner Überraschung groß und kräftig war, aber nicht im Geringsten von Jessies gutem Aussehen unterschied.

„Er ist jünger als Sie, Jess", brach sie in Gelächter aus. Eine Woche zuvor wäre es mir zutiefst wehgetan, aber ich hatte mich bewährt, also sagte ich einfach: „Ich verdiene fünf Dollar am Tag, Mr. S. Plummer, und Geld regiert die Welt." Ihr Mund stand vor Erstaunen offen. „Fünf Dollar", wiederholte sie, „Es tut mir leid, ich – ich –"

„Na, Maggie", unterbrach Jessie sie, „ich habe dir doch gesagt, du hast noch nie jemanden wie ihn gesehen. Ihr werdet noch gute Freunde sein. Komm jetzt und wir machen einen Spaziergang", fügte sie hinzu und wir gingen hinaus.

Mit ihr zusammen zu sein, selbst auf der Straße, war herrlich, und ich hatte viel zu sagen, aber an einem Sommerabend auf einer New Yorker Straße Liebe zu machen, ist schwierig, und ich sehnte mich danach, sie ungehemmt zu küssen und zu liebkosen. Jessie hatte sich jedoch etwas ausgedacht: Wenn ihre Schwester und ihr Mann Theaterkarten hätten, würden sie ausgehen und wir wären allein in der Wohnung; es würde allerdings zwei Dollar kosten, und das fand sie sehr viel. Ich war entzückt: Ich gab ihr die Scheine und verabredete mich, am nächsten Abend vor acht Uhr bei ihr zu sein. Wusste Jessie, was passieren würde? Selbst jetzt bin ich mir nicht sicher, aber ich glaube, sie hat es erraten.

Am nächsten Abend wartete ich, bis die Luft rein war, und eilte dann zur Tür. Sobald wir allein im kleinen Salon waren und ich sie geküsst hatte, sagte ich: „Jessie, ich möchte, dass du dich ausziehst. Ich bin sicher, deine Figur ist wunderschön, aber ich möchte es wissen."

„Nicht sofort, was?", schmollte sie, „sprich erst mit mir. Ich möchte wissen, wie es dir geht?", und ich zog sie zu dem großen Sessel und setzte mich mit ihr in meine Arme. „Was soll ich dir sagen?", fragte ich, während meine Hand unter ihr Kleid zu ihren warmen Schenkeln und ihrer Scham glitt. Sie runzelte die Stirn, aber ich küsste ihre Lippen und streckte sie mit ein oder zwei Bewegungen auf mir aus, damit ich meinen Finger leicht benutzen konnte. Sofort wurden ihre Lippen heiß und ich fuhr fort, sie zu küssen und zu streicheln, bis ihre Augen sich schlossen und sie sich der Lust hingab. Plötzlich schmiegte sie sich an mich und gab mir einen dicken Kuss. „Du redest nicht", sagte sie.

„Ich kann nicht", rief ich und fasste einen Entschluss. „Komm", und ich hob sie auf die Füße und brachte sie ins Schlafzimmer. „Ich bin verrückt nach dir", sagte ich, „zieh deine Kleider aus, bitte." Sie wehrte sich ein wenig, aber als ich begann, ihr Kleid zu lockern, half sie mir und zog es aus. Ich bemerkte, dass ihr Höschen neu war. Es fiel bald herunter und sie stand in ihrem Hemdchen und schwarzen Strümpfen da. „Das reicht doch, oder?", sagte sie, „Herr Neugierig", und zog das Hemdchen fest um sich. „Nein", rief ich, „ Schönheit muss sich enthüllen, bitte!" Im nächsten Moment rutschte das Hemdchen herunter, blieb einen Moment an ihren Hüften hängen und kreiste dann um ihre Füße.

Ihre Nacktheit ließ mein Herz stocken; Verlangen machte mich blind; meine Arme umschlangen sie und drückten ihre weiche Gestalt an mich; im Nu hatte ich sie aufs Bett gehoben und gleichzeitig die Bettdecke zurückgezogen. Die dumme Phrase, zusammen im Bett zu sein, täuschte mich: Ich hatte keine Ahnung, dass ich sie besser in der Hand hatte, wenn ich nur auf der Bettkante lag; im Nu hatte ich mir Kleider und Stiefel vom Leib gerissen und mich neben sie gelegt. Unsere warmen Körper lagen beieinander: tausend heiße Pulse schlugen in uns; bald spreizte ich ihre Beine und versuchte, auf ihr liegend, mein Geschlecht in ihres zu schieben, aber sie zog sich fast sofort zurück. „O-O, es tut weh", murmelte sie und jedes Mal, wenn ich versuchte, mein Geschlecht hineinzuschieben, hielten mich ihre schmerzerfüllten „O"s zurück.

Meine wilde Erregung ließ mich erschauern; ich hätte sie schlagen können, weil sie sich zurückgezogen hatte; aber bald bemerkte ich, dass sie mein Geschlecht lustvoll ihre Klitoris berühren ließ, und ich begann, meinen Penis als Finger zu benutzen und sie damit zu streicheln. Nach ein oder zwei Augenblicken begann ich, ihn schneller zu bewegen, und als meine Erregung den Höhepunkt erreichte, versuchte ich erneut, ihn in ihre Muschi zu schieben, und jetzt, als ihr Liebestau kam, drang ich ein wenig in mein Geschlecht ein, was mir unsagbare Lust bereitete; aber als ich weiter vordrang, zog sie sich mit einem scharfen Schmerzensschrei wieder zurück. Im selben Moment kam mein Orgasmus zum ersten Mal und samenartig spritzte Milch aus meinem Geschlecht. Der Lustschauer war fast unerträglich heftig: Ich hätte vor Schmerz schreien können; aber Jessie schrie: „Oh, du machst mich nass" und zog sich mit einem erschrockenen „Schau, schau!" zurück. Und da waren tatsächlich Flecken von purpurrotem Blut auf ihren runden weißen Schenkeln. „Oh! Ich blute", schrie sie, „ was hast du getan?"

„Nichts", antwortete ich, ein wenig mürrisch, fürchte ich, weil meine unbeschreibliche Freude so jäh unterbrochen wurde, „nichts", und im nächsten Moment war ich aus dem Bett gestiegen, nahm mein Taschentuch und wischte schnell die verräterischen Spuren weg.

Doch als ich neu anfangen wollte, wollte Jessie zunächst nichts davon hören:

„Nein, nein", sagte sie. „Du hast mir wirklich wehgetan, Jim (mein Vorname, hatte ich ihr gesagt, war James) und ich habe Angst, bitte sei brav." Ich konnte nur ihren Willen tun, bis mir ein neuer Gedanke kam. Jedenfalls konnte ich sie jetzt sehen und ihre Schönheiten eine nach der anderen studieren, und so begann ich, noch immer neben ihr liegend, ihre linke Brust zu küssen und bald wurde die Brustwarze in meinem Mund etwas steif. Warum, wusste ich nicht, und Jessie sagte, sie wisse es nicht, aber es gefiel ihr, als ich sagte, ihre Brüste seien schön, und das waren sie tatsächlich, klein und fest, während die Brustwarzen gerade nach außen zeigten. Plötzlich kam der Gedanke, der mich überraschte: Es wäre viel hübscher gewesen, wenn der Kreis um die Brustwarzen rosarot gewesen wäre statt nur umbrabraun. Ich war von der bloßen Idee begeistert. Aber ihre Flanken und ihr Bauch waren schön; der Nabel wie eine gekräuselte Muschel, dachte ich, und das Dreieck aus seidigen braunen Haaren auf dem Venusberg schienen mir bezaubernd, aber Jessie bedeckte ihren Schönheitsort weiterhin. „Es ist hässlich", sagte sie, „bitte, Junge", aber ich streichelte ihn weiter und versuchte bald, meine Scheide wieder hineinzuschieben, obwohl Jessies schmerzerfüllte „O"s sofort einsetzten und sie mich anflehte aufzuhören.

„Wir müssen aufstehen und uns anziehen", sagte sie, „sie kommen gleich zurück", also musste ich mich damit begnügen, einfach in ihren Armen zu liegen und mit meinem Geschlecht ihrs zu berühren. Bald begann sie, sich gegen mein Geschlecht zu bewegen und mich zu küssen, und dann biss sie mir auf die Lippen, gerade als mein Geschlecht wieder in ihres glitt; sie ließ es einen langen Moment drin und dann, als ihre Lippen heiß wurden: „Es ist so groß", sagte sie, „aber du bist ein Schatz." Im nächsten Moment rief sie: „Wir müssen aufstehen, Junge! Wenn sie uns erwischen würden, würde ich vor Scham sterben." Als ich versuchte, ihre Aufmerksamkeit abzulenken, indem ich ihre Brüste küsste, schmollte sie: „Das tut auch weh. Bitte, Junge, hör auf und schau nicht hin", fügte sie hinzu, während sie versuchte aufzustehen, während sie ihr Geschlecht mit der Hand bedeckte und ein stirnrunzelndes Gesicht machte. Obwohl ich ihr sagte, dass sie sich täuschte und ihr Geschlecht schön sei, bestand sie darauf, es zu verbergen, und in Wahrheit erregten mich ihre Brüste und Schenkel mehr, vielleicht weil sie an sich schöner waren.

Ich legte meine Hand auf ihre Hüften. Sie lächelte: „Bitte, Junge", und als ich mich entfernte, um ihr das Zimmer zu geben, stand sie auf und blieb neben dem Bett stehen, eine perfekte kleine Figur mit rosigen, warmen Umrissen. Ich war verzaubert, aber der verfluchte kritische Verstand war wach. Als sie sich umdrehte, sah ich, dass sie für ihre Größe zu breit war; ihre Beine waren zu kurz, ihre Hüften zu kräftig. Das alles ließ mich ein wenig erschauern. Sollte ich jemals Perfektion finden?

Zehn Minuten später hatte sie das Bett hergerichtet und wir saßen im Wohnzimmer, aber zu meiner Verwunderung wollte Jessie nicht über unser Erlebnis sprechen. „Was hat dir am meisten Freude bereitet?", fragte ich. „Alles", sagte sie, „du ungezogener Schatz, aber lass uns nicht darüber reden."

Ich sagte ihr, dass ich einen Monat lang arbeiten ginge, aber nicht mit ihr reden könne: Meine Hand war bald wieder unter ihrer Kleidung, spielte mit ihrer Scham und streichelte sie, und wir mussten uns hastig voneinander entfernen, als wir ihre Schwester an der Tür hörten.

Ich hatte eine Zeit lang keinen weiteren Abend allein mit Jessie. Ich bat oft genug darum, aber Jessie entschuldigte sich und ihre Schwester war sehr kalt zu mir. Ich fand bald heraus, dass Jessie sich auf ihren Rat hin so hütete. Jessie gestand, dass ihre Schwester sie beschuldigt hatte, mich „wie einen Ehemann handeln zu lassen: Sie muss einen Fleck auf meinem Hemd gesehen haben", fügte Jessie hinzu, „ als du mich zum Bluten gebracht hast, du ungezogener Junge; irgendwie hat sie irgendetwas auf die Idee gebracht und jetzt musst du brav sein."

Das war das Fazit der ganzen Sache. Wenn ich damals schon so viel gewusst hätte wie zehn Jahre später, hätten weder der Schmerz noch die Warnungen ihrer Schwester Jessie davon abhalten können, sich mir hinzugeben. Schon damals hatte ich das Gefühl, dass ein bisschen mehr Wissen mich zum Schiedsrichter gemacht hätte.

Der Wunsch, Jessie wieder ganz für mich allein zu haben, war einer der Gründe, warum ich die Stelle bei der Brücke gleich nach Monatsende aufgab. Ich hatte über hundertfünfzig Dollar in der Tasche und bemerkte, dass ich zwar bald keine Ohrenschmerzen mehr hatte, aber etwas schwerhörig geworden war. Am ersten Morgen wollte ich im Bett liegen und einen tollen, faulen Tag verbringen, aber ich wachte wie üblich um fünf auf und plötzlich kam mir der Gedanke, dass ich hinuntergehen und Allison, den Schuhputzer, wiedersehen sollte. Ich fand ihn beschäftigter denn je und zog mich bald aus und machte mich an die Arbeit. Gegen zehn Uhr hatten wir nichts zu tun, also erzählte ich ihm von meiner Arbeit unter Wasser; er prahlte, dass sein „Stand" ihm etwa vier Dollar pro Tag einbrachte: Nachmittags gab es nicht viel zu tun, aber von sechs bis sieben verdiente er normalerweise etwas mehr.

Ich war herzlich eingeladen, jeden Morgen vorbeizukommen und mit ihm an den Hälften zu arbeiten, und ich hielt es für eine gute Idee, sein Angebot anzunehmen.

Noch am selben Nachmittag ging ich mit Jessie im Park spazieren, aber als wir ein Plätzchen im Schatten gefunden hatten, gestand sie mir, dass ihre Schwester der Meinung sei, wir sollten uns verloben, und sobald ich eine feste Anstellung fände, könnten wir heiraten: „Eine Frau will ein eigenes Zuhause", sagte sie, „und oh Junge! Ich würde es so hübsch machen! Und wir würden ins Theater gehen und uns richtig amüsieren."

Ich war entsetzt; in meinem Alter heiraten, nein, Sir! Mir und Jessie kam das absurd vor. Ich sah, dass sie hübsch und klug war, aber sie wusste nichts, hatte nie etwas gelesen: Ich konnte sie nicht heiraten. Der Gedanke ließ mich schnauben. Aber sie meinte es todernst, also stimmte ich allem zu, was sie sagte, bestand nur darauf, dass ich zuerst eine feste Arbeit finden müsse; ich würde auch den Verlobungsring kaufen: Aber zuerst müssten wir noch einen tollen Abend haben. Jessie wusste nicht, ob ihre Schwester ausgehen würde, aber sie würde sehen. In der Zwischenzeit küssten wir uns und küssten uns und ihre Lippen wurden heiß und meine Hand wurde fleißig, und dann gingen wir weiter, immer weiter, und gingen schließlich in das große Museum.

Hier erlebte ich einen der Schocks meines Lebens. Plötzlich blieb Jessie vor einem Bild stehen, das, glaube ich, Paris bei seiner Wahl der Göttin der Schönheit darstellte, wobei Paris eine ideale Figur jugendlicher Männlichkeit darstellte.

„Oh, ist er nicht großartig!", rief Jessie, „genau wie du", fügte sie mit weiblichem Witz hinzu und schmollte, als wolle sie mich küssen. Wenn sie nicht den persönlichen Bezug hergestellt hätte, wäre mir die Absurdität des Vergleichs vielleicht nicht aufgefallen. Aber Paris hatte lange, schlanke Beine, während meine kurz und stämmig waren, und sein Gesicht war oval und seine Nase gerade, während meine Nase mit breiten, duftenden Nasenlöchern hervorragte.

Die Überzeugung kam mir blitzartig: Ich war hässlich, mit unregelmäßigen Gesichtszügen, scharfen Augen und einer kleinen, gedrungenen Figur; die Gewissheit überwältigte mich: Ich hatte zuvor gelernt, dass ich zu klein war, um ein großer Sportler zu sein, jetzt sah ich, dass ich noch dazu hässlich war; mir sank das Herz: Ich kann meine Enttäuschung und meinen Ekel nicht beschreiben.

Jessie fragte, was los sei, und ich erzählte es ihr schließlich. Sie wollte es nicht glauben: „Du hast eine schöne weiße Haut", rief sie, „und du bist flink und stark: niemand würde dich hässlich nennen! – das war doch mal was!" Aber ich war mir dieser Erkenntnis unwiderlegbar sicher und würde sie nie wieder lange verlassen. Sie führte mich sogar zu einigen falschen Schlussfolgerungen: Zum Beispiel schien es mir klar, dass Jessie sich mir hingegeben hätte, wenn ich groß und gutaussehend wie Paris gewesen wäre, trotz ihrer Schwester; aber weitere Kenntnisse über Frauen lassen mich daran zweifeln: Sie haben natürlich ein Auge für das gute Aussehen von Männern; aber andere Eigenschaften wie Stärke und dominantes Selbstbewusstsein üben auf die Mehrheit eine noch größere Anziehungskraft aus, besonders auf diejenigen, die sexuell reich begabt sind, und ich neige zu der Annahme, dass es die Warnungen ihrer Schwester und ihr eigenes sachliches Zögern vor dem Unwiderruflichen waren, die Jessie dazu veranlassten, ihr Geschlecht vor der völligen Hingabe zu bewahren. Aber die Freude, die ich mit ihr erlebt hatte, machte mich eifriger als je zuvor und unternehmungslustiger. Auch die Überzeugung von meiner Hässlichkeit spornte mich an, meinen Geist und alle anderen Fähigkeiten so weit wie möglich zu entwickeln.

Schließlich brachte ich Jessie nach Hause, umarmte sie herzlich und küsste sie lange. Mir wurde gesagt, dass sie einen wilden Nachmittag gehabt hatte, und wir machten einen weiteren Termin aus.

Ich arbeitete jeden Morgen als Schuhputzer und hatte bald einige Stammkunden, darunter einen jungen, gut gekleideten Mann, der mich zu mögen schien. Entweder Allison oder er selbst sagten mir, sein Name sei Kendrick und er käme aus Chicago. Eines Morgens war er sehr still und vertieft. Schließlich sagte ich „Fertig" und „Fertig", er wiederholte nach mir: „Ich habe an etwas anderes gedacht", erklärte er. „Absicht", sagte ich lächelnd. „Ein Geschäft", erklärte er, „aber warum sagst du Absicht?" „Mir kam die lateinische Phrase in den Sinn", antwortete ich ohne nachzudenken, „‚ Intentique ore tenebant ‘, sagt Vergil."

„Guter Gott!", rief er, „stellen Sie sich einen Schuhputzer vor, der Vergil zitiert. Sie sind ein komischer Junge, wie alt sind Sie?" „Sechzehn", antwortete ich. „Sie sehen nicht so aus", sagte er, „aber jetzt muss ich mich beeilen; eines Tages werden wir uns unterhalten." Ich lächelte. „Danke, Sir", und er eilte davon.

Gleich am nächsten Tag hatte er es noch eiliger: „Ich muss in die Stadt", sagte er, „ich bin schon spät dran; reib mich nur ein oder zwei Mal", rief er ungeduldig, „ich muss den Zug erwischen" und fummelte mit ein paar Scheinen in der Hand herum. „Schon gut", sagte ich und fügte lächelnd hinzu: „Beeil dich! Ich bin morgen hier." Er lächelte und ging weg, ohne zu bezahlen, und nahm mich beim Wort.

Am nächsten Tag schlenderte ich früh in die Innenstadt; denn Allison hatte herausgefunden, dass an der Ecke 13th Street und Seventh Avenue ein Verkaufsstand mit Anbau zum Verkauf stand, und wie er genannt wurde, wollte er, dass ich mir das Geschäft von sieben bis neun ansehe. Der Dago, der verkaufen und nach Dalmatien zurückkehren wollte, wollte dreihundert Dollar für die Ausrüstung und behauptete, das Geschäft brächte vier Dollar pro Tag ein. Ich fand, er hatte nicht übermäßig übertrieben, und Allison war heiß darauf, dass wir es zusammen kauften und 50:50 machten. „Sie werden fünf oder sechs Dollar pro Tag verdienen", sagte er, „ wenn der Dago vier verdient. Es ist einer der guten Plätze, und mit drei Dollar pro Tag werden Sie bald einen eigenen Stand haben."

Während wir darüber diskutierten, kam Kendrick herüber und nahm seinen gewohnten Platz ein. „Warum bist du so heiß?", fragte er, und Allison lächelte, als ich es ihm erzählte. „Drei Dollar am Tag scheinen gut zu sein", sagte er, „aber Schuhputzen ist nicht dein Ding. Wie wäre es, wenn du nach Chicago kämst und eine Stelle als Nachtportier in meinem Hotel hättest? Ich habe eine Stelle bei meinem Onkel", fügte er hinzu, „und ich denke, du würdest gut verdienen."

„Ich werde mein Bestes geben", antwortete ich. Allein der Gedanke an Chicago und den Großen Westen zog mich an. „Lassen Sie mich darüber nachdenken?"

„Sicher, sicher! ", antwortete er, „Ich fahre erst am Freitag zurück, das gibt Ihnen drei Tage Zeit, sich zu entscheiden."

Allison blieb bei seiner Meinung, dass ein guter Stand mehr Geld einbringen würde; aber als ich mit den Mulligans darüber sprach, waren sie beide für das Hotel. Ich sah Jessie am selben Abend und erzählte ihr von dem „Stand" und bat um einen weiteren Abend, aber sie blieb dabei, dass ihre Schwester misstrauisch und böse auf mich sei und uns nicht mehr allein lassen würde. Dementsprechend sagte ich ihr nichts von Chicago.

Ich hatte bereits bemerkt, dass sexuelle Lust von Natur aus zutiefst egoistisch ist. Solange Jessie mir nachgab und mir Freude bereitete, war ich von ihr angezogen; sobald sie mich jedoch abwies, wurde ich verärgert und träumte von gefügigeren Schönheiten. Ich war ziemlich zufrieden, sie ohne ein Wort zu verlassen; „das wird ihr eine Lehre sein!", flüsterte meine verletzte Eitelkeit, „sie verdient es, ein wenig dafür zu leiden, dass sie mich enttäuscht hat."

Aber der Abschied von den Mulligans war wirklich schmerzhaft: Mrs. Mulligan war eine liebe, freundliche Frau, die, wenn sie gekonnt hätte, die Mutter der ganzen Familie gewesen wäre; eine jener süßen irischen Frauen, deren selbstlose Taten und Gedanken die Blumen unseres schmutzigen menschlichen Lebens sind. Auch ihr Mann war ihrer nicht unwürdig; sehr einfach und aufrichtig und fleißig, ohne einen gemeinen Gedanken in sich, eine natürliche Beute für gute Kameradschaft und Lieder und Poteen.

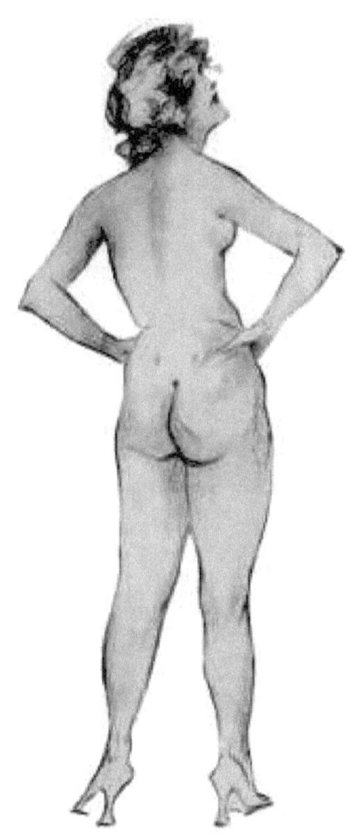

Am Freitagnachmittag verließ ich New York mit Mr. Kendrick in Richtung Chicago. Das Land erschien mir sehr kahl, rau und unfertig, aber die großen Entfernungen faszinierten mich; es war in der Tat ein Land, auf das man stolz sein konnte, jeder große Hektar davon sprach von der Zukunft und vermittelte Hoffnung.

Meine erste Runde mit dem amerikanischen Leben war sozusagen vorüber. Was ich dort gelernt hatte, ist mir noch immer in Erinnerung geblieben. Kein Volk ist so freundlich zu Kindern und kein Leben ist so einfach für die Handwerker; den Holzfällern und Wasserträgern geht es in den Vereinigten Staaten besser als irgendwo sonst auf der Erde. Für diese eine Klasse – und es ist die bei weitem zahlenmäßig größte Klasse – erfüllt die amerikanische Demokratie ihre Versprechen mehr als sie verspricht. Sie ebnet den niedrigsten Stand auf überraschendste Weise. Ich glaubte damals von ganzem Herzen, was so viele heute glauben, nämlich dass es, wenn man alle Schlussfolgerungen zieht, im Großen und Ganzen die beste Zivilisation war, die die Menschheit je gekannt hat.

Mit der Zeit änderte ich diese Meinung aufgrund tieferer Erkenntnisse immer radikaler. Fünf Jahre später erlebte ich, wie Walt Whitman, der edelste aller Amerikaner, in Camden in äußerster Armut lebte und von englischen Verehrern abhängig war, wenn es um Wechselkleidung oder ausreichend Nahrung ging. Poe hatte auf die gleiche Weise gelitten.

Nach und nach drängte sich mir die Überzeugung auf, dass die amerikanische Demokratie zwar viel dazu beiträgt, die unterste Klasse anzuheben, aber noch erfolgreicher darin ist, die höchste und beste Klasse herabzustufen. Kein Land auf Erden ist den armen, ungebildeten Arbeitern gegenüber so freundlich, kein Land ist den Denkern und Künstlern, den Führern der Menschheit, gegenüber so verächtlich und kalt. Welche Hilfe gibt es hier für Literaten und Künstler, für die Seher und Propheten? Solche Führer sind bei den reichen Müßiggängern nicht erwünscht und werden von den Massen ignoriert, und schließlich ist das Wohl des Kopfes sogar wichtiger als das des Körpers und der Füße.

Was wird aus denen, die den Propheten steinigen und die Lehrer verfolgen? Das Schicksal steht in leuchtenden Buchstaben auf jeder Seite der Geschichte geschrieben.

LEBEN IN CHICAGO!

Kapitel VI.

Das Fremont House, Kendricks Hotel, lag in der Nähe des Michigan Street Depot. Damals, als Chicago kaum 300.000 Einwohner hatte, war es ein Hotel zweiter Klasse. Mr. Kendrick hatte mir erzählt, dass sein Onkel, ein gewisser Mr. Cotton, das Haus eigentlich besaß, ihm aber den Hauptanteil an der Geschäftsführung überließ und hinzufügte: „Was Onkel sagt, gilt immer." Mit der Zeit verstand ich die Loyalität des Neffen; denn Mr. Cotton war wirklich freundlich und ein fähiger Geschäftsmann. Meine Aufgaben als Nachtportier waren einfach; von acht Uhr abends bis sechs Uhr morgens war ich der Herr im Büro und musste den ankommenden Gästen die Zimmer zuweisen, Rechnungen ausstellen und die fälligen Beträge von den abreisenden Gästen einsammeln. Ich machte mich sofort daran, die Vor- und Nachteile der über hundert Zimmer im Haus und die Ankunfts- und Abfahrtszeiten aller Nachtzüge kennenzulernen. Wenn Gäste eintrafen, traf ich sie am Eingang, fand heraus, was sie wollten, und sagte diesem oder jenem Portier oder Hotelpagen, er solle sie auf ihre Zimmer bringen. Egal wie kurz angebunden oder gereizt sie waren, ich versuchte immer, sie zu beruhigen, und bald stellte ich fest, dass mir das auch gelang. Nach einer Woche erzählte mir Mr. Kendrick, dass er von einem Dutzend Besuchern die besten Meinungen über mich gehört hatte. „Sie haben einen tollen Nachtportier", wurde ihm gesagt; „Er scheut keine Mühen ... hat angenehme Manieren ... weiß alles ... „ *irgendein* " Portier; jawohl, Sir!"

Meine Erfahrungen in Chicago haben mir gezeigt, dass man im Geschäftsleben in relativ kurzer Zeit erfolgreich ist, wenn man sein Bestes gibt; nur wenige tun alles, was sie können. Ich ging um sechs ins Bett und stand jeden Tag um ein Uhr zum sogenannten Abendessen auf. Nach dem Abendessen gewöhnte ich mir an, ins Billardzimmer zu gehen, an dessen einem Ende sich eine große Bar befand. Gegen fünf Uhr war das Billardzimmer überfüllt und es war niemand da, der die Aufsicht führte. Also sprach ich mit Mr. Kendrick darüber und übernahm die Aufgabe auf eigene Faust. Ich musste nicht viel mehr tun, als Neulinge dazu zu bringen, geduldig zu warten, bis sie an der Reihe waren, und alte Kunden zu besänftigen, die erwarteten, dass Tische auf sie warteten. Das Ergebnis von ein wenig Höflichkeit und lächelnden Versprechungen war so deutlich, dass mir der Buchhalter, ein Mann namens Curtis, am Ende des ersten Monats mit einem Grinsen sagte, ich würde sechzig Dollar im Monat bekommen und nicht vierzig Dollar, wie ich angenommen hatte. Unnötig zu sagen, dass der zusätzliche Lohn meinen Wunsch, mich nützlich zu machen, nur noch verstärkte. Doch nun wurde mir der Weg nach oben durch zwei Vorgesetzte versperrt: der Buchhalter war der eine und der Steward, ein trockener, schweigsamer Westler namens Payne, der andere. Payne kaufte alles und hatte die Kontrolle über den Speisesaal und die Kellner, während Curtis das Büro und die Pagen beherrschte. Ich unterstand tatsächlich Curtis; doch meine Kontrolle über das Billardzimmer verlieh mir eine Art unabhängige Position.

Ich freundete mich bald mit Curtis an, gewöhnte mich daran, mit ihm zu Abend zu essen, und als er feststellte, dass meine Handschrift sehr gut war, gab er mir das Tagebuch, und innerhalb weniger Monate hatte er mir die Buchhaltung beigebracht, wobei er mir einen Großteil davon anvertraute. Er war nicht faul, aber die meisten Männer in den Vierzigern haben gern einen fähigen Assistenten. Bis Weihnachten desselben Jahres führte ich alle Bücher außer dem Hauptbuch und kannte, wie ich dachte, das gesamte Geschäft des Hotels.

Der Speisesaal schien mir sehr schlecht geführt zu sein, aber wie es der Zufall wollte, war ich der erste, der das Büro unter Kontrolle bekam. Sobald Curtis herausfand, dass man mir seine Arbeit vertrauen konnte, begann er, zum Abendessen auszugehen und blieb oft den ganzen Tag weg. Um Neujahr war er fünf Tage weg und vertraute mir bei seiner Rückkehr an, dass er auf einer „Pleite" gewesen sei. Er war offenbar nicht glücklich mit seiner Frau und trank, um ihre Wut zu ertränken. Im Februar war er zehn Tage weg, aber da er mir den Schlüssel zum Safe gegeben hatte, hielt ich alles am Laufen. Eines Tages fand mich Kendrick im Büro bei der Arbeit und wollte etwas über Curtis wissen: „Wie lange war er weg?" „Ein oder zwei Tage", antwortete ich. Kendrick sah mich an und fragte nach dem Hauptbuch: „Es ist genau eingetragen!", rief er aus, „ haben Sie es gemacht?" Ich musste sagen, dass ich es gemacht hatte, aber ich schickte sofort einen Pagen nach Curtis. Der Junge fand ihn nicht in seinem Haus und am nächsten Tag wurde ich vor Mr. Cotton gebracht. Ich konnte nicht leugnen, dass ich die Bücher geführt hatte, und Cotton sah bald, dass ich Curtis aus Loyalität schirmte. Als Curtis am nächsten Tag kam, verriet er alles; er war noch immer halb betrunken und dazu noch unhöflich. Er sei krank gewesen, sagte er, aber seine Arbeit sei in Ordnung. Er wurde auf der Stelle von Mr. Cotton „gefeuert", und am Abend bat mich Kendrick, die Dinge in Ordnung zu halten, bis er seinen Onkel davon überzeugen konnte, dass ich vertrauenswürdig und älter sei, als ich aussah.

Ein paar Tage später sah ich Mr. Cotton und Mr. Kendrick zusammen. „Können Sie die Bücher führen, Nachtportier sein und sich um das Billardzimmer kümmern?", fragte mich Mr. Cotton scharf. „Ich denke schon", antwortete ich, „ich werde mein Bestes tun." „ Hm !", grunzte er, „welchen Lohn sollten Sie Ihrer Meinung nach bekommen?" „Das überlasse ich Ihnen, Sir", sagte ich, „ich bin zufrieden, was auch immer Sie mir geben."

„Zum Teufel, das werden Sie", sagte er mürrisch, „und wenn ich sage, machen Sie bei Ihrem derzeitigen Gehalt weiter?" Ich lächelte, „OK, Sir."

„Warum lächeln Sie?", fragte er. „Weil der Lohn wie Wasser seinen Preis zu finden versucht!" „Was zum Teufel meinen Sie mit seinem Preis?" „Der Preis", fuhr ich fort, „ist sicherlich der Marktpreis; früher oder später wird er dahin steigen und ich kann warten." Seine scharfen grauen Augen bohrten sich plötzlich in mich. „Ich glaube, Sie sind viel älter, als Sie aussehen, wie mir mein Neffe hier erzählt", sagte er. „Setzen Sie sich für den Moment auf hundert im Monat und in Kürze werden wir vielleicht den ‚Preis' finden", und er lächelte. Ich dankte ihm und ging an meine Arbeit.

Es schien, als ob mein Leben von Vorfällen bestimmt war … Ungefähr einen Tag später kam der schweigsame Steward Payne und fragte mich, ob ich mit ihm essen und ins Theater gehen wolle. Ich hatte seit fünf oder sechs Monaten keinen freien Tag gehabt, also sagte ich „Ja". Er gab mir ein tolles Abendessen in einem berühmten französischen Restaurant (ich habe den Namen vergessen) und wollte, dass ich Champagner trinke. Aber ich hatte mich bereits entschlossen, bis zu meinem einundzwanzigsten Lebensjahr keine berauschenden Getränke anzurühren, und so sagte ich ihm einfach, dass ich das Gelöbnis abgelegt hätte. Er redete lange um den heißen Brei herum, sagte aber schließlich, da ich an Curtis' Stelle Buchhalter sei, hoffe er, dass wir so miteinander auskommen würden, wie er und Curtis es getan hätten. Ich fragte ihn, was er damit genau meinte, aber er wollte nicht deutlich sprechen, was meinen Verdacht erregte. Ein oder zwei Tage später kam ich mit einem Metzger in einem anderen Viertel der Stadt ins Gespräch und fragte ihn, wofür er einem Hotel täglich siebzig Pfund Rindfleisch und fünfzig Pfund Hammelfleisch liefern würde; er nannte mir einen Preis, der so weit unter dem von Payne lag, dass sich mein Verdacht bestätigte. Ich war ungeheuer aufgeregt. Ich lud Payne meinerseits zum Abendessen ein und sprach das Thema an. Sofort sagte er: „Natürlich gibt es eine Provision, und wenn Sie sich mit mir ins Zeug legen, gebe ich Ihnen ein Drittel, so wie ich Curtis gegeben habe. Die Provision schadet niemandem", fuhr er fort, „denn ich kaufe unter dem Marktpreis." Natürlich war ich ganz Ohr und gespannt, als er zugab, dass die Provision auf alles erhoben wurde, was er kaufte, und etwa 20 Prozent der Kosten betrug . Dadurch erhöhte er seinen Lohn von zweihundert Dollar im Monat auf etwa zweihundert Dollar pro Woche.

Sobald mir alle Fakten klar waren, bat ich den Neffen, mit mir zu Abend zu essen, und legte ihm die Situation dar. Ich hatte nur eine Loyalität – meinen Arbeitgebern und dem Wohl des Schiffes gegenüber. Zu meinem Erstaunen schien er zunächst unzufrieden zu sein. „Noch mehr Ärger", begann er, „warum kannst du nicht bei deiner eigenen Arbeit bleiben und die anderen in Ruhe lassen? Was ist schließlich in einer Provision enthalten?" Als er begriff, was die Provision ausmachte und dass er selbst in einer halben

Stunde am Tag einkaufen konnte, änderte er seinen Ton. „Was wird mein Onkel jetzt sagen?", rief er und ging los, um dem Eigentümer seine Geschichte zu erzählen. Zwei Tage später gab es einen gewaltigen Krawall, denn Mr. Cotton war Geschäftsmann und ging zu dem Metzger, mit dem wir zu tun hatten, und stellte selbst fest, wie wichtig die „Abzocke" wirklich war. Als ich in das Zimmer des Onkels gerufen wurde, versuchte Payne, mich zu schlagen; aber er fand, dass es einfacher war, Schläge einzustecken als auszuteilen, und dass „der verdammte Junge" kein bisschen Angst vor ihm hatte.

Merkwürdigerweise bemerkte ich bald, dass die „Abzocke" den Nebeneffekt hatte, dass wir minderwertiges Fleisch bekamen; wenn der Metzger einen Braten übrig hatte, den er nicht verkaufen konnte, schickte er ihn uns, im Vertrauen darauf, dass Payne sich nicht darüber streiten würde. Der schwarze Koch erklärte, dass das Fleisch jetzt viel besser sei; eigentlich ließe es sich mehr als wünschen, und auch unsere Kunden zeigten sich schnell dankbar dafür.

Eine weitere Veränderung brachte Paynes Entlassung mit sich: Ich wurde zum Chef des Speisesaals. Ich suchte mir bald einen pfiffigen Kellner aus und setzte ihn als Chef über die anderen ein, und gemeinsam verbesserten wir die Bedienung und Disziplin unter den Kellnern in unvergleichbarem Maße. Über ein Jahr lang arbeitete ich achtzehn von vierundzwanzig Stunden, und nach den ersten sechs Monaten oder so verdiente ich einhundertfünfzig Dollar im Monat und sparte praktisch alles davon.

Einige Erfahrungen in diesem langen, eiskalten Winter in Chicago erweiterten mein Wissen über das amerikanische Leben und insbesondere über das Leben auf der untersten Ebene. Ich war etwa drei Monate im Hotel, als ich eines Abends gegen sieben Uhr wie gewöhnlich zu einem flotten Spaziergang hinausging. Es war bitterkalt, ein Weststurm fegte mit eisigen Zähnen durch die Straßen, das Thermometer lag bei etwa zehn Grad unter Null. So etwas wie Kälte hatte ich mir nie vorgestellt. Plötzlich wurde ich von einem Fremden angesprochen, einem kleinen Mann mit rotem Schnurrbart und stoppeligem, unrasiertem Bart:

„Sag mal, Kumpel, kannst du einem Mann zu einer Mahlzeit verhelfen?" Der Kerl war offensichtlich ein Landstreicher: seine Kleidung war schäbig und schmutzig, sein Benehmen unterwürfig und von Trotzigkeit untermalt. Ich war freundlich und nicht kritisch. Ohne nachzudenken zog ich mein Bündel Geldscheine aus der Tasche. Ich wollte einen Dollarschein herausnehmen. Als das Geld in Sicht kam, schnappte der Landstreicher mit einem Sprung danach, erwischte aber auch meine Hand. Instinktiv hielt ich mein Bündel mit grimmiger Todesangst fest, aber während ich noch unter dem Schock der Überraschung stand, schlug mir der Landstreicher heftig ins Gesicht und zupfte wieder an den Geldscheinen. Ich hielt mich noch fester und schlug dem Mann, jetzt wütend, mit meiner linken Faust ins Gesicht. Im nächsten Moment hatten wir uns umklammert und fielen. Wie es das Glück und die Jugend wollten, fiel ich obenauf. Sofort setzte ich all meine Kraft ein, schlug dem Kerl hart ins Gesicht und riss gleichzeitig meine Geldscheine weg. Im nächsten Moment war ich auf den Beinen, hatte die Rolle tief in der Tasche und beide Fäuste zum nächsten Angriff geballt. Zu meinem Erstaunen erhob sich der Landstreicher und sagte vertrauensvoll:

„Ich bin hungrig und schwach, sonst hättest du mich nicht so leicht fertiggemacht." Und dann fuhr er mit einer, wie mir schien, unglaublichen Unverschämtheit fort:

„Du solltest mir wenigstens einen Dollar dafür abknöpfen, dass du mich so geschlagen hast ", und er strich sich über das Kinn, als wolle er den Schmerz lindern.

„Ich bin durchaus geneigt, Ihnen die Verantwortung zu übertragen", sagte ich und erkannte plötzlich, dass ich das Gesetz auf meiner Seite hatte.

„Wenn Sie das Geld nicht einlösen", bellte der Landstreicher, „rufe ich die Polizei und sage, Sie hätten mir mein Bündel geklaut."

„Rufen Sie an", rief ich. „Wir werden sehen, wem man glaubt."

Doch der Landstreicher kannte einen besseren Trick. Mit vertrauter, schmeichlerischer Stimme begann er erneut:

„Komm, junger Mann, dir wird nie ein Dollar fehlen, und ich werde dich über eine Menge Dinge hier in Chicago aufklären. Du hattest nichts damit zu tun, an einem einsamen Ort so ein Bündel Geld herauszuholen, um einen hungrigen Mann in Versuchung zu führen …"

„Ich wollte dir helfen", sagte ich zögernd. „Ich weiß", antwortete mein seltsamer Bekannter, „aber ich helfe mir lieber selbst", und er grinste. „Bring mich in ein Hash-House: Ich habe Hunger und werde dich über viele Dinge aufklären; du bist ein Anfänger und zeigst es."

Der Landstreicher hatte offensichtlich die Situation im Griff und sein ganzes Verhalten weckte irgendwie meine Neugier.

„Wo sollen wir hin? ", fragte ich. „Ich kenne hier in der Nähe kein Restaurant außer dem Fremont House."

„Verdammt", rief der Landstreicher, „nur Millionäre und Idioten gehen in Hotels. Ich folge meiner Nase, wenn ich etwas zu essen suche", und er drehte sich auf dem Absatz um und ging ohne ein weiteres Wort eine Seitenstraße hinunter in eine deutsche Spelunke mit nackten Holztischen und geschliffenem Boden.

Hier bestellte er Hasch und ich heißen Kaffee, und als ich zahlen wollte, war ich angenehm überrascht, dass die Rechnung nur vierzig Cent betrug und wir uns in unserer Ecke ungestört unterhalten konnten, so lange wir wollten.

In zehn Minuten Gespräch hatte der Landstreicher alle meine vorgefassten Meinungen über den Haufen geworfen und mir eine Menge neuer und interessanter Gedanken vermittelt. Er war ein Mann mit einiger Belesenheit, wenn auch nicht mit Bildung, und die Heftigkeit seiner Sprache zog mich fast ebenso an wie die Neuheit seiner Ansichten.

Alle reichen Männer waren Diebe, alle Arbeiter Schafe und Narren, so lautete sein Credo. Die Arbeiter erledigten die Arbeit, schufen den Reichtum, und die Arbeitgeber raubten ihnen neun Zehntel des Produkts ihrer Arbeit und wurden so reich. Es schien alles ganz einfach. Der Landstreicher hatte nie vor zu arbeiten; er lebte vom Betteln und ging, wohin er wollte.

„Aber wie kommen Sie herum?", rief ich.

„Hier im Mittleren Westen", antwortete er, „fahre ich heimlich in Güter- und Kastenwagen und auf Kohlewaggons mit, aber im echten Westen und Süden steige ich in die Waggons und fahre mit, und wenn der Schaffner mich aussteigen lässt, warte ich auf den nächsten Zug. Das Leben ist voller Ereignisse – manche davon sind schmerzhaft ", fügte er hinzu und rieb sich nachdenklich wieder das Kinn.

Er schien ein harter kleiner Mann zu sein, dessen einziges Lebensziel darin bestand, der Arbeit aus dem Weg zu gehen, und der trotz allem hart arbeitete, um nichts zu tun.

Dieses Erlebnis hatte eine warnende und belebende Wirkung auf mich. Ich beschloss, alles zu retten, was ich konnte.

Als ich aufstand, um zu gehen, grinste der Landstreicher freundlich:

„Ich schätze, ich habe mir den Dollar verdient?" Ich musste lachen. „Das schätze ich", antwortete ich, drehte mich aber vorsichtig um, als ich die Banknote abnahm.

„Mach's gut", sagte der Landstreicher, als wir uns an der Tür trennten, und das war der einzige Dank, den ich je bekam.

Ein anderes Erlebnis aus dieser Zeit erzählt eine traurigere Geschichte. Eines Abends sprach mich ein Mädchen an. Sie war recht gut gekleidet, und als wir unter eine Gaslaterne kamen, sah ich, dass sie hübsch aussah, aber in ihrem Gesicht lag ein Anflug von Nervosität und Angst.

„Ich kaufe keine Liebe", warnte ich sie, „aber wie viel bekommen Sie normalerweise?" „Von einem bis fünf Dollar", antwortete sie, „aber heute Abend möchte ich so viel bekommen, wie ich kriegen kann."

„Ich gebe Ihnen fünf", antwortete ich. „Aber Sie müssen mir alles erzählen, was ich wissen möchte."

„Na gut", sagte sie eifrig, „ich erzähle alles, was ich weiß: es ist nicht viel", fügte sie bitter hinzu; „ich bin noch keine zwanzig; aber Sie hätten mich für mehr gehalten, nicht wahr?" „Nein", antwortete ich, „Sie sehen aus wie achtzehn: ein paar Minuten später stiegen wir die Treppe eines Mietshauses hinauf. Das Zimmer des Mädchens war ärmlich möbliert und eng, ein Schlafzimmer in der Diele, gerade so breit wie der Korridor, vielleicht sechs mal acht Fuß. Sobald sie ihren dicken Umhang und Hut abgelegt hatte, eilte sie aus dem Zimmer und sagte, sie sei in einer Minute zurück. In der Stille glaubte ich sie die Treppe hinauflaufen zu hören; ein Baby weinte irgendwo in der Nähe; und dann wieder Stille, bis sie die Tür öffnete, meinen Kopf an sich zog und mich küsste:

„Ich mag dich", sagte sie, „obwohl du lustig bist."

„Warum lustig?", fragte ich.

„Es ist ein Kinderspiel", sagte sie, „einem Mädchen fünf Dollar zu geben und sie nie anzufassen. Aber ich bin froh darüber, denn ich war heute Abend müde und besorgt."

„Warum so ängstlich?", fragte ich, „ und warum bist du ausgegangen, obwohl du müde warst?" „Musste", antwortete sie mit fest zusammengepressten Lippen. „Macht es dir nichts aus, wenn ich dich noch einmal für einen Moment allein lasse?", fügte sie hinzu, und bevor ich antworten konnte, war sie schon wieder aus dem Zimmer. Als sie nach fünf Minuten zurückkam, war ich ungeduldig geworden und zog meinen Mantel und meinen Hut an.

„ Geht ihr ?", fragte sie überrascht:

„Ja", antwortete ich, „mir gefällt dieser leere Käfig nicht, während du zu jemand anderem gehst."

„Jemand anderes", wiederholte sie und fügte dann, als wäre sie verzweifelt, hinzu: „Es ist mein Baby, wenn du es unbedingt wissen musst: Eine Freundin passt auf sie auf, wenn ich unterwegs oder bei der Arbeit bin."

„Oh, du Arme", rief ich, „ stell dir vor, du hättest in diesem Leben schon ein Baby!"

„Ich wollte ein Baby", rief sie trotzig. „Ich möchte sie um keinen Preis missen! Ich wollte schon immer ein Baby: Es gibt viele Mädchen wie sie."

„Wirklich?", rief ich erstaunt.

„Kennen Sie ihren Vater?", fuhr ich fort.

„Natürlich weiß ich das", erwiderte sie. „Er arbeitet auf dem Viehhof, aber er ist hart im Nehmen und bleibt nicht nüchtern."

„Ich nehme an, Sie würden ihn heiraten, wenn er ehrlich wäre?", fragte ich.

„Jedes Mädchen würde einen anständigen Kerl heiraten!", antwortete sie.

„Du bist hübsch", sagte ich.

„ Meinst du ?", fragte sie eifrig und strich sich das Haar aus dem Gesicht. „Früher war ich das, aber jetzt – dieses Leben –" und sie zuckte ausdrucksvoll mit den Schultern.

„Gefällt es dir nicht?", fragte ich.

„Nein", rief sie, „obwohl es nicht so schlimm ist, wenn man einen netten Kerl erwischt, aber die sind selten", fuhr sie verbittert fort, „und wenn sie nett sind, haben sie normalerweise kein Geld. Die netten Kerle sind alle arm oder alt", fügte sie nachdenklich hinzu.

Ich hatte den größten Teil ihrer Weisheit in Anspruch genommen, also zog ich ihr einen Fünfdollarschein ab und gab ihn ihr. „Danke", sagte sie, „du bist ein Schatz, und wenn du mich jederzeit besuchen willst, komm einfach, und ich werde versuchen, dir eine schöne Zeit zu bereiten." – Und los ging ich. Ich hatte mein erstes Gespräch mit einer Prostituierten geführt, und zwar in ihrem Zimmer! Die Vorstellung, dass ein Mädchen ein Baby wollen könnte, war mir völlig neu: Ihre Versuchungen waren ganz anders als die eines Jungen, ganz anders!

Den größten Teil meines ersten Jahres in Chicago hatte ich keine Lust auf Liebe: Ich wurde oft von diesem oder jenem Zimmermädchen verführt; aber ich wusste, dass ich an Ansehen verlieren würde, wenn ich nachgab, und ich verdrängte das alles einfach entschlossen aus meinem Kopf, so wie ich dem Trinken abgeschworen hatte. Doch gegen Anfang des Sommers kam die Versuchung in neuer Gestalt zu mir. Eine spanische Familie namens Vidal hielt sich im Fremont House auf.

Señor Vidal war wie ein französischer Offizier, mittelgroß, schlanke Figur, sehr dunkel mit grauem Schnurrbart, der an den Enden nach oben gewellt war. Seine Frau, mütterlich, aber stämmig, mit großen dunklen Augen und kleinen Gesichtszügen; ein Cousin, ein Mann von etwa dreißig Jahren, ziemlich groß mit einem kleinen schwarzen Schnurrbart, wie eine Zahnbürste, dachte ich, und scharfem, herrischem Auftreten. Zuerst bemerkte ich das Mädchen nicht, das mit ihrer indischen Zofe sprach. Ich verstand sofort, dass die Vidals reich waren und ihnen die besten Zimmer gaben: „Alle miteinander verbunden – außer Ihrem", fügte ich hinzu und wandte mich an den jungen Mann: „Es liegt auf der anderen Seite des Korridors, ist aber groß und ruhig." Ein Achselzucken und ein verächtliches

Nicken waren alles, was ich für meine Mühen von Señor bekam. Arriga . Als ich dem Pagen die Schlüssel gab, warf das Mädchen ihre schwarze Mantilla zurück.

„Sind Briefe für uns?", fragte sie ruhig. Einen Moment lang stand ich sprachlos und fasziniert da, dann murmelte ich: „Ich werde sehen", und ging zum Ständer, aber nur, um mir ein Gesicht zu machen – ich wusste, es waren keine da.

„Keine, tut mir leid", lächelte ich und sah dem Mädchen nach, als sie wegging.

„Was ist los mit mir?", sagte ich mir wütend. „Sie ist nichts Besonderes, diese Miss Vidal; hübsch, ja, und dunkel mit schönen dunklen Augen, aber nichts Außergewöhnliches." Aber das ging nicht; ich war auf eine neue Art erschüttert und wollte es nicht einmal mir selbst gegenüber zugeben. Tatsächlich war der Schock so groß, dass mein Kopf sofort gegen Herz und Temperament Partei ergriff, als ob er erschrocken wäre. „Alle Spanier sind feucht", sagte ich mir und versuchte, das Mädchen herabzusetzen und so meine Selbstbeherrschung wiederzuerlangen; „außerdem hat sie eine etwas spitze Nase." Aber meine Kritik war nicht überzeugend. Sobald ich mich an die stolze Anmut ihrer Haltung und den Zauber ihres Blicks erinnerte, schüttelte mich der Fieberanfall erneut: Zum ersten Mal war mein Herz berührt worden.

Am nächsten Tag erfuhr ich, dass die Vidals aus Spanien gekommen waren und auf dem Weg zu ihrer Hacienda in der Nähe von Chihuahua im Norden Mexikos waren. Sie wollten sich drei oder vier Tage in Chicago ausruhen, weil Señora Vidal Herzprobleme hatte und große Anstrengungen nicht ertragen konnte. Außerdem erfuhr ich, dass Señor Arriga machte seiner Cousine entweder den Hof oder war mit ihr verlobt, und ich versuchte sofort, dem Mann gefällig zu sein. Señor Arriga war ein guter Billardspieler und ich gewann sein Herz am ehesten, indem ich ihm den besten Tisch reservierte, ihm einen fairen Gegner besorgte und ihm Komplimente für sein Können machte. Am nächsten Tag öffnete Arriga mir sein Herz: „Was gibt es in diesem langweiligen Loch zu tun? Kenne ich irgendwelche Vergnügungen? Irgendwelche hübschen Frauen?"

Ich konnte nichts anderes tun, als Mitgefühl vorzutäuschen und ihn aus der Reserve zu locken, und das gelang mir leicht, denn Señor Arriga prahlte gern mit seinem Namen und seiner Stellung in Mexiko und seinen Eroberungen. „Ach, du hättest sie sehen sollen, als ich sie beim Baile (Tanz) anführte – ein Engel!" und er küsste galant seine Finger.

„So hübsch wie Ihre Cousine?", fragte ich. Señor Arriga warf mir einen scharfen, misstrauischen Blick zu, fuhr dann aber, offenbar durch meine Offenheit beruhigt, fort:

„In Mexiko sprechen wir nie über Mitglieder unserer Familie", warnte er: „Die Señorita ist natürlich hübsch, aber sehr jung; ihr fehlt der Charme der Erfahrung, die Liebkosungen von – ich kann so wenig amerikanisch, dass es mir schwerfällt, es zu erklären."

Aber ich war zufrieden. „Er liebt sie nicht", sagte ich mir, „er liebt niemanden außer sich selbst."

Auf tausend kleine Weisen nutzte ich die Gelegenheit, mich bei den Vidals zu empfehlen . Jeden Nachmittag fuhren sie aus, und ich sorgte dafür, dass sie die beste Kutsche und den besten Fahrer hatten, und bemühte mich, neue und schöne Ausfahrten zu finden, obwohl die Auswahl weiß Gott begrenzt war. Die Schönheit des Mädchens gefiel mir auf außergewöhnliche Weise: doch war es der Stolz und die Zurückhaltung in ihrem Gesicht, die mich noch mehr faszinierten als ihre großen dunklen Augen oder feinen Gesichtszüge oder ihre prächtige Hautfarbe. Ihre Figur und ihr Gang waren wunderbar; ich dachte: Ich habe nie gewagt, Beinamen für ihre Augen, ihren Mund oder ihren Hals zu suchen. Ihr erster Auftritt im Abendkleid war eine Offenbarung für mich: Sie war mein Idol, verehrt und heilig.

Es ist anzunehmen, dass das Mädchen sah, wie es mit mir stand, und erfreut war. Sie ließ sich nichts anmerken, verriet sich in keiner Weise, aber ihre Mutter bemerkte, dass sie immer begierig darauf war, nach unten in die Lounge zu gehen, und keine Gelegenheit ausließ, sich am Schreibtisch zu erkundigen.

„Ich möchte mein Englisch üben", sagte das Mädchen einmal, und die Mutter lächelte: „Los ojos , du meinst deine Augen, meine Liebe", und fügte für sich hinzu: „Aber warum nicht? Jugend –" und seufzte wegen ihrer eigenen Jugend, die nun vorbei war und deren Blütenblätter bereits abgefallen waren.

Ich hatte ein kleines Gespräch mit meiner Göttin: Sie kam ins Büro, um zu fragen, ob sie einen Pullman-Salon für El Paso reservieren könne. Ich übernahm sofort, mich um alles zu kümmern, und als die zierliche kleine Dame mit ihrem komischen Akzent hinzufügte: „Wir haben so viel Gepäck, sechsundzwanzig Kleinigkeiten", sagte ich so ernst, als ob mein Leben davon abhinge:

„Bitte vertrauen Sie mir. Ich werde mich um alles kümmern. Ich wünschte nur", fügte ich hinzu, „ich könnte mehr für Sie tun."

„Das ist nett“, sagte die Kokette, „sehr nett“, und sah mich dabei direkt an. Von Verzweiflung über ihre bevorstehende Abreise bestärkt, fügte ich hinzu: „Es tut mir so leid, dass Sie gehen. Ich werde Sie nie vergessen, nie.“

Überrascht von meiner Direktheit lachte das Mädchen frech: „ *Niemals* heißt wohl eine Woche.“

„Du wirst schon sehen“, fuhr ich hastig fort, als wäre ich getrieben, was ich ja auch war. „Wenn ich dächte, dass ich dich nicht wiedersehen würde und zwar bald, würde ich nicht mehr leben wollen.“

„Eine Erklärung“, lachte sie fröhlich und sah mir immer noch strahlend ins Gesicht.

„Nicht der Unabhängigkeit“, rief ich, „sondern der –“ Als ich zwischen „Zuneigung“ und „Liebe“ schwankte, legte das Mädchen den Finger auf die Lippen.

„Psst, psst“, sagte sie ernst, „Sie sind zu jung, um Gelübde abzulegen, und ich darf nicht zuhören“, aber als sie mein Gesicht fallen sah, fügte sie hinzu: „Sie waren sehr freundlich. Ich werde mich mit Freude an meinen Aufenthalt in Chicago erinnern“, und sie streckte ihre Hand aus. Ich nahm sie und hielt sie fest und genoss jede Berührung.

Ihr Blick und die Wärme ihrer Finger bewahrte ich wie einen reinsten Schatz in meinem Herzen.

Sobald sie und ihr strahlendes Licht fort waren, zerbrach ich mir den Kopf, um einen Vorwand für ein weiteres Gespräch zu finden. „Sie geht morgen“, hämmerte es in meinem Kopf, und mein Herzschmerz würgte mich und ließ mich fast nicht mehr denken. Plötzlich kam mir die Idee mit den Blumen. Ich würde viele kaufen. Nein, jeder würde sie bemerken und darüber reden. Ein paar wären besser. Wie viele?, dachte ich und dachte nach.

Als sie am nächsten Tag in die Lounge kamen und anfangen wollten, wartete ich auf meine Chance, aber das Mädchen bot mir eine bessere, als ich hätte wählen können. Sie wartete, bis ihr Vater und Arriga die Halle verlassen hatten, und kam dann zum Schreibtisch.

„Haben Sie die Schecks?“, fragte sie.

„Alles wird dir im Zug gegeben“, sagte ich, „aber das hier habe ich für dich. Nimm es bitte an!“ und ich reichte ihr drei herrliche rote Rosenknospen, hübsch mit Frauenhaarfarn zusammengebunden.

„Wie nett!“, rief sie und errötete. „Und wie hübsch“, fügte sie hinzu und betrachtete die Rosen. „Nur drei?“

„Eines für dein Haar", sagte ich mit der List der Liebe, „eines für deine Augen und eines für dein Herz – wirst du daran denken?", fügte ich mit leiser, eindringlicher Stimme hinzu.

Sie nickte und blickte dann strahlend auf: „Solange – wie die Blumen halten", lachte sie und war wieder bei ihrer Mutter.

Ich begleitete sie in den Omnibus und bekam nette Worte von der ganzen Gruppe, sogar vom Señor Arriga , aber am meisten schätzte ich ihren Blick und ihre Worte, als sie zur Tür hinausging.

Ich hielt ihr die Tür auf und murmelte, als sie vorbeiging, denn die anderen waren in Hörweite: „Ich komme gleich."

Das Mädchen blieb sofort stehen und tat so, als schaue sie auf das Schild an einem Koffer, den der Gepäckträger trug. „El Paso ist weit weg", seufzte sie, „und die Hacienda zehn Meilen weiter. Wann werden wir ankommen – wann?", fügte sie hinzu und blickte zu mir auf.

„Wann?" war für mich viele Monate lang dieses bedeutsame Wort; ihre Augen hatten es mit Bedeutung erfüllt.

Ich habe ausführlich von dieser Begegnung mit Miss Vidal erzählt, weil sie einen Meilenstein in meinem Leben markierte. Es war das erste Mal, dass die Liebe ihren Zauber über mich ausbreitete und meine Schönheit unübertrefflich und berauschend machte. Die Leidenschaft machte es mir leichter, gewöhnlichen Versuchungen zu widerstehen, denn sie lehrte mich, dass es im Reich der Liebe eine ganze wunderbare Welt gab, die ich mir nie vorgestellt, geschweige denn erforscht hatte. Ich hatte kaum einen anstößigen Gedanken an Gloria. Erst als ich ihre entblößten Schultern im Abendkleid sah, entkleidete ich sie in meiner Vorstellung und geriet in unkontrollierbarem Verlangen fast außer mir. Würde sie mich jemals küssen? Wie sah sie ausgezogen aus? Meine Vorstellungskraft war noch ungeschult: Ich konnte mir ihre Brüste besser vorstellen als ihr Geschlecht und beschloss, das nächste Mädchen, das ich das Glück hatte, nackt zu sehen, viel genauer zu untersuchen.

In meinem Hinterkopf trug ich den festen Entschluss, in naher Zukunft auf die eine oder andere Weise nach Chihuahua zu kommen und meinen Charmeur wieder zu treffen, und dieser Entschluss prägte im Lauf der Zeit mein Leben von Grund auf.

Anfang Juni desselben Jahres kamen drei Fremde ins Hotel, alles Viehzüchter, wie man mir sagte, aber von einer neuen Sorte: Reece und Dell und Ford, der „Boss", wie er genannt wurde. Reece war ein großer dunkelhaariger Engländer oder eher Waliser, der immer braune Lederreitstiefel, Bedford Cord-Reithosen und einen dunklen Tweed-

Cutaway trug: Er sah aus wie ein wohlhabender Gentleman-Farmer; Dell war in Sachen Kleidung fast eine Kopie von ihm, etwa mittelgroß und kräftiger – eigentlich ein gewöhnlicher Engländer. Der Boss war volle 1,80 Meter groß, sogar noch größer als Reece, mit einem beildünnen, bronzefarbenen Gesicht und einem Adlerprofil – offensichtlich von Kopf bis Fuß ein westlicher Viehzüchter. Der Oberkellner erzählte mir von ihnen, und sobald ich sie sah, ließ ich sie an einen schattigen, kühlen Tisch bringen und sorgte dafür, dass sie gut bedient wurden.

Ein oder zwei Tage später hatten wir uns angefreundet, und etwas später ließ Reece mich für zwei Paar Cordhosen vermessen und versprach mir, mir das Reiten beizubringen. Sie seien Cowboys, sagte er mit seinem starken englischen Akzent, und sie würden zum Rio Grande fahren, um Vieh zu kaufen und es hier oder in Kansas City auf den Markt zu treiben. In Südtexas konnte man Vieh offenbar für einen Dollar oder weniger pro Stück kaufen, in Chicago brachte es zwischen fünfzehn und zwanzig Dollar ein.

„Natürlich kommen wir nicht immer unbeschadet durch“, bemerkte Reece. „Die Prärieindianer – Cherokee, Blackfeet und Sioux – kümmern sich darum. Aber jede zweite Herde kommt durch, und das zahlt sich aus.“

Ich fand heraus, dass sie tausend Stück Vieh und ein paar Hundert Pferde von ihrer Ranch in der Nähe von Eureka, Kansas, mitgebracht hatten.

Um es kurz zu machen, Reece faszinierte mich: Er erzählte mir, dass Chihuahua die mexikanische Provinz ist, die Texas gegenüber am Rio Grande liegt, und ich beschloss sofort, mit diesen Cowboys auf den Trail zu gehen, wenn sie mich mitnehmen würden. Nach zwei oder drei Tagen sagte mir Reece, dass ich besser im Reiten sei als jeder andere, den er je gesehen hatte, fügte jedoch hinzu: „Als ich deine dicken, kurzen Beine sah, dachte ich, du würdest es nie zu etwas bringen.“ Aber ich war stark und war in meinem Jahr in den Staaten fast 15 cm gewachsen, und ich drehte meine Zehen nach innen, wie Reece es mir sagte, und hielt mich mit den Knien am englischen Sattel fest, bis ich müde und wund war. Nach vierzehn Tagen ließ Reece mich Fünfcentstücke zwischen meine Knie und den Sattel legen und sie dort lassen, wenn ich galoppierte oder trabte.

Durch diese Übung wurde ich, was den Sitz anbelangte, bald zum Reiter und ich hatte bereits erfahren, dass Reece ein Meister der tieferen Geheimnisse dieser Kunst war, denn er erzählte mir, dass er früher in England auf Jagden Hengste geritten war und „so lernt man Pferde kennen“, fügte er bedeutungsvoll hinzu.

Eines Tages fand ich heraus, dass Dell sich auch mit Poesie, Literatur und Wirtschaft auskannte, und das überzeugte mich völlig. Als ich sie fragte, ob sie mich als Cowboy mitnehmen würden, sagten sie mir, ich müsse den Boss fragen, aber es bestand kein Zweifel, dass er zustimmen würde, und nach einem scharfen Blick willigte er ein.

Dann kam meine schwerste Aufgabe: Ich musste Kendrick und Mr. Cotton sagen, dass ich gehen müsse. Sie waren mehr als erstaunt: Zuerst dachten sie, es sei ein kleiner Trick, um eine Gehaltserhöhung zu erpressen; als sie merkten, dass es reine Abenteuerlust eines Jungen war, diskutierten sie mit mir, gaben aber schließlich nach. Ich versprach, zu ihnen zurückzukehren, sobald ich nach Chicago zurückkäme oder keine Lust mehr hätte, als Cowboys zu spielen . Ich hatte fast 1800 Dollar gespart, die ich auf Mr. Cottons Rat hin auf eine ihm gut bekannte Bank in Kansas City überwies.

LEBEN AUF DEM TRAIL.

Am 10. Juni fuhren wir mit dem Zug nach Kansas City, damals das Tor zum „Wilden Westen". In Kansas City bemerkte ich drei weitere Männer, die zur Truppe gehörten: Bent, Charlie und Bob, der Mexikaner. Charlie, um mit dem unwichtigsten zu beginnen, war ein hübscher junger Amerikaner, blauäugig und blond, über 1,80 m groß, sehr stark, sorglos und unbeschwert : Ich hatte ihn immer als einen großen, freundlichen Neufundländer im Sinn, ziemlich unbeholfen, aber immer gutmütig. Bent war zehn Jahre älter, ein Kriegsveteran, dunkel, düster, zielstrebig; 1,75 bis 7,50 m groß, mit Muskeln wie Peitschenschnur und einer Mentalität, die seltsamerweise schwer zu ergründen war. Bob, der eigenartigste und originellste Mann, den ich bis dahin je getroffen hatte, war ein kleiner, vertrockneter Mexikaner, kaum 1,60 m groß, halb Spanier, halb Indianer, glaube ich, der vielleicht dreißig oder fünfzig war und selten den Mund aufmachte, außer um alle Amerikaner auf Spanisch zu verfluchen. Sogar Reece gab zu, dass Bob „etwas besser" reiten konnte und mehr über Vieh wusste als jeder andere in seiner Welt. Reeces Bewunderung lenkte meine Neugier auf den kleinen Mann und ich nutzte jede Gelegenheit, um mit ihm zu reden und ihm Zigarren zu geben – eine so ungewöhnliche Höflichkeit, dass er zunächst fast geneigt war, sie mir übel zu nehmen.

Es schien, als seien diese drei Männer in Kansas City zurückgelassen worden, um eine weitere Rinderherde zu vertreiben und Vorräte für die Ranch zu kaufen. Sie waren alle bereit, und so ritten wir am nächsten Tag gegen vier Uhr morgens aus Kansas City hinaus; unsere Richtung war ungefähr südwestlich. Alles war neu und wunderbar für mich. In drei Tagen waren wir mit Straßen und Gehöften fertig und befanden uns auf der offenen Prärie; in zwei oder drei weiteren Tagen wurde die Prärie zu den großen Ebenen, die sich von Norden nach Süden über vier- oder fünftausend Meilen erstreckten und eine Breite von etwa siebenhundert Meilen hatten. Die Ebenen waren mit Büffelgras und Salbei gekleidet und hatten außer den Bäumen in den

Flussniederungen kaum etwas anderes zu bieten; überall wimmelte es von Kaninchen, Präriehühnern, Rehen und Büffeln.

Wir legten täglich etwa dreißig Meilen zurück: Bob saß im Wagen und lenkte die vier Maultiere, während Bent und Charlie uns morgens Kaffee und Kekse machten und uns Schweinebäuche und alles Wild, das wir zum Mittag- und Abendessen mitbrachten, kochten. Auf dem Wagen befand sich ein kleines Fass Roggenwhisky, aber wir hoben es für Schlangenbisse oder Notfälle auf.

Ich wurde der Jäger der Truppe, denn bald stellte sich heraus, dass ich dank einer Art sechstem Sinn immer schnurstracks zum Wagen zurückfand und von der ganzen Gruppe nur Bob denselben Instinkt besaß. Bob erklärte es, indem er murmelte: „Kein Americano!" Der Instinkt selbst, der mir schon so oft gute Dienste geleistet hat, dass ich ihn nicht mehr zählen kann, ist im Grunde unerklärlich: Ich spüre die Richtung, aber das vage Gefühl wird verstärkt, wenn ich den Lauf der Sonne beobachte und die Art, wie die Grashalme sich neigen und die Büsche wachsen. Aber es machte mich zu einem wertvollen Mitglied der Truppe statt zu einem bloßen Parasiten auf halbem Weg zwischen Herr und Knecht, und es war der erste Schritt zu Bobs Sympathie, der mich mehr lehrte als alle anderen Zufälle meiner frühen Kindheit. Ich hatte mir in Kansas City eine Schrotflinte und ein Winchester-Gewehr und einen Revolver gekauft, und Reece hatte mir beigebracht, wie ich an Waffen komme, die zu mir passten, und diese Tatsache trug dazu bei, dass ich fast sofort ein guter Schütze wurde. Aber bald musste ich zu meinem Kummer feststellen, dass ich nie ein großer Schütze werden würde; denn Bob, Charlie und sogar Dell konnten Dinge sehen, die weit über mein Sichtfeld hinausgingen. Tatsächlich war ich aufgrund von Astigmatismus kurzsichtig und selbst Brillen, wie ich später herausfand, konnten meine verschwommene Sicht nicht verbessern.

Es war die zweite oder dritte Enttäuschung meines Lebens. Die anderen waren die Überzeugung meiner persönlichen Hässlichkeit und die Tatsache, dass ich immer zu klein und schmächtig sein würde, um ein großer Kämpfer oder Sportler zu sein.

Im Laufe meines Lebens entdeckte ich immer mehr ernste Behinderungen, doch sie verstärkten nur meinen tief verwurzelten Entschluss, das Beste aus meinen möglichen Qualitäten zu machen, und in der Zwischenzeit war das Leben wunderbar neu und merkwürdig und angenehm .

Nach dem Frühstück, etwa um fünf Uhr morgens, ritt ich vom Wagen weg, bis er außer Sichtweite war, und überließ mich dann der Freude der Einsamkeit, ohne Grenze zwischen Ebene und Himmel. Die Luft war frisch und trocken, so belebend wie Champagner, und selbst als die Sonne den Zenit erreichte und glühend heiß wurde, blieb die Luft hell und belebend. Mittelkansas liegt 2000 Fuß über dem Meeresspiegel und die Luft ist so trocken, dass ein getötetes Tier ohne zu stinken vertrocknet und in ein paar Monaten ist die Haut nur noch mit Staub gefüllt. Wild gab es in Hülle und Fülle, kaum eine Stunde verging, ohne dass ich ein halbes Dutzend Kragenhühner oder ein Reh erlegt hatte, und dann führte ich mein Pony zurück zum Mittagslager, vielleicht mit einer neuen Wildblume in der Hand, deren Namen ich lernen wollte.

Nach dem Mittagessen saß ich oft mit Bob im Wagen und lernte ein paar spanische Wörter oder Ausdrücke von ihm oder befragte ihn über seine Kenntnisse über Vieh. In der ersten Woche wurden wir gute Freunde: Zu meiner Belustigung stellte ich fest, dass Bob auf Spanisch genauso redselig war wie auf Englisch sprachlos, und seine Beherrschung spanischer Flüche, Beschimpfungen und Unanständigkeiten war erstaunlich. Bob verachtete alles Amerikanische mit einer unvorstellbaren Wildheit, und das interessierte mich, weil es offensichtlich unbegründet war.

Ein- oder zweimal auf dem Weg dorthin hatten wir ein Rennen, aber Reece gewann mühelos auf einem großen Vollblutpferd aus Kentucky namens „Shiloh". Er erzählte mir jedoch, dass es auf der Ranch eine junge Stute namens „Blue Devil" gab, die genauso schnell wie Shiloh war und über ein außergewöhnliches Durchhaltevermögen und Durchhaltevermögen verfügte: „Du kannst sie haben, wenn du sie reiten kannst", warf er unbekümmert ein, und ich beschloss, die „Devil" zu gewinnen, wenn ich konnte.

Nach etwa zehn Tagen erreichten wir die Ranch in der Nähe von Eureka. Sie lag inmitten einer 2.000 Hektar großen Prärie und war ein großes Fachwerkhaus, in dem zwanzig Männer Platz fanden. Es war jedoch bei weitem nicht so gut gebaut wie der große Ziegelsteinstall, Reeces ganzer Stolz, der vierzig Pferde beherbergen und einem halben Dutzend außerdem gute Boxen im besten englischen Stil bieten konnte.

Das Haus und der Stall lagen auf einer langen, welligen Anhöhe, etwa 300 Meter von einem ziemlich großen Bach entfernt, den ich bald Snake-Creek taufte, weil es im Gebüsch und Wald an den Ufern von Schlangen aller Art und Größe nur so wimmelte. Das große Wohnzimmer der Ranch war mit einem Dutzend Revolvern und Gewehren verschiedener Art und seltsamerweise aus illustrierten Zeitungen ausgeschnittenen Bildern dekoriert; der Boden war mit Büffel- und Bärenfellen bedeckt, und seltenere Nerz- und Biberfelle hingen hier und da an den Holzwänden. Eines Nachts kamen wir spät auf der Ranch an, und ich schlief mit Dell in einem Zimmer. Er übernahm das Bett, während ich mich auf dem Sofa in eine Decke einrollte. Aber ich schlief wie ein Murmeltier und ging am nächsten Morgen vor Sonnenaufgang hinaus, um sozusagen Bilanz zu ziehen. Ein

Indianerjunge zeigte mir den Stall und wie es der Zufall wollte, Blue Devil in einer Box, ganz für sich und sehr unruhig.

„Was ist los mit ihr?", fragte ich, und der Indianer erzählte mir, sie habe sich das Ohr wund gerieben, wo es auf den Kopf trifft, und die Fliegen seien darauf gelandet und hätten sie geplagt: Ich ging zum Haus und ließ Peggy, die Mulattenköchin, einen Eimer mit warmem Wasser füllen, und mit diesem Eimer und einem Schwamm betrat ich die Box: Blue Devil kam auf mich zu und knabberte an meiner Schulter, aber sobald ich ihr den Schwamm mit warmem Wasser aufs Ohr klopfte, hörte sie auf zu beißen, und wir wurden bald Freunde. Am selben Nachmittag führte ich sie gesattelt und aufgezäumt vor die Ranch, stieg auf sie und führte sie leise wie ein Lamm davon. „Sie gehört dir!", sagte Reece; „aber wenn sie dir jemals ins Fettnäpfchen tritt, wirst du wissen, was Schmerz ist!"

Es schien, als hätte sie einen kleinen Trick drauf: Sie zerrte und zerrte an den Zügeln, bis der Reiter sie losließ, und dann drehte sie sofort ihren Kopf herum, nahm die Zehen des Reiters ins Maul und biss wie ein Unmensch zu. Niemand, den sie nicht mochte, konnte auf sie steigen, denn sie kämpfte wie ein Mann mit ihren Vorderfüßen; aber ich hatte nie Schwierigkeiten mit ihr und sie rettete mir mehr als einmal das Leben. Wie die meisten weiblichen Wesen reagierte sie sofort auf Freundlichkeit und war der Zuneigung treu.

Ich muss anmerken, dass ich, wenn ich die anderen Ereignisse dieses ereignisreichen Jahres so ausführlich schildern würde wie die Ereignisse der zwei Wochen, die mich von Chicago zur Ranch in Eureka führten, mindestens einen Band darüber schreiben müsste. Daher versichere ich meinen Lesern lieber, dass ich eines Tages, wenn ich noch lebe, meinen Roman „On the Trail" veröffentlichen werde, in dem ich die ganze Geschichte in allen Einzelheiten wiedergebe. Jetzt werde ich mich damit begnügen, zu sagen, dass wir zwei Tage nach unserer Ankunft auf der Ranch aufbrachen, zehn Männer stark und mit zwei Wagen voll mit unseren Kleidern und Futter, die jeweils von vier Maultieren gezogen wurden, um die zwölfhundert Meilen nach Südtexas oder New Mexico zurückzulegen, wo wir hofften, 5000 oder 6000 Stück Vieh für einen Dollar das Stück zu kaufen und sie nach Kansas City, dem nächsten Bahnhof, zu treiben.

Als wir hundert Meilen von Fort Dodge entfernt den Great Trail erreichten, vergingen die Tage in absoluter Monotonie. Nach Sonnenuntergang kam normalerweise eine leichte Brise auf, die die Nacht angenehm kühl machte, und wir saßen ein oder zwei Stunden am Lagerfeuer und plauderten. Seltsamerweise drehte sich das Gespräch normalerweise um Kupplerei oder

Religion oder die Beziehungen zwischen Kapital und Arbeit. Es war merkwürdig, wie eifrig diese rauen Viehzüchter oft über die Geheimnisse dieser unverständlichen Welt diskutierten, und als militanter Skeptiker machte ich mir unter ihnen bald einen Ruf; denn Dell unterstützte mich normalerweise und sein Wissen über Bücher und Denker schien uns außergewöhnlich.

Diese ständigen abendlichen Diskussionen, dieses ewige Streiten hatten eine unvorstellbare Wirkung auf mich. Ich hatte keine Bücher dabei und musste mich oft in einer Nacht mit zwei oder drei verschiedenen Theorien auseinandersetzen: Ich musste mir die Probleme selbst ausdenken, und normalerweise dachte ich mir das aus, wenn ich tagsüber allein auf der Jagd war. Als Cowboy habe ich mir das Denken selbst beigebracht – eine seltene Kunst unter Menschen, die selten praktiziert wird . Meine Originalität verdanke ich der Tatsache, dass ich in meiner Jugend, als mein Geist noch im Wachstum begriffen war, mit wichtigen modernen Problemen konfrontiert wurde und gezwungen war, sie mir selbst auszudenken und eine vernünftige Antwort auf die Fragen eines halben Dutzends verschiedener Köpfe zu finden.

So fragte Bent beispielsweise eines Nachts, wie hoch der angemessene Lohn des gewöhnlichen Arbeiters sein sollte. Ich konnte nur antworten, dass der Lohn des Arbeiters zumindest in dem Maße steigen sollte, wie die Arbeitsproduktivität zunahm; aber ich sah damals nicht, wie ich diese ideale Lösung erreichen sollte. Als ich zehn Jahre später in Deutschland Herbert Spencer las, stellte ich erfreut fest, dass ich das Beste seiner Soziologie erraten und wesentlich dazu beigetragen hatte. Seine Idee, dass das Maß an individueller Freiheit in einem Land vom „Druck von außen" abhängt, war mir klar, dass sie nur zur Hälfte zutrifft. Druck von außen ist ein Faktor, aber nicht einmal der wichtigste: Die Zentripetalkraft in der Gesellschaft selbst ist oft viel stärker: Wie sonst lässt sich die Tatsache erklären, dass während des Weltkriegs die Freiheit in diesen Staaten trotz des Ersten Verfassungszusatzes fast verschwunden war. Tatsächlich wird hier zu allen Zeiten viel weniger Wert auf die Freiheit gelegt als in England oder sogar in Deutschland oder Frankreich: Man muss nur an die Prohibition denken, um dies zuzugeben. Der Drang zum Zentrum steht in jedem Land im direkten Verhältnis zur Masse und dementsprechend stark ist das Herdengefühl in Amerika.

Wenn wir nicht gerade stritten oder unsanfte Geschichten erzählten, holte Bent mit Sicherheit seine Karten heraus und der Spieltrieb beschäftigte die Jungen, bis die Sterne am östlichen Himmel verblassten.

Einen Vorfall muss ich hier erzählen, da er die Monotonie der Routine auf merkwürdige Weise unterbrach.

Unser Feuer am Abend bestand aus Büffel-„Chips", wie der getrocknete Kot genannt wurde, und Peggy hatte mich gebeten, das Feuer immer wieder zu schüren, bevor ich losritt. Eines Morgens nahm ich mit der linken Hand einen Chip und wie es der Zufall wollte, störte ich damit eine kleine Prärieklapperschlange, die wahrscheinlich von der Hitze des Lagerfeuers angelockt worden war. Als ich den Chip aufhob, schlug mich die Schlange auf die Rückseite meines Daumens, rollte sich dann blitzschnell zusammen und begann zu klappern. Wütend stellte ich meinen rechten Fuß auf sie und tötete sie, und im selben Moment biss ich mir die Stelle am Daumen aus, an der ich gestochen worden war, und rieb dann, immer noch unzufrieden, meinen Daumen in der roten Glut, besonders über der Wunde. Ich schenkte der Sache wenig weitere Aufmerksamkeit; mir schien, dass die Schlange zu klein war, um sehr giftig zu sein; aber als ich zum Wagen zurückkehrte, um Peggy zu wecken, schrie sie auf und rief nach dem Boss und Reece und Dell und war offensichtlich sehr beunruhigt und sogar ängstlich. Auch Reece stimmte ihm zu, dass der Biss der kleinen Prärie-Klapperschlange genauso giftig war wie der ihres großen Waldbruders.

Der Boss holte ein Glas Whisky hervor und forderte mich auf, es zu trinken. Ich wollte es nicht nehmen, aber er bestand darauf und ich trank es aus. „Hat es gebrannt?", fragte er. „Nein, es war wie Wasser!", antwortete ich und bemerkte, dass der Boss und Reece einen bedeutungsvollen Blick austauschten.

Sofort erklärte der Boss, ich müsse auf und ab gehen, und jeder nahm mich am Arm und sie führten mich eine halbe Stunde lang feierlich im Kreis herum. Am Ende dieser Zeit war ich halb eingeschlafen; der Boss hielt an und gab mir noch ein Glas Whisky: für einen Moment weckte es mich, dann wurde ich wieder taub und gefühllos. Wieder gaben sie mir Whisky: Ich kam wieder zu mir, aber nach fünf Minuten sackte ich zusammen und flehte sie an, mich schlafen zu lassen.

„Schlaf, verdammt noch mal!", rief der Boss, „du wirst nie wieder aufwachen. Reiß dich zusammen", und wieder bekam ich Whisky. Dann wurde mir langsam klar, dass ich meine Willenskraft einsetzen musste, und so begann ich herumzuspringen und die überwältigende Schläfrigkeit abzuschütteln. Noch zwei oder drei Drinks Whisky und viel Herumtollen verbrachten die nächsten paar Stunden, als ich plötzlich einen scharfen, intensiven Schmerz in meinem linken Daumen spürte.

„Jetzt kannst du schlafen", sagte der Boss, „wenn du Lust hast; ich schätze, der Whisky hat die Klapperschlange vernichtet!"

Der Schmerz in meinem verbrannten Daumen war heftig. Außerdem hatte ich zum ersten Mal in meinem Leben Kopfschmerzen. Aber Peggy gab mir heißes Wasser zu trinken und die Kopfschmerzen verschwanden bald. Nach ein oder zwei Tagen ging es mir wieder so gut wie immer, dank der strengen Behandlung durch den Boss. Im Laufe eines einzigen Jahres verloren wir zwei junge Männer allein durch die kleinen Prärieschlangen, die so unbedeutend schienen.

Die Tage vergingen schnell, bis wir uns den ersten Städten im Süden von Texas näherten: dann wollte jeder Mann seinen Gehaltsrückstand vom Boss und begann sich in wildester Aufregung zu rasieren und herauszuputzen. Charlie war wie ein Verrückter. Eine halbe Stunde nachdem wir die Hauptkneipe der Stadt erreicht hatten, waren alle außer Bent total betrunken und fest entschlossen, ein Mädchen zu finden, mit dem sie die Nacht verbringen konnten. Ich ging nicht einmal mit ihnen in die Kneipe und flehte Charlie vergeblich an, sich nicht zum Narren zu machen. „Dafür lebe ich", schrie er und raste davon.

Ich hatte mich daran gewöhnt, meine gesamte Freizeit mit Reece, Dell, Bob oder dem Boss zu verbringen, und von allen habe ich eine Menge gelernt. In kurzer Zeit hatte ich den Boss und Reece erschöpft; aber Dell und Bob waren jeder auf seine Weise reich ausgestattet, und während Dell mich in Literatur und Wirtschaft einführte, lehrte mich Bob einige der Geheimnisse des Cowpunching und die besonderen Sitten der texanischen Rinder. Jede kleine Herde dieser halbwilden Tiere hatte ihren eigenen Anführer, so schien es, und folgte ihm fanatisch. Wenn wir ein paar verschiedene Herden in unserem Pferch zusammenbrachten, herrschte ein noch größeres Durcheinander, bis nach vielem Hin und Her und einigem Kämpfen ein neuer Anführer gewählt wurde, dem alle gehorchten. Aber manchmal verloren wir fünf oder sechs Tiere im Durcheinander . Ich fand heraus, dass Bob auf seinem Pony zwischen die halbwilden Bestien reiten und den zukünftigen Anführer für sie auswählen konnte. Tatsächlich ging er bei den großen Sportveranstaltungen in der Nähe von Taos zu Fuß in die eingepferchten Herden und führte den Anführer unter dem triumphierenden Jubel seiner Landsleute hinaus, die die Amerikaner herausforderten, ihm dieses Kunststück nachzueifern. Bobs Wissen über Rinder war unheimlich und alles, was ich weiß, habe ich von ihm gelernt.

In der ersten Woche waren Reece und der Boss den ganzen Tag unterwegs, um Vieh zu kaufen. Reece nahm normalerweise Charlie und Jack Freeman, junge Amerikaner, mit, um seine Einkäufe nach Hause zum großen Korral zu bringen, während der Boss gleichgültig erst den einen und dann den anderen besuchte, um ihm zu helfen. Charlie war der erste, der aufhörte: Er hatte sich schon in der ersten Nacht eine Geschlechtskrankheit eingefangen und musste mehr als einen Monat lang ausharren. Einer nach dem anderen erkrankten alle jüngeren Männer an derselben Plage. Ich ging in die nächste Stadt, konsultierte Ärzte und tat, was ich konnte, aber die Heilung ging oft langsam voran, denn sie tranken ab und zu, um ihre Sorgen zu ertränken, und einige machten die Krankheit auf diese Weise chronisch. Ich konnte die Versuchung nie verstehen. Sich zu betrinken war schlimm genug. Aber in diesem Zustand mit einer schmutzigen Greaser-Frau oder einer Mischlingsprostituierten auszugehen, war mir unverständlich.

Natürlich erkundigte ich mich nach den Vidals , aber anscheinend hatte niemand von ihnen gehört, und obwohl ich mein Bestes tat, vergingen die Wochen, ohne dass ich eine Spur von ihnen fand. Ich schrieb jedoch an die Adresse, die Gloria mir vor meiner Abreise aus Chicago gegeben hatte, damit ich ihr eventuelle Briefe nachschicken konnte; aber ich hatte Texas bereits verlassen, bevor ich von ihr hörte: Tatsächlich erreichte mich ihr Brief im Fremont House, als ich nach Chicago zurückkam. Sie erzählte mir lediglich, dass sie den Rio Grande überquert und sich auf der anderen Seite auf ihrer Hacienda niedergelassen hätten, wo ich sie vielleicht, fügte sie schüchtern hinzu, eines Tages besuchen würde . Ich schrieb ihr, um ihr zu danken und ihr zu versichern, dass ihre Erinnerung die Welt für mich verwandelt habe — was die nackte Wahrheit war: Ich habe mir unendlich viel Mühe gegeben, diesen Brief in gutes Spanisch zu verfassen, obwohl ich fürchte, dass er trotz Bobs Hilfe ein Dutzend Fehler enthält. Aber ich komme mit meiner Geschichte nicht weit.

Schnell war die Herde zusammen. Anfang Juli zogen wir nach Norden und trieben etwa 6000 Stück Vieh vor uns her, die sicher keine fünftausend Dollar gekostet hatten. Im ersten Jahr lief alles gut für uns; wir sahen nur kleine Gruppen von Prärieindianern und waren zu stark für sie. Der Boss hatte mir erlaubt, 500 Stück Vieh auf eigene Rechnung zu bringen: Er wollte mich, sagte er, für meine unaufhörliche harte Arbeit belohnen; aber ich war sicher, dass es Reece und Dell waren, die ihm die Idee in den Kopf gesetzt hatten.

Die Tatsache, dass einige der Rinder mir gehörten, machte mich zu einem äußerst wachsamen und unermüdlichen Hirten. Mehr als einmal hat meine durch Bobs Instinkt geschärfte Wachsamkeit unser Schicksal beeinflusst. Als wir begannen, das Indianergebiet zu umrunden, warnte mich Bob, dass eine kleine Gruppe oder sogar ein einzelner Indianer eines Nachts versuchen könnte, die Herde in Panik zu versetzen. Ungefähr eine Woche später bemerkte ich, dass die Rinder unruhig wurden: „Indianer!", sagte Bob, als ich ihm die Zeichen erklärte, „listige Tiere!" In dieser Nacht hatte ich keinen Dienst, ritt aber wie üblich im Kreis, als ich gegen Mitternacht eine weiße Gestalt mit einem unheimlichen Schrei vom Boden aufspringen sah . Die Rinder begannen zusammenzulaufen, also warf ich mein Gewehr hoch und schoss auf den Indianer, und obwohl ich ihn nicht traf, hielt er es für besser, das Tuch fallen zu lassen und das Lager zu verlassen. In fünf Minuten hatten wir die Rinder wieder beruhigt, und in dieser Nacht oder bis wir Wichita erreichten, das damals der Außenposten der Zivilisation war, geschah nichts Schlimmes. Zehn Tage später waren wir in Kansas City und bestiegen den

Zug, obwohl wir dort ein Viertel unserer Rinder für etwa fünfzehn Dollar pro Stück verkauften. Wir erreichten Chicago etwa am 1. Oktober und brachten die Rinder in die Höfe rund um das Michigan St. Depot. Am nächsten Tag verkauften wir mehr als die Hälfte der Herde, und ich hatte das Glück, einen Käufer für fünfzehn Dollar pro Stück für dreihundert meiner Tiere zu finden. Wenn der Boss nicht auf drei Cent pro Pfund bestanden hätte, hätte ich alles verkauft, was ich hatte. So kam ich mit über fünftausend Dollar auf der Bank heraus und fühlte mich wie ein weiterer Krösus. Meine Freude währte jedoch nicht lange.

Natürlich blieb ich im Fremont und wurde ausgezeichnet empfangen. Die Geschäftsführung hatte sich stark zurückentwickelt, dachte ich, aber ich war froh, dass ich nicht mehr verantwortlich war und es mir in meinem Gasthof gemütlich machen konnte. Aber meine sechs Monate auf dem Trail hatten mein ganzes Wesen geprägt. Sie machten mich zu einem Arbeiter und vor allem lehrten sie mich, dass Entschlossenheit und Willenskraft der wichtigste Faktor für den Erfolg im Leben sind. Ich beschloss, meinen Willen durch Übungen zu trainieren, wie ich einen Muskel trainieren würde, und stellte mich jeden Tag einer neuen Prüfung. Zum Beispiel mochte ich Kartoffeln, also beschloss ich, eine Woche lang keine zu essen, oder ich verzichtete einen Monat lang auf Kaffee, den ich liebte, und achtete darauf, an meiner Entschlossenheit festzuhalten. Ich hatte ein französisches Sprichwort bemerkt, das meinen Entschluss noch verstärkte: „ celui qui veut , celui-là" peut : – „Wer will, der kann." Ich beschloss, dass mein Verstand mich leiten sollte und nicht mein Appetit.

Der große Brand von Chicago.

Kapitel VII.

Ich wünschte, ich könnte mir einreden, dass ich in der Lage wäre, mir die Ereignisse der Woche nach unserer Ankunft in Chicago vorzustellen.

Wir kamen, wenn ich mich recht erinnere, an einem Mittwoch an und brachten unser Vieh und unsere Pferde in die Viehhöfe in der Nähe des Michigan Street Depots. Wie ich bereits erzählt habe, verkauften wir am Donnerstag und Freitag etwa drei Fünftel des Viehs. Ich wollte alles verkaufen, folgte aber der Entscheidung des Chefs und verkaufte dreihundert Stück und zahlte etwas über fünftausend Dollar auf mein Bankkonto ein.

Am Samstagabend begannen die Alarmglocken zu läuten und weckten mich. Ich schlüpfte in meine Kniehose, mein Hemd und meine Stiefel, und eine jugendliche Neugier packte mich. Ich rannte die Treppe hinunter, holte Blue Devil aus dem Stall und ritt zum Feuer. Ich war unendlich beeindruckt von der Schnelligkeit, mit der die Feuerwehrleute handelten, und von der erstaunlichen Effizienz des Dienstes. Wo es in England vielleicht ein halbes Dutzend Feuerwehrwagen gegeben hätte, schickten die Amerikaner fünfzig, aber sie fanden alle Arbeit und machten ihre Arbeit großartig. Um ein Uhr war das Feuer gelöscht und ich kehrte über zwei oder drei Meilen unversehrter Straßen zum Hotel zurück. Natürlich erzählte ich Reece und Ford am nächsten Tag alles darüber. Zu meinem Erstaunen schien niemand viel Aufmerksamkeit darauf zu richten; ein Feuer war in den Holzhütten am Rande amerikanischer Städte eine so alltägliche Sache, dass niemand sich meine epische Geschichte anhören wollte.

Am nächsten Abend, Sonntag, begann gegen elf Uhr die Alarmglocke zu läuten: Ich war noch in meiner besten Kleidung. Ich zog meine Arbeitskleidung an, ich weiß nicht warum, legte meinen Gürtel mit dem Revolver darin um, holte wieder das Pferd heraus und ritt zum Feuer. Als ich noch eine Viertelmeile entfernt war, wurde mir klar, dass dieses Feuer viel schlimmer war als das der Nacht zuvor: Zunächst einmal wehte ein Sturm direkt auf die Stadt zu. Dann, als ich mich wunderte, warum es so wenige Feuerwehrautos gab, wurde mir gesagt, dass es zwei weitere Brände gab, und der Mann, mit dem ich sprach, hatte keine Skrupel, sie einem Komplott und der Absicht zuzuschreiben, die Stadt niederzubrennen! „ Diese verdammten ausländischen Anarchisten sind der Grund dafür", sagte er, „drei Brände brechen nicht ohne Grund am äußersten Rand der Stadt aus, während ein Sturm weht."

Und tatsächlich sah es so aus, als hätte er recht. Trotz allem, was die Feuerwehrleute tun konnten, breitete sich das Feuer mit unglaublicher Geschwindigkeit aus. Nach einer halben Stunde sah ich, dass sie es nicht so schnell und einfach in den Griff bekommen würden, und ich ritt zurück, um Reece zu holen, der mir gesagt hatte, er wäre am Abend zuvor mitgekommen, wenn er gewusst hätte, wo das Feuer war. Als ich zum Hotel zurückkam, war Reece allein losgefahren, ebenso Dell und der Boss. Ich ging zurück zum Feuer. Es hatte sich auf die außergewöhnliche Weise ausgebreitet. Die Holzstraßen brannten jetzt alle; das Feuer verschlang einen Block nach dem anderen und die Hitze war so enorm, dass die Feuerwehrwagen nicht näher als 200 Meter an das Feuer herankamen. Das Brüllen des Feuers war unheimlich.

Etwas anderes fiel mir fast sofort auf: Die Hitze war so enorm, dass das Wasser in seine Elemente zerfiel und der Sauerstoff im Wasser heftig brannte. Das Wasser goss tatsächlich Öl ins Feuer. Sobald ich mich davon überzeugt hatte, sah ich, dass die Stadt dem Untergang geweiht war, und ging mit meinem Pony ein oder zwei Häuserblocks zurück, um Funkenflug zu vermeiden.

Das muss etwa drei oder vier Uhr morgens gewesen sein. Ich war etwa drei Blocks zurückgegangen, als ich an einer Straßenecke auf einen Mann traf, der mit einer Gruppe von Männern sprach. Er war der einzige Mann mit Einsicht und Verstand, den ich an diesem Abend traf. Er kam mir wie ein typischer Yankee aus dem Osten vor und sprach auch so. Der Kern seiner Rede war wie folgt:

„Ich möchte, dass Sie sofort mit mir zum Bürgermeister kommen und ihm sagen, er soll den Befehl geben, auf dieser Seite der Stadt mindestens zwei Häuserblocks tief die Flammen in die Luft zu sprengen. Wenn wir dann auch noch die Häuser auf der anderen Seite durchnässen, werden die Flammen gestoppt: Es gibt keinen anderen Weg.“

„Das ist vernünftig“, rief ich, „das muss sofort getan werden. Es gibt keinen anderen Ausweg, denn die Hitze zersetzt das Wasser und der Sauerstoff im Wasser lodert furchtbar und gießt Öl ins Feuer.“

„Mensch! Das ist es, was ich seit einer Stunde predige“, rief er.

Etwas später gingen fünfzig oder sechzig Bürger zum Bürgermeister, aber dieser beteuerte, er habe keine Befugnis, Häuser in die Luft zu sprengen, und entzog sich offensichtlich auch dieser Verantwortung. Er beschloss jedoch, einige der Stadträte hinzuzuziehen und zu sehen, was getan werden könne. In der Zwischenzeit ging ich los und schlenderte zur Randolph Street Bridge und sah dort eine Szene, die mich entsetzte.

Sie sagten, einige Männer hätten einen Dieb dabei erwischt, wie er eines der Häuser plünderte, und hätten den armen Kerl anschließend an einem Laternenpfahl aufgehängt.

Vergeblich flehte ich um sein Leben, erklärte, dass er vor Gericht gestellt werden müsse, dass es besser sei, zehn Schuldige freizulassen, als einen Unschuldigen zu hängen, aber mein ausländischer Akzent nahm meiner Berufung, glaube ich, jedes Gewicht, und vor meinen Augen wurde der Mann aufgehängt. Es erfüllte mich mit Wut; es schien mir eine schreckliche Tat zu sein: Die Grausamkeit der Henker, ihre harte Entschlossenheit, schlossen mich von meinen Verwandten aus. Später sollte ich diese Männer aus einem besseren Blickwinkel sehen.

Am frühen Morgen hatte das Feuer mehr als eine Meile der Stadt zerstört und wütete mit unvorstellbarer Gewalt. Kurz vor Tagesanbruch ging ich zum Seeufer hinunter. Der Anblick war von unbeschreiblicher Pracht: Wahrscheinlich drängelten sich hundertfünfzigtausend obdachlose Männer, Frauen und Kinder entlang des Seeufers. Hinter uns tobte das Feuer; es breitete sich wie ein rotes Tuch bis zum Zenit über unseren Köpfen aus und wurde von dort in langen Feuerstrahlen wie Raketen über den Himmel vor uns getragen: Schiffe vierhundert Meter draußen in der Bucht brannten in Flammen , und wir waren sozusagen von Flammen umgeben. Die Gefahr und der Aufruhr waren in der Tat furchterregend und die Hitze selbst in dieser Oktobernacht fast unerträglich.

Ich wanderte am Seeufer entlang und bemerkte, wie liebevoll sich die Männer um die Frauen und Kinder kümmerten. Fast jeder Mann konnte eine Art Unterschlupf für seine Frau und seine Kinder errichten, und jeder war bereit, seinem Nachbarn zu helfen. Während ich eine Weile an einem Unterschlupf arbeitete, sagte ich zu dem Mann, dass ich gerne etwas zu trinken bekommen würde.

„Sie können eins bekommen“, sagte er, „genau da“, und er zeigte auf eine Art provisorische Hütte am Strand. Ich ging hinüber und sah, dass es einem Wirt gelungen war, vier Fässer an den Strand zu bringen und eine Art niedriges Zelt darüber aufgebaut hatte; an eines der Fässer hatte er sein Schindeldach genagelt und darauf die Worte gemalt: „Was halten Sie von unserer Hölle? Keine Getränke unter einem Dollar!“ Der wilde Humor der Sache amüsierte mich unendlich und der Mann machte sicherlich ein Bombengeschäft.

Etwas später kam mir der Gedanke, dass unser Vieh möglicherweise verbrennen könnte, also ging ich hinaus und eilte zurück zu den Viehhöfen in der Michigan Street. Ein alter Ire war für den Hof verantwortlich, aber obwohl er mich ganz genau kannte, erlaubte er mir nicht, einen Ochsen herauszunehmen. Das Vieh bewegte sich wild umher, offensichtlich in einem

Zustand höchster Erregung. Ich flehte den Mann an und bettelte ihn an, band meine Stute schließlich an den Laternenpfahl an der Ecke und ging zurück und betrat den Viehhof, als er nicht hinsah. Ich ließ zwei oder drei der Gitterstäbe herunter und im nächsten Moment trieb das Vieh durch die Öffnung. Sie wurden verrückt und verstopften das Tor. In fünf Minuten lagen zehn oder zwölf tote Rinder im Eingang und der Rest musste darüber hinweg. Plötzlich, gerade als ich durch die Lücke kam, stürmten die wütenden Tiere los und rissen die Gitterstäbe auf beiden Seiten des Tores weg. Im nächsten Moment wurde ich niedergeschlagen und hatte gerade noch Zeit, mich durch den Zaun zu schleppen und so ihren unzähligen trampelnden Fersen auszuweichen.

Ein paar Minuten später war ich auf Blue Devil und versuchte, das Vieh aus der Stadt auf die Prärie zu bringen. Die Herde löste sich an fast jeder Ecke auf, aber ich schaffte es, etwa 600 Tiere direkt aufs Land zu bringen.

Ich trieb sie einige Meilen im Laufschritt. Inzwischen war es Tagesanbruch und beim zweiten oder dritten Bauernhaus, das ich erreichte, fand ich einen Bauern, der bereit war, die Rinder aufzunehmen. Ich verhandelte ein wenig mit ihm und sagte ihm schließlich, ich würde ihm einen Dollar pro Stück geben, wenn er sie für die Woche oder so behielte, in der wir sie vielleicht bei ihm lassen wollten. Zwei Minuten später holte er seinen Sohn und einen irischen Helfer heraus und trieb die Rinder zurück auf seine Weide. Soweit ich zählen konnte, waren es 676 Stück von praktisch 2.000 Stück.

Als ich mit meinen Geschäften fertig war und ins Hotel zurückkehrte, war es schon fast Mittag, und da ich nichts zu essen bekam, ging ich noch einmal hinaus, um mir die Entwicklung des Feuers anzusehen. Ich erfuhr bereits, dass Hilfszüge mit Nahrungsmitteln aus allen Nachbarstädten geschickt wurden, und das war das Thema der nächsten Woche im hungernden Chicago.

Merkwürdigerweise war damals die Vorstellung allgemein akzeptiert, dass ein Mann oder eine Frau nur drei Tage ohne Nahrung überleben könne. Es dauerte Jahre, bis Dr. Tanner der Welt zeigte, dass ein Mann vierzig Tage oder länger fasten konnte. Jeder, den ich traf, tat so, als glaubte er, dass er, wenn er drei Tage lang ohne Nahrung auskommen müsste, unkontrolliert sterben müsste. Ich lachte über diese Vorstellung, die mir absurd erschien, aber die allgemeine Meinung und der Einfluss des Herdengefühls waren so stark, dass auch ich mich am dritten Tag besonders leer fühlte und dachte, ich sollte mich besser in die Brotschlange einreihen. Vor mir standen vielleicht fünftausend, und bald waren es fünfzig- oder sechzigtausend hinter mir. Wir waren zu fünft und bewegten uns zum Depot, wo die Brotzüge einer nach dem anderen entladen wurden. Als ich ziemlich nahe an die

Lebensmittelwagen herankam, bemerkte ich, dass der Lebensmittelvorrat zu Ende ging, und im nächsten Moment bemerkte ich etwas anderes.

Immer wieder stellten sich Frauen und Mädchen in unsere Brotschlange und gingen durch die Reihen der wartenden Männer, die, wohlgemerkt, wirklich glaubten, sie würden in dieser Nacht sterben, wenn sie nichts zu essen bekämen, aber statt Einwände zu erheben, machten sie alle den Frauen und Mädchen Platz und ermutigten sie: „Gehen Sie weiter, Madam, nehmen Sie sich so viel Sie wollen." „Hier entlang, Missee , Sie werden nicht viel tragen können, fürchte ich" – ein Beweis nach dem anderen, so schien es mir, für Mut, gute Laune und große Selbstverleugnung. Ich betrat diese Brotschlange als irischer Junge und kam als stolzer Amerikaner wieder heraus, aber ich bekam weder in dieser noch in der nächsten Nacht Brot. Tatsächlich bekam ich meine erste Mahlzeit, als ich am Freitag oder Samstag darauf Reece begegnete: Reece war wie üblich hingefallen und hatte ein Hotel gefunden, in dem es Proviant gab – allerdings zu Hungerpreisen.

Er bestand darauf, dass ich mit ihm kommen sollte, und brachte mir bald meine erste Mahlzeit. Im Gegenzug erzählte ich ihm und Ford von den Rindern, die ich gerettet hatte. Sie waren natürlich begeistert und entschlossen, am nächsten Tag herauszukommen und sie zu holen. „Eines ist sicher", sagte Ford, „sechshundert Stück Vieh sind heute in Chicago so viel wert wie fünfzehnhundert Stück vor dem Brand, wir haben also nicht viel verloren."

Am nächsten Tag führte ich Reece und den Boss direkt zum Bauern, aber zu meiner Überraschung sagte er mir, ich hätte ihm zwei Dollar pro Stück gegeben, obwohl ich mit ihm nur einen Dollar ausgehandelt hatte. Sein Sohn bestätigte die Aussage des Bauern, und der irische Helfer erklärte, es täte ihm leid, mir zu widersprechen, aber ich hätte mich geirrt; ich hätte zwei Dollar gesagt. Sie wussten nicht, mit was für Leuten sie es zu tun hatten. „Wo sind die Rinder?", fragte Ford , und wir gingen hinunter zur Weide, wo sie eingepfercht waren. „Zählen Sie sie, Harris", sagte Ford, und ich zählte sechshundertzwanzig Stück. Ungefähr fünfzig waren verschwunden, aber der Bauer wollte mich davon überzeugen, dass ich falsch gezählt hatte.

Ford ging umher und fand bald einen groben Stall, in dem sich noch dreißig weitere texanische Rinder befanden. Diese wurden herangetrieben und verschwanden bald in der Herde; Reece und ich begannen, die Herde zum Eingang zu treiben. Der Bauer erklärte, er würde uns nicht gehen lassen, aber Ford sah ihn eine Weile an und sagte dann sehr ruhig: „Sie haben genug Vieh gestohlen, um Sie zu bezahlen. Wenn Sie uns belästigen, mache ich Fleisch aus Ihnen – sehen Sie! – kaltes Fleisch", und der Bauer ging zur Seite und blieb ruhig.

An diesem Abend gaben wir ein großes Fest und am Tag danach gab Ford bekannt, dass er das gesamte Vieh an zwei Hotelbesitzer verkauft und dafür fast so viel Geld bekommen habe, als hätten wir keinen Huf verloren.

Aus meinen fünftausend Dollar wurden sechstausendfünfhundert.

Der Mut, den die einfachen Leute im Feuer zeigten, der wilde Humor gepaart mit der Rücksichtnahme gegenüber den Frauen hatten mein Herz erobert. Dies ist das großartigste Volk der Welt, sagte ich mir und war stolz, mich mit ihnen eins zu fühlen.

AUF DER SPUR!

Kapitel VIII.

Auf Anregung von Dell kaufte ich mir vor meiner Abreise aus Chicago einige Bücher für die Winterabende, vor allem Mills „Political Economy", Carlyles „Heroes and Hero Worship" und „Latter Day Pamphlets", außerdem Col. Hays „Dialect Poems" und drei medizinische Bücher, und nahm sie mit auf die Ranch. Wir hatten sechs Wochen schönes Wetter, währenddessen ich unter Reeces Aufsicht Pferde zuritt und herausfand, dass Sanftmut und vor allem Karotten und Zuckerstücke der direkte Weg zum Herzen des Pferdes sind; außerdem entdeckte ich, dass die schlechte Laune und der Eigensinn eines Pferdes fast immer auf Angst zurückzuführen sind. Dells Bemerkung, dass das Auge eines Pferdes eine vergrößernde Kraft habe und dass die armen, schüchternen Geschöpfe Menschen als wandelnde Bäume wahrnehmen, brachte mich auf den Punkt, und bald war ich erfreut, als Reece sagte, dass ich Pferde genauso gut „sanft" machen könne wie jeder andere auf der Ranch, außer Bob.

Als der Winter sich dem Ende zuneigte und der bittere Frost kam, kam die Arbeit im Freien fast zum Erliegen. Ich las von morgens bis abends und verschlang Mill nicht nur, sondern durchschaute auch den Irrtum seiner Lohnfondstheorie. Ich wusste aus eigener Erfahrung, dass der Arbeitslohn in erster Linie von der Arbeitsproduktivität abhängt. Ich mochte Mill wegen seiner humanitären Sympathie für die Armen; aber ich erkannte deutlich, dass er ein zweitklassiger Intellektueller war, so wie ich mir ziemlich sicher war, dass Carlyle einer der Unsterblichen war. Ich nahm Carlyle in kleinen Dosen, denn ich wollte selbst denken. Nach den ersten Kapiteln versuchte ich zunächst, Kapitel für Kapitel niederzuschreiben, was ich über das behandelte Thema dachte oder wusste, und bin immer noch geneigt zu glauben, dass dies eine gute Art zu lesen ist, um einzuschätzen, was der Autor einem beigebracht hat.

Carlyle war der erste und wichtigste Einfluss in meinem Leben: Von ihm habe ich mehr gelernt als von jedem anderen Autor. Seine zwei oder drei Bücher, die ich fast auswendig lernte, lehrten mich, dass Dells Wissen dürftig und oberflächlich war, und bald war ich unter den Männern das Orakel aller tiefgründigen Themen. Denn auch die medizinischen Bücher erwiesen sich als ausgezeichnet und vermittelten mir praktisch das neueste Wissen zu allen Sexualthemen. Ich war entzückt, den Jungs mein ganzes Wissen zur Verfügung zu stellen oder ihnen vielmehr zu zeigen, wie viel ich wusste.

Dieser Herbst war für mich ein schwerer Schlag: Anfang Oktober bekam ich Schüttelfrost, „Schüttelfrost und Fieber", wie es genannt wurde. Ich litt sehr, und obwohl Reece mich dazu überredete, trotzdem zu reiten und den Großteil des Tages im Freien zu verbringen, nahm ich ab, bis ich erfuhr, dass Arsen sogar ein besseres Mittel als Chinin war. Dann ging es mir wieder besser, aber ab und zu, jeden Herbst und Frühling danach, solange ich in Amerika blieb, musste ich Chinin und Arsen nehmen, um die lähmenden Anfälle abzuwehren.

Ich war wirklich sehr niedergeschlagen, als wir uns auf den Weg machten; der Boss war, wie er sagte, entschlossen, in diesem Sommer zwei Herden herbeizuschaffen. Anfang Mai brach er mit etwa fünftausend Tieren von St. Anton' aus nach Norden auf und ließ Reece, Dell, Bob, Peggy, die Köchin, Bent, Charlie und mich zurück, um eine weitere Herde zusammenzutreiben. Ich sah den Boss nie wieder; aus Reeces Fluchen schloss ich jedoch, dass er sicher durchgekommen war, das Vieh zu einem guten Preis verkauft und mit dem gesamten Erlös abgehauen war, obwohl er Reece und Dell mehr als die Hälfte schuldete.

Charlies Liebesabenteuer, das so schlecht endete, beruhigte ihn nicht lange. Auf unserer Suche nach billigem Vieh waren wir fast bis zum Rio Grande gekommen, und dort, in einer kleinen halbmexikanischen Stadt, ereilte Charlie sein Schicksal.

Zufällig war ich mit ihm in die Kneipe gegangen, weil er versprochen hatte, nur ein Glas zu trinken. Obwohl das Glas mit 40 Rod Whisky gefüllt war, wusste ich, dass es Charlies enorme Kraft nur vorübergehend beeinflussen würde. Aber es erregte ihn so sehr, dass er alle Mädchen zu einem Drink einlud: Sie strömten alle lachend zur Bar, bis auf eine. Natürlich ging Charlie ihr nach und fand ein sehr hübsches blondes Mädchen, in dem angeblich eine Spur indianisches Blut floss. Zuerst gab sie Charlies Einladung nicht nach, also wandte er sich wütend ab und sagte:

„Du willst wahrscheinlich nicht trinken, weil du dich heilen willst oder weil du hässlich bist, wohingegen Frauen normalerweise schön sind." Als Antwort auf die Herausforderung sprang das Mädchen auf, riss sich die Jacke vom Leib und war im nächsten Moment bis auf ihre Stiefel und Strümpfe nackt.

„Bin ich hässlich?", rief sie und streckte ihre Brüste heraus. „Oder sehe ich krank aus, du Narr!" Und sie wirbelte herum, um uns die Rückansicht zu zeigen!

Sie hatte wirklich eine schöne Figur mit schönen, jugendlichen Brüsten und einem besonders vollen Po und sah aus wie das Bild der Gesundheit. Die vollen Backen ihres Hinterns erregten mich ungemein, ich wusste nicht warum: Daher überraschte es mich nicht, als Charlie sie mit einem halb artikulierten Schrei der Bewunderung in die Arme nahm und aus dem Zimmer trug.

Als ich ihm später Vorwürfe machte, sagte er mir, er wüsste mit Sicherheit, ob das Mädchen, Sue, krank sei oder nicht.

Ich widersprach ihm und fand heraus, dass dies sein untrüglicher Test war: Sobald er mit einem Mädchen allein war, zog er je nach Bedarf zehn oder zwanzig Dollar heraus und sagte ihr, sie solle das Geld behalten. „Mehr gebe ich dir auf keinen Fall“, fügte er hinzu: „Sag mir jetzt, Liebes, ob du krank bist, und wir trinken noch einen letzten Drink, und dann gehe ich. Wenn sie krank ist, wird sie es dir bestimmt sagen – sieh mal!“ und er lachte triumphierend.

„Und wenn sie nicht weiß, dass sie krank ist?“, fragte ich ihn, aber er antwortete: „Sie wissen es immer und sagen die Wahrheit, wenn ihre Gier nicht gegen Sie gerichtet ist.“

Eine Zeit lang sah es so aus, als hätte Charlie seine Schönheit ohne schlimme Folgen genossen, aber etwa einen Monat später bemerkte er einen Knoten in seiner rechten Leiste und kurz darauf zeigte sich direkt unter der Eichel eine syphilitische Wunde. Wir waren bereits Richtung Norden aufgebrochen, aber ich musste Charlie die reine Wahrheit sagen.

„Dann ist es ernst“, rief er erstaunt und ich antwortete.

„Ich fürchte ja, aber nicht, wenn Sie es rechtzeitig einnehmen und ein strenges Regime einhalten.“

Charlie tat alles, was man ihm sagte, und prahlte immer damit, dass Gonorrhoe viel schlimmer sei, da sie auf jeden Fall schmerzhafter sei als Syphilis; aber die Krankheit rächte sich mit der Zeit.

Als es ihm auf dem Trail dank der guten Luft, der regelmäßigen Bewegung und dem Verzicht auf Alkohol besser ging, wurde er von Zeit zu Zeit aufsässig und ich vergaß sein Leiden jedenfalls.

Der Übertritt des Bosses machte für uns einen großen Unterschied; Reece und Dell kauften mit drei oder vier Mexikanern und Peggy weiterhin langsam Vieh; aber Bob und Bent setzten mir einen neuen Plan in den Kopf. Bent predigte immer, dass der Übertritt des Bosses Reece ruiniert habe und dass ich, wenn ich sagen wir fünftausend Dollar einsetze, Reeces Partner werden und mit ihm ein Vermögen machen könne. Auch Bob war davon begeistert und erzählte mir nebenbei, dass er von den Mexikanern kostenlos Vieh bekommen könne. Ich sprach mit Reece, der sagte, er müsse sich mit dem Kauf von 3000 Stück Vieh zufrieden geben, denn der Preis für Vieh sei doppelt so hoch geworden und der Schwindel des Bosses habe ihn gelähmt. Wenn ich Bents, Charlies und Bobs Lohn zahlen würde, würde er sich freuen, sagte er, mit mir zusammenzuarbeiten: Auf Bobs Rat hin willigte ich ein und mit seiner Hilfe gelang es mir, dreitausend Stück Vieh für kaum mehr als dreitausend Dollar zu beschaffen. Und so haben wir es geschafft.

Aus irgendeinem Grund, vielleicht weil ich ein paar Worte Spanisch gelernt hatte, hatte Bob mich ins Herz geschlossen und war immer bereit, mir zu helfen, außer wenn er betrunken war. Er versicherte mir jetzt, dass er mir tausend Stück Vieh umsonst besorgen würde, wenn ich mit ihm etwa hundert Meilen den Rio Grande hinunterginge. Ich willigte ein, denn auch Bent und Charlie waren auf Bobs Seite.

Am nächsten Morgen brachen wir vor Sonnenaufgang auf und ritten stetig nach Südosten. Wir hatten genug Nahrung für zwei oder drei Tage dabei. Bob kümmerte sich ohne Fragen darum, aber normalerweise brachte er uns gegen acht Uhr in die Nähe irgendeines Hauses, wo wir Nahrung und Unterkunft finden konnten. Seine Kenntnisse der gesamten Grenze waren ebenso unheimlich wie seine Kenntnisse über Vieh.

Am vierten oder fünften Tag hielt er uns gegen neun Uhr morgens auf einer kleinen bewaldeten Anhöhe an, von der aus man auf eine Schlucht des Flusses blickte. Links breitete sich der Fluss fast zu einem seichten See aus, und man musste uns nicht sagen, dass es etwas weiter unten eine oder mehrere Furten geben musste, die das Vieh fast ohne Nässe überqueren konnte.

Bob stieg in einer Pappelgruppe von seinem Pferd ab, wo er sagte, dass es ein guter Ort sei, um ungesehen zu zelten. Ich fragte ihn, wo das Vieh sei, und er sagte: „Auf der anderen Seite des Flusses." Zwei oder drei Meilen entfernt, so schien es, gab es eine berühmte Hacienda mit großen Herden. Sobald es dunkel wurde, schlug er vor, hinüberzugehen, alles darüber herauszufinden und uns die Neuigkeiten zu überbringen. Wir sollten darauf achten, nicht gesehen zu werden, und er hoffte, dass wir nicht einmal ein Feuer machen würden, sondern in der Nähe blieben, bis er zurückkam.

Wir waren mehr als bereit, und als wir des Redens müde wurden, holte Bent ein altes Kartenspiel hervor, und wir spielten zwei oder drei Stunden lang Draw Poker, Euchre oder Casino. Die erste Nacht verging ziemlich schnell. Wir waren vier oder fünf Tage lang täglich zehn Stunden im Sattel gewesen und hatten einen traumlosen Schlaf. Bob kam weder an diesem noch am nächsten Tag zurück, und am dritten Tag begann Bent, ihn zu verfluchen, aber ich war überzeugt, dass er einen guten Grund für die Verzögerung hatte, und wartete daher mit der Geduld, die ich aufbringen konnte. In der dritten Nacht war er plötzlich bei uns, als wäre er aus der Erde gekommen.

„Willkommen zurück", rief ich. „Alles in Ordnung?"

„Alles", sagte er. „Es hatte keinen Sinn, früher zu kommen. Sie haben Vieh bis auf vier Meilen an den Fluss herangebracht. Der Befehl lautet, es sieben oder acht Meilen entfernt zu halten, damit es nicht hinübergetrieben werden kann, ohne das ganze Land aufzurütteln. Aber Don José ist sehr reich und sorglos, und es gibt eine Herde von fünfzehnhundert Tieren, die uns genügen, keine drei Meilen vom Fluss entfernt in einer Präriefalte, die nur von zwei Männern bewacht wird, die ich so betrunken machen werde, dass sie bis zum nächsten Morgen nichts hören. Ein paar Flaschen Aguardiente werden das Problem lösen , und ich werde morgen Abend gegen acht oder neun Uhr wiederkommen, um Sie abzuholen."

Es kam alles so, wie Bob es geplant hatte. Am nächsten Abend kam er zu uns, sobald es dunkel geworden war. Wir ritten etwa drei Kilometer flussabwärts bis zu einer Furt, waten durch die Wasserrinnen und kamen auf der mexikanischen Seite heraus. Hintereinander und in völliger Stille folgten wir Bob etwa zwanzig Minuten lang im Galopp, als er die Hand hob und wir in Schritttempo übergingen. Dort unter uns zwischen zwei Präriewellen grasten die Rinder.

Bob erklärte Bent und Charlie in wenigen Worten, was sie tun sollten. Bent sollte zurückbleiben und schießen, falls wir verfolgt würden – was zwar unwahrscheinlich, aber immer möglich war. Charlie und ich sollten das Vieh zur Furt treiben, möglichst leise, aber wenn wir verfolgt würden, dann mit aller Kraft.

Die erste halbe Stunde lief alles nach Plan. Charlie und ich trieben die Rinder zusammen über die wogende Prärie zum Fluss. Es schien alles so einfach wie Essen zu sein und wir hatten gerade begonnen, die Rinder in einen schnellen Schritt zu treiben, als plötzlich von vorn ein Schuss fiel und eine Art Massenpanik ausbrach!

Sofort schoss Charlie nach links los, während ich nach rechts schoss, und mit unseren Peitschen brachten wir die Herde schnell wieder in Bewegung, wobei die hinteren Reihen die vorderen vorantrieben; die Rinder wurden bald in einen schlurfenden Trab gezwungen, und die Schwierigkeit schien überwunden. Genau in diesem Moment sah ich zwei oder drei helle Flammen eine halbe Meile entfernt auf der anderen Seite von Charlie, und plötzlich hörte ich das Zischen einer Kugel an meinem eigenen Kopf vorbei, und als ich mich umdrehte, sah ich ziemlich deutlich einen Mann, der fünfzig Meter von mir entfernt ritt. Ich zielte sehr sorgfältig auf sein Pferd und feuerte, und war entzückt, als Pferd und Mann herunterkamen und verschwanden. Ich schenkte ihm keine weitere Beachtung und forcierte weiterhin das Tempo der Rinder. Aber Charlie war zwei oder drei Minuten lang sehr beschäftigt, weil das Gewehrfeuer von hinten fortgesetzt wurde, bis Bent und kurz darauf Bob zu ihm stießen. Wir alle trieben die Rinder jetzt so schnell sie konnten, direkt auf die Furt zu. Die Schüsse hinter uns gingen weiter und wurden sogar häufiger, aber wir wurden nicht weiter belästigt, bis wir eine Dreiviertelstunde später den Rio Grande erreichten und begannen, das Vieh über die Furt zu treiben. Das Vorankommen war natürlich langsam. Wir hätten es kaum geschafft, wenn nicht etwa in der Mitte Bob auf uns zugekommen wäre und mit seiner Peitsche und Stimme die Tiere hinter uns in Angst und Schrecken versetzt hätte.

Als wir sie auf der anderen Seite herausgeholt hatten, begann ich, sie nach Westen in Richtung unseres bewaldeten Hügels zu lenken, aber im nächsten Moment stand Bob neben mir und rief: „Geradeaus, geradeaus; sie verfolgen uns, und wir werden kämpfen müssen. Du gehst mit der Herde immer geradeaus nach Norden, und ich bringe Charlie zurück zum Ufer, um sie aufzuhalten .“

Jungenhaft sagte ich, ich würde lieber kämpfen gehen, aber er sagte: „Mach du weiter. Wenn Charlie getötet hat, ist das egal. Ich will dich.“ Und ich musste notgedrungen tun, was der kleine Teufel befahl.

Wenn texanische Rinder zusammen aufgezogen werden, kann die größte Herde wie eine kleine Herde zusammengetrieben werden. Sie haben einen Anführer und folgen ihm gewissenhaft, und so kann ein Mann ohne große Probleme tausend Tiere zusammentreiben.

Zwei oder drei Meilen lang ließ ich sie im Trab rennen und dann ließ ich sie allmählich in einen Schritt übergehen. Ich wollte nicht noch mehr von ihnen verlieren; einige fette Kühe waren durch die Geschwindigkeit, mit der sie getrieben wurden, bereits auf der Stelle gestorben.

Gegen zwei Uhr morgens kam ich an einem Blockhaus vorbei, und bald ritt ein Amerikaner neben mir her und wollte wissen, wer ich sei, woher ich das Vieh käme und wohin ich wolle! Ich sagte ihm, der Besitzer sei hinter mir und die Jungs und ich würden sie geradeaus treiben, weil uns ein paar Schmierfinken behindert hätten.

„Das sind die Schüsse, die ich gehört habe“, sagte er. „Sie haben sie über den Fluss getrieben, nicht wahr?“

„Ich habe sie vom Fluss vertrieben“, antwortete ich. „Einige von ihnen wollten etwas trinken.“

Ich konnte sein Grinsen spüren, obwohl ich ihn nicht ansah.

„Ich schätze, ich werde deine Freunde bald wiedersehen“, sagte er, „aber dieser Überfall ist ein schlechtes Geschäft. Diese Schmierfinken werden rüberkommen und mir Ärger machen. Wir Grenzbewohner wollen keinen Aufruhr, den ihr Ausländer anzettelt!“

Ich beruhigte ihn, so gut ich konnte, aber zunächst ohne Erfolg. Er sagte nicht viel, aber er hatte offensichtlich vor, mich bis zum Ende zu begleiten, denn egal, wohin ich ritt, fand ich ihn immer gleich hinter der Herde, wenn ich zurückkam.

Der Tag war angebrochen, als ich die Rinder zum ersten Mal anhalten ließ. Ich schätzte, dass ich zwölf Meilen von der Furt entfernt war, und die Tiere hatten wunde Füße und waren sehr müde; immer mehr von ihnen brauchten die Peitsche, um auch nur einen Schritt machen zu können. Ich trieb sie zusammen und kehrte zu meinem düsteren Bekannten zurück.

„Sie sind noch zu jung für dieses Spiel", sagte er. „Wer ist Ihr Boss?"

„Ich habe keinen Chef", antwortete ich und musterte ihn feindselig. Er war ein etwa vierzigjähriger Mann, groß und schlank, mit einem riesigen Pfund Tabak in seiner linken Wange – ein typischer Texaner.

Sein Bronco interessierte mich; kein Indianerpony von etwa 1,33 m, sondern vielleicht 1,53 m groß und schien zu drei Vierteln gezüchtet zu sein.

„Ein schönes Pferd haben Sie da", sagte ich.

„Das Beste im Hull Country", antwortete er, „einfach."

„Das ist nur deine Einbildung", erwiderte ich. „Die Stute, auf der ich gerade reite, kann ihm hundert Meter pro Meile verschaffen."

„Sie wollen dafür doch kein Geld riskieren, oder?", bemerkte er.

„Oh ja", lächelte ich.

„Na ja, wir können es ja eines Tages ausprobieren, aber da kommt eure Truppe", und tatsächlich, obwohl ich nicht mit ihnen gerechnet hatte, kamen fünf Minuten später Bent, Bob und Charlie angeritten.

„Lasst das Vieh los", rief Bob, als er in Hörweite kam. „Wir müssen weiter. Die Mexikaner sind zurückgegangen, aber sie werden uns gleich wieder verfolgen. Wer ist das?", fügte er hinzu und näherte sich neben dem Texaner.

„Mein Name ist Locker", sagte mein Bekannter, „und ich schätze, Ihr Überfall wird die ganze Grenze zum Kochen bringen. Können Sie nicht auf anständige Weise Vieh kaufen, wie wir es alle tun müssen?"

„Woher wissen Sie, wie anständig wir dafür bezahlt haben?", rief Bent und streckte sein braunes Gesicht wie das eines Wiesels nach vorn, wobei seine Hundezähne zu sehen waren.

„Ich schätze, Mr. Locker ist in Ordnung", rief ich lachend. „Ich schlage vor, er soll uns helfen und zwei- oder dreihundert Stück Vieh als Bezahlung nehmen, oder den Gegenwert davon –"

„Jetzt reden Sie", sagte Locker. „Das nenne ich vernünftig. Etwa eine Meile weiter liegt eine meiner Herden; wenn zwei- oder dreihundert Ihrer José-Ochsen dazustoßen, kann ich sie nicht aufhalten ; aber ich hätte lieber Dollars; Bargeld ist knapp!"

„Werden sie getrieben?", fragte Bob.

„Sicher", antwortete Locker. „Ich bin zu nah am Fluss, um Vieh frei herumlaufen zu lassen, obwohl mich in den letzten zehn Jahren niemand gestört hat."

Bob und ich begannen, das Vieh zu treiben, nachdem wir Bent bei Locker zurückgelassen hatten, um die Verhandlungen abzuschließen. Innerhalb einer Stunde hatten wir Lockers Herde gefunden, die mindestens sechstausend Tiere umfasst haben musste und von drei Hirten bewacht wurde.

Locker und Bent waren sich bald einig. Wie sich herausstellte, hatte Locker eine weitere Herde etwas weiter östlich, aus der er drei oder vier Hirten holen konnte. Er hatte auch ein paar Jungen, seine Söhne, die er schicken konnte, um einige der benachbarten Bauern aufzurütteln, wenn es dringend nötig war. Es stellte sich heraus, dass wir gut daran getan hatten, großzügig zu ihm zu sein, denn er kannte die ganze Gegend wie ein Buch und war uns in der Not ein guter Freund.

Am späten Nachmittag erfuhr Locker von einem seiner Söhne, einem etwa sechzehnjährigen Jungen, dass zwanzig Mexikaner den Fluss überquert hätten und in Kürze bei uns eintreffen würden. Locker schickte ihn dem jüngeren Jungen hinterher, um so viele Texaner wie möglich zusammenzutreiben, doch bevor sie eingesammelt werden konnten, kam eine Bande von etwa zwanzig Schmierfinken angeritten und verlangte die Rückgabe des Viehs. Bent und Locker wehrten sie ab, und wie es der Zufall wollte, kamen, während sie stritten, drei oder vier Texaner herbei, und einer von ihnen, ein etwa vierzigjähriger Mann namens Rossiter , übernahm die Kontrolle über den Streit. Er sagte dem mexikanischen Anführer, der sich als Don Luis, ein Sohn von Don José, ausgab, wenn er länger bliebe, würde er wahrscheinlich verhaftet und ins Gefängnis gesteckt, weil er amerikanisches Territorium überfallen und Menschen bedroht hätte.

Der Mexikaner schien sehr mutig zu sein und erklärte, er würde nicht nur drohen, sondern seine Drohung auch wahr machen. Rossiter forderte ihn auf, sofort einzuschreiten. Das laute Gerede begann erneut, und ein paar weitere Texaner kamen hinzu, und der mexikanische Anführer erkannte, dass er zu spät kommen würde, wenn er nicht sofort etwas unternahm. Er begann, das Vieh zu umkreisen, zweifellos in dem Glauben, dass seine zahlenmäßige

Überlegenheit uns in Angst und Schrecken versetzen würde, wenn er etwas unternähme.

Nach fünf Minuten hatte der Kampf begonnen. Nach weiteren zehn Minuten war alles vorbei. Dem tödlichen Feuer der Westler konnte nichts mehr standhalten. Nach fünf Minuten waren ein oder zwei Mexikaner getötet und mehrere verwundet; ein halbes Dutzend Pferde waren zu Boden gegangen; es war völlig klar, dass wir acht oder zehn den zwanzig Mexikanern mehr als gewachsen waren, denn außer Don Luis schien keiner von ihnen Lust auf die Arbeit zu haben, und Luis wurde in den ersten fünf Minuten eine Kugel durch den Arm geschossen. Schließlich zogen sie sich drohend und schreiend zurück, und wir sahen sie nicht mehr.

Nach der Schlacht begaben wir uns alle zu Locker's und tranken einen großen Drink. Niemand nahm den Kampf ernst: Greasers zu verprügeln war nichts, womit man angeben konnte; aber Rossiter war der Meinung, dass eine Klage gegen die mexikanische Regierung wegen Überfalls auf US-Territorium erhoben werden sollte: Er sagte, er würde die Papiere aufsetzen und sie dem Staatsanwalt in Austin schicken. Der Vorschlag wurde mit Jubel und Jubel aufgenommen. Die Idee, die Mexikaner dafür zu bestrafen, dass sie erschossen wurden, als sie versuchten, ihr eigenes Vieh zurückzuholen, fand wir Amerikaner äußerst humorvoll. Alle Texaner gaben feierlich ihre Namen als Zeugen an, und Rossiter schwor, er würde das Dokument aufsetzen. Jahre später erzählte mir Bent, den ich zufällig traf, dass Rossiter vierzigtausend Dollar für diese Klage bekommen hatte.

Drei Tage später begannen wir, unser Vieh nach Osten zu treiben, um uns wieder Reece und Dell anzuschließen. Ich gab Lockers beiden Jungs, die uns von Anfang bis Ende so eifrig geholfen hatten, hundert Dollar als Belohnung.

Etwa eine Woche später kehrten wir zum Hauptlager zurück. Reece und Dell hatten ihre Herde gerüstet und fett, und nach einem Gespräch beschlossen wir, jeder für sich zu gehen und uns später für den Herbst und Winter auf der Ranch zusammenzutun, wenn es uns recht war. Wir brauchten drei Wochen, um unsere Herde Vieh in Form zu bringen, und so begannen wir im Juli, nach Norden zu reiten. Ich verbrachte jede Nacht im Sattel und den größten Teil des Tages, obwohl mich das verfluchte Fieber schüttelte.

Zunächst lief alles gut für uns: Ich versprach meinen drei Leutnants einen Anteil von einem Drittel des Gewinns und außerdem einen kleinen Lohn: Sie waren eifrig und taten, was ein Mensch tun konnte. Sobald wir den Breitengrad des Indianergebiets erreichten, begannen unsere Probleme. In einer wilden Nacht trieben Indianer, die Laken trugen und ihre Hände mit Phosphor eingeschmiert hatten, das Vieh in Panik, und obwohl die Jungen

Wunder vollbrachten, verloren wir fast tausend Stück Vieh und einige hundert Pferde, die alle sorgfältig eingeritten worden waren.

Es war ein schwerer Verlust, aber kein unwiederbringlicher. Die Prärieindianer waren in diesem Sommer jedoch so hartnäckig wie Mücken. Ich ging nie auf die Jagd nach Wild, aber sie versuchten, mir den Weg abzuschneiden, und einmal zumindest rettete mich nur die Geschwindigkeit und Ausdauer von Blue Devil. Ich musste das ernsthafte Schießen aufgeben und mich darauf verlassen, dass uns das Glück in die Nähe des Wildes führte. Allmählich wurden die Indianer, die uns folgten, zahlreicher und dreister. Wir wurden drei oder vier Tage hintereinander bei Einbruch der Nacht und Tagesanbruch angegriffen, und das halbwilde Vieh wurde langsam sehr unheimlich.

Bob verbarg seine Angst nicht. „Böse Indianer! Sehr gemeine Indianer –!" Eines Nachmittags folgten sie uns offen; einmal waren über hundert in Sicht; offensichtlich bereiteten sie sich auf einen ernsthaften Angriff vor. Bobs Genie verschaffte uns eine Atempause. Während Charlie zu einer offenen Schlacht riet, erinnerte sich Bob plötzlich daran, dass es etwa fünf Meilen weiter rechts von uns einen Buscheichenwald gab, der uns Zuflucht bieten würde. Charlie und Bent, die besten Schützen, legten sich hin und begannen zu schießen und brachten die Indianer bald außer Sichtweite. Nach drei Stunden erreichten wir den Buscheichenwald und die Bucht oder Bucht darin, wo laut Bob das Vieh sicher sein würde; denn nichts konnte durch die Buscheichen hindurchkommen, und sobald wir das Vieh tief in die Bucht getrieben und unseren Wagen in die Mitte gebracht hatten , sozusagen auf den Bogen der Bucht, konnte kein Indianer das Vieh in Panik versetzen, ohne uns vorher auszulöschen. Für den Moment waren wir sicher, und wie es der Zufall wollte, war das Wasser in einem kleinen Bach in der Nähe trinkbar. Dennoch wurden wir von über hundert Indianern belagert und die Übermacht war gering, wie sogar Bob zugab.

Tage vergingen und die Belagerung ging weiter: Die Indianer wollten uns offensichtlich ermüden und die Herde holen, und unsere Launen besserten sich trotz der erzwungenen Untätigkeit und Wachsamkeit nicht. Eines Abends lag Charlie ausgestreckt am Feuer und nahm mehr als seinen Anteil davon ein, als Bent, der sich um das Vieh gekümmert hatte, hereinkam. „Nimm deine Beine hoch, Charlie", sagte er barsch, „du willst nicht das ganze Feuer." Charlie hörte nicht oder schenkte ihm keine Aufmerksamkeit: Im nächsten Moment hatte sich Bent auf Charlies lange Gliedmaßen geworfen. Mit einem Fluch stieß Charlie ihn von sich: Im nächsten Moment hatte sich Bent auf Charlie gestürzt und seinen Kopf ins Feuer gedrückt. Nach kurzem Kampf konnte Charlie sich befreien und trotz allem, was ich tun konnte, schlug er Bent.

Bent griff sofort nach seiner Waffe, aber Charlie ging auf ihn zu und schlug wie ein Wilder um sich, und Bent musste dem Angriff standhalten.

Bis zum Prozess hätte jeder gesagt, dass Charlie der bei weitem bessere Mann war, jünger noch dazu und erstaunlich stark. Aber Bent war offensichtlich kein Neuling in diesem Spiel. Er wich Charlies Angriff aus und schlug gerade und hart zu, und Charlie ging zu Boden; aber er war blitzschnell wieder auf den Beinen und stürzte sich in einem wilden Ansturm auf seinen Gegner: Bald war er wieder am Boden und jeder erkannte, dass Bent früher oder später gewinnen musste. Beim Kämpfen ist jedoch ein großes Zufallselement vorhanden, und wie es der Zufall wollte, traf ihn gerade, als Bent sich seines Sieges am sichersten schien, einer von Charlies wilden Schlägen an der Kinnspitze, und zu unserem Erstaunen ging er wie ein Klotz zu Boden und konnte etwa zehn Minuten lang nicht mehr zu sich gebracht werden. Es war das erste Mal, dass ich diesen Schlag sah, und natürlich übertrieben wir alle die Kraft, die er erzeugte, ohne zu wissen, dass ein leichter Schlag gegen das Kinn das Rückenmark erschüttert und jeden Mann bewusstlos macht; tatsächlich führt ein solcher Schlag in vielen Fällen zu teilweiser Lähmung und lebenslanger Schwäche .

Charlie war geneigt, mit seinem Sieg zu prahlen, aber Bob sagte ihm die Wahrheit, und beim Nachdenken über ihn machten Bents Zielstrebigkeit und Kampfkraft auf uns alle einen tieferen Eindruck, und er selbst bemühte sich am nächsten Tag, Charlie zu warnen:

„Stell dich mir nicht wieder in den Weg“, sagte er trocken zu ihm, „sonst mache ich dich zu Fleisch.“

Die düstere Drohung in seinem harten Gesicht war überzeugend. „Oh, verdammt“, antwortete Charlie, „wer will dir schon im Weg stehen!“

Beim Nachdenken wird mir klar, dass die schlimmsten Schlägertypen an der Grenze zu meiner Zeit alle ehemalige Soldaten waren: Es war der Bürgerkrieg, der diese Männer zur Gewalt und zum Gebrauch des Revolvers erzogen hatte; es war der Bürgerkrieg, der die „Wild Bills“ und Bents hervorbrachte, die die gut gelaunten Westler zwangen, das Leben gering zu schätzen und ihre Gewehre statt der Fäuste zu verwenden.

Eines Abends bemerkten wir, dass die uns belagernden Indianer stark an Stärke zunahmen: Ein Häuptling auf einem gescheckten Mustang schien zu einem sofortigen Angriff zu drängen, und bald sahen wir einige der „Kriegshelden“, die sich den Bach hinunterschlichen, um uns zu überflügeln, während hundert andere in 400 Metern Entfernung wild um sich feuernd an uns vorbeiströmten. Bob und ich gingen unter die Ufer des Baches, um die Flankenangriffe aufzuhalten, während Bent, Charlie und Jo mehr als ein Pferd und einen Mann zur Strecke brachten und der Indianerbande klarmachten, dass ein direkter Angriff sie sicherlich viele Leben kosten würde.

Dennoch waren wir nur zu fünft und die eine oder andere Kugel hätte unsere Chancen verschlechtern können.

Bei der Besprechung kamen wir zu dem Schluss, dass ein Mann nach Fort Dodge reiten sollte, um Hilfe zu holen. Ich wurde ausgewählt, da ich außer Bob der leichteste und insgesamt der schlechteste Schütze war, außerdem der einzige, der sicher den Weg finden würde. Also holte ich sofort Blue Devil herbei, nahm ein paar Pfund Trockenfleisch und einen Ziegenwasserschlauch mit, den ich in Taos gekauft hatte. Ein Gurt und Steigbügel verwandelten eine Decke schnell in einen provisorischen, leichten Sattel und ich war bereit.

Es war Bobs unheimliches Wissen sowohl über den Trail als auch über die Sitten der Indianer, das mir meine Chance gab. Alle anderen rieten mir, aus unserer Bucht nach Norden zu gehen und dann dorthin zu reiten. Er riet mir, nach Süden zu gehen, wo sich die große Gruppe der Indianer postiert hatte. „Sie werden dort nicht nach dir suchen", sagte er, und „du kannst ungesehen durchkommen; wenn du noch eine halbe Stunde reitest, bist du an ihnen vorbei; dann hast du 150 Meilen nach Norden auf dem Trail – vielleicht triffst du eine Herde auf – und dann 120 Meilen geradeaus nach Westen. Du solltest in fünf Tagen in Dodge sein und in weiteren fünf wieder hier; du wirst uns finden", fügte er bedeutungsvoll hinzu. Der kleine Mann polsterte Blue Devils Hufe mit einigen alten Kleidungsstücken, die er zerschnitten hatte, und bestand darauf, sie um die Bucht herum und weit nach Süden zu führen, und ich glaube wirklich, hinter das Indianerlager.

Dort nahm er der Stute die Polster ab, während ich die Gurte festzog und losging, wobei ich die Stute zwischen mir und den Indianern hielt und meine Ohren auf das leiseste Geräusch spitzte. Aber ich hörte nichts und sah nichts, und nach einer weiteren Stunde hatte ich die Runde geschafft und war auf dem Trail Richtung Norden, fest entschlossen, die zwei- oder dreihundert Meilen in höchstens vier Tagen zurückzulegen... Am vierten Tag holte ich zwanzig Kavalleristen vom Fort mit Leutnant Winder und führte sie schnurstracks zu unserem Refugium. Wir kamen in sechs Tagen dort an, aber in der Zwischenzeit waren die Indianer beschäftigt gewesen.

Sie bahnten sich einen Weg durch das Eichengestrüpp, das wir für unpassierbar hielten, und ließen eines Morgens im Morgengrauen das Vieh in Panik geraten. Unsere Männer konnten nur etwa sechs- oder siebenhundert Tiere zusammentreiben und sie im äußersten Norden der Biegung schützen. Die Indianer waren bereits am Tag vor meiner Ankunft mit den US-Kavallerietruppen alle abgehauen.... Am nächsten Morgen begannen wir den Marsch nach Norden, und ich konnte Leutnant Winder ohne Schwierigkeiten überreden, uns für die nächsten vier oder fünf Tage zu eskortieren....

Eine Woche später erreichten wir Wichita, wo wir beschlossen, uns ein paar Tage auszuruhen, und dort hatten wir erneut Pech. Seit er sich Syphilis eingefangen hatte, schien Charlie seine gute Laune verloren zu haben: Er wurde düster und trübsinnig, und wir konnten nichts tun, um ihn aufzumuntern. Schon am ersten Abend musste er in der Spielhalle in Wichita zu Bett gebracht werden, wo er sprachlos betrunken war. Und am nächsten Tag war er überzeugt, dass der Mann, der die Bank besaß, ihn seines Geldes beraubt hatte, und schwor, dass er es ihm um jeden Preis heimzahlen würde. Am Abend hatte er Bent und Jo mit seiner wahnsinnigen Entschlossenheit angesteckt, und schließlich ging ich mit, in der Hoffnung, ihn, wenn möglich, vor einer Katastrophe zu retten.

Ich hatte Bob bereits gebeten, einen anderen Hirten zu holen und die Rinder langsam in Richtung Kansas City zu treiben. Er willigte ein, und schon Stunden bevor wir zur Kneipe gingen, war Bob Richtung Norden gewandert. Ich hatte vor, fünf oder sechs Meilen weiter wieder zu ihm zu stoßen und den Rest der Nacht langsam zu fahren. Irgendwie hatte ich das Gefühl, dass die Gegend nicht gut für uns war.

Der Spielsalon wurde von drei starken Öllampen erhellt: zwei über dem Faro-Tisch und eine über der Bar. Jo postierte sich an der Bar, während Bent und Charlie zum Tisch gingen. Ich ging im Raum umher und versuchte, den Gleichgültigen unter den zwanzig oder dreißig Männern zu spielen, die dort herumstanden. Plötzlich, gegen 10 Uhr, begann Charlie mit dem Bankier zu streiten: Sie standen beide auf, und der Bankier zog einen großen Revolver aus der Tischschublade vor ihm. Im selben Moment schlug Charlie auf die Lampe über ihm und ich sah, wie er seine Waffe zog, gerade als alle Lichter ausgingen und wir in stockfinsterer Nacht zurückblieben.

Ich rannte zur Tür und wurde in einer Art wilder Massenpanik hindurchgetragen. Eine Minute später gesellte sich Bent zu mir und dann kam Charlie mit Höchstgeschwindigkeit herausgerannt, dicht gefolgt von Jo. Einen Augenblick später waren wir an der Straßenecke, wo wir unsere Ponys zurückgelassen hatten, und rannten los: ein oder zwei Schüsse folgten; ich dachte, wir wären ungeschoren davongekommen; aber ich irrte mich.

Wir waren etwa eine Stunde lang wie der Teufel geritten, als Charlie ohne ersichtlichen Grund anhielt und schwankend aus dem Sattel fiel: Sein Pony blieb abrupt stehen und wir versammelten uns alle um den Verwundeten:

„Ich bin am Ende", sagte Charlie mit schwacher Stimme, „aber ich habe mein Geld zurückbekommen und ich möchte, dass du es meiner Mutter in

Pleasant Hill, Missouri, schickst. Es sind ungefähr tausend Dollar, schätze ich.“

„Sind Sie schwer verletzt?“, fragte ich.

„Beim ersten Versuch hat er mir einen Stich durch den Magen versetzt“, sagte Charlie und zeigte auf die Wunde. „Und ich schätze, er hat mir noch mindestens zweimal einen Stich durch die Lunge verpasst: Ich bin erledigt.“

„Wie schade, Charlie!“, rief ich. „Für deinen Anteil am Vieh bekommst du mehr als tausend Dollar. Ich habe Bob gesagt, dass ich vorhabe, mit euch allen zu gleichen Teilen zu teilen. Dieses Geld muss zurückgehen. Aber die tausend Dollar schicke ich deiner Mutter, das verspreche ich dir.“ –

„Auf keinen Fall!“, rief der Sterbende und stützte sich auf einen Ellbogen. „Das ist mein Geld. Es geht nicht an diesen schmierigen Dieb zurück.“ Die Anstrengung hatte ihn erschöpft. Selbst im Dämmerlicht konnten wir sehen, dass sein Gesicht eingefallen und grau war. Er musste das selbst begriffen haben, denn ich konnte gerade noch seine letzten Worte hören: „Auf Wiedersehen, Jungs!“ Sein Kopf fiel nach hinten, sein Mund öffnete sich. Der tapfere, jungenhafte Geist war verschwunden.

Ich konnte meine Tränen nicht zurückhalten: Mir kam der Satz in den Sinn: „Ich hätte besser einen besseren Menschen verlieren können“, denn Charlie war im Grunde seines Herzens ein guter Kerl!

Ich ließ Bent das Geld zurückbringen und Charlies Beerdigung arrangieren, während Jo die Leiche bewachen musste. Eine Stunde später war ich wieder bei Bob und hatte ihm alles erzählt. Zehn Tage später waren wir in Kansas City, wo ich von unerwarteten Neuigkeiten überrascht wurde.

Mein zweiter Bruder Willie, sechs Jahre älter als ich, war nach Amerika gekommen und hatte sich, als er von mir in Kansas hörte, in Lawrence als Immobilienmakler niedergelassen. Er schrieb mir und bat mich, mich ihm anzuschließen. Das bekräftigte meinen Entschluss, nichts mehr mit dem Cowpunching zu tun zu haben . Auch die Rinder waren, wie wir feststellten, im Preis gefallen, und wir konnten froh sein, wenn wir für unsere Herde zehn Dollar oder so pro Stück bekamen, was angesichts der Tatsache, dass die Indianer die besten Sachen eingefahren hatten, ein armseliges Bild abgab. Es waren etwa sechstausend Dollar aufzuteilen: Jo bekam fünfhundert Dollar und Bent, Bob, Charlies Mutter und ich teilten den Rest. Bob sagte mir, ich sei ein Narr: Ich sollte alles behalten und wieder in den Süden gehen: Aber was hatte ich durch meine zwei Jahre als Cowpunching gewonnen ? Ich hatte Geld verloren und mir Malaria eingefangen; ich hatte mir ein gewisses Wissen über gewöhnliche Menschen und ihre Lebensweise angeeignet und hatte mehr als nur ein paar Brocken Wirtschaft und Medizin gelernt, aber ich war erfüllt von einem grenzenlosen Ekel vor einem rein körperlichen Leben. Was sollte ich jetzt tun? Ich würde Willie treffen und mich entscheiden.

STUDENTENLEBEN UND LIEBE.

Kapitel IX.

Diese Eisenbahnreise nach Lawrence, Kansas, ist mir heute noch so lebendig, als hätte sie gestern stattgefunden, obwohl sie sich vor über fünfzig Jahren zugetragen hat. Es war ein glühend heißer Tag, und auf dem Sitz mir gegenüber saß ein alter grauhaariger Mann, dem die Hitze offenbar sehr zu schaffen machte: Er bewegte sich ruhelos, wischte sich die Stirn, zog seine Weste aus und ging schließlich wahrscheinlich auf die offene Aussichtsplattform hinaus, wobei er ein paar Bücher auf seinem Sitz liegen ließ. Ich nahm eines davon achtlos mit – es war „The Life and Death of Jason" von William Morris. Ich las ein oder zwei Seiten, war überrascht von der Leichtigkeit der Verse, aber nicht gefesselt, also nahm ich den anderen Band zur Hand: „ Laus Veneris : Gedichte und Balladen" von Algernon Charles Swinburne. Es wurde im Anactoria uraufgeführt und in einem Augenblick war ich hingerissen wie kein Gedicht zuvor oder danach mich je verzaubert hat. Venus selbst sprach in den Zeilen:

„Ach! Weder Regen noch Schnee noch Tau

Auch alle kalten Dinge können mich nicht ganz reinigen,

Beruhige mich nicht, beschwichtige mich nicht,

Bis der höchste Schlaf mir blutleeren Trost schenkt,

Bis die Zeit in all ihren Perioden vergeht,

Bis das Schicksal die Knechtschaft der Götter löst

Um mich zu legen und zu stillen und zu sättigen,

Lotus und Lethe auf meinen Lippen wie Tau,

Und vergossen um und über und unter mir

Tiefe Dunkelheit und das unüberwindbare Meer."

Ich habe das Gedicht seitdem nicht mehr gesehen und meine Version kann sprachliche Ungenauigkeiten enthalten; aber die Musik und Leidenschaft der Verse haben mich gefesselt, und als ich zu „Der Aussätzige" kam, trieben mir die letzten Strophen heiße Tränen in die Augen, und im „Garten der Proserpina" hörte ich meine eigene Seele mit göttlicher, wenn auch hoffnungsloser Zuversicht sprechen. Gab es jemals eine solche Poesie? Sogar die leichteren Verse waren bezaubernd:

„Die Erinnerung kann sich erholen

Und die Zeit bringt uns zurück in die Zeit

Der Name deines ersten Liebhabers,

Der Klang meines ersten Reims:

Aber Rosenblätter im Dezember,

Die Stürme des Juni werden uns quälen;

Der Tag, an den du dich erinnerst,

Der Tag, den ich vergesse.

Und dann der schwule Trotz:

Im Angesicht des salzigen Wetters,

In der nassen, vom Meer aufgewühlten Oberfläche;

Während drei Männer zusammenhalten,

Ihre Königreiche sind drei kleiner.

Und die göttlichen Lieder an Hugo und Whitman und die großartige „Dedication": Die letzte Strophe davon ein Wunder:

Obwohl die vielen Lichter zu einem Licht schwinden,

Es gibt Hilfe, wenn der Himmel eine hat;

Auch wenn die Sterne vom Sonnenlicht entstellt sind;

Und die Erde verlor die Sonne:

Als Gegenleistung erhalten sie Mondlicht und Schlaf;

Wenn ich wie eine Braut erfrischt und frei bin;

Mit Sternen und Seewinden in ihrem Gewand

Die Nacht sinkt über das Meer."

Meine Seele war gefangen: Ich brauchte sie nicht zweimal zu lesen: Ich habe sie seitdem nie wieder gesehen: Ich werde sie nicht vergessen, solange diese Maschine funktioniert. Sie überfluteten meine Augen mit Tränen, mein Herz mit leidenschaftlicher Bewunderung. In diesem Zustand kamen die alten Herren zurück und fanden mich, allem Anschein nach ein Cowboy, verloren, tränenüberströmt in Swinburne.

„Ich glaube, das ist mein Buch", sagte er und holte mich in die trübe Realität zurück. „Sicher", antwortete ich und verbeugte mich, „aber was für großartige Poesie und ich habe noch nie zuvor von Swinburne gehört." „Ich glaube, das ist sein erstes Buch", sagte der alte Herr, „aber ich freue mich, dass Ihnen seine Verse gefallen." „Gefällt mir", rief ich, „wer könnte sie nicht anbeten!" und ich ließ mich dazu hinreißen, die Proserpina zu rezitieren:

„Aus zu viel Lebenslust,

Von Hoffnung und Angst befreit,

Wir danken mit einer kurzen Danksagung

Was auch immer Götter sein mögen

Dass kein Leben ewig währt,

Dass Tote nie wieder auferstehen,

Dass selbst der müdeste Fluss

Winde irgendwo sicher zum Meer."

„Das hast du ja auswendig gelernt! ", rief der Alte verwundert. „Auswendig gelernt", wiederholte ich. „Ich kenne das halbe Buch auswendig. Wenn du noch eine halbe Stunde länger geblieben wärst, wüsste ich es ganz", und ich rezitierte die nächsten zehn Minuten weiter.

„So etwas habe ich noch nie gehört", rief er. „Stellen Sie sich einen Cowboy vor, der Swinburne einfach durch Lesen kennenlernt. Das ist unglaublich! Wohin gehen Sie?" „Nach Lawrence", antwortete ich. „Wir sind fast da", fügte er hinzu und dann: „Ich wünschte, Sie würden mir das Buch geben. Ich kann problemlos ein weiteres Exemplar besorgen und ich denke, es sollte Ihnen gehören."

Ich dankte ihm von ganzem Herzen und stieg wenige Minuten später mit meinem Swinburne in der Hand an der Lawrence Station aus, die damals wie heute weit außerhalb der kleinen Stadt lag.

Ich erzähle diese Geschichte nicht, um mit meinem Gedächtnis zu prahlen, denn alle Gaben sind im Leben auch Handicaps, sondern um zu zeigen, wie freundlich die West-Amerikaner zu jungen Leuten waren und weil die unwiderstehliche, einzigartige Anziehungskraft Swinburnes auf die Jugend, soweit ich weiß, noch nie zuvor dargelegt wurde.

In einem gemütlichen Zimmer im Eldridge House in der Hauptstraße von Lawrence traf ich meinen Bruder: Willie schien von meinem Aussehen furchtbar überrascht zu sein: „Du bist so gelb wie ein Perlhuhn, aber wie bist du gewachsen", rief er. „Du bist vielleicht schon groß, aber du siehst krank aus, sehr krank!"

Er war das blühende Leben und sah sogar noch besser aus, als ich ihn in Erinnerung hatte: ein Mann von etwa 1,78 Metern mit guter Figur und sehr hübschem dunklen Gesicht. Sein Haar, sein kleiner Schnurrbart und sein Spitzbart waren pechschwarz, er hatte eine gerade, schmale Nase und wunderschöne lange haselnussbraune Augen mit schwarzen Wimpern. Er hätte als Vorbild für einen griechischen Gott gedient, wären da nicht seine schmale Stirn und seine eng beieinander stehenden Augen.

In drei Monaten war er ein begeisterter Amerikaner geworden. „Amerika ist das großartigste Land der Welt", versicherte er mir aus tiefster Unwissenheit. „Jeder junge Mann, der arbeitet, kann hier Geld verdienen. Wenn ich ein bisschen Kapital hätte, wäre ich in wenigen Jahren ein reicher Mann. Ich brauche nur ein bisschen Kapital, mehr nicht." Nachdem er mir meine Geschichte entlockt hatte, insbesondere die letzte Phase, als ich mich von den Jungen trennte, erklärte er, ich müsse verrückt sein. „Mit fünftausend Dollar", rief er, „könnte ich in drei Jahren reich sein und in zehn Jahren Millionär. Sie müssen verrückt sein. Wissen Sie nicht, dass in dieser Welt jeder für sich selbst lebt? Meine Güte! Von so einem Wahnsinn habe ich noch nie gehört. Wenn ich das nur gewusst hätte!"

Einige Tage lang beobachtete ich ihn genau und kam zu dem Schluss, dass er perfekt zu seiner Umgebung passte und hervorragend dafür geeignet war, in ihr Erfolg zu haben. Er war ein ernsthafter Christ, wie ich herausfand, der konvertiert und in der Baptistenkirche getauft worden war; er hatte eine gute Tenorstimme und leitete den Chor; er schluckte alle Idiotien des unglaublichen Glaubens, zog daraus aber einige wertvolle moralische Sanktionen; er war Abstinenzler und Nichtraucher; außerdem war er ein Nazarener, der entschlossen war, keusch zu bleiben, wie er einen Zustand der Abstinenz von Frauen nannte, und sich wöchentlich der Selbstbefriedigung hingab, die er als unvermeidlich zu rechtfertigen versuchte.

Die Lehren Jesu selbst hatten wenig bis keine praktische Wirkung auf ihn; er fasste sie alle als Ratschläge einer unmöglichen Vollkommenheit auf und akzeptierte wie die überwiegende Mehrheit der Amerikaner eine kindische paulinisch-deutsche Moral, während er die Pflicht zur Vergebung verachtete und das Evangelium der Liebe verhöhnte.

Ein paar Tage nach unserer ersten Begegnung schlug Willie mir vor, ich solle ihm tausend Dollar leihen, und er würde mir für die Nutzung des Geldes 25 Prozent geben. Als ich mich über den Wucherzins beschwerte (die Obergrenze des Staates lag bei zwölf Prozent), sagte er mir, er könne mir eine Million Dollar leihen, wenn er sie hätte, zu drei bis fünf Prozent monatlich gegen vollkommene Sicherheit. „Sie sehen also", schloss er, „dass ich es mir ohne weiteres leisten kann, Ihnen für Ihre Tausend zweihundertfünfzig Dollar jährlich zu geben: Man kann hier Immobilien kaufen, um 50 Prozent jährlich zu zahlen; das Land steht erst am Anfang seiner Entwicklung", und so weiter und so fort in wildestem Optimismus: Am Ende bekam er meine tausend Dollar, sodass mir kaum fünfhundert Dollar blieben, aber da ich für vier Dollar die Woche in einer guten Pension leben konnte, rechnete ich damit, dass ich im schlimmsten Fall ein sorgenfreies Jahr vor mir hatte und, wenn Willie sein Versprechen hielt, in den kommenden Jahren frei sein würde, zu tun, was ich wollte.

Es stand geschrieben, dass ich in Lawrence ein weiteres Erlebnis haben sollte, das viel wichtiger war als alles, was mit meinem Bruder zu tun hatte. „Kommende Ereignisse werfen ihre Schatten voraus", ist ein poetisches Sprichwort, ausgesprochen unpassend: Große Ereignisse treffen unangekündigt ein, wäre wahrer.

Eines Abends besuchte ich eine politische Versammlung im Liberty Hall in der Nähe meines Hotels. Senator Ingalls und ein Kongressabgeordneter sollten über die Granger-Bewegung sprechen, den ersten Versuch der westlichen Farmer, politisch gegen die Ausbeutung der Wall Street vorzugehen. Der Saal war voll besetzt: Direkt hinter mir saß ein Mann zwischen zwei hübschen grauäugigen Mädchen. Das Gesicht des Mannes zog mich schon auf den ersten Blick an; ich sollte ihn mir bildlich vorstellen können, denn während ich schreibe, steht sein Gesicht so lebendig vor meinen Augen, als wären die vielen langen Jahre, die uns trennen, nur ein kurzer Augenblick, in dem ich die Augen schließe.

Am Ende dieses Kapitels gebe ich ein perfektes Porträt von ihm wieder und muss nur noch die Farbe und den Ausdruck hinzufügen: Die großen, haselnussbraunen Augen lagen weit auseinander unter der weißen, überhängenden Stirn. Das Haar und der Schnurrbart waren kastanienbraun mit einem Hauch von Rotbraun. Aber es waren die Augen, die mich anzogen und faszinierten, denn sie leuchteten wie keine anderen Augen, die ich je gesehen hatte. Außerdem waren sie offen und freundlich, immer freundlich.

Aber sein Kleid, ein schwarzer Gehrock mit niedrigem weißen Stehkragen und einer schmalen schwarzen Seidenkrawatte, erregte meine snobistische englische Verachtung. Die beiden Mädchen, offensichtlich Schwestern, machten ihm alles wett, was sie konnten, oder so schien es zumindest meinen neidischen Augen.

Senator Ingalls hielt die übliche Rede: Die Bauern hätten recht, sich zusammenzuschließen; aber die Geldherren seien mächtig, und schließlich seien Bauern und Bankiers gleichermaßen Amerikaner: Amerikaner zuerst und zuletzt und immer! (großer Beifall!) Der Kongressabgeordnete folgte mit der gleichen Art patriotischen Geschwätzes, und dann erschallte aus allen Teilen des Saals Rufe nach Professor Smith! Ich hörte eifriges Flüstern hinter mir, und als ich mich halb umdrehte, vermutete ich, dass der gutaussehende junge Mann Professor Smith war, denn seine beiden Verehrerinnen überredeten ihn, auf die Bühne zu treten und das Publikum zu faszinieren.

Kurz darauf trat er unter großem Applaus auf; ein stattlicher Mann, ziemlich groß, etwa 1,78 m, schlank und mit breiten Schultern. Er begann mit dünner Tenorstimme zu sprechen: „Es gab einen offensichtlichen Interessenkonflikt", sagte er, „zwischen den Industriestaaten im Osten, die hohe Zölle auf alle Importe verlangten, und den Bauern im Westen, die billige Waren und niedrige Transportkosten wollten."

„Im Grunde handelt es sich um eine reine Rechenaufgabe, ein mathematisches Problem, das einen Kompromiss erfordert; denn jedes Land sollte seine eigene verarbeitende Industrie aufbauen und sich selbst tragen. Die offensichtliche Reform war angezeigt; die Bundesregierung sollte die Eisenbahnen übernehmen und sie für die Bauern betreiben, während der Wettbewerb zwischen den amerikanischen Herstellern letztlich die Preise senken würde."

Niemand im Saal schien diese „offensichtliche Reform" zu verstehen; doch die Rede löste einen Orkan des Jubels aus, und ich schloss daraus, dass sich sehr viele Studenten der Staatsuniversität im Publikum befanden.

Ich weiß nicht, was mich getrieben hat, aber als Smith zu seinem Platz hinter mir zwischen den beiden Mädchen zurückkehrte und sie ihn in den Himmel lobten, stand ich auf und ging zur Plattform. Ich wurde mit stürmischem Gelächter begrüßt und muss eine lächerliche Figur abgegeben haben. Ich trug die von Reece und Dell abgewandelte Cowboy-Kleidung: Ich trug weite Kniehosen aus Bedford-Cord, kniehohe braune Stiefel und eine Art Wildlederhemd und -jacke, die ich in meine Kniehosen gesteckt hatte. Aber Regen und Sonne hatten dem Wildleder zugesetzt, das an meinem Hals und meinen Armen eingelaufen war.

Angespornt durch das Gelächter stieg ich die vier Stufen zur Tribüne hinauf und ging zum Bürgermeister, der den Vorsitz innehatte:

„Darf ich sprechen?", fragte ich:

„Sicher", antwortete er. „Dein Name?"

„Mein Name ist Harris", antwortete ich, und der Bürgermeister, der mich offensichtlich für einen Witz hielt, verkündete, dass ein gewisser Mr. Harris vor der Versammlung sprechen wolle und er hoffe, das Publikum werde ihm Gehör schenken, selbst wenn seine Lehren vielleicht eigenartig seien. Als ich mich ihnen zuwandte, kreischten die Zuschauer vor Lachen: Das Haus bebte förmlich. Ich wartete eine ganze Minute und begann dann: „Wie typisch für Amerikaner und Demokraten", sagte ich, „einen Mann nach seiner Kleidung, der Menge seines Gesichtshaars oder den Dollars in seiner Jeans zu beurteilen."

Augenblicklich herrschte Schweigen, zumindest Schweigen der Überraschung, und ich fuhr mit der Darlegung dessen fort, was ich von Mill gelernt hatte: Offener Wettbewerb sei das Gesetz des Lebens, ein anderer Name für den Kampf ums Dasein; jedes Land solle seine Energien darauf konzentrieren, die Dinge zu produzieren, für deren Herstellung es am besten geeignet sei, und diese gegen die Produkte anderer Länder eintauschen; dies sei das große ökonomische Gesetz, das Gesetz der territorialen Arbeitsteilung.

„Die Amerikaner sollten Mais, Weizen und Fleisch für die Welt produzieren", sagte ich und diese Produkte gegen die billigsten englischen Wollwaren, französische Seide und irisches Leinen eintauschen. Dies würde den amerikanischen Bauern bereichern, das ganze brachliegende amerikanische Land erschließen und wäre tausendmal besser für das ganze Land, als alle Verbraucher mit hohen Importzöllen zu besteuern, um ein paar Hersteller aus dem Osten zu bereichern, die zu ineffizient waren, um der offenen Konkurrenz Europas standzuhalten. „Die amerikanischen Bauern", fuhr ich fort, „sollten sich mit den Arbeitern zusammenschließen, denn ihre Interessen sind identisch, und den Hersteller aus dem Osten bekämpfen, der nichts weiter als ein Parasit ist, der von den Gehirnen und der Arbeit besserer Menschen lebt."

Und dann schloss ich: „Dieses vernünftige Programm wird Ihren Senatoren und Kongressabgeordneten nicht gefallen, die billiges Geschwätz dem Denken vorziehen, und auch nicht Ihren hochnäsigen Professoren, die den Klassenkampf für ‚ein reines Rechenproblem' halten (und ich ahmte die dünne Stimme des Professors nach), aber es kann dennoch von den amerikanischen Farmern akzeptiert werden, die es satt haben, vom Yankee-Hersteller gemolken zu werden, und es sollte als erstes Kapitel des neuen Granger-Evangeliums gelten."

Ich verbeugte mich vor dem Bürgermeister und wandte mich ab, doch das Publikum brach in Jubel aus, und Senator Ingalls kam herüber, schüttelte mir die Hand und sagte, er hoffe, mich besser kennenzulernen. Der Jubel ging weiter, bis ich wieder an meinem Platz war und mich wieder hinsetzte. Ein paar Minuten später berührte mich Professor Smith am Rücken. Als ich mich umdrehte, sagte er lächelnd: „Sie haben mir eine gute Lektion erteilt: Ich werde nie ein öffentlicher Redner sein, und was ich gesagt habe, klang zweifellos inkonsequent und absurd; aber wenn Sie mit mir reden würden, könnte ich Sie, glaube ich, davon überzeugen, dass meine Theorie stichhaltig ist.“

„Das zweifle ich nicht“, unterbrach ich ihn und schämte mich zutiefst, mich über einen Mann lustig gemacht zu haben, den ich nicht kannte. „Ich habe nicht verstanden, was Sie meinten, aber ich würde mich freuen, mit Ihnen zu sprechen.“

„Haben Sie heute Abend Zeit?“, fuhr er fort. Ich nickte. „Dann kommen Sie mit in meine Wohnung. Diese Damen wohnen außerhalb der Stadt und wir setzen sie in ihren Buggy und sind dann frei. Das ist Mrs. …, fügte er hinzu und stellte mich der kräftigeren Dame und ihrer Schwester, Miss Stevens, vor.“ Ich verbeugte mich und wir gingen hinaus. Ich hielt mich entschlossen im Hintergrund, bis die Schwestern weggefahren waren. Dann machten wir uns gemeinsam auf den Weg zu Professor Smiths Wohnung, um uns zu unterhalten.

Wenn ich diesen Vortrag vollständig schildern könnte, würde dieser arme Page vor Staunen und Bewunderung glühen, die sich in liebevoller Ehrfurcht vereinen. Wir redeten, oder vielmehr redete Smith, denn ich merkte bald, dass er unendlich mehr wusste als ich und tatsächlich in der Lage war, meinen Glauben als den von Mill zu bezeichnen, „ein bürgerlicher englischer Ökonom“, wie er ihn mit lächelnder Verachtung nannte.

Dieses erste Gespräch mit dem Mann, der dazu bestimmt war, mein Leben neu zu gestalten und es mit seinen eigenen hohen Zielen zu erfüllen, wird mir immer in Erinnerung bleiben, ja, es ist mir heilig. Er machte mich mit dem Kommunismus von Marx und Engels bekannt und überzeugte mich mühelos davon, dass Land und seine Produkte, Kohle und Öl, der gesamten Gemeinschaft gehören sollten, die auch alle Industrien zum Wohle der Allgemeinheit betreiben sollte.

Seine bloße Schilderung des Falls verschlug mir den Atem, und ich war von der Leidenschaft in seiner Stimme und seinem Benehmen hingerissen, obwohl ich selbst dann noch nicht ganz überzeugt war. Egal, welches Thema wir anschnitten, er erhellte es; er wusste alles, so schien es mir, Deutsch und Französisch, und konnte Latein und klassisches Griechisch ebenso fließend sprechen wie Englisch. Ich hätte mir eine solche Gelehrsamkeit nie vorgestellt, und als ich einige Verse von Swinburne rezitierte, die meinen Glauben ausdrückten, kannte er sie auch, und auch seinen pantheistischen Hymnus an Hertha . Und er trug sein Wissen mit Leichtigkeit, als wäre es nur das Gewand seines strahlenden Geistes! Und wie gutaussehend er war, wie ein Sonnengott! Ich hatte noch nie jemanden gesehen, der sich auch nur im Geringsten mit ihm vergleichen ließ.

Bevor wir mit dem Reden fertig waren, war der Tag angebrochen: Dann erzählte er mir, dass er Professor für Griechisch an der State University sei und hoffte, dass ich kommen und bei ihm studieren würde, wenn die Schulen im Oktober wieder öffneten. „Es ist unmöglich, Sie als Cowboy zu betrachten", sagte er. „Stellen Sie sich einen Cowboy vor, der die Bücher von Vergil und die Gedichte von Swinburne auswendig kennt; das ist absurd: Sie müssen Ihrem Gehirn eine Chance geben und lernen."

„Ich habe zu wenig Geld", sagte ich und begann, den Kredit, den ich meinem Bruder gegeben hatte, zu bereuen.

„Ich habe Ihnen gesagt, dass ich Sozialist bin", erwiderte Smith lächelnd. „Ich habe drei- oder viertausend Dollar auf der Bank. Nehmen Sie die Hälfte davon und kommen Sie zum Studium." Und seine leuchtenden Augen hielten mich fest: Dann stimmte es doch. Mein Herz schwoll jubelnd an, es gab edle Seelen auf dieser Welt, die sich wenig Gedanken über Geld machten und für bessere Dinge als Gold lebten.

„Ich nehme Ihr Geld nicht", sagte ich unter brennenden Tränen. „In diesen demokratischen Zeiten sollte jeder Hering an seinem eigenen Kopf hängen. Aber wenn Sie so viel von mir halten, dass Sie mir eine solche Hilfe anbieten, verspreche ich Ihnen, zu kommen. Allerdings fürchte ich, Sie werden enttäuscht sein, wenn Sie feststellen, wie wenig ich weiß und wie unwissend ich bin. Ich bin seit meinem vierzehnten Lebensjahr nicht mehr zur Schule gegangen."

„Komm, wir holen die verlorene Zeit bald auf", sagte er. „Übrigens, wo wohnst du?" „Im Eldridge House", antwortete ich.

Er brachte mich zur Tür und wir trennten uns. Als ich mich zum Gehen umdrehte, sah ich die große, schlanke Gestalt und die strahlenden Augen und ging fort in eine neue Welt, die die alte war, mit dem Gefühl, als schwebe ich auf Luft.

Wieder einmal waren meine Augen wie auf der Overton Bridge für die Schönheiten der Natur geöffnet worden; aber jetzt für die Pracht eines einzigartigen Geistes. Was für ein Glück!, rief ich vor mich hin, einen solchen Mann zu treffen! Es kam mir wirklich so vor, als ob mir ein Gott mit göttlichen Gaben folgte!

Und dann kam der Gedanke: Dieser Mann hat euch erwählt und gerufen, ganz so, wie Jesus seine Jünger rief: „ *Kommt, ich werde euch zu Menschenfischern machen!*" Schon jetzt war ich mit Leib und Seele dem neuen Evangelium verpflichtet.

Doch selbst jenes Treffen mit Smith, bei dem ich den Höhepunkt der goldenen Stunden erreichte, wurde sozusagen durch ein anderes Ereignis dieser Wunderwoche ausgelöst. Am Nebentisch im Esszimmer war mir bereits ein- oder zweimal ein kleiner, müde wirkender Mann mittleren Alters aufgefallen, der sein Frühstück oft mit einem Glas kochendem Wasser begann und es mit einem in reichhaltiger Sahne ertränkten Bratapfel abschloss. Zum Abendessen aß er auch Hirn oder Bries und Reis, keine Kartoffeln: Als ich überrascht dreinschaute, erzählte er mir, er sei die ganze Nacht wach gewesen und habe eine schwache Verdauung. Mayhew, sagte er, sei sein Name, und erklärte, wenn ich jemals Lust auf eine Partie Faro oder Euchre oder irgendetwas anderes hätte, würde er mir gern einen Gefallen tun. Ich lächelte; ich könne reiten und schießen, antwortete ich; aber ich sei nicht gut im Kartenspiel.

Am Tag nach meinem Gespräch mit Smith kamen Mayhew und ich beide zu spät zum Abendessen: Ich saß lange bei einem guten Essen und als er aufstand, fragte er mich, ob ich über die Straße kommen und mir sein „Layout“ ansehen wolle! Ich ging gern hin, da ich nichts zu tun hatte. Die Spielhalle befand sich im ersten Stock eines Gebäudes fast gegenüber dem Eldridge House: Der Ort war gut gepflegt und ordentlich, dank eines farbigen Barkeepers und farbigen Kellners und eines Nigger, der alles erledigte. Auch der lange Raum war bequem möbliert und sehr hell erleuchtet – insgesamt ein ansprechender Ort.

Wie es der Zufall wollte, kam eine Dame herein, während er mir alles zeigte; Mayhew stellte sie mir nach ein paar Worten als seine Frau vor: Mrs. Mayhew war damals eine Frau von vielleicht achtundzwanzig oder dreißig Jahren, mit großer, schlanker Figur und einem eher interessanten als hübschen Gesicht: Ihre Gesichtszüge waren alle gut, sogar ihre Augen waren groß und blaugrau: Sie wäre wunderschön gewesen, wenn ihre Farbe ausgeprägter gewesen wäre: Hätte man ihr goldenes Haar gegeben oder rotes oder schwarzes, und sie wäre eine Schönheit gewesen: Sie war immer geschmackvoll gekleidet und hatte ansprechende, einschmeichelnde Manieren. Ich fand bald heraus, dass sie Bücher und das Lesen liebte, und da Mayhew sagte, er sei beschäftigt, fragte ich, ob ich sie nach Hause begleiten dürfe. Sie willigte lächelnd ein, und los ging es. Sie lebte in einem hübschen Fachwerkhaus, das allein in einer Straße stand, die parallel zur Massachusetts Street verlief, fast gegenüber einer großen und hässlichen Kirche.

Als sie die Stufen zur Tür hinaufstieg, bemerkte ich, dass sie schöne, zierliche Knöchel hatte, und ich erahnte wohlgeformte Glieder. Während sie ihren leichten Mantel und Hut ablegte, streckte das Heben ihrer Arme ihr Mieder und enthüllte kleine, runde Brüste: Schon jetzt war mein Blut Lava und mein Mund ausgetrocknet vor Verlangen.

„Du siehst mich seltsam an!“, sagte sie und drehte sich mit einer Herausforderung auf ihren geöffneten Lippen vom großen Spiegel weg. Ich machte eine alberne Bemerkung: Ich traute mich nicht, offen zu sprechen; aber natürliche Sympathie brachte uns zusammen. Ich sagte ihr, dass ich Studentin werden würde, und sie wollte wissen, ob ich tanzen könne; ich sagte ihr, dass ich es nicht könne, und sie versprach, es mir beizubringen: „Lily Robins, das Mädchen aus der Nachbarschaft, wird jeden Nachmittag für uns spielen. Kennen Sie die Schritte?", fuhr sie fort, und als ich „Nein" sagte, stand sie vom Sofa auf, hielt ihr Kleid hoch und zeigte mir die drei Polka-Schritte, von denen sie sagte, dass sie auch Walzer-Schritte seien, nur im Gleitschritt. „Was für hübsche Knöchel! Du hast", wagte ich zu fragen; aber sie schien mich nicht zu hören. Wir saßen lange und lange da, und ich erfuhr, dass sie sehr einsam war: Mr. Mayhew war jede Nacht und fast den ganzen Tag weg, und in diesem kleinen toten und lebendigen Ort gab es nichts zu tun. „Lassen Sie mich manchmal zu einem Gespräch hereinkommen?" Ich fragte: „Wann immer Sie wollen", war ihre Antwort. Als ich aufstand, um zu gehen, und wir uns an der Tür gegenüberstanden, sagte ich: „Wissen Sie, Mrs. Mayhew, in Europa belohnt sie einen Mann mit einem Kuss, wenn er eine hübsche Frau mit nach Hause bringt –"

„Wirklich?", spottete sie lächelnd, „Das ist hier nicht üblich."

„Bist du weniger großzügig als sie?", fragte ich und im nächsten Moment nahm ich ihr Gesicht in meine Hände und küsste sie auf die Lippen. Sie legte ihre Hände auf meine Schultern und ließ ihre Augen auf meinen ruhen: „Wir werden Freunde", sagte sie, „ich habe es gespürt, als ich dich sah: Bleib nicht zu lange weg!"

„Sehen wir uns morgen Nachmittag?", fragte ich. „Ich möchte die Tanzstunde!" „Sicher", antwortete sie. „Ich werde es Lily morgen früh sagen." Und wieder trafen sich unsere Hände. Ich versuchte, sie zu einem weiteren Kuss an mich zu ziehen, aber sie hielt sich mit einem Lächeln zurück: „Morgen Nachmittag!" „Sag mir deinen Namen", flehte ich, „damit ich daran denken kann." „Lorna", antwortete sie, „du komischer Junge!" und ich ging meinen Weg mit klopfendem Puls, brennendem Blut und Hoffnung im Herzen.

Am nächsten Morgen besuchte ich Smith erneut; aber die hübsche Dienerin, „Rose", wie sie sagte, hieße, sagte mir, dass er fast immer bei Richter Stevens sei, „fünf oder sechs Meilen entfernt", so dachte sie; „sie holen ihn immer mit einer Kutsche ab", fügte sie hinzu. Also sagte ich, ich würde schreiben und einen Termin vereinbaren, und ich schrieb ihm und bat ihn, mich am nächsten Morgen zu ihm zu lassen.

Am selben Morgen empfahl mir Willie eine Pension, die von einer gewissen Mrs. Gregory geführt wurde, einer Engländerin, der Frau eines alten Baptistengeistlichen, die sich für vier Dollar die Woche gut um mich kümmern würde. Ich ging sofort mit ihm zu ihr und war erfreut, als ich feststellte, dass sie nur etwa hundert Meter von Mrs. Mayhew entfernt auf der gegenüberliegenden Straßenseite wohnte. Mrs. Gregory war eine große, mütterliche Frau, offensichtlich eine Dame, die diese Pension gegründet hatte, um für einen ziemlich verantwortungslosen Ehemann und zwei Kinder zu sorgen, ein großes hübsches Mädchen, Kate, und einen Jungen, der ein paar Jahre jünger war. Mrs. Gregory war, glaube ich, entzückt von meinem englischen Akzent und erwies mir sofort eine besondere Gunst, indem sie mir ein großes Außenzimmer mit eigenem Eingang und Stufen zum Garten gab.

Innerhalb einer Stunde hatte ich meine Rechnung im Eldridge House bezahlt und war eingezogen: Ich bewies einen Funken Vorsicht, indem ich Willie Mrs. Gregory versprechen ließ, dass er jeden Samstag mit den fünf Dollar für meine Verpflegung auftauchen würde; der Dollar extra war für das große Zimmer.

Zu gegebener Zeit werde ich erzählen, wie er sein Versprechen hielt und seine Schuld mir gegenüber beglich. Im Moment war alles einfach und glücklich geregelt. Ich ging hinaus und bestellte einen anständigen Anzug aus gewöhnlichem Tweed und zog meinen besten blauen Anzug an, um Mrs. Mayhew nach dem Mittagessen aufzusuchen. Die Uhr kroch, aber beim Glockenschlag von drei stand ich an ihrer Tür: Ein farbiges Dienstmädchen ließ mich ein.

„Mrs. Mayhew“, sagte sie mit ihrer hübschen Singstimme, „kommt gleich runter : Ich rufe Miss Lily an.“

Fünf Minuten später erschien Miss Lily, ein dunkles, dünnes Mädchen mit glänzendem schwarzen Haar, breitem, lachendem Mund, dicken, roten Lippen und grauen, von schwarzen Wimpern gesäumten Augen. Sie hatte kaum Zeit, mit mir zu sprechen, als Mrs. Mayhew hereinkam: „Ich hoffe, Sie beide werden gute Freundinnen“, sagte sie hübsch. „Sie sind beide ungefähr gleich alt“, fügte sie hinzu.

Ein paar Minuten später spielte Miss Lily einen Walzer auf dem Steinway und mit meinem Arm um die schmale, biegsame Taille meiner Geliebten versuchte ich, einen Walzer zu tanzen. Aber ach! Nach ein oder zwei Runden wurde mir schwindlig und trotz all meiner Entschlossenheit musste ich mir eingestehen, dass ich nie tanzen können würde.

„Sie sind sehr blass geworden“, sagte Mrs. Mayhew, „ Sie müssen sich eine Weile auf das Sofa setzen.“ Langsam ließ der Schwindel nach: Bevor ich mich völlig erholt hatte, war Miss Lily mit freundlichen Worten des Mitgefühls nach Hause gegangen und Mrs. Mayhew brachte mir eine Tasse ausgezeichneten Kaffee: Ich trank ihn aus und war sofort wieder gesund.

„Du solltest hineingehen und dich hinlegen", sagte Mrs. Mayhew immer noch voller Mitleid, „siehst du" und sie öffnete eine Tür, „da ist das Gästezimmer schon fertig." Ich sah meine Chance und ging zu ihr hinüber: „Wenn du auch kommen würdest", flüsterte ich und dann: „Der Kaffee hat mir gut getan: willst du mir nicht einen Kuss geben, Lorna? Du weißt nicht, wie oft ich deinen Namen letzte Nacht gesagt habe, du Liebes!" und im nächsten Moment hatte ich wieder ihr Gesicht genommen und meine Lippen auf ihre gelegt. Diesmal gab sie mir ihre Lippen und mein Kuss wurde zu einer Liebkosung; aber nach kurzer Zeit zog sie sich zurück und sagte: „ Lass uns sitzen und reden, ich möchte alles wissen, was du tust." Also setzte ich mich neben sie auf das Sofa und erzählte ihr alle meine Neuigkeiten. Sie dachte, ich würde mich bei den Gregorys wohlfühlen . „Mrs. Gregory ist eine gute Frau", fügte sie hinzu, „und ich habe gehört, das Mädchen ist mit einem Cousin verlobt: findest du sie hübsch?"

„Ich finde niemanden hübsch außer dir, Lorna", sagte ich, drückte ihren Kopf auf die Sofalehne und küsste sie. Ihre Lippen wurden heiß: Ich war mir sicher. Sofort legte ich meine Hand auf ihre Scham; sie wehrte sich zuerst ein wenig, was, so achtete ich darauf, unsere Körper einander näher zu bringen, und als sie aufhörte zu wehrten, schob ich meine Hände unter ihr Kleid und begann, ihre Scham zu streicheln: sie war heiß und feucht, wie ich es erwartet hatte, und öffnete sich bereitwillig.

Doch im nächsten Moment übernahm sie die Führung: „ Hier könnte uns jemand finden", flüsterte sie, „ich habe das Dienstmädchen gehen lassen: komm hoch in mein Schlafzimmer", und sie führte mich nach oben. Ich bat sie, sich auszuziehen: Ich wollte ihre Figur sehen; doch sie sagte nur: „Ich habe keine Korsetts an, ich trage sie nicht oft im Haus. Bist du sicher, dass du mich liebst, Liebling?" „Das weißt du!", war meine Antwort. Im nächsten Moment hob ich sie aufs Bett, zog ihre Kleider hoch, spreizte ihre Beine und war in ihr. Es gab keine Schwierigkeiten und nach ein oder zwei Augenblicken kam ich; aber sie stieß einfach weiter leidenschaftlich; nach ein paar Minuten ging ihr der Atem und kam schnell und ihre Augen flatterten und sie begegnete meinen Stößen mit Seufzen und Zwicken ihrer Scham. Mein zweiter Orgasmus dauerte einige Zeit und währenddessen reagierte Lorna immer mehr, bis sie plötzlich ihre Hände auf meinen Hintern legte und mich gewaltsam an sich zog, während sie ihre Scham unbeholfen auf und ab bewegte, um meinen Stößen mit einer Leidenschaft zu begegnen, die ich mir kaum hätte vorstellen können. Immer wieder kam ich und je länger das Spiel dauerte, desto wilder wurde ihre Erregung und Freude. Sie küsste mich heiß und suchte nach mir und schob ihre Zunge in meinen Mund. Schließlich zog sie ihr Hemdchen hoch, um mich tiefer in sich aufzunehmen, und schließlich wurde sie mit kleinen Schluchzern plötzlich hysterisch und keuchte wild, bis sie in einen Tränensturm ausbrach.

Das hielt mich zurück: Ich zog mein Geschlecht zurück, nahm sie in meine Arme und küsste sie; zuerst klammerte sie sich mit erstickten Seufzern und tränenden Augen an mich, aber sobald sie sich ein wenig unter Kontrolle hatte, ging ich zur Toilette und brachte ihr einen Schwamm mit kaltem Wasser, badete ihr Gesicht und gab ihr etwas Wasser zu trinken – das beruhigte sie. Aber sie ließ mich nicht einmal allein, um meine Kleider zu richten.

„Oh, du großer, starker Schatz", rief sie und umarmte mich, „oh, wer hätte so ein intensives Vergnügen für möglich gehalten: So etwas habe ich noch nie gespürt: wie konntest du so lange durchhalten! Oh, wie ich dich liebe, du Wunder und Entzücken!

„Ich gehöre ganz dir", fügte sie ernst hinzu, „du kannst mit mir machen, was du willst: Ich bin deine Herrin, deine Sklavin, dein Spielzeug und du bist mein Gott und meine Liebe! Oh, Liebling! Oh !"

Es entstand eine Pause, während der ich über ihr überschwängliches Lob lächelte, dann setzte sie sich plötzlich auf und stieg aus dem Bett: „Du wolltest meine Figur sehen", rief sie aus, „hier ist sie, ich kann dir nichts abschlagen; ich hoffe nur, sie gefällt dir", und im nächsten Moment zeigte sie sich von Kopf bis Fuß nackt.

Wie ich vermutet hatte, war ihre Figur schlank und geschmeidig , mit schmalen Hüften, aber sie hatte einen großen Haarbusch auf ihrem Venusberg und ihre Brüste waren nicht so rund und fest wie die von Jessie: Trotzdem war sie sehr hübsch und wohlgeformt mit den feinen *Anhängseln* (schlanken Handgelenken und Knöcheln), die die Franzosen so gerne überschätzen. Sie denken, dass kleine Knochen auf ein kleines Geschlecht hinweisen; aber ich habe festgestellt, dass es sehr viele Ausnahmen gibt, selbst wenn es eine solche Regel gibt.

Nachdem ich ihre Brüste und ihren Bauchnabel geküsst und ihre Figur gelobt hatte, verschwand sie im Badezimmer, war aber bald wieder mit mir auf dem Sofa, das wir vor etwa einer Stunde verlassen hatten.

„Wissen Sie", begann sie, „mein Mann hat mir versichert, dass nur der stärkste junge Mann zweimal am Tag mit einer Frau ausgehen kann? Ich habe ihm geglaubt. Sind wir Frauen nicht Narren? Sie müssen ein Dutzend Mal gekommen sein?"

„Nicht halb so viele", antwortete ich lächelnd.

„Bist du nicht müde?", war ihre nächste Frage. „Sogar ich habe ein bisschen Kopfschmerzen", fügte sie hinzu. „Ich war noch nie so aufgeregt. Am Ende war es zu heftig. Aber du musst völlig erschöpft sein." „Nein", antwortete ich. „Ich fühle keine Müdigkeit. Im Gegenteil, ich fühle mich besser durch unsere Spritztour!"

„Aber Sie sind doch sicher eine Ausnahme?", fuhr sie fort. „Die meisten Männer kommen mit einem kurzen Anfall und lassen die Frau völlig unbefriedigt zurück, nur erregt, mehr nicht."

„Die Jugend", sagte ich, „ das ist meiner Meinung nach der Hauptunterschied."

„Besteht irgendeine Gefahr mit einem Kind?", fuhr sie fort. „Ich sollte ‚Hoffnung' sagen", fügte sie bitter hinzu, „denn ich hätte so gern ein Kind, Ihr Kind", und sie küsste mich.

„Wann waren Sie das letzte Mal krank?", fragte ich.

„Vor etwa vierzehn Tagen", antwortete sie, „dachte ich oft, dass es damit zu tun hat."

„Warum?", fragte ich. „Sag die Wahrheit!" Ich warnte sie und sie begann: „Ich erzähle dir alles. Ich dachte, die Zeit hätte etwas damit zu tun, denn kurz nach meiner Genesung brennt und juckt meine ‚Muschi', wie wir sie nennen, oft unerträglich. Aber nach ungefähr einer Woche stört es mich nicht mehr, bis zum nächsten Mal. Warum ist das so?", fügte sie hinzu.

„Zwei Dinge muss ich dir erklären", sagte ich. „Dein Samen gelangt durch das Menstruationsblut in deine Gebärmutter: Er lebt dort eine Woche oder zehn Tage und stirbt dann. Mit seinem Tod sinkt dein Verlangen und die Chance einer Befruchtung. Doch kurz vor der nächsten Monatsblutung, sagen wir innerhalb von drei Tagen, besteht erneut eine doppelte Gefahr. Denn die Aufregung kann deinen Samen früher als üblich nach unten bringen. Mein Samen lebt in jedem Fall etwa drei Tage in deiner Gebärmutter. Wenn du also eine Schwangerschaft vermeiden möchtest, warte zehn Tage, nachdem deine Monatsblutung vorbei ist, und höre, sagen wir, vier Tage vor dem nächsten Schwangerschaftserwartung auf. Dann ist die Gefahr, ein Kind zu bekommen, sehr gering."

„Oh, du kluger Junge!", lachte sie. „Merkst du nicht, dass du die Zeit versäumst, in der ich dich am meisten begehre, und das ist keinem von uns gegenüber nett, oder?"

„Es gibt noch eine andere Möglichkeit, dir auszuweichen", sagte ich. „Bring mich dazu, mich zurückzuziehen, bevor ich das erste Mal komme, oder steh sofort auf und spritze dich gründlich mit Wasser: Wasser tötet meinen Samen, sobald er ihn berührt –"

„Aber was soll das helfen, wenn Sie noch ein halbes Dutzend Mal so weitermachen?", fragte sie.

„Die Ärzte sagen", antwortete ich, „dass das, was danach aus mir herauskommt, nicht männlich genug ist, um eine Frau zu schwängern. Ich erkläre Ihnen den Vorgang, wenn Sie möchten. Aber Sie können es so hinnehmen, wie ich es beschreibe."

„Wann hast du das alles gelernt?", fragte sie.

„Das war mein spannendstes Studium", lachte ich, „und bei weitem das angenehmste ! "

„Du, Liebling, Liebling", rief sie, „dafür muss ich dich küssen."

„Weißt du, dass du wunderbar küsst?", fuhr sie nachdenklich fort , „mit einer anhaltenden Berührung der Innenseite der Lippen und dann dem Stoß der Zunge: das hat mich beim ersten Mal so erregt", und sie seufzte, als würde sie sich über die Erinnerung freuen.

„Du schienst nicht aufgeregt zu sein", sagte ich halb vorwurfsvoll, „denn als ich noch einen Kuss wollte, hast du dich zurückgezogen und gesagt ‚morgen'! Warum sind Frauen so kokett, so pervers?", fügte ich hinzu und erinnerte mich an Lucille und Jessie.

„Ich glaube, es liegt daran, dass wir uns sicher sein wollen, begehrt zu werden", antwortete sie, „und ein bisschen auch daran, dass wir die Freude daran verlängern wollen, das Vergnügen, begehrt zu werden, wirklich begehrt zu werden! Es ist so leicht für uns, nachzugeben, und so herrlich, das Verlangen eines Mannes zu spüren, das uns verfolgt! Ach, wie selten ist das", seufzte sie leidenschaftlich, „und wie schnell vergeht es! Du wirst deiner Herrin bald überdrüssig", fügte sie hinzu, „jetzt, wo ich ganz dir gehöre und nur für dich erregend bin", und sie nahm meinen Kopf in ihre Hände und küsste mich leidenschaftlich und bedauernd.

„Sie küssen besser als ich, Lorna! Wo haben Sie diese Kunst gelernt, Madame?", fragte ich. „Ich fürchte, Sie waren ein unartiges, unartiges Mädchen!"

„Wenn Sie nur die Wahrheit wüssten", rief sie aus, „wenn Sie nur wüssten, wie sehr sich Mädchen nach einem Liebhaber sehnen und vergeblich brennen und jucken und sich fragen, warum Männer so dumm und kalt und stumpf sind, dass sie unser Verlangen nicht erkennen."

„Versuchen wir nicht alle möglichen Tricks? Sind wir nicht in einem Moment hochmütig und verschlossen und im nächsten zärtlich, zärtlich und liebevoll? Verstecken wir den Haken nicht mit allen möglichen Ködern, nur um zu sehen, wie der Fisch daran schnüffelt und sich abwendet . Ach, wenn Sie wüssten – ich fühle mich als Verräterin an meinem Geschlecht, selbst wenn ich es Ihnen sage – wenn Sie erraten würden, wie wir es auf Sie abgesehen haben und wie schlau wir sind, wie listig wir sind! Es gibt einen Ausdruck,

den ich meinen Mann einmal sagen hörte und der uns Frauen genau oder
neun von zehn von uns beschreibt. Ich wollte wissen, wie er das Büro die
ganze Nacht warm hielt: Er sagte, wir dämpfen die Öfen und erklärte mir
den Vorgang: Das ist es, rief ich mir selbst zu, ich bin ein gedämpfter Ofen:
Das ist sicher der Grund, warum ich so lange heiß bleibe! Haben Sie sich
vorgestellt", fragte sie und drehte ihr Blumengesicht, das ganz bleich vor
Leidenschaft war, halb zur Seite, „dass ich an diesem ersten Tag vor dem
Spiegel meinen Hut abnahm und mich langsam umdrehte, während ich ihn
über meinen Kopf hielt, ganz zufällig? Du liebe Unschuld! Ich wusste, dass
die Bewegung meine Brüste und meine schlanken Hüften zeigen würde, und
habe sie ganz bewusst ausgeführt, in der Hoffnung, dass es dich erregen
würde. Und als ich sah, dass es der Fall war, war ich begeistert.

„Warum habe ich dir das Bett in diesem Zimmer gezeigt?", fügte sie hinzu,
„und die Tür angelehnt gelassen, als ich hierher zum Sofa zurückkam, aber
um dich zu verführen und wie von Herzen froh ich war, dein Verlangen in
deinem Kuss zu spüren. Ich habe mich hingegeben, bevor du meinen Kopf
auf die Sofalehne gedrückt und mein ganzes Haar durcheinandergebracht
hast!", fügte sie schmollend hinzu und strich mit den Händen darüber, um
sicherzugehen, dass es in Ordnung war.

„Du warst erstaunlich meisterhaft und schnell", fuhr sie fort: „Woher wusstest du, dass ich wollte, dass du mich berührst? Die meisten Männer hätten weiter geküsst und gealbert, aus Angst, entschlossen zu handeln. Du musst viel Erfahrung gehabt haben? Du ungezogener Junge!"

„Soll ich dir die Wahrheit sagen? ", sagte ich. „Das werde ich, nur um dich zu ermutigen, offen mit mir zu sein. Du bist die erste Frau, in die ich jemals meinen Samen gesteckt habe oder die ich richtig …"

„Nenn es um Gottes Willen unpassend", rief sie und lachte laut vor Freude, „du liebe Jungfrau, du! Oh! Wie sehr wünschte ich, ich wäre wieder sechzehn und du wärest mein erster Liebhaber. Du hättest mich an Gott glauben lassen. Und doch bist du mein erster Liebhaber", fügte sie schnell hinzu, „ich habe die Wonne und Ekstase der Liebe nur in deinen Armen kennengelernt –"

Unser Liebesgeplauder dauerte stundenlang, bis mir plötzlich klar wurde, dass es spät war, und ich auf die Uhr schaute. Es war fast halb acht: Ich war zu spät zum Abendessen, das um halb sieben begann!

„Ich muss gehen", rief ich, „sonst kriege ich nichts zu essen."

„Ich könnte dir ein Abendessen geben", fügte sie hinzu, „auch meine Lippen, die sich nach dir sehnen und – und – aber weißt du", fügte sie bedauernd hinzu, „er könnte hereinkommen und ich möchte dich erst besser kennenlernen, bevor ich euch zusammen sehe: ein junger Gott und ein Mann! – und der Mann ist Gott ähnlich, und doch eine so armselige Nachahmung!"

„Das tue ich nicht, das tue ich nicht", sagte ich. „ Sie machen sich damit das Leben nur schwerer –"

„Härter", wiederholte sie mit einem Anflug von Verachtung, „Küss mich, mein Liebling, und geh, wenn es sein muss. Werde ich dich morgen sehen? So!", rief sie wie mit einem Fluch, „ich habe mich verraten: ich kann nichts dagegen tun, oh, wie sehr ich dich immer will: wie sehr werde ich mich nach dir sehnen und die trüben, trostlosen Stunden zählen! Geh, geh, oder ich werde dich nie lassen" – und sie küsste mich und klammerte sich an mich an der Tür.

„Toll, morgen", sagte ich und riss mich los.

Natürlich ist es offensichtlich, dass meine Beziehung zu Mrs. Mayhew wenig oder gar nichts mit Liebe zu tun hatte. In mir war es ein dämonischer jugendlicher Sexualtrieb und in ihr ein ähnlicher Hunger, und sobald das Verlangen gestillt war, war mein Urteil über sie so unvoreingenommen und kühl, als ob sie mir gegenüber immer gleichgültig gewesen wäre. Aber ich glaube, bei ihr herrschte eine gewisse Zuneigung und beträchtliche

Zärtlichkeit. In intimen Beziehungen zwischen den Geschlechtern kommt es in der Tat selten vor, dass der Mann der Liebe so viel gibt wie die Frau.

Professor Byron. C. Smith: 1872.

ETWAS STUDIUM, MEHR LIEBE.

Kapitel X.

Das Abendessen bei Gregory war fast vorbei, als ich das Esszimmer betrat: Kate, ihre Mutter und ihr Vater und der Junge Tommy saßen am Ende des Tisches und aßen ihr Essen; die zwölf Gäste waren alle fertig und verschwunden. Mrs. Gregory stand schnell auf und Kate stand auf, um ihrer Mutter in die benachbarte Küche zu folgen.

„Bitte, steh nicht auf!", rief ich dem Mädchen zu. „Ich werde es mir nie verzeihen, dich zu unterbrechen. Ich werde entweder auf mich selbst oder auf dich warten", fügte ich lächelnd hinzu, „wenn du etwas wünschst –"

Sie sah mich mit hartem, gleichgültigem Blick an und schnaufte verächtlich: „Wenn Sie sich dort hinsetzen", sagte sie und deutete auf das andere Ende des Tisches, „bringe ich Ihnen das Abendessen. Möchten Sie Kaffee oder Tee?"

„Kaffee, bitte", antwortete ich und nahm den angegebenen Platz ein. Ich beschloss sofort, ihr gegenüber kühl zu sein und die anderen für mich zu gewinnen. Bald begann der Junge mich zu fragen, ob ich jemals Indianer gesehen hätte – „in Kriegsbemalung und bewaffnet, meine ich", fügte er eifrig hinzu.

„Ja, und auch auf sie geschossen", antwortete ich lächelnd. Tommys Augen glänzten – „Oh, erzähl uns!", keuchte er und ich wusste, dass ich mich immer auf einen guten Zuhörer verlassen konnte!

„Ich habe viel zu erzählen, Tommy", sagte ich, „aber jetzt muss ich mein Abendessen im Express-Tarif essen, sonst wird deine Schwester böse –", fügte ich hinzu, als Kate mit etwas dampfendem Essen hereinkam: Sie verzog das Gesicht und zuckte verächtlich mit den Schultern.

„Wo predigen Sie?", fragte ich den grauhaarigen Vater. „ Mein Bruder sagt, Sie sind wirklich wortgewandt –"

„Niemals eloquent", antwortete er abschätzig, „aber manchmal vielleicht sehr ernsthaft, besonders wenn ein Tagesereignis auf die Geschichte des Evangeliums hinweist –" Er sprach wie ein durchschnittlich gebildeter Mann, und ich konnte sehen, dass es ihm gefiel, in den Vordergrund gerückt zu werden.

Dann brachte mir Kate frischen Kaffee und Mrs. Gregory kam herein und setzte ihr Essen fort. Das Gespräch wurde interessant, dank Mr. Gregory, der nicht umhin konnte zu sagen, wie das Feuer in Chicago das Christentum in seinen Zuhörern angeregt und ihm einen großartigen Text gegeben hatte. Ich erwähnte beiläufig, dass ich im Feuer gewesen war und erzählte von der Randolph Street Bridge und der Hinrichtung und was ich sonst noch dort und am Seeufer an diesem unvergesslichen Montagmorgen gesehen hatte.

Zuerst ging Kate ins Zimmer und wieder hinaus und räumte Geschirr ab, als ginge sie die Geschichte nichts an, aber als ich von den halbnackten Frauen und Mädchen am Seeufer erzählte, während die Flammen hinter uns in einem roten Schleier den Zenit erreichten, der ständig Flammenpfeile nach vorn schleuderte und die Schiffe auf dem Wasser vor uns in Brand setzte, blieb auch sie stehen und hörte zu.

Ich verstand sofort mein Stichwort, von allen anderen gemocht und bewundert zu werden, ihr gegenüber aber gleichgültig und kalt. Also stand ich auf, als hätte mich ihr fasziniertes Stehen unterbrochen, und sagte:

„Es tut mir leid, Sie aufzuhalten. Ich habe zu viel geredet, verzeihen Sie mir!" und ich begab mich in mein Zimmer, trotz aller Proteste und Bitten, weiterzureden. Kate errötete nur, sagte aber nichts.

Sie zog mich sehr an: Sie war unendlich begehrenswert, sehr gutaussehend und sehr jung (erst sechzehn, sagte ihre Mutter später) und ihre großen haselnussbraunen Augen waren fast so aufregend wie ihr hübscher Mund oder ihre breiten Hüften und ihre gute Größe. Sie gefiel mir innig, aber ich beschloss, sie ganz und gar zu gewinnen, und hatte das Gefühl, dass ich einen guten Anfang gemacht hatte: Auf jeden Fall würde sie an mich und meine Kälte denken.

Ich verbrachte den Abend damit, mein halbes Dutzend Bücher herauszubringen, ohne dabei meine medizinischen Abhandlungen zu vergessen, und schlief dann, den tiefen Schlaf der sexuellen Erholung.

Am nächsten Morgen besuchte ich Smith erneut, wo er mit dem Reverend Mr. Kellogg lebte, der Professor für Englische Geschichte an der Universität war, sagte Smith. Kellogg war ein etwa vierzigjähriger Mann, kräftig und gepflegt, mit einer verblichenen Frau im gleichen Alter. Rose, die hübsche Dienerin, ließ mich herein: Ich lächelte sie an und sprach ein herzliches Dankeschön aus: Sie war erstaunlich hübsch, das hübscheste Mädchen, das ich in Lawrence gesehen hatte: mittelgroß und von mittlerer Figur, mit einem ganz reizenden Gesicht und einer exquisiten Haut wie Rosenblätter! Sie lächelte mich an; offensichtlich gefiel ihr meine Bewunderung.

Ich fand heraus, dass Smith Bücher für mich besorgt hatte, lateinische und griechisch-englische Wörterbücher, auch einen Tacitus und Xenophons Memorabilia mit einer griechischen Grammatik: Ich bestand darauf, sie alle zu bezahlen, und dann begann er zu reden. Tacitus lobte er nur für seine hervorragenden Formulierungen und das großartige Porträt von Tiberius –

„vielleicht das großartigste historische Porträt, das jemals in Worten gemalt wurde". Ich hatte eine Art Bild von König Edward dem Vierten in meinem romantischen Kopf, wagte es aber nicht, es hervorzuholen. Aber bald ging Smith zu Xenophon und seinem Porträt von Sokrates im Vergleich zu dem von Platon über. Ich hörte ganz Ohr zu, als er eine Passage aus Xenophon vorlas, in der er Sokrates mit wenig menschlicher Note malte: Ich ließ ihn jedes Wort wörtlich übersetzen und hatte eine großartige Lektion, wobei ich beschloss, wenn ich nach Hause käme, die ganze Seite auswendig zu lernen. Smith war mehr als nett zu mir: Er sagte, ich könne in die Junior Class eintreten und hätte dann nur noch zwei Jahre bis zum Abschluss. Selbst wenn Willie mir fünfhundert Dollar zurückgäbe, käme ich ohne Sorgen und Arbeit aus.

Dann erzählte mir Smith, wie er nach seinem Studium an der amerikanischen Universität nach Deutschland gegangen war: wie er dort studiert und dann ein weiteres Jahr in Athen an Altgriechisch gearbeitet hatte, bis er klassisches Griechisch so gut sprechen konnte wie Deutsch. „Es gab ein paar Dutzend Professoren und Studenten", sagte er, „die sich regelmäßig trafen und nichts anderes als klassisches Griechisch sprachen: Sie versuchten immer, die moderne Sprache genauso zu machen wie die alte." Er gab mir eine Übersetzung von Marx' „Das Kapital " und inspirierte und spornte mich in fünfziger Hinsicht zu neuen Anstrengungen an.

Ich kam zum Abendessen zu den Gregorys zurück und überlegte in Gedanken, ob ich wie versprochen zu Mrs. Mayhew gehen oder im Griechischen arbeiten sollte: Ich entschied mich für die Arbeit und schwor mir auf der Stelle, der Arbeit immer den Vorzug zu geben, ein Schwur, der, fürchte ich, eher durch das Brechen als durch das Befolgen gewürdigt wird. Aber immerhin schrieb ich Mrs. Mayhew, entschuldigte mich und versprach ihr, am nächsten Nachmittag zu kommen. Dann machte ich mich daran, die beiden Seiten der „Memorabilia" auswendig zu lernen.

An diesem Abend saß ich fast am Ende des Tisches; das Kopfende des Tisches saß der Universitätsprofessor für Physik, ein stumpfsinniger Pedant!

Jedes Mal, wenn Kate in meine Nähe kam, war ich zeremoniell höflich: „Vielen Dank! Das ist sehr nett von Ihnen!" und kein Wort mehr. Sobald ich konnte, ging ich in mein Zimmer, um zu arbeiten.

Am nächsten Tag klopfte ich um drei Uhr bei Mrs. Mayhew an. Sie öffnete die Tür selbst. Ich rief: „ Wie nett von Ihnen", und als ich im Zimmer war, zog ich sie an mich und küsste sie immer wieder. Sie wirkte kalt und gefühllos.

Sie schwieg einen Moment, dann sagte sie: „Mir ist, als hätte ich Fieber gehabt", und fuhr sich mit den Händen durchs Haar, wobei sie es in einer

Geste hob, die ich in den folgenden Tagen gut kennen sollte: „Versprich nie wieder etwas, wenn du nicht kommst: Ich dachte, ich würde verrückt werden: Warten ist eine schreckliche Folter! Wer hat dich aufgehalten? – Irgendein Mädchen?" Und ihre Augen suchten meine.

Ich entschuldigte mich, aber ihre Intensität ließ mich frösteln. Auf die Gefahr hin, meine Leserinnen zu vergraulen, muss ich gestehen, dass ihre Leidenschaft genau diese Wirkung auf mich hatte. Als ich sie küsste, waren ihre Lippen kalt. Aber als wir oben ankamen, war sie aufgetaut: Sie schloss ernst die Tür hinter uns und begann: „Sehen Sie, wie bereit ich für Sie bin!" und im nächsten Moment hatte sie ihren Morgenmantel zurückgeworfen und stand nackt vor mir: Sie warf das Kleidungsstück auf einen Stuhl; es fiel auf den Boden: Sie bückte sich, um es mit ihrem Hintern aufzuheben, um mich zu erreichen: Ich küsste ihren weichen Hintern und hob sie daran hoch, meine Hand auf ihrem Geschlecht. Sie drehte den Kopf über die Schulter:

„Ich habe mich für Sie gewaschen und parfümiert, Sir. Wie gefällt Ihnen das Parfüm? Und wie gefällt Ihnen dieser Haarbusch?" Und sie berührte mit einer Grimasse ihren Mount. „Als Mädchen habe ich mich so dafür geschämt. Ich habe ihn immer abrasiert. Ich glaube, deshalb ist er so dick gewachsen. Eines Tages sah meine Mutter ihn und ließ mich mit dem Rasieren aufhören. Oh, wie habe ich mich dafür geschämt. Er ist tierisch und hässlich. Hassen Sie ihn nicht? Oh! Sagen Sie die Wahrheit!", rief sie. „Oder besser gesagt, sagen Sie es nicht. Sagen Sie mir, dass Sie ihn lieben."

„Ich liebe es", rief ich aus, „weil es Dir gehört!" „Oh, Du lieber Liebhaber", lächelte sie, „Du findest immer das richtige Wort, die schmeichelnde Salbe für die Wunde!"

„Bist du bereit für mich?", fragte ich, „reif-bereit oder soll ich dich erst küssen und deine Muschi streicheln?"

„Was immer du tust, wird richtig sein", sagte sie, „du weißt, ich bin immer für dich faulig-reif, weich und feucht!"

Und die ganze Zeit über zog ich meine Kleider aus: Jetzt war auch ich nackt.

„Ich möchte, dass Sie Ihre Knie anziehen", sagte ich: „Ich möchte das Allerheiligste sehen, den Schrein meiner Abgötterei."

Sie tat sofort, was ich verlangte. Ihre Beine und ihr Hintern waren wohlgeformt, ohne zu sehr zu wirken; aber ihre Klitoris war viel größer als der durchschnittliche Penis: Sie stand volle 1,3 cm hervor und die inneren Schamlippen hingen ein wenig unter den äußeren Schamlippen. Ich wusste, ich sollte hübschere Muschis sehen. Kates war besser geformt, da war ich mir sicher, und die schweren, krappbraunen Schamlippen schreckten mich ein wenig ab.

Im nächsten Moment begann ich, ihre rote Klitoris mit meinem heißen, steifen Organ zu streicheln: Lorna seufzte ein- oder zweimal tief und ihre Augen drehten sich nach oben; langsam stieß ich meinen Schwanz ganz hinein und zog ihn wieder bis zu den Lippen heraus, dann wieder hinein, und ich fühlte, wie ihr warmer Liebessaft herausströmte, als sie ihre Knie noch höher zog, um mich tiefer in mich hineinzulassen: „Oh, es ist göttlich", seufzte sie, „sogar besser als beim ersten Mal", und als meine Stöße schneller und härter wurden, während der Orgasmus mich erschütterte, wand sie sich auf meinem Schwanz, als ich ihn zurückzog, als wollte sie ihn festhalten, und als mein Samen in sie spritzte, biss sie mir in die Schulter und hielt ihre Beine fest, als wollte sie mein Geschlecht in sich behalten. Wir lagen ein paar Augenblicke in Glückseligkeit. Dann, als ich mich wieder zu bewegen begann, um das Gefühl zu verstärken, erhob sie sich halb auf ihrem Arm: „Weißt du", sagte sie, „ich habe gestern davon geträumt, mich auf dich zu setzen und es dir zu tun: Würde es dir etwas ausmachen, wenn ich es versuche –" „Nein, wirklich nicht!" Ich rief: „Los, ich bin deine Beute!" Sie stand lächelnd auf, kniete rittlings über mich, steckte meinen Schwanz in ihre Muschi und ließ sich mit einem tiefen Seufzer auf mich nieder. Sie versuchte, sich auf meinem Glied auf und ab zu bewegen, kam aber sofort zu weit nach oben und musste meine Hand benutzen, um meinen Tommy wieder hineinzustecken; dann ließ sie sich so weit wie möglich darauf nieder: „Ich kann schon nach unten sinken", rief sie und lächelte über die Doppeldeutigkeit, „aber ich kann nicht so gut aufstehen! Was für Narren wir Frauen sind, wir können nicht einmal den Liebesakt meistern; wir sind so unbeholfen!"

„Aber Ihre Unbeholfenheit erregt mich", sagte ich.

„Wird es?", rief sie, „dann werde ich mein Bestes geben", und eine Zeit lang hob und senkte sie sich rhythmisch; doch als ihre Erregung wuchs, ließ sie sich einfach auf mir liegen und wackelte mit ihrem Hintern, bis wir beide kamen. Sie war rot und heiß und ich konnte nicht anders, als ihr eine Frage zu stellen:

„Wächst Ihre Erregung bis zu einem Lustkrampf?", fragte ich, „ oder werden Sie immer erregter?"

„Ich werde immer erregter", sagte sie, „bis ich neulich zum ersten Mal in meinem Leben mit dir zusammen war und die Lust unerträglich intensiv wurde und ich hysterisch wurde, du Wunderliebhaber!"

Seitdem habe ich in einem halben Dutzend Sprachen laszive Bücher gelesen, und sie alle beschreiben Frauen, die beim Sex einen Orgasmus bekommen, so wie Männer, und denen eine Phase der Zufriedenheit folgt: das zeigt nur, dass die Bücher alle von Männern geschrieben wurden, und zwar von unwissenden, gefühllosen Männern. Die Wahrheit ist, dass kaum eine von tausend verheirateten Frauen jemals ihren Höhepunkt der Gefühle erreicht: Normalerweise schläft ihr Mann ein, wenn sie gerade zu fühlen beginnt. Wenn die Mehrheit der Ehemänner ihre Frauen gelegentlich befriedigen würde, würde die Revolte der Frau bald einen anderen Zweck verfolgen: Frauen wollen vor allem einen Liebhaber, der sie bis zum Äußersten reizt. In der Regel heiraten Männer aufgrund der wirtschaftlichen Bedingungen so spät, dass sie ihre männliche Kraft bereits zur Hälfte erschöpft haben, bevor sie heiraten. Und wenn sie jung heiraten, sind sie so unwissend und so egozentrisch, dass sie glauben, ihre Frauen müssten befriedigt sein, wenn sie es sind. Mrs. Mayhew erzählte mir, dass ihr Mann sie nie wirklich erregt habe. Sie bestritt, dass sie jemals ein intensives Vergnügen durch seine Umarmungen empfunden habe.

„Soll ich dich wieder hysterisch machen?", fragte ich aus jungenhafter Eitelkeit. „Das kann ich, weißt du!"

„Du darfst dich nicht überanstrengen!", warnte sie mich. „Mein Mann hat mir vor langer Zeit beigebracht, dass ein Mann, wenn er eine Frau überanstrengt, eine Abneigung gegen sie entwickelt. Und ich will deine Liebe, dein Verlangen, Liebling, tausendmal mehr als die Freude, die du mir bereitest –"

„Hab keine Angst", unterbrach ich sie, „du bist süß, du könntest mich nicht ermüden: dreh dich zur Seite und stell dein linkes Bein hoch, und ich werde meine Vagina sanft deine Klitoris hin und her streicheln lassen; ab und zu werde ich sie ganz in mich eindringen lassen, bis sich unsere Haare berühren." Ich machte dieses Spiel vielleicht eine halbe Stunde lang weiter, bis sie erst seufzte und seufzte und dann unbeholfene Bewegungen mit ihrer Muschi machte, die ich zu erraten und nach ihrem Wunsch auszuführen versuchte, als sie plötzlich rief:

„Oh! Oh! Tu mir weh, bitte! Tu mir weh, oder ich beiße dich! Oh Gott, oh, oh" – keuchend, atemlos, bis mir wieder die Tränen kamen!

„Du Liebling!", schluchzte sie, „ wie kannst du lieben! Könntest du für immer so weitermachen?"

Als Antwort legte ich ihre Hand auf mein Geschlecht: „Genau so unartig wie immer", rief sie aus, „und ich würge, bin atemlos und erschöpft! Oh, es tut mir leid", fuhr sie fort, „aber wir sollten aufstehen, denn ich möchte nicht, dass meine Hilfe es weiß oder errät: Nigger reden –"

Ich stand auf und ging zu den Fenstern. Eines ging auf die Veranda, das andere direkt auf den Garten. „Was guckst du?", fragte sie und kam zu mir. „Ich habe nur nach dem besten Weg gesucht, um rauszukommen, falls wir jemals überrascht werden sollten", sagte ich. „ Wenn wir dieses Fenster offen lassen, kann ich immer in den Garten schlüpfen und schnell weg sein."

„Du würdest dir wehtun", rief sie.

„Keineswegs", antwortete ich, „ich könnte noch einmal halb so weit fallen, ohne mich zu verletzen, das einzige ist, dass ich Stiefel und Hosen anhaben muss, sonst machen mir deine Dornen zu schaffen ! " ... „Du Junge", rief sie lachend, „ich glaube, nach deiner Kraft und Leidenschaft ist es dein Jungenhaftes, das ich am meisten liebe" – und sie küsste mich immer wieder.

„Ich muss arbeiten", warnte ich sie, „ Smith hat mir viel zu tun gegeben." „Oh, meine Liebe", sagte sie und ihre Augen füllten sich mit Tränen, „das heißt, du kommst morgen nicht oder", fügte sie hastig hinzu, „auch nicht übermorgen?"

„Das kann ich nicht", erklärte ich, „ich habe noch eine ganze Woche Arbeit vor mir, aber du weißt, dass ich am ersten Nachmittag komme, an dem ich Zeit habe, und ich sage dir am Tag vorher Bescheid, Süße!" Sie sah mich mit Tränen in den Augen und bebenden Lippen an: „Die Liebe ist ihre eigene Qual!", seufzte sie, während ich mich anzog und schnell wegging.

Die Wahrheit war, dass ich bereits gesättigt war: Ihre Leidenschaft enthielt nichts Neues: Sie hatte mir alles beigebracht, was sie konnte, und hatte nichts mehr in sich, dachte ich; während Kate hübscher und viel jünger und Jungfrau war. Warum sollte ich es nicht gestehen? Es war Kates Jungfräulichkeit, die mich unwiderstehlich anzog: Ich stellte mir ihre Beine vor, ihre Hüften und Schenkel und ihr Geschlecht: Sie würde keinen dichten Haarbusch haben; ich spürte bereits die seidige Weichheit ihres Dreiecks: Würde es braun sein oder goldene Strähnen darin haben wie ihr Haar?

Die nächsten Tage verbrachte ich mit der Lektüre des Buches, das Smith mir geliehen hatte, vor allem „Das Kapital ", dessen zweites Buch mit seiner unverblümten Darstellung des englischen Fabriksystems einfach fesselnd war: Ich las auch etwas von Tacitus und Xenophon mit einer Krippe und lernte jeden Tag eine Seite Griechisch auswendig, und wenn ich der Arbeit müde war, belagerte ich Kate. Das heißt, ich setzte meinen Feldzugsplan fort: Eines Tages rief ich ihren Bruder in mein Zimmer und erzählte ihm wahre Geschichten von der Büffeljagd und vom Kampf mit Indianern; an einem anderen Tag sprach ich mit dem Vater über Theologie oder ließ die liebe Mutter von ihren Mädchentagen in Cornwall erzählen: „Ich hätte nie gedacht, dass ich im Alter noch so arbeiten würde; aber die Kinder nehmen alles und geben wenig; als Mädchen war ich nicht besser; ich erinnere mich" – und ich bekam eine Szene ihrer kurzen Brautwerbung!

Ich hatte die ganze Familie schon lange für mich gewonnen, bevor ich Kate ein Wort sagte, das über die bloßen Höflichkeiten hinausging. So verging etwa eine Woche, bis ich sie eines Tages nach dem Abendessen alle festhielt, während ich die Geschichte unseres Überfalls nach Mexiko erzählte.

Natürlich sorgte ich dafür , dass Kate nicht im Zimmer war. Gegen Ende meiner Erzählung kam Kate herein: Ich eilte sofort zum Ende und ging, nachdem ich mich entschuldigt hatte, in den Garten.

Eine halbe Stunde später sah ich, dass sie in meinem Zimmer aufräumte. Ich dachte nach und ging dann die Außentreppe hinauf. Als ich sie sah, tat ich überrascht: „Entschuldigen Sie“, sagte ich, „ich hole mir nur ein Buch und gehe sofort. Lassen Sie sich bitte nicht von mir stören!“ und tat so, als würde ich das Buch suchen.

Sie drehte sich abrupt um und sah mich fest an: „Warum behandeln Sie mich so?“, platzte sie heraus und zitterte vor Empörung.

„Wie was?“, wiederholte ich und tat so, als sei ich überrascht. „Das weißt du ganz genau“, fuhr sie wütend und hastig fort: „Zuerst dachte ich, es wäre Zufall, unbeabsichtigt; jetzt weiß ich, dass du es ernst meinst. Immer wenn du sprichst oder eine Geschichte erzählst, bleibst du stehen, sobald ich ins Zimmer komme, und eilst davon, als ob du mich hasst. Warum? Warum?“, rief sie mit bebenden Lippen. „Was habe ich getan, dass du mich so nicht magst?“ und Tränen sammelten sich in ihren schönen Augen.

Ich spürte, dass der Moment gekommen war: Ich legte meine Hände auf ihre Schultern und sah ihr aus tiefstem Herzen in die Augen: „Hast du nie vermutet, Kate, dass es vielleicht Liebe und nicht Hass sein könnte?“, fragte ich.

„Nein, nein!“, rief sie unter Tränen. „So verhält sich die Liebe nicht!“

„Die Angst, die Liebe zu vermissen, tut das, das kann ich dir versichern“, rief ich, „ich dachte zuerst, du magst mich nicht, und schon hatte ich angefangen, dich zu mögen“ (meine Arme umschlangen ihre Taille und ich zog sie an mich), „dich zu lieben und zu wollen. Küss mich, Liebling“, und sofort gab sie mir ihre Lippen, während meine Hand sich an ihren Brüsten zu schaffen machte und dann von selbst zu ihrem Geschlecht hinunterwanderte. Plötzlich sah sie mich fröhlich und strahlend an und stieß einen großen Seufzer der Erleichterung aus. „Ich bin froh, froh!“, sagte sie, „wenn du nur wüsstest, wie verletzt ich war und wie ich mich selbst gequält habe; in einem Moment war ich wütend, im nächsten war ich traurig. Gestern habe ich mich entschlossen zu sprechen, aber heute habe ich mir gesagt, ich werde einfach so stur und kalt sein wie er und jetzt“ – und von selbst legte sie ihre Arme um meinen Hals und küsste mich, „du bist ein Liebling, Liebling! Jedenfalls liebe ich dich!“

„Du darfst mir nicht diese Vogelküsschen geben!“, rief ich aus, „das sind keine Küsse: Ich möchte, dass sich deine Lippen öffnen und an meinen haften“ und ich küsste sie, während meine Zunge in ihren Mund schoss und ich sanft ihre Scham streichelte. Sie errötete, verstand es aber zunächst nicht, dann wurde sie plötzlich rosigrot, ihre Lippen wurden heiß und sie rannte fast aus dem Zimmer.

Ich jubelte: Ich wusste, ich hatte gewonnen. Ich musste ganz ruhig und zurückhaltend sein, dann würde der Vogel anbeißen. Ich war mir jubelnd sicher!

Inzwischen verbrachte ich fast jeden Morgen mit Smith: goldene Stunden! Immer, immer, bevor wir uns trennten, zeigte er mir eine neue Schönheit oder enthüllte eine neue Wahrheit: Er schien mir das wunderbarste Geschöpf in dieser seltsamen, sonnenbeschienenen Welt. Ich hing wie entzückt an seinen beredten Lippen! (Seltsam! Ich war fünfundsechzig, bevor ich einen solchen Heldenverehrer fand wie Smith, der damals erst vier oder fünfundzwanzig war!) Er machte mich mit allen griechischen Dramatikern bekannt: Äschylus, Sophokles und Euripides, und rückte sie für mich in ein wahreres Licht, als englische oder deutsche Gelehrte sie bisher dargestellt haben. Er wusste, dass Sophokles der Größte war, und aus seinem Mund lernte ich jeden Refrain des Königs Ödipus und des Kolonos , bevor ich die griechische Grammatik vollständig beherrschte; tatsächlich war es die überragende Schönheit der Literatur, die mich zwang, die Sprache zu lernen. Als er mir die Refrains beibrachte, wies er mich sorgfältig darauf hin, dass es möglich sei, das Taktmaß beizubehalten und dennoch den Akzent zu setzen: Tatsächlich machte er klassisches Griechisch für mich zu einer lebendigen Sprache, so lebendig wie Englisch. Und er ließ mich Latein nicht vernachlässigen: Im ersten Jahr bei ihm kannte ich Gedichte von Catull auswendig, fast so gut wie Swinburne. Dank Professor Smith hatte ich keine Schwierigkeiten, in die Junior Class der Universität aufgenommen zu werden; tatsächlich war ich nach meinen ersten drei oder vier Monaten Arbeit mühelos der Beste in der Klasse, zu der auch Ned Stevens gehörte, der Bruder von Smiths Geliebter. Ich entdeckte bald, dass Smith bis über beide Ohren in Kate Stevens verliebt war, mitten ins Herz geschossen, wie Mercutio sagen würde, mit dem blauen Auge eines blonden Mädchens!

Und das war kein Wunder, denn Kate war hübsch; etwas über mittelgroß, mit schlanker, runder Figur und einem äußerst attraktiven Gesicht: das Oval, eher lang als rund, mit zierlichen, perfekten Zügen, erhellt von einem Paar herrlicher graublauer Augen, abwechselnd entzückend, nachdenklich und ansprechend, die eine wirklich außergewöhnliche Intelligenz widerspiegelten. Sie war in der Abschlussklasse und hatte danach jahrelang die Position einer Professorin für Griechisch an der Universität inne. Ich werde in einem späteren Band dieser Geschichte etwas über sie zu sagen haben, denn ich traf sie fast fünfzig Jahre später in New York wieder. Aber 1872 oder 1873 interessierte mich ihr Bruder Ned, ein hübscher achtzehnjähriger Junge, der in meiner Klasse war, mehr. Der einzige andere Schüler der Abschlussklasse war zu dieser Zeit ein feiner Kerl, Ned Bancroft, der später mit mir zum Studieren nach Frankreich kam.

Zu dieser Zeit war Kate Stevens merkwürdigerweise gerade dabei, sich mit Ned Bancroft zu verloben; aber es war bereits klar, dass sie in Smith verliebt war, und meine ausgesprochene Bewunderung für Smith verhalf ihr – wie ich sicher bin, dass sie ihm geholfen hatte – zu einem besseren gegenseitigen Verständnis. Bancroft akzeptierte die Situation mit außerordentlicher Selbstaufopferung und verlor weder Smiths noch Kates Freundschaft: Ich habe selten edlere Selbstverleugnung gesehen: Tatsächlich war es seine Hochgesinntheit in dieser Krise, die mir zuerst Bewunderung einbrachte und mir seine anderen guten Eigenschaften zeigte.

Fast von Anfang an war ich sehr beunruhigt: Smith war immer wieder krank und musste ein oder zwei Tage das Bett hüten. Es gab keine Erklärung für diese Krankheit, die mich verwirrte und mir eine gewisse Angst bereitete.

Eines Tages mitten im Winter kam es zu einer neuen Entwicklung. Smith war sich nicht sicher, wie er sich verhalten sollte, und vertraute sich mir an. Er hatte Professor Kellogg, in dessen Haus er lebte, dabei erwischt, wie er versuchte, die hübsche Hilfskraft Rose zu küssen, und zwar völlig gegen ihren Willen: Smith betonte dies nachdrücklich, das Mädchen versuchte wütend, sich zu befreien, als er sie zufällig unterbrach.

Ich milderte Smiths ernste Miene ein wenig, indem ich laut lachte: Die Vorstellung eines alten Professors und Geistlichen, der ein junges Mädchen mit Gewalt zu gewinnen versuchte, amüsierte mich: „Was für ein Narr muss der Mann sein!“, war mein englisches Urteil; Smith nahm zunächst den amerikanischen, hochmoralischen Ton an.

„Denken Sie an seine Untreue gegenüber seiner Frau im selben Haus“, rief er, „und dann an den Skandal, wenn das Mädchen redet, und sie wird ganz sicher reden!“

„Natürlich nicht reden“, korrigierte ich, „ Mädchen haben Angst vor der Wirkung solcher Enthüllungen; außerdem wird ein Wort von Ihnen, in dem Sie sie bitten, Mrs. Kellogg zu schützen, ihr Schweigen sicherstellen.“

„Oh, ich kann ihr keinen Rat geben“, rief Smith. „Ich werde mich da nicht einmischen: Ich habe Kellogg damals gesagt, ich müsse das Haus verlassen, aber ich weiß nicht, wohin! Das ist zu schändlich von ihm! Seine Frau ist wirklich eine liebe Frau!“

Zum ersten Mal wurde mir ein tief verwurzelter Unterschied zwischen Smith und mir bewusst: Seine strenge moralische Verurteilung auf der Grundlage sehr unzureichender Daten erschien mir kindisch; aber zweifellos werden viele meiner Leser meine Toleranz als Beweis meiner schamlosen Libertinität betrachten! Ich ergriff jedoch die Gelegenheit, mit Rose über eine so anstößige Angelegenheit zu sprechen, und löste gleichzeitig Smiths Problem, indem ich ihm vorschlug, zu den Gregorys zu kommen und bei ihnen Unterkunft und Verpflegung zu nehmen – ein großer Schritt praktischer Diplomatie meinerseits, so schien es mir zumindest; denn damit erwies ich den Gregorys , Smith und mir selbst einen immensen, unschätzbaren Dienst. Smith war von der Idee begeistert, bat mich, mich sofort darum zu kümmern und ihn zu informieren, und rief dann nach Rose.

Sie kam halb verängstigt, halb wütend, in Abwehrhaltung, das konnte ich sehen; also sprach ich zuerst und lächelte: „Oh Rose“, sagte ich, „Professor Smith hat mir von Ihrem Problem erzählt: aber Sie sollten nicht wütend sein: denn Sie sind so hübsch, dass es kein Wunder ist, dass ein Mann Sie küssen möchte: Sie müssen Ihre schönen Augen und Ihren Mund dafür verantwortlich machen“ –

Rose lachte lauthals: Sie hatte einen Tadel erwartet und fand nun süße Schmeicheleien.

„Da ist nur eines, Rose“, fuhr ich fort: „Wenn die Geschichte herauskäme, würde sie Mrs. Kellogg wehtun, und sie ist nicht sehr stark, also dürfen Sie ihr zuliebe nichts darüber sagen: Das wollte Ihnen Professor Smith sagen“, fügte ich hinzu. „Ich werde es wahrscheinlich nicht erzählen“, rief Rose: „Ich werde es bald vergessen: Aber ich denke, ich sollte mir besser einen anderen Job suchen: Er wird es wahrscheinlich noch einmal versuchen, auch wenn ich ihm eine ordentliche Ohrfeige gegeben habe“, und sie lachte fröhlich.

„Das freut mich so für Mrs. Kellogg“, sagte Smith ernst, „und wenn ich Ihnen helfen kann, eine andere Stelle zu bekommen, kommen Sie bitte zu mir.“

„Ich glaube, ich werde keine Schwierigkeiten haben“, sagte Rose leichtfertig und mit einer Spur von Abneigung gegenüber der Ernsthaftigkeit des Professors: „Mrs. Kellogg wird mir ein gutes Zeugnis ausstellen“, und das gesunde junge Biest grinste; „außerdem bin ich mir nicht sicher, ob ich eine Weile zu Hause bleiben werde: Ich habe die Arbeit satt und hätte gern Urlaub, und Mutter möchte, dass ich –“

„Wo wohnst du, Rose?“, fragte ich mit scharfem Blick für zukünftige Gelegenheiten. „Auf der anderen Seite des Flusses“, antwortete sie, „neben Elder Conklin, wo dein Bruder wohnt –“, fügte sie lächelnd hinzu.

Als Rose ging, bat ich Smith, seine Kisten zu packen, denn ich würde ihm das beste Zimmer bei den Gregorys besorgen , und ich versicherte ihm, es sei wirklich groß und bequem und würde all seine Bücher usw. fassen, und dann machte ich mich auf den Weg, um mein Versprechen einzulösen. Unterwegs dachte ich darüber nach, wie ich die Freundlichkeit, die ich den

Gregorys erwies , zum Vorteil meiner Liebe nutzen könnte. Ich beschloss, Kate zu meiner Partnerin bei der guten Tat zu machen oder zumindest zu einer Verkünderin der guten Nachricht. Als ich also nach Hause kam, klingelte ich in meinem Zimmer, und wie ich gehofft hatte, öffnete Kate. Als ich ihre Schritte hörte, zitterte ich, heiß vor Verlangen, und jetzt möchte ich ein Gefühl beschreiben, das ich damals zum ersten Mal bei mir selbst bemerkte. Ich sehnte mich danach, sozusagen abrupt von dem Mädchen Besitz zu ergreifen, sie tatsächlich zu vergewaltigen oder zumindest beide Hände gleichzeitig unter ihr Kleid zu schieben und ihren Hintern und ihr Geschlecht ganz und gar zu befühlen; aber ich wusste bereits genug, um mit Sicherheit zu erkennen , dass Mädchen sanfte und höfliche Annäherungen bevorzugen: Warum? Dessen bin ich mir sicher. Also sagte ich ernst: „Komm rein, Kate!"; „Ich möchte Sie fragen, ob das beste Schlafzimmer noch frei ist und ob Sie es gerne Herrn Professor Smith überlassen würden. Könnte ich ihn dazu bringen, hierher zu kommen?"

„Ich bin sicher, Mutter würde sich freuen", rief sie aus.

„Siehst du", fuhr ich fort, „ich versuche, dir so gut ich kann zu dienen, und doch küsst du mich nicht einmal von sich aus": Sie lächelte, und so zog ich sie zum Bett und hob sie darauf: Ich sah ihren Blick und antwortete: „Die Tür ist zu, Liebes", und halb auf ihr liegend begann ich sie leidenschaftlich zu küssen, während meine Hand unter ihrer Kleidung zu ihrer Scham glitt. Zu meiner Freude trug sie keine Unterhose, aber zunächst hielt sie ihre Beine eng zusammen und runzelte die Stirn: „Liebe versagt nichts, Kate", sagte ich ernst; langsam spreizte sie ihre Beine, halb schmollend, halb lächelnd, und ließ mich ihre Scham streicheln. Als ihr Liebessaft kam, küsste ich sie und hielt inne: „Es ist gefährlich hier", sagte ich, „die Tür, durch die du hereingekommen bist, ist offen; aber ich muss deine schönen Glieder sehen", und ich schlug ihr Kleid hoch. Ich hatte nicht übertrieben; Sie hatte Gliedmaßen wie eine griechische Statue und ihr braunes Haardreieck lag in kleinen seidigen Locken auf ihrem Bauch und dann – die süßeste Muschi der Welt: Ich ging hinunter und küsste sie.

Im nächsten Moment war Kate auf den Beinen und strich ihr Kleid glatt: „Was für ein Junge Sie sind", rief sie aus, „aber das ist zum Teil der Grund, warum ich Sie liebe; oh, ich hoffe, Sie werden mich nur halb so sehr lieben. Sagen Sie, dass Sie es tun, Sir, und ich werde alles tun, was Sie wünschen!"

„Das werde ich", antwortete ich, „aber oh, ich bin froh, dass du Liebe willst: Kannst du heute Abend zu mir kommen ? Ich möchte ein paar Stunden ungestört mit dir verbringen." „Heute Nachmittag", sagte sie, „werde ich sagen, dass ich spazieren gehe und dann zu dir komme, Liebling! Sie ruhen sich dann alle aus oder sind draußen und ich werde nicht vermisst werden."

Ich konnte nur warten und nachdenken. Eines war fest in mir verankert: Ich musste sie haben, sie mir zu eigen machen, bevor Smith kam: Er war viel zu faszinierend, dachte ich, als dass man ihm ein so hübsches Mädchen anvertrauen konnte; aber ich hatte Angst, dass sie bluten würde, und ich wollte ihr dieses erste Mal nicht wehtun, also ging ich los und kaufte eine Spritze und einen Tiegel Cold Cream, die ich neben mein Bett stellte.

Oh, wie sich das Abendessen hinzog! Mrs. Gregory dankte mir herzlich für meine Freundlichkeit ihnen allen gegenüber (was mir angenehm ironisch vorkam!) und Mr. Gregory folgte ihrem Beispiel; aber schließlich waren alle fertig und ich ging in mein Zimmer, um mich fertigzumachen. Zuerst schloss ich die Außentür ab und zog die Jalousien herunter: dann betrachtete ich das Bett, drehte es um und legte ein Handtuch an die Kante: glücklicherweise hatte das Bett gerade die richtige Höhe! Dann lockerte ich meine Hose , knöpfte sie vorne auf und zog mein Hemd hoch: etwas später steckte Kate ihr hübsches Gesicht durch die Tür und schlüpfte hinein. Ich schoss den Riegel vor und begann sie zu küssen: Mädchen sind seltsame Sterbliche: Sie hatte ihre Korsetts ausgezogen, gerade als ich ihr ein Handtuch hingelegt hatte. Ich hob ihre Kleider hoch und berührte ihr Geschlecht, streichelte es sanft, während ich sie küsste; einen Moment später kam ihre Liebesmilch.

Ich hob sie aufs Bett, schob meine Hose herunter , salbte meinen Schwanz mit der Creme ein, spreizte dann ihre Beine und brachte sie dazu, die Knie anzuziehen. Ich zog ihren Hintern an die Bettkante: Sie runzelte die Stirn, aber ich erklärte ihr schnell: „Am Anfang wird es dir vielleicht ein bisschen wehtun, Liebes, und ich möchte dir so wenig wie möglich wehtun", und ich schob die Spitze meines Schwanzes sanft und langsam in sie hinein. Sogar eingefettet war ihre Muschi sehr eng, und ganz am Eingang spürte ich das Hindernis, ihre Jungfernhaut im Weg: Ich legte mich auf sie und küsste sie und ließ sie oder Mutter Natur mir helfen.

Sobald Kate merkte, dass ich es ihr überließ, stieß sie mutig vor und das Hindernis gab nach: „O-O", rief sie und stieß dann wieder grob vor und mein Glied drang bis zum Anschlag in sie ein und ihre Klitoris musste meinen Bauch gespürt haben. Entschlossen verzichtete ich ein oder zwei Minuten lang auf Stöße oder Zurückziehen und zog mich dann langsam bis zu ihren Lippen zurück und als ich Tommy wieder sanft hineinschob, beugte sie sich vor und küsste mich leidenschaftlich. Langsam und mit äußerster Vorsicht beherrschte ich mich und stieß mit langen, langsamen Stößen hinein und heraus, obwohl ich mich danach sehnte, mich danach sehnte, ihn hart hineinzustoßen und die Stöße so schnell wie möglich zu machen; aber ich wusste von Mrs. Mayhew, dass die langen, sanften Stöße und langsamen Zurückziehen die Leidenschaft einer Frau am besten erregen, und ich war entschlossen, Kate zu gewinnen.

Nach zwei oder drei Minuten hatte sie wieder einen Schwall Liebessaft abgegeben, oder so glaubte ich zumindest, und ich machte mit dem Liebesspiel weiter, denn ich wusste, dass ein Mädchen das erste Erlebnis nie vergisst, und beschloss, wenn nötig bis zum Abendessen damit weiterzumachen, um ihr erstes Liebesspiel für immer unvergesslich zu machen. Kate hielt länger durch als Mrs. Mayhew: Ich kam so oft, immer langsamer von Orgasmus zu Orgasmus, bevor sie begann, sich mir zuzuwenden; aber schließlich wurde ihr Atem immer kürzer und sie hielt mich heftig an sich gedrückt, während sie ihre Muschi hart auf und ab gegen meine Männerwurzel bewegte . Plötzlich entspannte sie sich und fiel zurück: Es war keine Hysterie; aber ich konnte deutlich fühlen, wie sich der Mund ihrer Gebärmutter um meinen Schwanz schloss, als wollte sie ihn saugen. Das erregte mich heftig und zum ersten Mal gab ich mich schnellen, harten Stößen hin, bis mich ein Krampf intensivster Lust schüttelte und mein Samen zum sechsten oder siebten Mal herausspritzte oder zu spritzen schien.

Als ich mit dem Küssen und Loben meiner schönen Partnerin fertig war und mich zurückzog, war ich entsetzt: Das Bett war eine einzige Blutschicht und etwas davon war auf meine Hose gespritzt. Sogar Kates Schenkel und Beine waren ganz blutverschmiert, sodass das schöne Elfenbeinweiß ihrer Haut rot wurde. Sie können sich vorstellen, wie sanft ich das Handtuch über ihre Beine und ihre Scham strich, bevor ich ihr die Ergebnisse unserer Liebesbekundungen zeigte. Zu meinem Erstaunen blieb sie ungerührt: „Du musst das Laken wegnehmen und verbrennen", sagte sie, „oder es in den Fluss werfen: Ich schätze, das wird nicht das erste Mal sein."

„Hat es sehr wehgetan?", fragte ich.

„Anfangs ziemlich viel", antwortete sie, „aber bald überwog die Lust den Schmerz, und ich konnte nicht einmal den Schmerz vergessen. Ich liebe dich so sehr. Ich habe nicht einmal Angst vor den Konsequenzen, die dir drohen. Ich vertraue dir vollkommen und vertraue dir gern und gehe alle Risiken ein, die du willst."

„Du Liebling!", rief ich. „Ich glaube nicht, dass das irgendwelche Konsequenzen haben wird. Aber ich möchte, dass du zum Waschbecken gehst und diese Spritze benutzt. Ich werde dir später sagen, warum." Sofort ging sie zum Waschbecken. „Ich fühle mich komisch, schwach", sagte sie, „als ob ich – ich kann es nicht beschreiben – zittrig auf den Beinen wäre. Ich bin froh, dass ich im Sommer keine Unterhosen trage. Sie würden nass werden." Nachdem sie sich gewaschen hatte, das Laken herausgezogen und mit Papier zugebunden hatte, schoss ich den Riegel zurück und wir begannen unser Gespräch. Ich fand sie intelligent und freundlich, aber unwissend und unbelesen. Trotzdem war sie nicht voreingenommen und wollte unbedingt alles über Babys und ihre Entstehung erfahren. Ich erzählte ihr, was ich Mrs.

Mayhew erzählt hatte, und noch etwas mehr: dass mein Samen aus Zehntausenden winziger, kaulquappenförmiger Tierchen bestand – schon in ihrer Vagina und Gebärmutter lieferten sich diese unendlich kleinen Dinger ein Wettrennen: Sie konnten sich in einer Stunde fast zweieinhalb Zentimeter weit bewegen, und die Stärkste und Schnellste kam als Erste dorthin, wo ihr Ei in der Mitte ihrer Gebärmutter wartete. Meine kleine Kaulquappe, die als Erste ankam, steckte ihren Kopf in ihr Ei und starb, nachdem sie ihr Werk der Befruchtung vollbracht hatte. Liebe und Tod waren Zwillinge.

Das Merkwürdige war, dass diese unbeschreiblich kleine Kaulquappe alle Eigenschaften ihrer Vorfahren in einem bestimmten Ausmaß weitergeben konnte; kein religiöser Lehrer hätte sich ein solches Wunder jemals vorgestellt. Noch merkwürdiger ist, dass der lebende Fötus im Mutterleib in neun Monaten alle wichtigen Veränderungen durchmacht, die die Menschheit in unzähligen Äonen auf ihrem Weg von der Kaulquappe zum Menschen durchgemacht hat . Bis zum fünften Monat ist der Fötus praktisch ein vierbeiniges Tier.

Ich sagte ihr, dass es heute allgemein anerkannt sei, dass die Wochen, die der Mensch bei jeder Metamorphose im Mutterleib verbringt, genau den Lebensjahren entsprechen, die er in Wirklichkeit durchmacht. So war er in den letzten drei Monaten ein aufrechtes, zweibeiniges Tier, ein Affe und dann ein Mensch im Mutterleib, und das entsprach fast einem Drittel der gesamten Existenz des Menschen auf dieser Erde. Kate hörte gebannt zu, dachte ich, bis sie mich plötzlich fragte:

„Aber was macht ein Kind zu einem Jungen und ein anderes zu einem Mädchen?“

„Das Gesetz, das in dieser Angelegenheit am nächsten kommt“, sagte ich, „ist das sogenannte Gesetz der Gegensätze: Das heißt, wenn der Mann stärker ist als die Frau, werden die Kinder hauptsächlich Mädchen sein; wenn die Frau wesentlich jünger oder stärker ist, werden die Nachkommen hauptsächlich Jungen sein. Das bestätigt das alte englische Sprichwort: „Jeder Schwächling kann einen Jungen machen, aber es braucht einen Mann, um ein Mädchen zu machen.“

Kate lachte und genau in diesem Moment klopfte es an der Tür. „Herein!“, rief ich und das farbige Zimmermädchen kam mit einer Nachricht herein: „Eine Dame ist gerade hier gewesen und hat sie hinterlassen“, sagte Jenny. Ich sah, dass sie von Mrs. Mayhew war, also stopfte ich sie in meine Tasche und sagte bedauernd: „Ich muss gleich öffnen.“ Kate entschuldigte sich und ging nach einem langen, langen Kuss das Abendessen vorbereiten, während ich Mrs. Mayhews Nachricht las, die kurz, wenn auch nicht gerade süß war.

„Acht Tage und kein Frank und keine Neuigkeiten; du kannst mich nicht umbringen wollen; komm wenn möglich heute noch. Lorna."

Ich antwortete sofort, dass ich am nächsten Tag kommen würde, dass ich Smith in meiner Pension unterbrächte und so beschäftigt sei, dass ich nicht wüsste, wohin ich mich wenden sollte, dass ich aber am nächsten Tag sicher bei ihr sein würde, und unterschrieb mit „Dein Frank".

An diesem Nachmittag kam Smith um fünf Uhr und ich half ihm, seine Bücher zu ordnen und es ihm bequem zu machen.

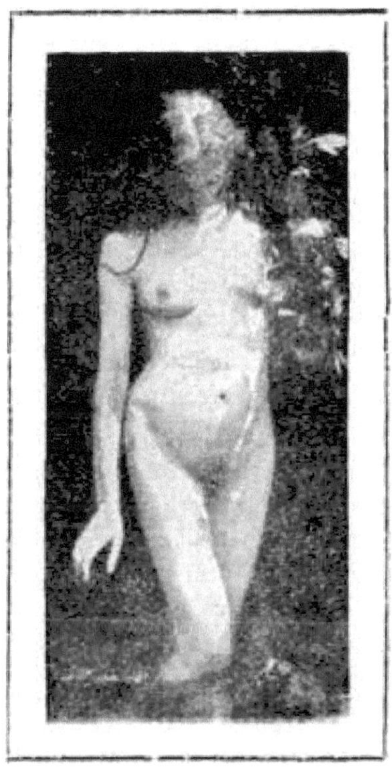

MEINE ERSTE VENUS.

Venus toute ganz zu Sa proie Attaché.

Kapitel XI.

Ich wollte auf diesen Seiten nichts als die Wahrheit schreiben, doch jetzt bin ich mir bewusst, dass mein Gedächtnis mir einen Streich gespielt hat: Es ist ein Künstler in dem, was Maler Verkürzung nennen: Ereignisse, die Monate brauchten, um sich zu ereignen, werden in Tage zusammengepresst, sozusagen von einem Berggipfel des Gefühls zum nächsten, und so wird die Wirkung der Leidenschaft durch die teilweise Eliminierung der Zeit verstärkt. Ich kann meine Leser nur warnen, dass in Wirklichkeit einige der Liebespassagen, die ich beschreiben werde, Wochen und manchmal Monate auseinander lagen, dass die Goldklumpen gelegentliche „Funde" in einer Wüste waren.

Schließlich kann es meinen „freundlichen Lesern" nichts ausmachen, und meine guten Leser werden bereits erraten haben, dass man, wenn man achtzehn Jahre in neun Kapitel presst, alle möglichen unwichtigen Ereignisse auslassen muss, während man hauptsächlich die wichtigen aufzeichnet – glücklicherweise transportieren diese die Botschaft.

Mit meinem Wissen war es wie mit meinen Leidenschaften: Tag für Tag arbeitete ich fieberhaft: Wann immer ich auf eine Passage wie den Bau der Brücke in Caesar stieß, weigerte ich mich, mein Gedächtnis mit den Dutzenden neuer Wörter zu belasten, weil ich Latein für vergleichsweise unwichtig hielt und immer noch halte: Die größten Männer, die die Lateiner je hervorgebracht haben, waren Tacitus oder Lucretius. Kein vernünftiger Mensch würde sich die Mühe machen, eine Sprache zu erlernen, um sich mit der zweitklassigen vertraut zu machen. Aber neue Wörter im Griechischen waren mir so wertvoll wie neue Wörter im Englischen, und ich lernte jede Passage auswendig, die mit ihnen gespickt war, außer Refrains wie den der Vögel in Aristophanes, wo er Vögel benennt, die mir im Leben unbekannt waren.

Ich stellte fest, dass Smith alle diese Wörter in beiden Sprachen kannte. Ich fragte ihn eines Tages und er gab zu, dass er nach dem Vorbild des berühmten deutschen Gelehrten Hermann alles auf Altgriechisch gelesen hatte und glaubte, fast jedes Wort zu kennen.

Ich strebte nicht nach solch pedantischer Perfektion. Ich erhebe keinerlei Anspruch auf Gelehrsamkeit irgendeiner Art, und tatsächlich lässt mich jede Art von Bildung gleichgültig, es sei denn, sie führt zu einem umfassenderen Verständnis von Schönheit oder jener Erweiterung des Geistes durch

Sympathie, die ein anderes Wort für Weisheit ist. Aber was ich hier betonen möchte, ist, dass ich im ersten Jahr bei Smith Dutzende von Refrains griechischer Dramatiker und die gesamte „Apologie" und „Kritik" von Platon auswendig lernte, da ich damals vermutete und immer noch glaube, dass die „Kritik" eine Musterkurzgeschichte ist, wichtiger als selbst jede Spekulation Platons. Platon und Sophokles! Es hat sich gelohnt, fünf Jahre harter Arbeit aufzuwenden, um in ihre Vertrautheit einzudringen und sie zu Schwestergeistern der eigenen Seele zu machen. Hat Sophokles mir nicht Anti gone gegeben, den Prototyp der neuen Frau für alle Zeiten, in ihrer heiligen Rebellion gegen hinderliche Gesetze und durchkreuzende Konventionen, das ewige Modell dieser unerschrockenen Behauptung einer Liebe, die jenseits und über dem Sex liegt, das wahre Herz des Göttlichen!

Und Platons Sokrates führte mich, nachdem ich gelernt hatte, den Gesetzen zu gehorchen und den Tod freudig hinzunehmen, zu jenem hohen Ort, wo der Mensch zu Gott wird. Doch selbst dort brauchte ich Antigone, Bazaroffs Zwillingsschwester , mindestens ebenso sehr, da mir instinktiv klar war , dass auch mein Lebenswerk hauptsächlich aus Aufruhr bestehen würde und dass ich mit ziemlicher Sicherheit die gleiche Strafe erleiden würde, die Sokrates erlitt und Antigone wagte. Denn mein Schicksal war es, schlimmeren Gegnern zu begegnen. Immerhin war Kreon bloß dumm, wohingegen Sir Thomas Horridge obendrein bösartig und Woodrow Wilson unsäglich war!

Und wieder bin ich meiner Geschichte um ein halbes Jahrhundert voraus!

Doch hoffe ich, dass der Leser in meinen Ausführungen über Sophokles und Platon meine tiefe Liebe und Bewunderung für Smith erahnen wird, der mich, wie Vergil Dante führte, in die ideale Welt führte, die unsere Erde umgibt wie endlose Weiten purpurnen Himmels, windgepeitscht und sternenübersät!

Wenn ich erzählen könnte, was Smiths tägliche Gesellschaft jetzt für mich bedeutete, bräuchte ich dieses Buch kaum zu schreiben; denn wie alles, was ich geschrieben habe, gehören einige der besten Dinge ihm ebenso wie mir. In seiner Gegenwart war ich in den ersten anderthalb Jahren bloß ein Schwamm, der mal diese Wahrheit, mal jene aufsaugte und mir kaum eines ursprünglichen Impulses bewusst war. Doch wie man sehen wird, gab ich ihm die ganze Zeit auch Ratschläge und half ihm mit meinem Wissen über das Leben. Unsere Beziehung war wirklich eher wie die eines kleinen, praktischen Ehemanns zu einer weisen und unendlich gelehrten Aspasia! Ich möchte hier ohne Wahrscheinlichkeit sagen, dass ich in all unseren Jahren der Vertrautheit, in denen wir über drei Jahre Seite an Seite zusammenlebten, nie einen Fehler an ihm fand, weder an seinem Charakter noch an seiner Sympathie, außer dem, der ihn in den Tod trieb.

Jetzt muss ich ihn für den Moment verlassen und mich wieder Mrs. Mayhew zuwenden. Natürlich ging ich am nächsten Nachmittag noch vor drei zu ihr. Sie empfing mich wortlos und so ernst, dass ich sie nicht einmal küsste, sondern begann zu erklären, was Smith für mich war und wie ich nicht genug für ihn tun konnte, der für meinen Verstand alles war, so wie sie (Gott steh mir bei!) für mein Herz und meinen Körper war, und ich küsste ihre kalten Lippen, während sie halb traurig den Kopf schüttelte.

„Wir Frauen haben einen sechsten Sinn, wenn wir verliebt sind", begann sie: „Ich spüre einen neuen Einfluss in dir; ich rieche Gefahr in der Luft, die du mitbringst: Bitte mich nicht um Erklärungen: Ich kann es nicht; aber mein Herz ist schwer und kalt wie der Tod... Wenn du mich verlässt, wird es eine Katastrophe geben: Der Sturz von einer solchen Höhe des Glücks muss tödlich sein... Wenn du fern von mir Freude empfinden kannst, liebst du mich nicht mehr. Ich empfinde keine Freude, außer wenn ich dich habe, dich sehe, an dich denke – keine. Oh! Warum kannst du nicht lieben, wie eine Frau liebt? Nein! Wie ich liebe: Es wäre der Himmel; denn du und nur du befriedigst die Unersättlichkeit; du verlässt mich in Glückseligkeit gebadet, vor Zufriedenheit seufzend, glücklich wie die Königin des Himmels!"

„Ich habe Ihnen viel zu erzählen, Neues zu sagen", begann ich hastig.

„Komm nach oben", unterbrach ich mich selbst. „Ich will dich so, wie du jetzt bist, mit der Farbe in deinen Wangen, dem Licht in deinen Augen, dem Vibrieren in deiner Stimme, komm!"

Und sie kam wie eine traurige Sibylle . „Wer hat dir den Takt gegeben?", begann sie, während wir uns auszogen, „den Takt, immer zu loben?" Ich packte sie und stand nackt Körper an Körper neben ihr: „Was hast du mir Neues zu erzählen?", fragte ich, hob sie ins Bett und legte mich neben sie, schmiegte mich an ihren wärmeren Körper.

„Es gibt immer etwas Neues in meiner Liebe", rief sie, umfasste mein Gesicht mit ihren schlanken Händen und nahm meine Lippen mit ihren.

„Oh, wie sehr habe ich dich gestern begehrt , denn ich habe den Brief selbst zu dir nach Hause gebracht und dich in deinem Zimmer vielleicht mit Smith reden gehört", fügte sie hinzu und sah mir in die Augen. „Ich möchte es so gern glauben, aber als ich deine Stimme hörte oder mir einbildete, ich hörte sie, fühlte ich, wie sich die Lippen meiner Scham öffneten und schlossen, und dann begann es unerträglich zu brennen und zu jucken. Ich war kurz davor, zu dir hineinzugehen, aber stattdessen drehte ich mich um und eilte davon, wütend auf dich und auf mich selbst –"

„Ich werde nicht zulassen, dass du von solchem Verrat sprichst", rief ich, während ich sprach, ihre weichen Schenkel spreizte und zwischen sie glitt. Im nächsten Moment war mein Geschlecht in ihr und wir waren ein Körper, während ich ihn langsam herauszog und dann wieder hineinschob, ihr nackter Körper spannte sich gegen meinen.

„Oh", rief sie, „wenn du rausziehst, folgt mein Herz deiner Geschlechtsorgane, aus Angst, es zu verlieren, und wenn du wieder hineinstößt, öffnet es sich weit in Ekstase und will dich ganz, ganz –" und sie küsste mich mit heißen Lippen.

„Hier ist etwas Neues", rief sie aus, „Futter für deine Eitelkeit von meiner Liebe! So verrückt du mich auch mit deinen Liebesstößen machst, in einem Moment bin ich heiß und trocken vor Verlangen, im nächsten nass vor Leidenschaft, in Liebe gebadet. Ich könnte mein ganzes Leben mit dir leben, ohne dich zu haben, wenn du es wolltest oder wenn es dir gut tun würde. Glaubst du mir?"

„Ja", antwortete ich und setzte das Liebesspiel fort, zog mich jedoch gelegentlich zurück, um ihre Klitoris mit meinem Geschlecht zu reiben, und vergrub ihn dann langsam wieder bis zum Anschlag in ihrer Möse.

„Wir Frauen haben keine Seele außer der Liebe", sagte sie schwach, und ihre Augen erstarben, während sie sprach:

„ Ich quäle mich selbst, um mir ein neues Vergnügen für dich auszudenken, und doch wirst du mich verlassen, das glaube ich, für irgendein dummes Mädchen, das nicht den geringsten Teil dessen empfinden kann, was ich fühle, oder dir geben kann, was ich gebe –" Hier begann sie schnell zu atmen: „Ich habe darüber nachgedacht, wie ich dir mehr Vergnügen bereiten kann; lass es mich versuchen. Dein Samen, Liebling, ist mir lieb: Ich will ihn nicht in meiner Scheide; ich will dich prickeln fühlen, und deshalb will ich deine Scheide in meinem Mund, ich will deine Essenz trinken, und ich werde –" und sie ließ sich, Tat und Wort folgend, im Bett nieder, nahm meine Scheide in den Mund und begann, sie auf und ab zu reiben, bis mein Samen in langen Strahlen herausspritzte und ihren Mund füllte, während sie ihn gierig schluckte.

„Jetzt liebe ich Sie, Sir!", rief sie aus, richtete sich wieder auf und schmiegte sich an mich: „Warten Sie, bis ein Mädchen das mit Ihnen macht, und Sie werden wissen, dass sie Sie bis zum Wahnsinn oder besser noch bis zur Selbstzerstörung liebt."

„Warum redest du von einem anderen Mädchen? ", schalt ich sie. „Ich kann mir nicht vorstellen, dass du mit einem anderen Mann ausgehst. Warum solltest du dich genauso grundlos quälen?"

Sie schüttelte den Kopf: „Meine Befürchtungen sind prophetisch", seufzte sie, „ich bin bereit zu glauben, dass es noch nicht passiert ist – Ach Gott, der quälende Gedanke! Allein die Angst davor, dass du mit jemand anderem ausgehst, macht mich verrückt; ich könnte sie umbringen, das Miststück: Warum sucht sie sich keinen eigenen Mann? Wie kann sie es wagen, dich auch nur anzusehen?" und sie drückte mich fest an sich. Ohne Abneigung stieß ich mein Geschlecht wieder in sie hinein und begann die langsame Bewegung, die sie so schnell und mich so allmählich erregte, denn selbst während ich all mein Können einsetzte, um ihr das größtmögliche Vergnügen zu bereiten, konnte ich nicht anders, als zu vergleichen, und mir wurde klar, dass Kates Muschi kleiner und fester war und mir unendlich mehr Vergnügen bereitete; trotzdem machte ich zu ihrer Freude weiter. Und jetzt begann sie wieder zu keuchen und zu würgen, und während ich weiter ihren Körper pflügte und mit jedem langsamen Stoß ihre Gebärmutter berührte, begann sie unartikuliert zu schreien, wobei die kleinen, kurzen Schreie immer lauter wurden, bis sie plötzlich wie ein angeschossenes Kaninchen quiekte und dann vor Lachen kreischte und in einem Sturm aus Seufzen und Schluchzen und Tränenströmen ausbrach.

Wie immer ließ mich ihre Heftigkeit ein wenig frösteln, denn ihr Anfall löste in mir keine entsprechende Hitze aus, und durch ihre komischen, unregelmäßigen Bewegungen dämpfte sie sogar mein Vergnügen.

Plötzlich hörte ich Schritte, die sich von der Tür entfernten, leichte, schleichende Schritte: Wer konnte das sein? Der Diener? Oder –?

Lorna hatte sie auch gehört, und obwohl sie immer noch keuchte und krampfhaft schluckte, hörte sie aufmerksam zu, während ihre großen Augen nachdenklich umherwanderten. Ich wusste, dass ich ihr das Rätsel überlassen konnte: Es war meine Aufgabe, sie zu beruhigen und zu streicheln.

Ich stand auf und ging zum offenen Fenster, um Luft zu schnappen, und plötzlich sah ich, wie Lily schnell über den Rasen rannte und im Nachbarhaus verschwand: Sie war also die Zuhörerin! Als ich an Lornas keuchende Schreie dachte, musste ich in mich hinein lächeln. Wenn Lily versuchte, sich das selbst zu erklären, würde sie vermutlich eine unruhige Stunde haben.

Als Lorna sich angezogen hatte – und sie zog sich schnell an – und hastig nach unten ging, um sich, glaube ich, davon zu überzeugen, dass ihr Schwarzer sie nicht ausspioniert hatte, wartete ich im Wohnzimmer: Ich musste Lorna warnen, dass meine „Studien" mir nur erlaubten, einen Tag pro Woche unseren Vergnügungen zu widmen.

„Oh!", rief sie und wurde blass, als ich es ihr erklärte. „Wusste ich das nicht?"

„Aber Lorna", flehte ich, „hast du nicht gesagt, du könntest ganz auf mich verzichten, wenn es zu meinem Besten wäre?"

„Nein, nein, nein! Tausendmal nein!", rief sie. „Ich sagte, wenn du immer bei mir wärst, könnte ich auf Leidenschaft verzichten; aber diese Hungerkur einmal in der Woche! Geh, geh!", rief sie. „Sonst sage ich etwas, was ich bereuen werde. Geh!", und sie schob mich zur Tür hinaus, und da ich es im Hinblick auf die Zukunft für besser hielt, ging ich.

Die Wahrheit ist, ich war froh, wegzukommen: Neuheit ist die Seele der Leidenschaft. Es gibt ein altes englisches Sprichwort: „Frische Fotze, frischer Mut." Auf meinem Heimweg dachte ich öfter an Lilys schlanke, dunkle Gestalt als an die Frau, deren Körper mir jetzt mit jedem Hügel und Tal vertraut war, während Lily mit ihren schmalen Hüften und geraden Flanken ein winziges Geschlecht haben musste, dachte ich; – „Verdammt, Lily", und ich eilte zu Smith.

Wir gingen zusammen zum Abendessen hinunter und ich stellte Smith Kate vor. Sie waren einfach nur höflich, doch als sie sich zu mir umdrehte, musterte sie mich neugierig und hob die Augenbrauen in einer Geste, die sagen wollte: „Ich weiß, was ich weiß", und die mir im weiteren Verlauf vertraut werden sollte.

Nach dem Abendessen hatte ich ein langes Gespräch mit Smith in seinem Zimmer, ein vertrauliches Gespräch, das unsere Beziehung veränderte.

Ich habe bereits erwähnt, dass Smith etwa alle zwei Wochen krank wurde. Ich hatte keine Ahnung, was der Grund dafür war, und keine Vorstellung vom Ausmaß der Krankheit. An diesem Abend kam er in Erinnerungen und erzählte mir alles.

Er schien sich für sehr stark gehalten zu haben, bis er zum Studium nach Athen ging. Dort arbeitete er unermüdlich und lernte fast zu Beginn seines Aufenthalts ein griechisches Mädchen aus gutem Hause kennen, das Griechisch mit ihm sprach und sich ihm schließlich leidenschaftlich hingab. Voller jugendlicher Kraft, die immer durch lebhafte Fantasien belebt wurde, erzählte er mir, dass er normalerweise fast gleich nach seiner Ankunft das erste Mal kam und dass er, um seiner Partnerin Lust zu bereiten, zwei- oder dreimal kommen musste, was ihn auslaugte und erschöpfte. Er gab zu, dass er sich Tag für Tag, zu jeder Jahreszeit, diesem wilden Liebesspiel hingegeben hatte. Als er in die Vereinigten Staaten zurückkehrte, versuchte er, sein griechisches Mädchen aus seinem Kopf zu verbannen; aber trotz allem, was er tun konnte, hatte er Liebesträume, die zu einem Orgasmus führten und etwa alle zwei Wochen mit Samenergüssen endeten . Und nach etwa einem Jahr verursachten ihm diese vierzehntägigen Samenergüsse starke Schmerzen im Kreuz, die etwa vierundzwanzig Stunden anhielten, offensichtlich bis mehr Samen abgesondert worden war. Ich konnte mir nicht vorstellen, wie ein vierzehntägiger Samenerguss einen jungen Mann von Smiths Vitalität und Gesundheit schwächen und beunruhigen konnte. Doch sobald ich sein Leiden miterlebt hatte, setzte ich meinen Verstand ein und erzählte ihm von

dem Trick, mit dem ich meinen feuchten Träumen in der Englischschule ein
Ende bereitet hatte.

Smith willigte sofort ein, mein Heilmittel auszuprobieren, und da die
vierzehn Tage fast um waren, suchte ich sofort nach einer Peitschenschnur
und fesselte sein widerspenstiges Glied Nacht für Nacht. Einige Tage lang
wirkte das Heilmittel, dann ging er aus und verbrachte den Nachmittag und
die Nacht bei Richter Stevens, und er war wieder krank. Natürlich hatte es
keine Verbindung gegeben: meiner Meinung nach wäre es für Smith sogar
viel besser gewesen, wenn es eine gegeben hätte, aber die Nähe des
Mädchens, das er liebte, und natürlich die Küsse , die verlobten Paaren nach
amerikanischem Brauch immer erlaubt sind, fanden ungehindert statt, und
als er einschlief, endeten seine Träume mit einem Orgasmus. Das Schlimmste
daran war, dass mein Heilmittel verhindert hatte, dass seine Träume achtzehn
oder zwanzig Tage lang einen Höhepunkt erreichten, sodass er ein zweites
Mal träumte und einen zweiten feuchten Traum hatte, der ihm Kummer
bereitete und noch stärkere Schmerzen bereitete als sonst.

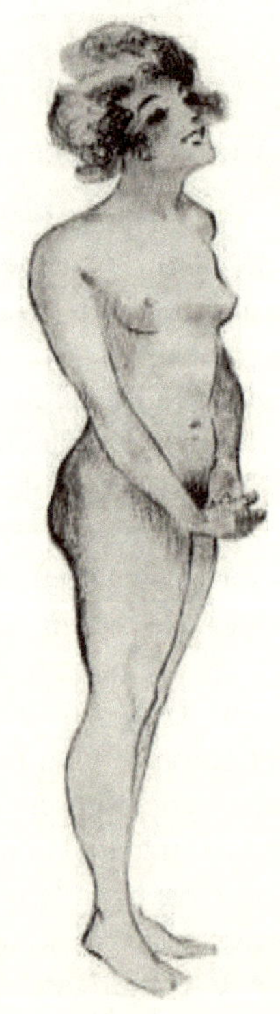

Ich bekämpfte das Böse mit all meinem Verstand. Ich brachte Ned Stevens dazu, dem Professor ein Pferd zu leihen; ich holte Blue Devil heraus und wir gingen zwei- oder dreimal pro Woche reiten. Ich besorgte mir auch Boxhandschuhe und bald kämpften entweder Ned oder ich jeden Tag mit Smith: Allmählich verbesserten diese Übungen seinen allgemeinen Gesundheitszustand; und als ich ihm einen oder zwei Monate lang jeden Abend die Peitschenschnur umbinden konnte, nahm er überraschend an Gewicht und Kraft zu.

Das Schlimmste war, dass diese Verbesserung seines Gesundheitszustands immer dazu führte, dass er ein oder zwei Tage mit seiner Verlobten verbrachte, was alles Gute zunichtemachte. Ich riet ihm, zu heiraten und sich dann streng zu beherrschen; aber er wollte erst gesund werden und wieder sein kräftiges Selbst sein. Ich tat alles, was ich konnte, um ihm zu helfen, aber lange Zeit ahnte ich nicht, dass ein gelegentlicher feuchter Traum ernste Folgen haben könnte. Als Schuljungen machten wir uns über sie lustig: wie hätte ich mir das vorstellen können – aber da es die feinsten, nervösesten Naturen sind, die am ehesten auf diese Weise leiden, werde ich Schritt für Schritt erzählen, was passierte: Es genügt hier zu sagen, dass es ihm während seines Aufenthalts bei mir im Gregory besser ging als zuvor und ich ständig auf eine dauerhafte Besserung hoffte.

Nach unserem Gespräch an jenem ersten Abend bei Gregory ging ich nach unten ins Esszimmer und hoffte, Kate allein anzutreffen. Ich hatte Glück: Sie hatte ihre müde Mutter überredet, ins Bett zu gehen, und war gerade dabei, ihre Aufräumarbeiten zu beenden.

„Ich will dich so sehr, Kate", sagte ich und versuchte, sie zu küssen. Sie zog den Kopf zur Seite: „Deshalb bist du den ganzen Nachmittag weggeblieben", nehme ich an. Und sie sah mich mit einem Seitenblick an. Mir kam eine Eingebung: „Kate", rief ich aus, „ich musste mir meine neuen Kleider anprobieren lassen!" „Vergib mir", rief sie sofort, denn diese Entschuldigung war berechtigt: „Ich dachte, ich fürchtete – oh, ich bin grundlos misstrauisch, ich weiß, bin grundlos eifersüchtig, da! Ich gestehe!" und die großen haselnussbraunen Augen richteten sich voller Liebe auf mich.

Ich spielte mit ihren Brüsten und flüsterte: „Wann werde ich dich nackt sehen, Kate? Ich will, wann?" „Du hast das meiste von mir gesehen!" und sie lachte freudig!

„Na gut", sagte ich und wandte mich ab, „wenn Sie entschlossen sind, sich über mich lustig zu machen und gemein zu mir zu sein –"

„Gemein zu dir!", rief sie, packte mich und wirbelte mich herum. „Ich könnte leichter gemein zu mir selbst sein. Ich bin froh, dass du mich sehen willst, froh und stolz, und heute Abend, wenn du deine Tür offen lässt, werde ich zu dir kommen: gemein, oh –" und sie gab ihre Seele in einem Kuss.

„Ist das nicht riskant?", fragte ich.

„Ich habe es heute Nachmittag auf der Treppe versucht", strahlte sie, „sie knarrt nicht: niemand wird es hören, also schlaf nicht, sonst werde ich dich überraschen" – Als Zeichen des Versprechens schob ich meine Hand unter ihre Kleidung und streichelte ihre Scham; sie war heiß und öffnete sich mir bald.

„Na also, Sir, gehen Sie!", lächelte sie, „sonst machen Sie mich noch sehr unartig und ich habe viel zu tun!"

„Was meinst du mit ‚ungezogen'", sagte ich, „sag mir, was du fühlst? Bitte !"

„Ich fühle mein Herz schlagen", sagte sie, „und, und – oh! Warte bis heute Abend, dann werde ich versuchen, es dir zu erzählen, Liebling!" Und sie schob mich zur Tür hinaus.

Zum ersten Mal in meinem Leben merke ich hier, dass die Kunst des Schriftstellers nicht nur in Bezug auf die Schärfe der Empfindungen und Emotionen der Realität unterlegen ist, sondern auch gleichartiger, ja monotoner, weil sie nicht in der Lage ist, die winzigen, aber unaussprechlichen Unterschiede desselben Gefühls darzustellen, die die Verschiedenheit der Persönlichkeit mit sich bringt. Es scheint, als wiederhole ich mich, wenn ich Kates Liebe nach der von Mrs. Mayhew beschreibe, und mache die Gefühle des Mädchens zu einer blasseren Kopie der Gefühle der Frau. In Wirklichkeit waren die beiden völlig verschieden. Mrs. Mayhews lange unterdrückte Gefühle loderten in der Hitze eines Nachmittags im Juli oder August, während man in Kates Gefühlen die Frische und Kühle eines Sommermorgens spürte, durchdrungen von der Andeutung kommender Hitze. Und selbst dieser Vergleich ist unpassend, weil er die Wirkung von Kates Schönheit, den großen haselnussbraunen Augen, der rosigen Haut, der prächtigen Figur außer Acht lässt. Außerdem war Kate von einem Zauber des Geistes umgeben: Lorna Mayhew würde mir nie einen neuen Brief schreiben, der nicht aus Leidenschaft entsprang; in Kate spürte ich eine spirituelle Persönlichkeit und den Nervenkitzel unentwickelter Möglichkeiten. Und obwohl ich mein Bestes gegeben habe, habe ich meinem Leser noch nicht die enorme Überlegenheit des Mädchens und ihre selbstlosere Liebe gezeigt. Aber ich bin noch nicht fertig.

Smith hatte mir „Die Mühle am Floss" zu lesen gegeben; ich hatte George Eliot noch nie zuvor ausprobiert und fand, dass dieses Buch beinahe Smiths Lob verdiente. Ich hatte bis etwa ein Uhr gelesen, als mein Herz sie hörte; oder war es eine Art Nervenkitzel der Erwartung? Im nächsten Moment öffnete sich meine Tür und sie kam herein mit einer Haarmähne um die

Schultern und einem langen Morgenmantel, der ihr bis zu den bestrumpften Füßen reichte. Ich sprang blitzschnell auf; aber sie hatte die Tür bereits geschlossen und verriegelt; ich zog sie zum Bett und hielt sie davon ab, den Morgenmantel abzuwerfen: „Lass mich zuerst deine Strümpfe ausziehen", flüsterte ich, „ich möchte, dass ihr euch alle in mich einprägt!"

Im nächsten Moment stand sie nackt da, die flackernde Flamme der Kerze warf wunderliche Arabesken aus Licht und Schatten auf ihren schönen elfenbeinfarbenen Körper: Ich starrte und starrte: Vom Nabel abwärts war sie perfekt; ich drehte sie um und auch den Rücken, sogar der Po war makellos, wenn auch groß; aber ach! Die Brüste waren viel zu groß für Schönheit, zu weich, um zu erregen! Ich darf nur an die kühne Rundung ihrer Hüften denken, dachte ich, an die Pracht der festen Schenkel, deren Fleisch die harten Umrisse von Marmor hatte, und an ihr – Geschlecht? Ich legte sie aufs Bett und spreizte ihre Schenkel: Ihre Muschi war vollkommen.

Ich wollte sofort in sie eindringen, aber sie flehte: „Bitte, Liebling, komm ins Bett. Mir ist kalt und ich brauche dich." Also stieg ich hinein und begann, sie zu küssen.

Bald wurde ihr warm und ich zog mein Nachthemd aus und streichelte mit meinem Mittelfinger ihre Scham, die sich schnell öffnete: „E-E!", sagte sie und holte schnell Luft: „Es tut immer noch weh." Ich drückte meine Scham sanft gegen ihre und bewegte sie langsam auf und ab, bis sie ihre Knie anzog, um mich hineinzulassen; aber sobald die Spitze eindrang, verzog sich ihr Gesicht ein wenig vor Schmerz und da ich einen langen Nachmittag gehabt hatte, war ich eher geneigt, zurückzuhalten und zog mich dementsprechend zurück und setzte mich neben sie:

„Ich kann es nicht ertragen, dir wehzutun", sagte ich, „die Freude der Liebe muss auf Gegenseitigkeit beruhen."

„Du bist süß!", flüsterte sie, „ich bin froh, dass du aufgehört hast; denn das zeigt, dass ich dir wirklich etwas bedeute und es dir nicht nur um das Vergnügen geht!" und sie küsste mich liebevoll.

„Kate, belohne mich", sagte ich, „ indem du mir erzählst, was du gefühlt hast, als ich dich zum ersten Mal hatte", und ich legte ihre Hand auf meine heiße, steife Scheide, um sie zu ermutigen.

„Das ist unmöglich", sagte sie und errötete leicht. „Da waren so viele neue Gefühle. Als ich heute Abend im Bett wartete, bis die Zeit verging, und an dich dachte, spürte ich ein seltsames Kribbeln an der Innenseite meiner Schenkel, das ich vorher noch nie gespürt hatte, und jetzt" – und sie verbarg ihr glühendes Gesicht an meinem Hals – „spüre ich es wieder!"

„Liebe ist komisch, nicht wahr?", flüsterte sie im nächsten Moment. „Jetzt ist das Prickeln weg und die Vorderseite meiner Scham brennt und juckt. Oh ! Ich muss sie anfassen!"

„Lass mich", rief ich, und im nächsten Moment war ich auf ihr und bewegte mein Glied auf und ab an ihrer Klitoris, der Vorhalle des Tempels der Liebe sozusagen. Wenig später saugte sie selbst die Spitze in ihre heiße, trockene Muschi und schloss dann ihre Beine, als hätte sie Schmerzen, um mich davon abzuhalten, weiter zu gehen; aber ich begann, mein Geschlecht auf und ab an ihrem Kitzler zu reiben, ließ es ab und zu ganz hineingleiten, bis sie keuchte und ihr Liebessaft kam und meine Waffe sich auf natürliche Weise in ihr verschob. Bald begann ich mit den sehr langsamen und sanften Hin- und Herbewegungen, die ihre Erregung stetig steigerten und ihr immer mehr Lust bereiteten, bis ich kam und sie sofort mit beiden Händen meine Brust von ihren Brüsten hob und mir ihr glühendes Gesicht zeigte. „Hör auf, Junge", keuchte sie, „bitte: mein Herz flattert so! Ich bin auch gekommen, weißt du, nur mit dir", und tatsächlich fühlte ich, wie sie am ganzen Leib krampfhaft zitterte.

Ich zog den Penis heraus und ließ sie sicherheitshalber die Spritze benutzen, nachdem ich ihr bereits ihre Wirkungsweise erklärt hatte. Sie war entzückend unbeholfen, und als sie fertig war, nahm ich sie wieder mit ins Bett, drückte sie an mich und küsste sie. „Also liebst du mich wirklich, Kate!"

„Wirklich", sagte sie, „du weißt nicht, wie viel!"

„Ich werde versuchen, nie wieder etwas zu vermuten oder eifersüchtig zu sein", fuhr sie fort. „Es ist ein abscheuliches Gefühl, nicht wahr? Aber ich möchte Ihr Klassenzimmer sehen: Würden Sie mich einmal mit zur Universität nehmen?"

„Aber natürlich", rief ich, „das würde mich sehr freuen. Ich bringe Sie morgen Nachmittag hin, oder noch besser", fügte ich hinzu, „kommen Sie um vier Uhr den Hügel hinauf, dann treffe ich Sie am Eingang."

Und so war die Sache geklärt und Kate ging ebenso geräuschlos in ihr Zimmer zurück, wie sie gekommen war.

Am nächsten Nachmittag wartete sie zehn Minuten vor Beginn der Vorlesungen in der Aula der Universität, denn unsere Vorlesungen begannen immer um die volle Stunde und endeten nach 45 Minuten, damit wir in jedem anderen Unterrichtsraum pünktlich sein konnten. Nachdem wir ihr alles Interessante gezeigt hatten, gingen wir lachend und plaudernd nach Hause, als wir der Dame etwa hundert Meter von Mrs. Mayhews Haus entfernt von Angesicht zu Angesicht gegenüberstanden. Ich weiß nicht, wie ich aussah, denn da ich ein wenig kurzsichtig war, erkannte ich sie erst, als sie nur noch zehn Meter von mir entfernt war; aber ihr Blick durchbohrte mich. Sie verbeugte sich mit einem Blick, der uns beide einfing, ich lüftete meinen Hut und wir gingen weiter.

„Wer ist das?", rief Kate. „Was für einen seltsamen Blick hat sie uns zugeworfen!"

„Sie ist die Frau eines Spielers", antwortete ich so gleichgültig wie möglich, „er gibt mir ab und zu Arbeit", fuhr ich fort und sagte auf seltsame Weise die Zukunft voraus. Kate sah mich forschend an und sagte dann: „Das macht mir nichts aus; aber ich bin froh, dass sie schon ziemlich alt ist!"

„So alt wie wir beide zusammen!", fügte ich verräterisch hinzu und wir gingen weiter.

Diese Liebesgeschichten mit Mrs. Mayhew und Kate sowie meine Unterrichtsstunden und Gespräche mit Smith sind eine gute Darstellung der Ereignisse meines Lebens im gesamten Jahr von 17 bis 18, mit der einzigen Einschränkung, dass mir meine Nachmittage mit Lorna immer weniger gefielen. Doch nun muss ich Ereignisse schildern, die mein Leben erneut beeinflussten.

Ich war noch nicht vier Monate bei den Gregorys , als Kate mir erzählte, dass mein Bruder Willie mir seit über vierzehn Tagen keine Kost mehr zahlte. Süß fügte sie hinzu:

„Das ist egal, Liebes, aber ich dachte, du solltest es wissen, und ich möchte nicht, dass dir jemand wehtut, also habe ich es auf mich genommen, es dir zu sagen." Ich küsste sie, sagte, das sei süß von ihr, und machte mich auf die Suche nach Willie. Er brachte redegewandte, aber nicht überzeugende Entschuldigungen vor und gab mir schließlich einen Scheck , während er mich anflehte, Mrs. Gregory zu sagen, dass auch er kommen und bei ihr wohnen würde.

Der Vorfall brachte mich zum Nachdenken. Ich ließ Kate versprechen, mir Bescheid zu sagen, wenn er noch einmal seine Schulden nicht bezahlen würde, und benutzte das Geschehen als Entschuldigung bei Lorna. Ich besuchte sie und sagte ihr, ich müsse sofort daran denken, meinen Lebensunterhalt zu verdienen. Ich hatte noch etwa fünfhundert Dollar übrig, aber ich wollte der Not zuvorkommen: Außerdem hatte ich so eine gute Ausrede, sie nicht einmal wöchentlich zu besuchen. „Ich muss arbeiten!", wiederholte ich immer wieder, obwohl ich mich für die Lüge schämte.

„Schlag mich nicht, Liebling!", flehte sie. „Meine Unfähigkeit, dir zu helfen, ist schmerzhaft genug. Gib mir Zeit zum Nachdenken. Ich weiß, dass es Mayhew ziemlich gut geht. Gib mir ein oder zwei Tage, aber komm zu mir, wenn du kannst. Weißt du, ich bin nicht stolz, was dich betrifft. Ich flehe nur wie ein Hund um eine freundliche Behandlung, um meiner Liebe willen. Ich hätte nicht geglaubt, dass ich mich so verwandeln könnte. Ich war immer so stolz. Mein Mann nennt mich ‚stolz und kalt‘, ich bin kalt! Es stimmt, ich zittere, wenn ich deine Stimme höre, aber es ist das Zittern des Fiebers. Als du gerade unerwartet hereinkamst und mich küsstest, überkamen mich Hitzewellen. Meine Gebärmutter bewegte sich in mir. Das habe ich nie gespürt, bis ich dich geliebt habe, und jetzt brennt natürlich mein Geschlecht. Ich wünschte, ich wäre kalt. Eine kalte Frau könnte die Welt beherrschen.

„Aber nein! Ich würde mich nicht ändern. So wie ich nie ein Mann sein wollte, nie; obwohl andere Mädchen immer sagten, sie würden gern ihr Geschlecht ändern; ich, nie! Und seit ich verheiratet bin, weniger denn je. Was ist ein Mann? Seine Liebe ist vorbei, bevor unsere beginnt –“

„Wirklich?“, unterbrach ich ihn grinsend.

„Nicht du, mein Geliebter!“, rief sie, „oh, nicht du; aber du bist mehr als ein Mann! Komm, lass uns keine Zeit mit Reden verschwenden. Jetzt habe ich dich, nimm mich mit in unseren Himmel. Ich bin bereit, ‚reif-bereit‘ ist dein Wort: Ich gehe zu unserem Bett wie zu einem Altar. Wenn ich dich auch nur weniger als einmal pro Woche haben soll, komm zehn Tage lang nicht wieder: Dann wird es mir wieder gut gehen und du kannst sicher ein paar Tage hintereinander zu mir kommen: Ich möchte die Höhen erreichen und die Illusion umarmen, eine heiße Woche mit Glückseligkeit vollstopfen und dann vierzehn Tage lang sterben. Was für Lumpen sind wir Frauen! Komm, Liebling, ich werde deine Scheide sein und du wirst das Schwert sein und direkt in mich eindringen – Aber ich werde dir helfen“, rief sie plötzlich: „War es das Mädchen, das dir gesagt hat, du schuldest Geld für Essen? (Ich nickte und sie glühte.) Oh, ich werde helfen, keine Angst! Ich habe dieses Mädchen nie gemocht: Sie ist unverschämt und eingebildet und – Oh! Warum bist du mit ihr gegangen?“

„Sie wollte die Universität sehen“, sagte ich, „und ich konnte ihr das nicht abschlagen.“ „Oh, bezahl sie“, rief sie, „aber geh nicht mit ihr spazieren. Sie ist ein ganz gewöhnliches Wesen. Stell dir vor, sie würde dir gegenüber von Geld sprechen, meine Liebe!“

Am selben Abend erhielt ich eine Nachricht von Lorna, in der sie mir mitteilte, dass ihr Mann mich sehen wollte.

Ich traf den kleinen Mann im Wohnzimmer und er schlug vor, dass ich jeden Abend nach dem Abendessen zu ihm nach Hause kommen und mich lesend auf einen Stuhl neben der Tür setzen sollte, aber mit einem Colt-Revolver in Reichweite, damit ihn niemand ausrauben und mit der Beute davonkommen könnte.

„Ich würde mich sicherer fühlen“, schloss er, „und meine Frau sagt mir, Sie sind ein sicherer Schütze und an ein wildes Leben gewöhnt: Was meinen Sie dazu ? Ich würde Ihnen sechzig Dollar im Monat geben und in mehr als der Hälfte der Fälle wären Sie vor Mitternacht frei."

„Das ist sehr nett von Ihnen", rief ich mit heißen Wangen, „und auch sehr nett von Mrs. Mayhew: Ich werde es tun und ich bitte Sie, mir zu glauben, dass Sie niemand belästigen wird und Sie ungeschoren davonkommen", und so war die Sache geregelt.

Sind Frauen nicht wunderbar? In einem halben Tag hatte sie mein Problem gelöst und ich stellte fest, dass die Stunden, die ich in Mayhews Spielsalons verbrachte, wertvoller waren, als ich es mir erträumt hatte. Der Durchschnittsmann offenbart sich mehr im Spiel als in der Liebe oder im Alkohol, und ich war erstaunt, als ich entdeckte, dass viele der sogenannten besten Bürger von Zeit zu Zeit mit Mayhew spielten. Ich glaube nicht, dass sie fair gehandelt haben, dafür gewann er zu häufig; aber das ging mich nichts an, solange die Kunden die Ergebnisse akzeptierten: und er zeigte sich oft freundlich, indem er ein paar Dollar zurückgab, nachdem er einen Mann um alles geärgert hatte, was er besaß.

Natürlich führte die Tatsache, dass ich mit ihrem Mann zusammenarbeitete, dazu, dass ich mich mehr in Mrs. Mayhews Gesellschaft einließ: Ungefähr zweimal pro Woche musste ich den Nachmittag mit ihr verbringen, und dieser Zwang ärgerte mich. Auch Kate hatte etwas gegen meine Besuche: Sie war zu stolz, um offen darüber zu sprechen, aber eines Tages hatte sie mich zu Mrs. Mayhew gehen sehen, und ich glaube, sie erriet den Rest; denn zunächst war sie mir gegenüber kühl und wich sogar meinen Küssen aus: „Du hast mich kalt gemacht", rief sie, „ich glaube nicht, dass ich dich jemals wieder ganz lieben werde." Aber als ich in sie eindrang und sie wirklich erregte, küsste sie mich plötzlich leidenschaftlich, und ihre herrlichen Augen waren voller Tränen. „Warum weinst du, Liebes?", fragte ich. „Weil ich dich nicht zu meinem machen kann, da ich ganz dein bin!", rief sie. „Oh!", fuhr sie fort und drückte mich an sich, „ich glaube, das Vergnügen wird durch die schreckliche Angst – und den Hass – gesteigert – oh, liebe mich und nur mich, liebe meins!" Natürlich versprach ich Treue, doch zu meiner Überraschung merkte ich, dass auch mein Verlangen nach Kate nachließ.

Die Abmachung mit den Mayhews endete unerwartet und vorzeitig. Mayhew geriet ab und zu in Streit mit einem anderen Spieler, und nachdem ich etwa drei Monate mit ihm zusammen war, lieferte sich ein Spieler aus Denver einen großen Wettstreit mit ihm und schlug anschließend vor, dass sie ihre Kräfte bündeln und Mayhew nach Denver kommen sollte. „Dort lässt sich in einer Woche mehr Geld verdienen", erklärte er, „als in einem Monat in Lawrence." Schließlich überredete er Mayhew, der klug genug war, seiner Frau nichts zu sagen, bis die ganze Abmachung geklärt war. Sie tobte, konnte aber nichts tun, außer nachzugeben, und so mussten wir uns trennen.

Mayhew gab mir hundert Dollar als Bonus und Lorna einen unvergesslichen, erstaunlichen Nachmittag, den ich nun zu beschreiben versuchen muss.

ging ich nicht in die Nähe der Mayhews , sodass Lorna annehmen musste, ich betrachte alles als beendet. Aber am Tag darauf erhielt ich eine Nachricht von ihr, ein gebieterisches:

„Komm sofort, ich muss dich sehen!"

Natürlich bin ich hingegangen, allerdings widerwillig.

Sobald ich das Zimmer betrat, erhob sie sich vom Sofa und kam zu mir: „Wenn ich dir Arbeit in Denver besorge, kommst du dann mit?"

„Wie könnte ich?", fragte ich völlig erstaunt. „Sie wissen, dass ich hier an die Universität gebunden bin und außerdem in eine Anwaltskanzlei gehen möchte. Außerdem könnte ich Smith nicht verlassen. Ich habe noch nie einen solchen Lehrer gekannt. Ich glaube nicht, dass es irgendwo einen gibt, der ihm ebenbürtig wäre."

Sie nickte mit dem Kopf: „Ich verstehe", seufzte sie, „ich glaube, es ist unmöglich; aber ich muss dich sehen", rief sie, „wenn ich nicht die Hoffnung habe, was soll ich sagen! die Gewissheit, dich wiederzusehen, werde ich nicht gehen. Ich würde mich lieber umbringen! Ich werde eine Dienerin sein und bei dir bleiben, mein Liebling, und auf dich aufpassen! Es ist mir egal, was ich tue, solange wir zusammen sind: Ich bin fast verrückt vor Angst, dich zu verlieren."

„Es ist alles eine Frage des Geldes", sagte ich ruhig, denn die Vorstellung, dass sie zurückblieb, machte mir Angst: „Wenn ich Geld verdienen kann, würde ich in meinen Ferien gern nach Denver fahren. Im Sommer muss es dort herrlich sein, 2.000 Meter über dem Meeresspiegel: Das wäre ein Vergnügen."

„Wenn ich dir das Geld schicke, kommst du dann?", fragte sie kurz.

Ich verzog das Gesicht: „Ich kann kein Geld annehmen von – einer Liebe", (ich sagte „Liebe" statt „Frau": das war nicht so hässlich) und fuhr fort: „Aber Smith sagt, er kann mir Arbeit besorgen, und ich habe noch ein wenig: Ich komme in den Ferien."

„Das werden heilige Tage für mich sein!", sagte sie feierlich, und dann, mit einem raschen Stimmungswechsel: „Ich werde für unsere Liebe in Denver ein schönes Zimmer einrichten; aber du musst zu Weihnachten kommen, ich kann nicht bis Mittsommer warten: oh, wie werde ich mich nach dir sehnen – sehnen!"

„Komm nach oben", überredete ich sie, und sie kam mit, und wir gingen zu Bett: Ich fand sie verrückt vor Verlangen; aber nachdem ich sie in einer

Stunde zur Hysterie gebracht hatte und sie weinend in meinen Armen lag, sagte sie plötzlich: „Er hat versprochen, heute Nachmittag früh nach Hause zu kommen, und ich sagte, ich hätte eine Überraschung für ihn. Wenn er uns so zusammen findet, wird es eine Überraschung sein, nicht wahr?"

„Aber du bist verrückt!", rief ich und stieg blitzschnell aus dem Bett. „Wenn wir uns hier streiten, kann ich dich nie in Denver besuchen!"

„Das stimmt", sagte sie wie im Traum, „das stimmt, es ist schade, ich hätte sein dummes Gesicht so gern verwundert gesehen, aber du hast recht. Beeil dich!", rief sie und war im Nu aus dem Zimmer.

Als sie zurückkam, war ich angezogen.

„Geh nach unten und warte auf mich", befahl sie, „auf unserem Sofa. Wenn er anklopft, mach ihm die Tür auf; das wird eine Überraschung, wenn auch keine so große, wie ich es geplant hatte", fügte sie mit schrillem Lachen hinzu.

„Gehst du, ohne mich zu küssen?", rief sie, als ich an der Tür war. „Na, dann geh, es ist schon gut, geh! Denn wenn ich deine Lippen noch einmal spüren würde, könnte ich dich behalten."

Ich ging die Treppe hinunter und nach wenigen Augenblicken folgte sie mir. „Ich kann es nicht ertragen, dass du gehst!", rief sie. „Wie weh Abschiede tun!", flüsterte sie. „Warum sollten wir uns noch einmal trennen, meine Liebe?" und sie sah mich mit verzückten Augen an.

„Dieses Leben bietet nichts Wertvolles außer der Liebe. Lass uns die Liebe unsterblich machen, du und ich, gemeinsam in den Tod gehen. Was verlieren wir? Nichts! Diese Welt ist eine leere Hülle! Komm mit mir, Liebes, und wir werden dem Tod gemeinsam begegnen!"

„Oh, ich möchte so viele Dinge zuerst tun", rief ich aus, „das Reich des Todes ist ewig; aber dieser kurze Vorgeschmack auf das Leben, dieses Abenteuer, diese Veränderung, diese riesigen Möglichkeiten locken mich – ich kann es nicht aufgeben." „Die Veränderung!", rief sie mit geweiteten Nasenflügeln, während ihre Augen sich verdunkelten, „die Veränderung!"

„Sie wollen mich unbedingt missverstehen", rief ich. „Ist nicht jeder Tag eine Veränderung?"

„Ich bin müde", rief sie, „und niedergeschlagen: Ich kann dich nur bitten, dein Versprechen, zu kommen, nicht zu vergessen – ah!" Und sie fing mich auf und küsste mich auf den Mund: „Ich werde mit deinem Namen auf meinen Lippen sterben", sagte sie und drehte sich um, um ihr Gesicht im Sofakissen zu vergraben. Ich sagte: Was blieb mir sonst übrig?

Ich verabschiedete sie am Bahnhof: Lorna hatte mir das Versprechen abgenommen, mir oft zu schreiben, und sie schwor, dass sie mir jeden Tag schreiben würde, und sie schickte mir tatsächlich vierzehn Tage lang täglich kurze Briefe: Dann folgten immer längere Pausen: „Die Gesellschaft in Denver war angenehm und ein Mr. Wilson, ein Student, war fleißig: Er kommt jeden Tag", schrieb sie. Endlich Entschuldigungen, kleine hastige Briefe, und nach zwei Monaten waren ihre Briefe förmlich und kalt; nach drei Monaten hatten sie ganz aufgehört.

Der Bruch überraschte mich nicht: Ich hatte ihr beigebracht, dass Jugend die wichtigste Voraussetzung für den Liebhaber einer Frau ihres Typs ist. Sie hatte meine Grundsätze zweifellos in die Tat umgesetzt: Mr. Wilson kam dem Ideal wahrscheinlich ebenso nahe wie ich und war ihm viel näher.

Die Leidenschaften der Sinne verlangen Nähe und Befriedigung, und nichts vergisst mehr als die Freuden des Fleisches. Wenn Mrs. Mayhew mir wenig gegeben hatte, hatte ich ihr noch weniger von meinem besseren Selbst gegeben.

SCHWERE ZEITEN UND NEUE LIEBEN.

Kapitel XII.

Bisher hatte ich mehr Glück gehabt, als den meisten jungen Leuten zu Beginn ihres Lebens zuteil wird; jetzt sollte ich Pech haben und wie durchs Feuer geprüft werden. Ich war so mit meinen eigenen Angelegenheiten beschäftigt gewesen, dass ich kaum einen Gedanken an öffentliche Angelegenheiten verschwendet hatte; jetzt war ich gezwungen, einen umfassenderen Blickwinkel einzunehmen.

Eines Tages erzählte mir Kate, dass Willie hohe Schulden hatte: Er war zu Deacon Conkling zurückgekehrt, um auf der anderen Seite des Kaw River zu leben, und ich hatte natürlich angenommen, dass er vor seiner Abreise alles bezahlt hatte. Nun stellte ich fest, dass er den Gregorys auf eigene Rechnung sechzig Dollar schuldete und auf meiner noch mehr.

Ich ging wirklich wütend zu ihm. Wenn er mich gewarnt hätte, hätte es mir nicht so viel ausgemacht; aber es den Gregorys zu überlassen , es mir zu sagen, ließ ihn in mir eine echte Abneigung entstehen, und ich erkannte damals noch nicht das volle Ausmaß seiner Selbstsucht. Jahre später erzählte mir meine Schwester, dass er meinem Vater immer wieder geschrieben und Geld von ihm bekommen hatte, angeblich, es sei für mich und ich würde studieren und nichts verdienen: „Willie hat uns arm gehalten, Frank", sagte sie, und ich konnte nur den Kopf senken; aber wenn ich das damals gewusst hätte, hätte es meine gesamte Beziehung zu Willie verändert.

Tatsächlich fand ich ihn in der Klemme. Von seinem Optimismus mitgerissen, hatte er 1871 und 1872 Immobilien gekauft, sie mit mehr Pfand belastet, als er gab, und als der Boom anhielt, hatte er dieses Spiel immer wieder wiederholt, bis er auf dem Papier und in der Realität hunderttausend Dollar verdient hatte. Das hatte er mir erzählt, und ich war ihm zuliebe froh darüber, aufrichtig froh.

Es war leicht zu erkennen, dass die Boom- und Inflationsperiode zunächst auf dem außerordentlichen Wachstum des Landes durch Einwanderung und Handel nach dem Bürgerkrieg beruhte. Doch der deutsch-französische Krieg hatte Reichtum in ungeheurer Weise verschwendet, den Handel gestört und den Handel in neue Bahnen gelenkt. Frankreich und dann England spürten den Schock zuerst: London musste Geld zurückfordern, das es amerikanischen Eisenbahnen und anderen Unternehmen geliehen hatte. Nach und nach wurde sogar der amerikanische Optimismus hinsichtlich der Einwanderung in den Jahren 1871 und 1872 stark gedämpft, und die Nachfrage aus dem Ausland nach Bargeld erschöpfte unsere Banken. Der

Crash kam 1873; etwas Vergleichbares erlebten wir in diesen Staaten nicht mehr bis zur Krise von 1907, die zur Gründung der Federal Reserve Bank führte.

Willies Vermögen schmolz fast augenblicklich dahin: diese und jene Hypothek musste bedient werden und konnte nur durch Zwangsverkäufe bedient werden, bei denen es keine Käufer gab, außer zu Mindestwerten. Als ich mit ihm sprach, war er fast verzweifelt; kein Geld, kein Eigentum, alles verloren; das Ergebnis von drei Jahren harter Arbeit und erfolgreicher Spekulation, alles weggefegt. Konnte ich ihm helfen? Wenn nicht, war er ruiniert. Er erzählte mir damals, dass er meinem Vater alles abgenommen hatte, was er konnte: Natürlich versprach ich ihm zu helfen; aber zuerst musste ich die Gregorys bezahlen und zu meinem Erstaunen bat er mich, ihm stattdessen das Geld zu überlassen. „Mrs. Gregory und alle wie Sie", flehte er, „sie können warten, ich nicht; ich kenne einen Kauf, der mich wieder reich machen würde!"

mir klar , dass er durch und durch egoistisch war und in seiner egoistischen Gier gewissenlos. Ich gab die schwache Hoffnung auf, dass er es mir jemals zurückzahlen würde: Von da an war er ein Fremder für mich und jemand, den ich nicht einmal respektierte, obwohl er einige feine, einschmeichelnde Eigenschaften hatte.

Ich verließ ihn, um über den Fluss zu gehen, und traf nach ein paar Blocks Rose. Sie sah hübscher aus als je zuvor, und ich drehte mich um und ging mit ihr, lobte ihre Schönheit in den Himmel und sie hatte es tatsächlich verdient; ich erinnere mich, dass kurze grüne Ärmel ihre herrlichen, prallen, weißen Arme betonten. Ich versprach ihr einige Bücher und ließ sie sagen, dass sie sie lesen würde; tatsächlich war ich erstaunt über die Wärme ihrer Dankbarkeit: Sie sagte mir, es sei süß von mir, schenkte mir ihre Augen und wir trennten uns als beste Freunde, mit dem Hauch einer innigeren Beziehung in der Zukunft.

An diesem Abend bezahlte ich Willies Schulden bei den Gregorys und meine eigene, und ich schickte ihm nicht wie versprochen den Rest meines Besitzes, sondern stattdessen einen Brief, in dem ich ihm mitteilte, dass ich es vorgezogen hätte, seine Schulden bei den Gregorys zu streichen .

Am nächsten Tag kam er und versicherte mir, er habe mir aufgrund meines Versprechens Geld versprochen, außerdem habe er hundert Kisten Hühner gekauft, um sie nach Denver zu schicken, und habe bereits ein Angebot des Bürgermeisters von Denver, das doppelt so hoch war wie das, was er gegeben hatte. Ich las die Briefe und das Telegramm, das er mir zeigte, und überließ ihm vierhundert Dollar, was mich auslaugte und mich monatelang arm hielt; bis ich den Deal mit Dingwall abschloss , von dem ich gleich erzählen werde und der mich wieder auf die Beine brachte.

Ich sollte jetzt von Willies Missgeschick mit seiner Wagenladung Hühner erzählen: Es genügt hier zu sagen, dass er von seinem Käufer betrogen wurde und dass ich nie einen Dollar von all dem gesehen habe, was ich ihm geliehen hatte.

Rückblickend verstehe ich, dass es wahrscheinlich die Wirtschaftskrise von 1873 war, die die Mayhews dazu veranlasste , nach Denver zu gehen; aber nachdem sie gegangen waren, hatte ich einige Monate lang keine Arbeit. Ich konnte keine Arbeit finden, obwohl ich alles versuchte: Überall wurde mir die Ausrede vorgehalten: „harte Zeiten, harte Zeiten!" Schließlich nahm ich eine Stelle als Kellner im Eldridge House an, die einzige Stelle, die ich finden konnte, bei der ich den größten Teil des Vormittags für die Universität frei hatte. Smith missfiel dieser neue Weggang von mir und sagte mir, er würde mir bald eine bessere Stelle suchen, und Mrs. Gregory war angewidert und verärgert – teilweise aus Snobismus, glaube ich. Von diesem Zeitpunkt an fühlte ich, dass sie gegen mich war, und allmählich untergrub sie meinen Einfluss bei Kate: Ich wusste bald, dass auch meine öffentliche Wertschätzung gesunken war, aber nicht für lange.

Eines Tages im Herbst stellte mich Smith einem gewissen Mr. Rankin vor, dem Kassierer der First National Bank, der mir sofort die Vermietung von Liberty Hall überließ, dem einzigen Saal in der Stadt, der groß genug war, um tausend Menschen Platz zu bieten: Er hatte auch eine Bühne und konnte daher für Theateraufführungen genutzt werden. Ich gab meine Arbeit im Eldridge House auf und saß stattdessen jeden Tag von zwei bis sieben Uhr nachmittags an der Kasse des Saals und tat mein Bestes, um es gewinnbringend an die Vorabagenten der verschiedenen Wandershows oder Vortragskünstler zu vermieten. Ich erhielt für diese Arbeit sechzig Dollar im Monat und machte eines Tages eine Erfahrung, die mein ganzes Leben veränderte, denn sie lehrte mich, wie in dieser Welt Geld gemacht wird und wie jeder intelligente Mensch es machen kann.

Eines Nachmittags kam der Vorabagent der Hatherly Minstrels in mein Zimmer und warf seine Karte hin.

„Dieser alte Ein- Mann -Stadtmensch", rief er, „sollte ein Leichentuch tragen."

„Was ist los ! ", fragte ich. „Sache!", wiederholte er verächtlich. „Ich glaube nicht, dass es in dieser verdammten Stadt einen Ort gibt, der groß genug ist, um unsere Doppelkronen-Scheine auszustellen! Nicht einen einzigen: keinen Ort. Und ich wollte hier zehntausend Dollar für Werbung für die großartigen Hatherly Minstrels ausgeben, die beste Show der Welt: Sie werden nur vierzehn Tage hier sein, und bei Gott, Sie werden mein Geld nicht nehmen: Sie wollen in diesem toten und lebendigen Loch kein Geld!"

Der Kerl amüsierte mich: Er war so überzeugt und offen, dass ich ihn mochte. Wie es der Zufall wollte, war ich an diesem Tag bis spät in die Nacht an der Universität gewesen und nicht zum Abendessen zu Gregory gegangen: Ich war furchtbar hungrig: Ich fragte Mr. Dingwall , ob er schon zu Abend gegessen hatte.

„Nein, Sir“, war seine Antwort, „Kann man hier zu Abend essen?“

„Ich denke schon“, antwortete ich, „wenn Sie mir die Ehre erweisen, mein Gast zu sein, lade ich Sie zumindest zu einem guten Porterhouse-Steak ein“, und ich brachte ihn zum nicht weit entfernten Eldridge House und ließ einen jungen Freund, Will Thomson, den Sohn eines Arztes, den ich kannte, an meiner Stelle zurück.

Ich gab Dingwall das beste Abendessen, das ich konnte, und lockte ihn aus der Reserve: Er war tatsächlich „ein Energiebündel“, wie er es formulierte, und plötzlich, von seinem Optimismus inspiriert, kam mir die Idee, dass ich, wenn er die zehntausend Dollar, von denen er gesprochen hatte, hinterlegen würde, auf allen freien Grundstücken in der Massachusetts Street Plakatwände aufstellen und die Plakate der verschiedenen Wandershows, die Lawrence besuchten, gut ausstellen könnte. Es war nicht das erste Mal, dass ich gebeten wurde, bei der Werbung für diese oder jene Unterhaltung zu helfen. Ich brachte meine Idee schüchtern vor, doch Dingwall nahm sie sofort an: „Wenn Sie eine gute Sicherheit oder einen guten Bürgen finden“, sagte er, „hinterlasse ich Ihnen fünftausend Dollar: Ich habe kein Recht darauf, aber ich mag Sie und werde es riskieren.“

Ich brachte ihn zu Herrn Rankin, dem Bankier, der mir wohlwollend zuhörte und schließlich sagte:

„Ja“, er würde dafür bürgen, dass ich vierzehn Tage lang tausend Scheine auf sofort zu errichtenden Plakatwänden entlang der gesamten Hauptstraße ausstellen würde, unter der Bedingung, dass Mr. Dingwall fünftausend Dollar im Voraus zahlte, und er gab Mr. Dingwall einen entsprechenden Brief und teilte mir dann freundlich mit, dass er fünftausend und ein paar Dollar für mich frei hätte.

Dingwall nahm den nächsten Zug Richtung Westen, und ich musste innerhalb eines Monats Plakatwände aufstellen, nachdem ich zunächst die Erlaubnis der Grundstückseigentümer eingeholt hatte. Um es kurz zu machen: Ich bekam innerhalb einer Woche die Erlaubnis von hundert Grundstückseigentümern durch meinen Bruder Willie, der sie alle als Immobilienmakler kannte. Dann schloss ich einen Vertrag mit einem kleinen englischen Zimmermann ab, stellte die Plakatwände auf und ließ alle Rechnungen drei Tage vor dem vereinbarten Termin abschicken. Hatherly's Minstrels hatten zwei tolle Wochen und alle waren zufrieden. Von da an verdiente ich trotz der Flaute etwa fünfzig Dollar pro Woche als Gewinn aus der Vermietung der Plakatwände.

Plötzlich bekam Smith eine schlimme Erkältung: Lawrence liegt fast 300 Meter über dem Meeresspiegel und kann im Winter so eisig sein wie der Pol. Er begann zu husten, ein fieser, kleiner, trockener, keuchender Husten: Ich überredete ihn, einen Arzt aufzusuchen und sich dann beraten zu lassen, was dazu führte, dass alle Spezialisten Tuberkulose diagnostizierten und einen sofortigen Wechsel in den milderen Osten empfahlen. Aus irgendeinem Grund – ich glaube, weil ihm eine Redaktionsstelle bei der „Press" in Philadelphia angeboten wurde – verließ er Lawrence überstürzt und ließ sich in der Quäkerstadt nieder.

Sein Weggang hatte für mich bemerkenswerte Folgen. Zunächst überraschte mich die spirituelle Wirkung. Sobald er gegangen war, begann ich, alles durchzugehen, was er mich gelehrt hatte, insbesondere in den Bereichen Ökonomie und Metaphysik: Nach und nach kam ich zu dem Schluss, dass sein marxistischer Kommunismus nur die halbe Wahrheit war und wahrscheinlich die unwichtigste Hälfte; auch sein Hegelianismus, den ich kaum erwähnt habe, war meiner Meinung nach purer Mondschein: in manchen Momenten überaus schön, wie der Mond, wenn die Wolken silbern und violett sind: „Geschichte ist die Entwicklung des Geistes in der Zeit: Natur ist die Projektion der Idee im Raum", klingt wunderbar; aber es ist Mondschein und nicht sehr erhellend.

In den ersten drei Monaten von Smiths Abwesenheit erwachte meine eigene Individualität wie ein junger Baum, der durch eine zusätzliche Last fast bis zum Zerbrechen gebogen war, und ich begann mit einer Art neuer Jugend zu wachsen. Jetzt, mit etwa neunzehn Jahren, wurde ich mir zum ersten Mal als Frank Harris bewusst und begann, das Leben auf meine eigene Weise und unter diesem Namen, Frank, zu meistern .

Sobald ich aus dem Eldridge House zurückkkam, um wieder bei den Gregorys zu wohnen , zeigte sich Kate genauso freundlich zu mir wie immer. Sie kam zwei- oder dreimal die Woche in mein Schlafzimmer und war immer willkommen. Aber immer wieder hatte ich das Gefühl, dass ihre Mutter darauf bedacht war, uns so weit wie möglich voneinander zu trennen, und schließlich arrangierte sie, dass Kate einigen englischen Freunden einen Besuch abstattete, die in Kansas City ansässig waren. Kate verschob den Besuch mehrmals, aber schließlich musste sie den Bitten und Ratschlägen ihrer Mutter nachgeben. Mittlerweile brachten mir meine Vorräte eine Menge Geld ein, und so schlug ich vor, Kate zu begleiten und die ganze Nacht mit ihr in einem Hotel in Kansas City zu verbringen.

Wir kamen gegen zehn im Hotel an und frech wie ein Pferd meldete ich mich als Mr. und Mrs. William Wallace an und ging mit Kates Gepäck auf unser

Zimmer, mein Herz schlug mir bis zum Hals: Auch Kate war „völlig aufgeregt", wie sie mir etwas später gestand; aber was für eine Nacht wir hatten! Kate beschloss, mir ihre ganze Liebe zu zeigen und gab sich mir leidenschaftlich hin; aber ich bemerkte, dass sie nie die Initiative ergriff, wie Mrs. Mayhew es früher tat.

Zuerst küsste ich sie und redete ein wenig; aber sobald sie ihre Sachen zurechtgemacht hatte, begann ich, sie auszuziehen: Als ihr Hemdchen fiel, ganz glühend von meinen Liebkosungen , fragte sie: „Gefällt dir das wirklich?" und sie legte ihre Hand auf ihr Geschlecht und stand nackt da wie eine griechische Venus. „Natürlich", rief ich aus, „und diese auch" und ich küsste und saugte an ihren Brustwarzen, bis sie rosig rot wurden.

„Geht das überhaupt – im Stehen?", fragte sie etwas verwirrt. „Natürlich", antwortete ich, „versuchen wir es! Aber wie kommst du darauf?"

„Ich habe einmal einen Mann und ein Mädchen hinter der Kirche in der Nähe unseres Hauses gesehen!", flüsterte sie, „und ich fragte mich, wie …" und sie errötete rosig. Als ich in sie eindrang, hatte ich Schwierigkeiten: Ihre Muschi war wirklich klein und diesmal schien sie heiß und trocken: Ich fühlte, wie sie zusammenzuckte und zog mich sofort zurück: „Tut es noch weh, Kate?", fragte ich.

„Zuerst ein bisschen", antwortete sie, „aber es macht mir nichts aus", fügte sie schnell hinzu, „ich mag den Schmerz!"

Als Antwort legte ich meine Arme um ihren Hintern und trug sie zum Bett: „Ich werde dir heute Nacht nicht wehtun", sagte ich, „ich werde dafür sorgen, dass du erst deinen Liebessaft abgibst, und dann wird es nicht wehtun." Nach ein paar Küssen seufzte sie: „Jetzt bin ich feucht", und ich legte mich ins Bett und drückte mein Geschlecht an ihres. „Ich werde dir alles überlassen", sagte ich, „aber bitte tu dir nicht weh." Sie legte ihre Hand auf mein Geschlecht und führte es hinein, wobei sie ein wenig zufrieden seufzte, als sie Stück für Stück hineinrutschte.

Nach der ersten Ekstase ließ ich sie die Spritze benutzen, während ich sie neugierig beobachtete. Als sie wieder ins Bett kam, rief ich: „Jetzt keine Gefahr mehr", „keine Gefahr, meine Liebe ist Königin!"

„Du lieber Liebhaber!", rief sie und riss die Augen auf, als ob sie staunen würde. „Meine Scham pulsiert und juckt, und oh! Ich spüre ein Stechen an der Innenseite meiner Schenkel. Ich will dich so sehr, Frank", und während sie sprach, streckte sie sich und zog die Knie an.

Ich legte mich auf sie und ließ mein Geschlecht sanft und langsam in sie hineingleiten und begann dann das Liebesspiel. Als mein zweiter Orgasmus kam, verwöhnte ich mich mit schnellen, kurzen Stößen, obwohl ich wusste, dass sie die langen, langsamen Bewegungen bevorzugte, denn ich war entschlossen, ihr in dieser goldenen Nacht jede Empfindung zu geben. Als sie spürte, wie ich wieder mit der langen, langsamen Bewegung begann, die sie liebte, seufzte sie zwei- oder dreimal und legte ihre Hände auf meine Pobacken, um mich näher zu mir zu ziehen; ansonsten zeigte sie aber vielleicht eine halbe Stunde lang kaum Anzeichen von Gefühl. Ich machte einfach weiter: Die langsamen Bewegungen bereiteten mir jetzt nur noch wenig Vergnügen: Es war eher eine Aufgabe als eine Freude; aber ich war entschlossen, ihr ein Festmahl zu bereiten. Ich weiß nicht, wie lange der Anfall dauerte: Aber als ich mich einmal zurückzog und begann, ihre Klitoris und die Vorderseite ihres Geschlechts zu reiben, nickte sie keuchend mit dem Kopf und rieb sich ekstatisch an meinem Geschlecht, und nachdem ich wieder mit der langsamen Bewegung begonnen hatte: „Bitte, Frank!", keuchte sie, „ich kann nicht mehr aushalten: ich werde verrückt – ich ersticke!"

Seltsamerweise erregten mich ihre Worte mehr als der Akt: Ich spürte, wie mein Krampf kam, und stieß grob und wild mit meinem Geschlechtsteil hinein, während ich mich gleichzeitig zwischen ihre Beine kniete, um auch auf ihrem Kitzler hin und her spielen zu können. „Ich werde dich vergewaltigen!", rief ich und gab mich der leidenschaftlichen Lust hin. Als mein Samen herausspritzte, sprach sie nicht, sondern lag still und weiß da. Ich sprang aus dem Bett, holte einen Schwamm voll kaltem Wasser und rieb ihr damit die Stirn. Zu meiner Freude öffnete sie sofort die Augen: „Es tut mir leid", keuchte sie und trank einen Schluck Wasser, „aber ich war so müde, ich muss geschlafen haben. Du, mein Lieber!" Als ich den Schwamm und das Glas weggelegt hatte, glitt ich wieder in sie hinein und kurz darauf wurde sie hysterisch: „Ich kann nicht anders als zu weinen, Frank, Liebling", seufzte sie, „ ich bin so glücklich, Liebling! Du wirst mich immer lieben? Nicht wahr? Liebling !" Natürlich beruhigte ich sie mit dem Versprechen ewiger Zuneigung und vielen Küssen; schließlich legte ich meinen linken Arm um ihren Hals und schlief mit meinem Kopf auf ihrer weichen Brust ein.

Am Morgen absolvierten wir einen weiteren Kurs, obwohl Kate ehrlich gesagt eher neugierig als leidenschaftlich war.

„Ich will dich studieren!", sagte sie und nahm mein Geschlecht in die Hände und dann meine Hoden: „Wofür sind die da?", fragte sie und ich musste ihr erklären, dass dort mein Samen abgesondert wurde: Sie verzog das Gesicht, also fügte ich hinzu: „Du hast eine ähnliche Fabrik, meine Liebe; aber sie befindet sich in dir, die Eierstöcke nennt man sie, und sie brauchen einen Monat, um ein Ei zu produzieren, während meine Hoden Millionen von Kaulquappen in einer Stunde produzieren. Ich frage mich oft, warum?"

Nachdem ich Kate ein ausgezeichnetes Frühstück zubereitet hatte, setzte ich sie in ein Taxi und sie erreichte das Haus ihrer Freundin genau zur richtigen Zeit. Die Freundin konnte jedoch nie verstehen, wie sie sich am Bahnhof verpassen konnten.

Ich kehrte noch am selben Tag nach Lawrence zurück und war gespannt, was das Schicksal für mich bereithielt! Ich sollte bald feststellen, dass das Leben unangenehm sein kann.

Die University of Kansas war von den ersten Einwanderern aus dem Westen gegründet worden, und wie die meisten Pioniere verfügten sie über Köpfchen und Mut. Deshalb legten sie in ihren Statuten fest, dass an der Universität keinerlei Religionsunterricht gegeben werden dürfe und Religion erst recht nicht zu einer Prüfung oder Qualifikation erhoben werden dürfe.

Doch im Lauf der Zeit strömten Yankees aus Neuengland herbei, um zu verhindern, dass Kansas zu einem Sklavenstaat gemacht wurde, und diese Yankees waren allesamt fanatische sogenannte Christen, die jeder bekannten Sekte angehörten; aber alle zeichneten sich durch eine intolerante Bigotterie in Sachen Religion und Sex aus oder waren vielmehr entstellt. Ihre Ehrlichkeit war keineswegs so ausgeprägt: jede Sekte musste ihren eigenen Professor haben; so bekam die Geschichte einen episkopalischen Geistlichen, der keine Ahnung von Geschichte hatte, und die Lateiner einen Baptisten, der, als Smith ihn auf Latein begrüßte, nur erröten und ihn bitten konnte, seine beschämende Unwissenheit nicht zu offenbaren; die Dame, die Französisch unterrichtete, war ein Witz, aber eine gute Methodistin, glaube ich, und so weiter und so fort: die Bildung wurde durch sektiererische Eifersucht entwürdigt.

Sobald Professor Smith die Universität verließ, verabschiedete die Fakultät einen Beschluss zur Gründung einer „College Chapel“, in Anlehnung an einen englischen Universitätsbrauch. Ich protestierte umgehend schriftlich an die Fakultät und berief mich dabei auf die Gründungsstatuten. Die Fakultät antwortete nicht auf meinen Brief, sondern führte anstelle der Kapelle einen Appell ein, und als alle Studenten zum Appell versammelt waren, ließen sie die Türen verschließen und begannen mit Gebeten, die mit einem Kirchenlied endeten.

Nach dem Appell stand ich auf, ging zur Tür und versuchte vergeblich, sie zu öffnen. Glücklicherweise war die Tür auf dieser Seite der Halle nur eine provisorische Konstruktion aus dünnen Holzbrettern. Ich trat ein oder zwei Schritte zurück und wandte mich noch einmal an die Professoren, die auf dem Podium saßen. Als sie mir keine Beachtung schenkten, rannte ich los und sprang mit dem Fuß gegen das Schloss. Es sprang auf und die Tür flog krachend auf.

Am nächsten Tag wurde ich durch einstimmigen Beschluss der Fakultät von der Universität verwiesen und konnte mich ganz dem Recht zuwenden. Richter Stevens sagte mir, er würde in meinem Namen Klage gegen die Fakultät erheben, wenn ich dies wünsche, und er war sicher, er würde Schadensersatz erwirken und mich wieder einstellen. Aber die Universität ohne Smith bedeutete mir nichts und warum sollte ich meine Zeit damit verschwenden, gegen hirnlose Fanatiker zu kämpfen? Damals wusste ich noch nicht, dass dies die Hauptaufgabe meines Lebens sein würde; aber dieses erste Mal überließ ich meinen Feinden den Sieg und das Feld, wie ich es wahrscheinlich schließlich tun werde.

Ich beschloss, Jura zu studieren, und brachte Barker von Barker & Sommerfeld zunächst dazu, mich in seiner Kanzlei studieren zu lassen. Ich weiß nicht mehr, wie ich sie kennenlernte, aber Barker, ein sehr dicker Mann, war ein berühmter Anwalt und ohne ersichtlichen Grund sehr nett zu mir. Sommerfeld war ein großer, blonder, deutsch aussehender Jude, der sich auffallend unartikuliert und im Englischen fast sprachlos verhielt, aber ein ausgezeichneter Anwalt und ein freundlicher, ehrlicher Mann war, der den Respekt aller Deutschen und Juden in Douglas County genoss, zum Teil, weil sein dicker kleiner Vater einer der ersten Siedler in Lawrence und einer der erfolgreichsten Händler gewesen war. Er betrieb einen Gemischtwarenladen und war in den ersten Tagen, als er noch ums Überleben kämpfte, nett zu all seinen Landsleuten gewesen.

Es war eine bewundernswerte Partnerschaft: Sommerfeld betreute die Mandanten und bereitete die Schriftsätze vor, während Barker vor Gericht mit einer Art unbesiegbarer guter Laune sprach, die ich nur bei dem berüchtigten Engländer Bottomley erlebte . Barker strahlte vor der Jury Gutmütigkeit und gesunden Menschenverstand aus und gewann so sogar schlechte Fälle. Über Sommerfeld werde ich zu gegebener Zeit mehr erzählen.

Etwas später erhielt ich deprimierende Nachrichten von Smith: Sein Husten hatte nicht nachgelassen und er vermisste unsere Gesellschaft. Der Brief sprach von Hoffnungslosigkeit, die mir tief im Herzen weh tat. Aber was konnte ich tun? Ich konnte nur weiter hart als Anwalt arbeiten und jede freie Minute nutzen, um mein Einkommen zu erhöhen, indem ich meine Vorräte in zweierlei Hinsicht vergrößerte.

Eines Abends wäre ich Lily beinahe begegnet. Kate war noch in Kansas City, also kam ich eifrig vorbei, um mit ihr zu reden, denn Lily hatte mich schon immer interessiert. Nach der ersten Begrüßung sagte sie mir, dass sie nach Hause ginge: „Ich glaube, sie sind alle draußen", fügte sie hinzu. Ich bot ihr sofort an, sie zu begleiten, und sie willigte ein. Es war Frühsommer, aber schon warm, und als wir ins Wohnzimmer gingen und Lily auf dem Sofa

Platz nahm, betonte ihr dünnes weißes Kleid ihre schlanke Figur verführerisch.

„Was machen Sie?", fragte sie schelmisch, „jetzt, wo die liebe Mrs. Mayhew nicht mehr da ist? Sie muss Ihnen fehlen!", fügte sie anzüglich hinzu.

„Das tue ich", gestand ich kühn. „Ich frage mich, ob Sie genug Mumm hätten, mir die Wahrheit zu sagen?", fuhr ich fort.

„Mut?" Sie runzelte die Stirn und verzog den großen Mund . „Mut, meine ich", sagte ich.

„Oh, ich habe Mut!" erwiderte sie.

„Sind Sie jemals nach oben in Mrs. Mayhews Schlafzimmer gekommen", fragte ich, „wenn ich hochgegangen war, um ein Buch zu holen?" Die schwarzen Augen tanzten und sie lachte wissend.

„Mrs. Mayhew sagte, sie hätte Sie nach dem Tanzen mit nach oben genommen, um Ihren armen Kopf zu baden", erwiderte sie verächtlich, „aber das ist mir egal: Es geht mich nichts an, was Sie tun!"

„Das muss es", fuhr ich fort und trug den Krieg in ihr Land. „Wie?", fragte sie.

„Na, am ersten Tag bist du weggegangen und hast mich allein gelassen, obwohl ich wirklich krank war", sagte ich, „ also habe ich natürlich geglaubt, dass du mich nicht magst, obwohl ich dich liebenswert fand!"

„Ich bin nicht hübsch", sagte sie, „mein Mund ist zu groß und ich bin zu zierlich."

„Machen Sie sich keine Vorwürfe", erwiderte ich ernst, „genau deshalb sind Sie verführerisch und erregen einen Mann."

„Wirklich?", rief sie, und so ging das Gespräch weiter, während ich mir den Kopf zerbrach, um eine Gelegenheit zu finden, aber keine fand, und die ganze Zeit in Angst war, ihr Vater und ihre Mutter könnten zurückkommen. Schließlich war ich wütend auf mich selbst und stand unter einem Vorwand auf, um mitzugehen, und sie begleitete mich bis zur Veranda. Ich sagte „Auf Wiedersehen" auf der obersten Stufe und sprang dann seitlich herunter, während ich im Herzen betete, dass sie ein oder zwei Stufen herunterkäme, und das tat sie. Da stand sie, ihre Hüften auf gleicher Höhe mit meinem Mund; im nächsten Moment wanderten meine Hände unter ihr Kleid, die rechte zu ihrem Geschlecht, die linke zu ihrem Hintern, um sie festzuhalten: die Erregung, als ich ihr halb entwickeltes Geschlecht berührte, war fast schmerzhaft intensiv. Ihre erste Bewegung ließ sie auf der Stufe über mir sitzen und sofort war mein Finger in ihrem Schlitz beschäftigt.

„Wie können Sie es wagen!", rief sie, aber nicht wütend, „nehmen Sie Ihre Hand weg!"

„Oh, wie schön dein Geschlecht ist!", rief ich wie erstaunt aus, „Oh, ich muss es sehen und dich haben, du Wunder der Schönheit!" und meine linke Hand zog ihren Kopf für einen langen Kuss nach unten, während mein Mittelfinger seine Liebkosung fortsetzte. Plötzlich wurden ihre Lippen heiß und sofort flüsterte ich.

„Wirst du mich nicht lieben, Liebling? Ich will dich so sehr: Ich brenne und jucke vor Verlangen (ich wusste, dass sie es tat!) Bitte, ich werde dir nicht wehtun und auf dich aufpassen; bitte, Liebling, niemand wird es erfahren", und das Ende war, dass ich sie genau dort auf der Veranda an mich zog und mein Geschlecht an ihres drückte und begann, ihren Kitzler und den vorderen Teil ihres Geschlechts zu reiben, was sie, wie ich wusste, erregen würde. Im nächsten Moment kam sie und ihr Liebestau benetzte mein Geschlecht und erregte mich furchtbar; aber ich rieb sie weiter mit meiner Männerwurzel und hielt mich vom Kommen zurück, indem ich an andere Dinge dachte, bis sie mich von selbst küsste und sich plötzlich vorwärts bewegte und meinen Schwanz direkt in ihre Muschi schob.

Zu meinem Erstaunen gab es kein Hindernis, keine Jungfernhaut, die durchbrechen musste, obwohl ihr Geschlecht selbst erstaunlich klein und eng war. Ich hatte keine Skrupel, meinen Samen kommen zu lassen, zog mich nur zu den Lippen zurück und rieb dabei ihre Klitoris, und sobald mein Spritzen aufhörte, glitt meine Wurzel wieder in sie hinein und setzte die langsame Hin- und Herbewegung fort, bis sie mit ihrem Kopf auf meiner Schulter keuchte und mich bat aufzuhören. Ich tat, was sie wollte, denn ich wusste, dass ich eine weitere wundervolle Herrin gewonnen hatte.

Wir gingen wieder ins Haus, denn sie bestand darauf, dass ich ihren Vater und ihre Mutter kennenlerne, und während wir warteten, zeigte sie mir ihre hübschen kleinen Brüste, die kaum größer als kleine Äpfel waren, und ich bemerkte etwas Kindliches in ihrem Kopf, das zu den kindlichen Umrissen ihrer hübschen, halb geformten Hüften und ihrer Muschi passte.

„Ich dachte, Sie wären in Mrs. Mayhew verliebt", gestand sie, „und ich konnte nicht verstehen, warum sie solche komischen Geräusche machte; aber jetzt weiß ich es", fügte sie hinzu, „Sie unartiges Kind; denn ich fühlte gerade, wie mein Herz flatterte und ich wäre fast erstickt —"

Ich weiß nicht, warum, aber diese Hingerissenheit gegenüber Lily machte sie mir lieb. Ich beschloss, sie so schnell wie möglich nackt zu sehen und sie bis zur Ekstase zu bringen. Wir verabredeten uns also auf der anderen Seite der Kirche, von wo aus ich sie, wie ich wusste, in einer Minute in mein Zimmer bei Gregory bringen konnte. Dann ging ich nach Hause, denn es war spät, und ich hatte keine besondere Lust, ihre Leute kennenzulernen.

Am nächsten Abend traf ich Lily bei der Kirche und nahm sie mit in mein Zimmer. Sie lachte laut vor Freude, als wir eintraten; denn sie war tatsächlich fast wie ein Junge mit kühnem, abenteuerlichem Geist. Sie gestand mir, dass meine Herausforderung ihres Mutes ihr sehr gefallen hatte:

„Ich habe nie eine Mutprobe angenommen!", rief sie in ihrem amerikanischen Slang und warf den Kopf zurück.

„Ich gebe dir gleich zwei", flüsterte ich: „Das erste ist, dass ich dich herausfordere, dich nackt auszuziehen, wie ich es tun werde, und das andere erzähle ich dir, wenn wir im Bett sind." Wieder warf sie ihren kleinen blauschwarzen Kopf zurück: „Puh!", rief sie, „ich werde mich zuerst ausziehen", und das tat sie. Ihre Schönheit ließ meinen Puls hämmern und meinen Mund austrocknen. Niemand konnte umhin, sie zu bewundern: Sie war sehr zierlich, mit winzigen Brüsten, wie ich schon sagte, einem flachen Bauch und geraden Flanken und Hüften: Ihr Dreieck war sozusagen nur mit flauschigen, weichen Haaren eingekämmt, und als ich ihren nackten Körper an meinen drückte, reizten ihr Anblick und ihr Gefühl mein Verlangen. Ich bewunderte immer noch Kates reifere, reichere, üppigere Umrisse; ihre Figur kam meinem jungenhaften Ideal näher; aber Lily verkörperte eine Art von Jugend, die mir mächtig ans Herz wachsen sollte. Tatsächlich nahm meine Liebe zu üppigen weiblichen Reizen ab, als meine jugendliche Männlichkeit nachließ, und ich entwickelte immer mehr Liebe zu schlanken, jugendlichen Umrissen mit eher angedeuteten als ausgeprägten Anzeichen von Sex. Was für einen alles verschlingenden Appetit Rubens mit den großen, hängenden Brüsten und den ungehobelten, fetten, rosa Hinterteilen seiner Venusse bekundet!

Ich hob Lily aufs Bett und spreizte ihre Beine, um ihre Muschi zu untersuchen. Sie schnitt mir eine Grimasse, aber als ich meine heiße Scham an ihrem kleinen Knopf rieb, den ich kaum sehen konnte, lächelte sie und legte sich zufrieden zurück. Nach ein oder zwei Minuten kam ihr Liebessaft, und ich legte mich auf sie ins Bett und ließ meine Wurzel in ihre kleine Möse gleiten: Selbst als die Lippen weit geöffnet waren, war sie für das Auge geschlossen, und das und ihre schlanke Nacktheit erregten mich unkontrollierbar. Ich setzte die langsamen Bewegungen ein paar Minuten lang fort, aber einmal bewegte sie ihre Scham schnell auf meiner, als ich sie zu den Lippen hinabzog, und das verursachte mir einen intensiven Schauer: Ich fühlte, wie mein Samen kam, und ich ließ mich in kurzen, schnellen Stößen gehen, die bald einen Lustkrampf bei mir auslösten, und ich hob ihren kleinen Körper gegen meinen und presste meine Lippen auf ihre: Sie war seltsam verlockend, aufregend wie ein starker Drink.

Ich holte sie aus dem Bett und spritzte sie mit der Spritze, erklärte ihr den Zweck, ging dann wieder ins Bett und bescherte ihr die beste Zeit ihres Lebens! Als wir eine Stunde später zwischen ihren Beinen, aber nebeneinander, lagen, forderte ich sie auf, mir zu erzählen, wie sie ihre Jungfräulichkeit verloren hatte. Ich musste ihr zuerst sagen, was es war. Sie beharrte darauf, dass außer mir noch nie ein „Kerl" sie berührt hatte, und ich glaubte ihr, denn sie gab zu, sich selbst gestreichelt zu haben, seit sie zehn war: Anfangs konnte sie nicht einmal ihren Zeigefinger in ihre Muschi stecken, erzählte sie mir. „Was bist du jetzt?", fragte ich. „Nächsten April werde ich sechzehn", war ihre Antwort.

Gegen elf Uhr zog sie sich an und ging nach Hause, nachdem sie einen weiteren Termin mit mir vereinbart hatte.

Die Hast dieser Erzählung hat viele unvorhergesehene Nachteile: Sie lässt es so aussehen, als hätte ich eine Eroberung nach der anderen gehabt und hätte bei meinen Bemühungen, die Liebe zu gewinnen, kaum oder gar keine Schwierigkeiten gehabt. In Wirklichkeit waren meine sechs Siege über fast ebenso viele Jahre verteilt, und immer wieder erfuhr ich Abfuhren und Abweisungen, die ausreichten, um sogar meine Eitelkeit in anständigen Grenzen zu halten. Aber ich möchte die Tatsache betonen, dass der Erfolg in der Liebe, wie der Erfolg in jedem Lebensbereich, normalerweise dem harten Mann zufällt, der unermüdlich danach strebt. Chaucer hatte recht, als er seine alte Frau von Bath gestehen ließ:

Und durch aufmerksame Anwesenheit und Aufmerksamkeit

Sind wir gefangen, mehr oder weniger die Wahrheit zu sagen.

Nicht der schönste oder männlichste Mann hat den meisten Erfolg bei den Frauen, obwohl beide Eigenschaften den Weg ebnen, sondern der Mann, der ihnen am eifrigsten nachstellt, ihnen am beständigsten und geschicktesten schmeichelt und immer darauf besteht, das „Nein" des Mädchens als Zustimmung, ihre Vorwürfe als Zärtlichkeiten und sogar ein wenig Ärger als neuen Charme aufzufassen.

Vor allem ist es notwendig, nach jeder Ablehnung weiterzumachen, denn sobald ein Mädchen ablehnt, bereut sie es wahrscheinlich und gibt dann vielleicht zu, was sie im Moment zuvor ausdrücklich abgelehnt hat. Dennoch könnte ich Dutzende von Beispielen nennen, in denen Fleiß und Schmeichelei, verliebte Blicke und Worte alle wirkungslos waren, so sehr, dass ich nie mit Shakespeare sagen würde: „Er ist kein Mann, der eine Frau nicht gewinnen kann." Ich habe auch im Allgemeinen festgestellt, dass die am leichtesten zu gewinnenden für mich die am meisten wert waren, gewonnen zu werden, denn Frauen haben ein feineres Gespür für die Eignung in der Liebe als jeder Mann.

Nun ein Beispiel für einen meiner vielen Misserfolge, der sich ereignete, als ich noch Student war und gute Chancen auf Erfolg hatte.

An der Universität war es üblich, dass jeder Professor 45 Minuten lang vortrug, sodass jeder Student mindestens 15 Minuten Zeit hatte, um in sein Privatklassenzimmer zurückzukehren und sich auf die nächste Vorlesung vorzubereiten. Alle Studenten nutzten diese Klassenräume abwechselnd für ihr Privatvergnügen. Ich zum Beispiel sollte jeden Tag von 11:45 bis 12:00 Uhr im Juniorklassenzimmer arbeiten, und kein Student störte mich oder belästigte mich in irgendeiner Weise.

Eines Tages kam ein Mädchen aus dem ersten Studienjahr namens Grace Weldon, die Tochter des Besitzers des größten Kaufhauses in Lawrence, zu Smith, als Miss Stevens und ich bei ihm waren, um ein oder zwei Sätze aus Xenophon zu übersetzen.

„Erklären Sie es Miss Weldon, Frank!", sagte Smith, und nach wenigen Augenblicken hatte ich ihr die Stelle erklärt. Sie bedankte sich freundlich, und ich sagte: „Wenn Sie jemals etwas von mir brauchen, erkläre ich es Ihnen gern, Miss Weldon. Ich bin immer von 11:45 bis 12:00 Uhr im Klassenzimmer der Mittelstufe ."

Sie bedankte sich und kam ein oder zwei Tage später mit einem weiteren Puzzle zu mir ins Klassenzimmer, und so reifte unsere Bekanntschaft. Fast sofort ließ sie sich von mir küssen; doch sobald ich versuchte, meine Hand unter ihre Kleidung zu schieben, hielt sie mich davon ab. Wir waren fast ein Jahr lang Freunde, enge Freunde, und ich erinnere mich, wie ich an einem Samstag alles versuchte, was ich konnte, als ich den ganzen Tag mit ihr in unserem Klassenzimmer verbrachte, bis es dunkel wurde, und ich konnte sie nicht dazu bringen, nachzugeben.

Das Merkwürdige war, dass ich meine Eitelkeit nicht einmal mit dem Gedanken lindern konnte, sie sei körperlich kalt: Im Gegenteil, sie war sehr leidenschaftlich; aber sie hatte sich einfach entschieden und würde sich nicht ändern.

An jenem Samstag im Klassenzimmer sagte sie mir, wenn sie nachgäbe, würde sie mich hassen: Ich konnte darin keinen Sinn erkennen, obwohl ich später herausfinden sollte, was für eine schreckliche Waffe der Beichtstuhl ist, wie ihn irische katholische Priester benutzen. Eine Sünde zu begehen ist leicht; sie dem Priester zu beichten ist für viele Frauen eine absolute Abschreckung.

Ich glaube, ein paar Tage später erhielt ich einen Brief von Smith, der mich dazu aufforderte, nach Philadelphia zu gehen, sobald meine Horte mir genügend Geld einbrachte. Ich schrieb ihm, dass ich kommen würde, und munterte ihn auf: Ich musste nicht mehr lange warten.

Im Frühherbst hielt Bradlaugh in der Liberty Hall einen Vortrag über die Französische Revolution – ein Hüne mit großem Kopf, grobschlächtigen, unregelmäßigen Gesichtszügen und lauter Stimme: Einen besseren Rebellen kann man sich nicht vorstellen. Ich wusste, dass er zwölf Jahre lang englischer Soldat gewesen war; aber ich fand bald heraus, dass er trotz seiner leidenschaftlichen Revolte gegen die christliche Religion und all ihre billigen moralischen Konventionen ein überzeugter Individualist war und nichts Falsches an der Geldherrschaft sah, die sich in Großbritannien bereits etabliert hatte, obwohl Carlyle sie am Ende seiner „Französischen Revolution" als die abscheulichste aller Tyranneien verurteilte.

Bradlaughs Rede lehrte mich, dass ein berühmter und beliebter Mann, der auch ernsthaft und begabt und intellektuell ehrlich ist, seiner Zeit in einer Hinsicht fünfzig Jahre voraus sein kann, in einem anderen Bereich des Denkens jedoch fünfzig Jahre hinter der besten Meinung der Zeit zurückliegt. Im großen Konflikt unserer Tage zwischen den „Besitzenden" und den „Nichtbesitzenden" spielte Bradlaugh überhaupt keine Rolle: Er verschwendete seine großen Kräfte in einem vergeblichen Angriff auf die faulen Zweige des christlichen Baumes, während er den Geist Jesu hätte aufnehmen und ihn nutzen sollen, um seine Treue zur Wahrheit zu vergolden.

Ungefähr zu dieser Zeit schrieb Kate, dass sie einige Wochen nicht zurückkommen würde. Sie erklärte, dass sie Gefühle für eine andere Frau habe. Ich war versucht, zu schreiben: „Mir auch. Bleib so lange du willst." Aber stattdessen schrieb ich einen liebevollen, verführerischen Brief. Denn ich entdeckte, dass ich eine echte Zuneigung für sie empfand.

Als sie einige Wochen später zurückkam, war sie für mich neu und unbekannt und ich musste sie erneut für mich gewinnen; doch sobald meine Hand ihre Geschlechtsteile berührte, verschwand die Fremdheit und sie gab sich mir mit neuer Begeisterung hin.

Ich neckte sie, mir zu sagen, was sie fühlte, und schließlich willigte sie ein. „Fang mit dem ersten Mal an", flehte ich, „und erzähl dann, was du in Kansas City gefühlt hast."

„Das wird sehr schwer", sagte sie, „ich würde es lieber für Sie schreiben." „Das geht genauso gut", antwortete ich, und hier ist die Geschichte, die sie mir am nächsten Tag schickte.

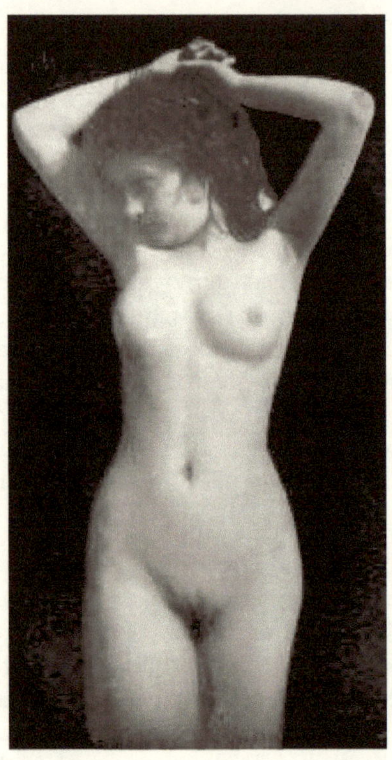

„Ich glaube, als du mich das erste Mal hattest", begann sie, „empfand ich mehr Neugier als Verlangen: Ich hatte so oft versucht, mir das alles vorzustellen. Als ich dein Geschlecht sah, war ich erstaunt, denn es kam mir sehr groß vor, und ich fragte mich, ob du es wirklich in mein Geschlecht einführen könntest, von dem ich wusste, dass es gerade groß genug für meinen Finger war. Trotzdem wollte ich dein Geschlecht in mich eindringen spüren, und deine Küsse und die Berührung deiner Hand auf meinem Geschlecht machten mich noch gieriger. Als du die Spitze deines Geschlechts in meines schobst, tat es furchtbar weh; es war fast, als würde ein Messer in mich schneiden, aber aus irgendeinem Grund schien mich der Schmerz zu erregen, und ich stieß vor, um dich tiefer in mich aufzunehmen; ich glaube, das hat meine Jungfräulichkeit zerstört. Zuerst war ich enttäuscht, weil ich keine Erregung fühlte, nur den Schmerz; aber als mein Geschlecht ganz feucht und offen wurde und deins leicht rein- und rausgleiten konnte, begann ich wahre Lust zu empfinden. Die langsamen Bewegungen gefielen mir am besten; es erregte mich, als ich spürte, wie die Spitze deines Penis meine Lippen berührte, und als du langsam ganz hineinstieß, stieß ich einen atemlosen Entzückensschrei aus; als du deinen Penis herauszogst, wollte ich ihn in mir behalten. Und je länger du weitermachtest, desto mehr Lust bereitetest du mir. Noch Stunden danach war mein Penis empfindlich; wenn ich ihn noch so sanft rieb, begann er zu jucken und zu brennen.

„Aber in dieser Nacht im Hotel in Kansas City wollte ich dich wirklich und die Lust, die du mir damals bereitet hast, war viel intensiver als beim ersten Mal. Du hast mich ein paar Minuten lang geküsst und gestreichelt und bald fühlte ich, wie mein Liebestau kam und der Knopf meiner Scham zu pochen begann. Als du deinen Schaft in mich hinein und wieder heraus stießt, fühlte ich eine so seltsame Art von Lust: Jeder kleine Nerv an der Innenseite meiner Schenkel und meines Bauchs schien zu zittern und zu zittern: es war fast ein Schmerzgefühl. Zuerst war das Gefühl nicht so intensiv, aber als du aufhörtest und mich waschen ließest, wurde ich von schnellen, kurzen Krämpfen in meinen Schenkeln geschüttelt und meine Scham brannte und pochte; ich wollte dich mehr als je zuvor.

„Als du wieder mit der langsamen Bewegung anfingst, spürte ich die gleichen Empfindungen in meinen Schenkeln und meinem Bauch, nur intensiver, und als du weitermachtest, wurde die Lust so intensiv, dass ich sie kaum ertragen konnte. Plötzlich riebst du dein Geschlecht an meinem und mein Penis begann zu pochen: Ich konnte ihn fast bewegen fühlen. Dann fingst du an, dein Geschlecht schnell in mir hinein und wieder heraus zu bewegen; in einem Moment war ich atemlos vor Erregung und fühlte mich so schwach und erschöpft, dass ich wohl für ein paar Minuten einschlief, denn ich wusste nichts weiter, bis ich das kalte Wasser über mein Gesicht rinnen fühlte. Als du wieder anfingst, brachtest du mich zum Weinen; vielleicht, weil ich ganz in Gefühlen aufgelöst und zu, zu glücklich war. Ach, Liebe ist göttlich, nicht wahr?"

Kate war wirklich eine Frau vom höchsten Typ, Mutter und Geliebte in einem. Sie kam öfter als je zuvor zu mir und verbrachte die Nacht bei mir, und bei einer dieser Gelegenheiten fand sie ein neues Wort für ihre Leidenschaft: Sie erklärte, sie fühle, wie sich ihre Gebärmutter vor Sehnsucht nach mir bewege, wenn ich in der von mir so getauften Karwoche mein Bestes gebe oder ihr Gedichte vortrage. Kate war es, die mir als erste beibrachte, dass Frauen durch Worte noch mehr bewegt und erregt werden können als durch Taten: Einmal, so erinnere ich mich, umarmte sie mich von selbst, als ich sentimental gesprochen hatte, und wir umarmten uns mit feuchten Augen.

Ein weiterer Effekt von Smiths Abwesenheit war wichtig; denn sie brachte mich in Bezug auf Miss Stevens ziemlich durcheinander. Ich fand bald heraus, dass sie das Beste vom Verstand ihres Vaters und viel von seiner Charakterstärke geerbt hatte. Wenn sie Smith geheiratet hätte, hätte sie vielleicht etwas Bemerkenswertes getan: So wie es war, war sie als Mädchen sehr attraktiv und belesen und wäre für Smith, da bin ich mir sicher, eine ganz ausgezeichnete Ehefrau gewesen.

Nur einmal versuchte ich ihr zu verstehen zu geben, dass ihre Zärtlichkeit Smith gegenüber ihm körperlich schaden könnte; aber der Verdacht einer Rüge machte sie wütend und sie konnte oder wollte offensichtlich nicht verstehen, was ich meinte, ohne eine körperliche Erklärung, die sie sicherlich übel genommen hätte. Ich musste sie dem überlassen, was sie ihren Dæmon genannt hätte ; denn sie war so hübsch pedantisch wie Tennysons Prinzessin oder jede andere Heldin der viktorianischen Epoche.

Auch ihren Bruder Ned lernte ich ziemlich gut kennen. Er war ein großer, gutaussehender junger Mann mit schönen grauen Augen, ein guter Sportler, aber von gewöhnlicher Denkweise.

Der Vater war der interessanteste der ganzen Familie, und sei es nur wegen seiner ungeheuren Eitelkeit. Er hatte ein edles Aussehen: ein großer, schöner Kopf mit silbergrauem Haar, das eine stämmige Gestalt von weit über mittlerer Größe hervorhob. Trotz seiner Überlegenheitsgebärde hatte ich das Gefühl, dass er in seinen Gedanken engstirnig war; denn er akzeptierte alle bekannten amerikanischen Konventionen und glaubte oder wusste vielmehr, dass das amerikanische Volk, „insbesondere die guten alten Neuenglander, das Salz der Erde waren, die beste Rasse, die man sich vorstellen konnte ...“

Es zeigte, dass er schlau war, als er versuchte, einen Grund für diesen Glauben zu finden. „Stielische Eiche ist gut“, bemerkte er eines Tages sentenziös, „aber amerikanisches Hickory ist noch robuster. Und dieser Glaube von mir ist auch vernünftig“, fügte er hinzu, „denn die letzte Eiszeit hat Neuengland allen guten Boden abgetragen und es bitter schwer gemacht, seinen Lebensunterhalt zu verdienen, und die Engländer, die aus Gewissensgründen auswanderten, waren die Besten der alten Heimat, und sie waren über Generationen hinweg gezwungen, sich ihren Lebensunterhalt auf dem ärmsten Boden mit dem schlechtesten Klima der Welt zu verdienen, und überall gab es feindselige Indianer, die ihre Kampfeslust schärften und die Schwächlinge und Verschwender ausmerzten.“

An seiner Behauptung war ein Körnchen Wahrheit; doch kam dies einem originellen Gedanken nie am nächsten, und sein intensiver patriotischer Eifer ließ mich an seiner Intelligenz zweifeln.

Zu meiner großen Freude beurteilte Smith ihn genauso wie ich: „Ein erstklassiger Anwalt, glaube ich“, lautete sein Urteil, „ein vernünftiger, freundlicher Mann.“

„Etwas überdurchschnittlich groß“, interpretierte ich und Smith fügte lächelnd hinzu, „und deutlich überdurchschnittlich schwer: Er hätte in der Literatur oder im Denken nie Bemerkenswertes geleistet.“

Im Laufe des Jahres riefen mich Smiths Briefe immer eindringlicher, und schließlich fuhr ich zu ihm nach Philadelphia.

NEUE ERFAHRUNGEN.

Emerson, Walt Whitman, Bret Harte.

Kapitel XIII.

Smith traf mich am Bahnhof: Er war dünner als je zuvor und der elende kleine Husten schüttelte ihn sehr oft, trotz einiger Lutschtabletten, die der Arzt ihm zum Lutschen gegeben hatte: Ich begann mir Sorgen um ihn zu machen und kam bald zu dem Schluss, dass das feuchte Klima der Quäkerstadt schlimmer für ihn war als die dünne, trockene Luft in Kansas. Aber er glaubte an seine Ärzte!

Er wohnte bei einer netten puritanischen Familie, in deren Haus er mir auch ein Zimmer besorgt hatte, und wir nahmen sofort wieder unser altes Leben auf. Aber jetzt behielt ich ihn ständig im Auge und bestand auf strenger Selbstbeherrschung, indem ich sein widerspenstiges Organ jede Nacht sorgfältig mit einem Faden abschnürte, was immer noch wirksamer (und schmerzhafter) war als die Peitschenschnur. Ich legte auch einen Klumpen Eis neben sein Bett, damit er jede sexuelle Erregung sofort beenden konnte. Aber jetzt ging es ihm nicht schnell besser: Es dauerte einen Monat, bis ich etwas von der alten Kraft in ihm feststellen konnte; aber bald darauf ließ der Husten nach und er begann wieder derselbe zu sein.

An einem unserer ersten Abende beschrieb ich ihm die Bradlaugh-Vorlesung in ziemlich denselben Worten, die ich in diesem Bericht verwendet habe. Smith sagte: „Warum schreiben Sie es nicht? Das sollten Sie tun: Die ‚Presse‘ würde es nehmen. Sie haben mir ein außergewöhnliches, lebensechtes Porträt eines großen Mannes gegeben, der sozusagen auf einem Auge blind war, eine Art Zyklop. Wenn er ein Kommunist gewesen wäre, wie viel größer wäre er gewesen.“

Ich wagte es, anderer Meinung zu sein, und schon bald waren wir mit aller Härte dabei. Ich wollte beide Prinzipien im Leben verwirklicht sehen , Individualismus und Sozialismus, die Zentrifugalkraft ebenso wie die Zentripetalkraft, und war überzeugt, dass das Problem darin bestand, diese Gegensätze in ein Gleichgewicht zu bringen, das eine Annäherung an Gerechtigkeit und das Glück aller gewährleisten würde.

Smith hingegen argumentierte zunächst als überzeugter Kommunist und Anhänger von Marx; aber er war zu fair, um seine Augen lange vor dem Offensichtlichen zu verschließen. Bald begann er, mir zu meiner Erkenntnis zu gratulieren und erklärte, ich hätte ein neues Kapitel in der Ökonomie geschrieben.

Seine Bekehrung gab mir das Gefühl, dass ich ihm als Denker endlich ebenbürtig war, und zwar auf allen Gebieten, auf denen seine Gelehrsamkeit ihm keinen allzu großen Vorteil verschaffte: Ich war nicht länger ein Schüler, sondern ein Gleichgestellter, und sein schnelles Erkennen dieser Tatsache steigerte, glaube ich, unsere gegenseitige Zuneigung. Obwohl er unendlich belesener war, stellte er mich mit der seltensten Großzügigkeit in jede Gesellschaft und behauptete, ich hätte neue Gesetze der Soziologie entdeckt. Monatelang lebten wir sehr glücklich zusammen, aber sein Hegelianismus widersetzte sich all meinen Angriffen: Er entsprach zu sehr dem tiefen Idealismus seines eigenen Charakters.

Sobald ich die Bradlaugh- Geschichte zu Ende geschrieben hatte, nahm mich Smith mit ins „Press"-Büro und stellte mich dem Chefredakteur, einem gewissen Captain Forney, vor: Tatsächlich hieß die Zeitung damals normalerweise „Forney's Press", obwohl manche sie bereits als „The Philadelphia Press" bezeichneten. Forney gefiel mein Porträt von Bradlaugh und er stellte mich als Reporter in die Redaktion und gelegentlich als Beschreibungsschreiber für 50 Dollar die Woche ein, wodurch ich das ganze Geld sparen konnte, das ich von Lawrence bekam.

Eines Tages sprach Smith mit mir über Emerson und gestand, dass er eine Empfehlung für ihn erhalten und diese an den Philosophen mit der Bitte um ein Interview weitergeleitet hatte. Er wollte, dass ich ihn nach Concord begleite: Ich willigte ein, aber ohne jede Begeisterung: Emerson war mir damals ein unbekannter Name; Smith las mir einige seiner Gedichte vor und lobte sie in den höchsten Tönen, obwohl ich wenig oder gar nichts daraus lernen konnte. Wenn junge Männer mir heute eine ähnliche Gleichgültigkeit entgegenbringen, fällt es mir aufgrund meiner eigenen Erfahrung leicht, sie zu entschuldigen. „Sie wissen nicht, was sie tun!" ist die Erklärung und Entschuldigung für uns alle.

An einem schönen Herbsttag fuhren Smith und ich nach Concord und besuchten am nächsten Tag Emerson. Er empfing uns auf die angenehmste und höflichste Weise: Er ließ uns Platz nehmen und hörte uns zu. Smith ging los und erzählte ihm, wie sehr er sein Leben beeinflusst und ihm mit tapferer Ermutigung geholfen hatte: Der alte Mann lächelte gütig und nickte mit dem Kopf, wobei er von Zeit zu Zeit ausrief: „Ja, ja!" Allmählich wurde Smith von seiner Arbeit begeistert und wollte wissen, warum Emerson nie seine Ansichten zur Soziologie oder zu den Beziehungen zwischen Kapital und Arbeit geäußert hatte. Ein- oder zweimal legte der alte Herr die Hand an sein Ohr; aber alles, was er sagte, war: „Ja, ja! Oder ich denke schon" mit demselben wohlwollenden Lächeln.

Ich vermutete sofort, dass er taub war; aber Smith hatte keine Ahnung davon, denn er forschte immer weiter nach, während Emerson nette Nichtigkeiten antwortete, die völlig belanglos waren. Ich studierte den großen Mann so genau ich konnte. Er schien etwa 1,75 bis 7,5 Meter groß zu sein, sehr dünn, geradezu zierlich und sehr sorgfältig gekleidet; sein Kopf war schmal, aber lang, sein Gesicht knochig; eine lange, hohe, etwas hakenförmige Nase war das Merkmal seines Gesichtsausdrucks – ein gutes Selbstbewusstsein, schloss ich, und beträchtliche Willenskraft, denn das Kinn war wohlgeformt und groß; aber mehr als dies und seine klaren, festen grauen Augen hinterließen in mir nichts, einen intensiven Eindruck von Freundlichkeit und gutem Willen, und warum sollte ich es nicht sagen? sogar von Süße, wie von einer Seele, die hoch über die nagenden Sorgen und das Hin und Her der Erde erhoben ist .

„Ein netter alter Kerl", sagte ich mir, „aber stocktaub."

Viele Jahre später wurde seine Taubheit für mich zum Symbol und zur Erklärung seines Genies. Er hatte immer „ein Leben abseits" geführt und sich von der Welt unbefleckt gehalten: das erklärt sowohl seine beschränkte Sympathie als auch die Höhe, die er erreichte! Sein schmales, freundlich lächelndes Gesicht kommt mir immer wieder in den Sinn, wenn ich seinen Namen höre.

Aber damals war ich empört über seine Taubheit und wütend auf Smith, weil er es nicht bemerkte und sich irgendwie lächerlich zu machen schien. Als wir weggingen, rief ich: „Der alte Narr ist stocktaub!" „Ah, das war dann die Erklärung für sein stereotypes Lächeln und seine eigenartigen Antworten", rief Smith, „ wie haben Sie das erraten?"

„Er hat mehr als einmal seine Hand ans Ohr gelegt", antwortete ich.

„Das hat er", rief Smith aus, „wie dumm von mir, nicht die naheliegende Schlussfolgerung gezogen zu haben!"

Ich glaube, in diesem Herbst zogen die Gregorys nach Colorado. Ich war anfangs ziemlich traurig über den Verlust von Kate, aber sie hatte keinen tiefen Eindruck auf mich gemacht, und das neue Leben in Philadelphia und meine journalistische Arbeit ließen mir nur wenig Zeit für Reue, und da sie mir nie schrieb, zweifellos dem Rat ihrer Mutter folgend, geriet sie bald aus meinem Gedächtnis. Außerdem war Lily eine ebenso interessante Geliebte, und auch Lily hatte begonnen, mich zu langweilen. Die Wahrheit ist, das Fieber der Begierde in der Jugend ist eine vorübergehende Krankheit, die durch Intimität schnell geheilt wird. Außerdem war ich bereits in Philadelphia auf der Jagd nach einem Mädchen, das mich lange Zeit auf Abstand hielt, und als sie nachgab, fand ich ihre Figur gewöhnlich und ihr Geschlecht so groß und locker, dass sie keinen Platz in dieser Chronik verdiente. Sie war bescheiden, wenn Sie so wollen, und das ist kein Wunder. Seitdem habe ich immer gedacht, dass Bescheidenheit das richtige Feigenblatt der Hässlichkeit ist.

Im Frühjahr 1875 musste ich wegen meiner Bauzäune nach Lawrence zurückkehren. In mehreren Fällen verweigerten mir die Grundstückseigentümer die Erlaubnis, die Bauzäune zu erhalten, sofern sie nicht einen angemessenen Anteil am Gewinn erhielten. Schließlich rief ich sie alle zusammen und einigte mich gütlich darauf, 25 Prozent meines Gewinns Jahr für Jahr unter ihnen aufzuteilen.

Ich musste auch meine Prüfung bestehen und als Anwalt zugelassen werden. Ich hatte bereits meine ersten Einbürgerungspapiere eingereicht und Richter Bassett vom Bezirksgericht beauftragte die Anwälte Barker und Hutchings, mich zu prüfen. Die Prüfung war reine Formsache: Jeder von ihnen stellte mir drei einfache Fragen: Ich beantwortete sie und wir gingen zum Abendessen ins Eldridge House und sie tranken Champagner auf meine Gesundheit. Richter Bassett teilte mir mit, dass ich die Prüfung bestanden hatte und forderte mich auf, mich am 15. Juni 1875, glaube ich, zur Zulassung zu melden.

Zu meiner Überraschung war der Saal halb voll . Sogar Richter Stevens war anwesend, den ich noch nie zuvor im Gerichtssaal gesehen hatte. Gegen elf Uhr teilte der Richter dem Publikum mit, dass ich eine zufriedenstellende Prüfung bestanden und meine ersten Papiere ordnungsgemäß eingereicht hätte. Wenn nicht vorher ein Anwalt Fragen an mich stellen wolle, um meine Fähigkeiten zu testen, schlage er vor, mich in die Anwaltskammer zu rufen. Zu meiner Überraschung erhob sich Richter Stevens:

„Mit Erlaubnis des Gerichts", sagte er, „möchte ich diesem Kandidaten, der mit hoher Auszeichnung der Universität zu uns kommt, einige Fragen stellen." (Niemand hatte von meinem Rauswurf gehört, obwohl er davon wusste.) Dann begann er eine Reihe von Fragen zu stellen, die bald die Tiefen meiner abgrundtiefen Unwissenheit erkundeten. Ich wusste nicht, was eine „Action of Account" im alten englischen Common Law war: Ich weiß es jetzt nicht und will es auch nicht wissen. Ich hatte Blackstone sorgfältig gelesen und ein Buch über römisches Recht; auch Chitty über Beweismittel und jemanden über Verträge – ein halbes Dutzend Bücher und das war alles. In den ersten zwei Stunden stellte Richter Stevens einfach meine Unwissenheit bloß : Es war ein sehr warmer Morgen und meine Eitelkeit war wund gerieben, als Richter Bassett eine Vertagung zum Abendessen vorschlug. Stevens willigte ein und wir standen alle auf. Zu meiner Überraschung kamen Barker und Hutchings und ein halbes Dutzend anderer Anwälte vorbei, um mich zu ermutigen: „Stevens gibt nur an", sagte Hutchings, „ich selbst hätte nicht einmal die Hälfte seiner Fragen beantworten können!" Sogar Richter Bassett ließ mich auf sein Zimmer rufen und sagte mir praktisch, dass ich nichts zu befürchten hätte. Also kam ich um zwei Uhr zurück, entschlossen, mein Bestes zu geben und um jeden Preis mein Lächeln beizubehalten.

Die Vernehmung dauerte in einem überfüllten Saal bis vier Uhr, dann setzte sich Richter Stevens. Ich hatte in dieser Sitzung besser abgeschnitten, aber mein Prüfer hatte mich in einer strittigen Frage des Beweisrechts in eine Falle gelockt, und ich hätte mich am liebsten in den Hintern getreten. Aber Hutchings erhob sich als der dienstälteste meiner beiden vom Gericht ernannten Prüfer und sagte nur, er wiederhole jetzt die Meinung, die er bereits Richter Bassett mitteilen durfte, nämlich, dass ich eine geeignete Person sei, um im Staat Kansas als Anwalt zu praktizieren.

„Richter Stevens", fügte er hinzu, „hat uns gezeigt, wie belesen er im englischen Common Law ist; aber einige von uns wussten schon vorher und auf jeden Fall, dass seine Gelehrsamkeit nicht zur Hölle für die Kandidaten werden sollte: Es sieht aus", fuhr er fort, „als ob er Mr. Harris für seine Überlegenheit gegenüber all seinen Kommilitonen an der Universität bestrafen wollte."

„Unparteiische Personen in diesem Publikum werden zugeben", schloss er, „dass Mr. Harris eine überaus schwierige Prüfung mit Bravour bestanden hat, und ich habe die angenehme Aufgabe, Euer Ehren, vorzuschlagen, dass er nun als Anwalt zugelassen wird, auch wenn er möglicherweise erst in zwei Jahren praktizieren kann, wenn er die volle Staatsbürgerschaft erlangt."

Alle erwarteten, dass Barker diesen Vorschlag unterstützen würde, doch während er aufstand, begann Richter Stevens zu sprechen.

unterstützen ", sagte er, „ und ich denke, ich sollte erklären, warum ich Herrn Harris einer strengen Prüfung vor Gericht unterzogen habe. Seit ich vor 25 Jahren aus dem Staat New York nach Kansas kam, wurde ich zwanzig Mal gebeten, den einen oder anderen Kandidaten zu prüfen. Ich habe immer abgelehnt: Ich wollte westliche Kandidaten nicht bestrafen, indem ich sie unseren östlichen Standards unterwarf. Aber hier erscheint endlich ein Kandidat, der sich an der Universität einen Namen gemacht hat und für den eine strenge Prüfung vor Gericht daher nur eine Rechtfertigung sein kann, und dementsprechend habe ich Herrn Harris geprüft, als wäre er im Staat New York gewesen; denn sicherlich ist auch Kansas erwachsen geworden, und seine Einwohner können es sich nicht wünschen, als wären sie minderwertig.

„Diese ganze Angelegenheit", fuhr er fort, „erinnert mich an eine Geschichte, die im Osten von einem Hundeliebhaber erzählt wurde. Der Vater lebte von der Zucht und Ausbildung von Bulldoggen. Eines Tages bekam er einen außerordentlich vielversprechenden Welpen, und Vater und

Sohn kauerten sich hin, schüttelten ihre Arme vor dem Welpen und ermutigten ihn so, ihre Mantelärmel zu packen und sich festzuhalten. Als sie einmal dieses Spiel spielten, sprang der Bullenwelpe, der durch ständiges Lob mutig geworden war, auf und packte den Vater an der Nase. Instinktiv begann der alte Mann, ihn zu würgen, aber der Sohn rief:

„‚Tu das nicht, Vater, tu das nicht, um Gottes willen! Es mag hart für dich sein, aber es wird den Jungen zu einem Helden machen.‘ Also, dachte ich, könnte meine Untersuchung hart für Mr. Harris sein, aber es würde ihn zu seinem Helden machen.“

Das Gericht brüllte und ich applaudierte fröhlich. Richter Stevens fuhr fort: „Ich möchte mich jedoch nicht als Feind, sondern als Freund von Mr. Harris zeigen, den ich seit einigen Jahren kenne. Mr. Hutchings glaubt offensichtlich, dass Mr. Harris zwei Jahre warten muss, um Bürger der Vereinigten Staaten zu werden. Ich bin froh, ihm nach der Lektüre der Gesetze meines Landes versichern zu können, dass Mr. Harris keinen Tag warten muss. Das Gesetz besagt, dass ein Minderjähriger, der drei Jahre in einem beliebigen Staat gelebt hat, bei Erreichen der Volljährigkeit wählen kann, Bürger der Vereinigten Staaten zu werden, und wenn Mr. Harris sich entscheidet, einer von uns zu werden, kann er sofort als Bürger aufgenommen werden und, wenn Euer Ehren einverstanden ist, darf er morgen auch als Anwalt praktizieren.“

Er setzte sich unter großem Beifall, dem ich mich von ganzem Herzen anschloss. So wurde ich an diesem Tag als vollwertiger Bürger zur Ausübung des Anwaltsberufs zugelassen. Zu meinem Unglück gab mir der Gerichtsschreiber, als ich ihn um meine vollständigen Papiere bat, die Bescheinigung über meine Zulassung zur Ausübung des Anwaltsberufs in Lawrence und sagte, da diese nur einem Bürger ausgestellt werden könne, sei sie an sich ausreichend.

Mehr als vierzig Jahre später weigerte sich die Regierung von Woodrow Wilson, diesen einfachen Nachweis meiner Staatsbürgerschaft anzuerkennen, und brachte mich so in große Schwierigkeiten, indem sie mich zu einer erneuten Einbürgerung zwang!

Aber in dem Moment in Lawrence war ich ganz aus dem Häuschen und mietete mir sofort ein Zimmer im selben Erdgeschoss, wo Barker & Sommerfeld ihre Büros hatten, und hängte mein Schild auf.

Ich habe die Geschichte meiner Prüfung sehr ausführlich erzählt, weil sie meiner Meinung nach wie in einem Spiegel die Vorzüge und die tiefe Freundlichkeit des amerikanischen Charakters widerspiegelt.

Ein paar Tage später war ich wieder in Philadelphia.

Gegen Ende des Jahres 1875, glaube ich, oder Anfang 1876, machte Smith mich auf eine Ankündigung aufmerksam, dass der Dichter Walt Whitman in Philadelphia über Thomas Paine sprechen würde, den berüchtigten Ungläubigen, der laut Washington mehr für die Unabhängigkeit der Vereinigten Staaten getan hatte als jeder andere Mensch. Smith beschloss, zu dem Treffen zu gehen, und wenn Whitman Paine gegen die giftigen Angriffe christlicher Geistlicher rehabilitieren könnte, die unwidersprochen behauptet hatten, Paine sei ein berüchtigter Trunkenbold und von äußerst lockerem Charakter, würde er Forney dazu bewegen, ihn eine umfassende und eindringliche Verteidigung Paines in „The Press" schreiben zu lassen.

Ich war ziemlich sicher, dass ein solcher Artikel niemals erscheinen würde, aber ich wollte Smiths Enthusiasmus nicht dämpfen. Der Tag kam, einer jener üblen Tage, die in Philadelphia jeden Winter recht häufig sind: Die Temperatur lag bei etwa null Grad und es schneite, wann immer der peitschende Wind es zuließ. Am Nachmittag beschloss Smith schließlich, dass er es nicht riskieren durfte und bat mich, an seiner Stelle zu gehen. Ich willigte bereitwillig ein und er verbrachte einige Stunden damit, mir die besten Gedichte Whitmans vorzulesen, wobei er, wie ich mich erinnere, besonderen Wert auf „When lilacs last in the dooryard bloomed" legte. Er versicherte mir immer wieder, dass Whitman und Poe die beiden größten Dichter waren, die diese Staaten je hervorgebracht hatten, und er hoffte, ich würde sehr nett zu dem großen Mann sein.

Nichts könnte deprimierender sein als der Anblick der Halle an diesem Abend: schlecht beleuchtet und halb beheizt, mit vielleicht dreißig Personen, die in einem Raum herumlungerten, der tausend Personen Platz geboten hätte. So war der Empfang, den Amerika einem seiner größten Geister bereitete, obwohl mir diese Sicht der Dinge viele Jahre lang nicht in den Sinn kam.

Ich nahm in der Mitte der ersten Reihe Platz, zog mein Notizbuch heraus und machte mich fertig. Nach einigen Minuten kam Whitman von links auf die Plattform; er ging langsam und steif, was mich zum Grinsen brachte, denn ich wusste damals noch nicht, dass er einen Schlaganfall erlitten hatte, und ich hielt seinen eigenartigen Gang für bloße Pose. Außerdem saßen seine Kleider erstaunlich schlecht und passten nicht zu seiner Figur. Er musste fast 1,80 m groß und kräftig gebaut sein, und doch trug er eine kurze Jacke, die sich hinten auf keckste Weise hochzog. Von vorne betrachtet war sein weißer Kragen weit geöffnet und enthüllte einen Büschel grauer Haare, während seine Hose, die sich wie ein Korkenzieher um seine Beine schlängelte, sich von seiner Weste gelöst hatte und einen Streifen seines schmuddeligen weißen Hemdes freigab. Sein Anblick erfüllte mich – den armen kleinen englischen Snob, der ich war – mit Verachtung; er rief in meiner Erinnerung unwiderstehlich einen alten Kochi-China-Hahn in Erinnerung, den ich als

Junge gesehen hatte; Es stolzierte mit demselben langsamen, steifen Gang
über den Hof und hatte seinen Stummelschwanz nach hinten gesteckt.

Doch beim zweiten Blick zeigte sich mir Whitman als eine schöne
Männergestalt, die durch ihre vollkommene Einfachheit und Aufrichtigkeit
in Stimme und Auftreten bestach. Er ordnete seine Notizen in völliger Stille
und begann sehr langsam zu sprechen, wobei er oft innehielt, um ein besseres
Wort zu finden oder seine Papiere zu konsultieren, manchmal zögerte und
sich wiederholte – eindeutig ein ungeübter Redner, der jeden Anschein von
Rednertalent verachtete. Er erzählte uns einfach, dass er in seiner Jugend
einen gewissen Oberst in der Armee getroffen und sehr gut kennengelernt
hatte, der Thomas Paine sehr gut gekannt hatte. Dieser Oberst hatte ihm
mehr als einmal versichert, dass alle Anschuldigungen gegen Paines
Gewohnheiten und Charakter falsch waren – ein bloßes Ergebnis christlicher
Bigotterie. Paine trank beim Abendessen ein oder zwei Gläser Wein wie alle
wohlerzogenen Männer jener Zeit; aber er war sehr gemäßigt und in den
letzten zehn Jahren seines Lebens behauptete der Oberst, dass Paine nie zu
viel trank. Der Colonel sprach Paine in ähnlich entschiedener Weise auch
von der Laxheit seiner Moral frei und sprach schließlich von ihm als einem
stets gut erzogenen Mann, der geistreich sprach und über einen großen
Wissensschatz verfügte, ein höchst interessanter und angenehmer Gefährte.
Und der Colonel sei ein unantastbarer Zeuge, versicherte uns Whitman, ein
Mann von höchster Ehre und gewissenhafter Wahrhaftigkeit.

Whitman sprach so ungewöhnlich langsam, dass ich die wichtigsten Sätze
problemlos mitschreiben konnte: Er war offensichtlich entschlossen, genau
das zu sagen, was er zu sagen hatte, nicht mehr und nicht weniger – was einen
Eindruck außergewöhnlicher Aufrichtigkeit und Wahrhaftigkeit hinterließ.

Als er fertig war, ging ich auf die Plattform, um ihn aus der Nähe zu sehen
und ihn, wenn möglich, herauszulocken. Ich zeigte ihm meine Karte der
„Presse" und fragte ihn, ob er freundlicherweise die Sätze über Paine, die er
in seiner Ansprache verwendet hatte, unterschreiben und damit beglaubigen
würde.

„Ja, ja!" war alles, was er sagte; aber er las das halbe Dutzend Sätze sorgfältig
durch und korrigierte hier und da ein Wort.

Ich dankte ihm und sagte, Professor Smith, ein Herausgeber der „Press",
habe mich geschickt, um einen Wort-für-Wort-Bericht seiner Rede
anzufertigen, da er vorhabe, in der „Press" einen Artikel über Paine zu
schreiben, den er sehr bewundere.

„Aye, aye!", rief Whitman von Zeit zu Zeit, während seine klaren grauen
Augen alles aufnahmen, was ich sagte. Ich versicherte ihm weiter, dass Smith
ihn (Whitman) zutiefst bewunderte, ihn für den größten amerikanischen

Dichter hielt und zutiefst bedauerte, dass es ihm an diesem Abend nicht gut genug ging, um mit ihm persönlich in Kontakt zu treten.

„Es tut mir auch leid", sagte Whitman langsam, „denn Ihr Freund Smith muss etwas Großes in sich haben, wenn er sich so für Paine und für mich interessiert." Walt Whitman erschien mir vollkommen einfach und ehrlich, sogar in seiner Selbsteinschätzung – ein wahrhaft großer Mann!

Ich hatte nichts mehr zu sagen und eilte nach Hause, um Smith Whitmans jungenhafte Unterschrift zu zeigen und ihm eine Beschreibung des Mannes zu geben. Der Eindruck, den Whitman auf mich machte, war der von durchsichtiger Einfachheit und Aufrichtigkeit: keine Manierismen in ihm, keine Spur von Affektiertheit, ein Mann, der einfach seiner selbst sicher war und sehr vorsichtig sprach; aber er achtete nicht auf Äußerlichkeiten und war seltsamerweise bemerkenswert frei von allen Nachgedanken oder Bedauern: ein neuer Persönlichkeitstyp, der mir, so seltsam es klingt, im Laufe der Jahre immer mehr ans Herz gewachsen ist und mir nun das Allerbeste in Amerika zu repräsentieren scheint, die große, ungerührte Seele dieses großen Volkes, das offensichtlich dazu berufen und auserwählt ist, einen immer wichtigeren Einfluss auf das Schicksal der Menschheit auszuüben. Ich würde glücklich sterben, wenn ich glauben könnte, dass Amerikas Einfluss bei der Führung der Menschheit auch nur annähernd so mannhaft und wahrhaftig und klarsichtig sein würde wie der von Whitman; aber ach! –

Es dürfte schwierig sein, europäischen Lesern eine Vorstellung von dem Horror und Ekel zu vermitteln, mit dem Walt Whitman damals in den Vereinigten Staaten konfrontiert wurde, und zwar nur aufgrund der Sexgedichte in „Leaves of Grass". Die Gedichte, gegen die man etwas einzuwenden hätte, machen nicht einmal fünf Prozent des Buches aus, und mein Einwand gegen sie ist, dass bei jedem normalen Menschen Liebe und Verlangen einen viel größeren Anteil des Lebens einnehmen als fünf Prozent. Außerdem ist der Ausdruck der Leidenschaft äußerst zahm: Nichts in „Leaves of Grass" kann mit einem halben Dutzend Passagen im Hohelied Salomons verglichen werden: Denken Sie an den folgenden Vers:

„Ich schlafe, aber mein Herz wacht : es ist die Stimme

mein Geliebter, der anklopft und sagt: Tu mir auf, mein

Schwester , meine Liebe, meine Taube, meine Unbefleckte: für meine

Mein Kopf ist mit Tau gefüllt und meine Locken mit den Tropfen

der Nacht....

„Mein Geliebter steckte seine Hand in die Öffnung des

die Tür und meine Eingeweide wurden für ihn bewegt."

Und dann die Sätze: „Ihre Lippen sind wie ein scharlachroter Faden" ... „Ihre Liebe wie eine Armee mit Bannern"; doch der amerikanische Puritanismus ist noch schüchterner als seine kurzsichtigen Lehrer.

Damals hieß es allgemein, Whitman habe ein Leben außerordentlicher Selbstgefälligkeit geführt: Gerüchten zufolge hatte er ein halbes Dutzend uneheliche Kinder und zudem perverse Vorlieben. Ich halte solche Aussagen für übertrieben oder schlimmer: Man kann ihnen ebenso wenig trauen wie den Geschichten über Paines Trunksucht. Jedenfalls erklärte mir Horace Traubel später, Whitman habe ein außergewöhnlich anständiges Leben geführt, und sein eigener Brief an John Addington Symonds widerlegte den Vorwurf der Homosexualität. Aber ich schwöre, er liebte mehr als einmal, nicht weise, sondern zu sehr, sonst hätte er nicht die Verurteilung des „ Unco " riskiert. guid ." Auf jeden Fall ehrt es ihn, dass er es wagte, in Amerika offen über die Freuden des Geschlechtsverkehrs zu schreiben. Emerson tat, wie Whitman uns selbst erzählt, einen ganzen langen Nachmittag lang sein Möglichstes, um ihn von der Veröffentlichung der Sex-Gedichte abzubringen; aber glücklicherweise dienten alle seine Argumente nur dazu, Whitman in seinem Vorhaben zu bestärken. Aus gewissen späteren Nörglerbeschwerden geht klar hervor, dass Whitman zu unwissend war, um die grauenhaften Folgen seiner Kühnheit für sich und seinen Ruf abzuschätzen; aber dieselbe Unwissenheit, die ihn Dutzende abscheulicher Neologismen verwenden ließ, kam ihm in diesem einen Fall zugute. Es war richtig von ihm, offen über Sex zu sprechen; dementsprechend legte er die wichtigsten Tatsachen nieder, ohne die beste Meinung seiner Zeit zu verachten. Und er war berechtigt; auf lange Sicht wird jedem klar sein, dass er seinem Urteil damit den Stempel des Allerhöchsten aufdrückte. Was können wir von Emersons Verurteilung Rabelais halten und was wird die Zukunft von ihm halten, den er mit einem schmutzigen kleinen Jungen zu vergleichen wagte, der in der Öffentlichkeit Unanständigkeiten kritzelt und dann davonläuft, und was wird er von seiner verächtlichen Einschätzung Shakespeares als eines zotigen Dramatikers halten, während dieser in Wahrheit „der Versöhner" war, den Emerson preisen wollte, den zu erkennen er aber nicht den Verstand hatte.

Whitman war der erste große Mann, der offen über Sex schrieb, und in 500 Jahren wird dies sein einziger und größter Verdienst sein.

Smith schien sich jedoch dauerhaft besser zu fühlen, war aber im Moment enttäuscht, weil sein sorgfältiger Nachruf auf Paine nie in der „Presse" erschien. Eines Tages sagte ich ihm, ich müsse nach Lawrence zurückkehren, um meine Arbeit als Anwalt fortzusetzen, obwohl Thompson, der Sohn des Arztes, alle meine persönlichen Angelegenheiten in Ordnung hielt und mich über alles informierte. Smith schien mir zu diesem Zeitpunkt zuzustimmen, wenn auch nicht enthusiastisch, und ich war kurz davor aufzubrechen, als ich einen Brief von Willie bekam, in dem er mir mitteilte, dass mein ältester Bruder Vernon in einem New Yorker Krankenhaus liege, weil er gerade versucht habe, Selbstmord zu begehen, und ich ihn besuchen solle.

Ich ging sofort hin und fand Vernon in einem Krankenzimmer im Bett. Der Chirurg erzählte mir, dass er versucht hatte, sich zu erschießen, und dass die Kugel den Kieferknochen in einem solchen Winkel getroffen hatte, dass sie seinen ganzen Kopf umrundete und knapp über seinem linken Ohr wieder herauskam. „Er war betäubt und das war alles. Er kann jetzt fast jeden Tag wieder gehen." Der erste Blick zeigte mir den alten Vernon. Er rief:

„Weißt du, Joe, ich bin immer noch ein Versager. Ich konnte mich nicht einmal umbringen, obwohl ich es versucht habe!" Ich sagte ihm, dass ich mich in Frank umbenannt hätte. Er nickte freundlich lächelnd.

Ich munterte ihn auf, so gut ich konnte, besorgte ihm eine Unterkunft, holte ihn aus dem Krankenhaus, fand auch Arbeit für ihn und nach vierzehn Tagen sah ich, dass ich ihn sicher verlassen konnte. Er sagte mir, dass er es bereute, meinem Vater so viel Geld abgenommen zu haben, „leider deinen Anteil und Nitas Anteil; aber warum hat er es mir gegeben? Er hätte mich vor Jahren genauso gut abweisen können, wie mich ihn ausziehen zu lassen; aber ich war ein Narr und werde immer nur auf Geld aus sein: Glücklich, ich kann mir keine Gedanken über den nächsten Tag machen."

Diese vierzehn Tage zeigten mir, dass Vernon nur die Fassade eines Gentlemans hatte; im Herzen war er genauso egoistisch wie Willie, aber ohne Willies Arbeitskraft. Ich hatte ihn als Junge maßlos überschätzt, hielt ihn für edel und belesen; aber Smiths wirkliche Noblesse, seine Bildung und sein Idealismus zeigten mir, dass Vernon alles andere als ein Gentleman war. Er hatte gute Manieren und ein gutes Temperament, und das war so ziemlich alles.

Auf dem Weg nach Lawrence hielt ich in Philadelphia an, nur um Smith alles zu sagen, was ich ihm schuldete, was mir durch die Verbindung mit Vernon klar geworden war. Wir verbrachten eine großartige Nacht und dann riet er mir zum ersten Mal, nach Europa zu gehen, um dort zu studieren und ein Lehrer und Führer der Menschen zu werden. Ich versicherte ihm, dass er mich überschätzte, weil ich ein ausgezeichnetes verbales Gedächtnis hatte; er jedoch erklärte, dass ich über eine unverkennbare Originalität und eine einzigartige Urteilskraft verfügte und vor allem eine treibende Willenskraft, die er noch nie zuvor gesehen hatte : „Was auch immer Sie sich vornehmen", schloss er, „Sie werden es mit Sicherheit erreichen, denn Sie neigen dazu, sich selbst zu unterschätzen." Damals lachte ich und sagte, er habe meine grenzenlose Eitelkeit nicht einmal erraten, aber seine Worte und Ratschläge drangen in mein Gedächtnis ein und übten zu gegebener Zeit einen entscheidenden, prägenden Einfluss auf mein Leben aus.

Ich kehrte nach Lawrence zurück, stellte in meinem Anwaltszimmer ein Schlafsofa auf und ging zum Essen ins nahegelegene Eldridge House. Ich las eifrig Jura und hatte bald ein paar Klienten, größtenteils „harte Fälle", die mir, wie ich herausfand, von Richter Stevens und Barker geschickt wurden, die darauf aus waren, einem Anfänger Ärgernisse aufzudrängen.

Eine alte Mulattin hielt unsere Büros für ein paar Dollar monatlich von jedem von uns sauber und ordentlich, und eines Nachts wurde ich von ihrem Stöhnen und Schreien aufgeweckt: Sie lebte in einer Dachkammer zwei Stockwerke höher und litt offensichtlich an Verdauungsstörungen und war sehr verängstigt, wie es Farbige zu sein pflegen, wenn ihnen etwas fehlt: „Ich werde sterben !", sagte sie mir ein Dutzend Mal. Ich verwöhnte sie mit Whisky und warmem Wasser, heizte es auf meinem kleinen Gasofen auf und saß bei ihr, bis sie schließlich einschlief. Am nächsten Tag erklärte sie, ich hätte ihr das Leben gerettet und sie würde es nie vergessen. „ Nein , ganz bestimmt nicht!" Ich lachte sie aus und vergaß alles.

Jeden Nachmittag ging ich für etwa eine Stunde nach Liberty Hall, um über die Ereignisse auf dem Laufenden zu bleiben, überließ jedoch die Hauptarbeit Will Thompson. Eines Tages freute ich mich, dass Bret Harte kam, um bei uns einen Vortrag zu halten: sein Thema „Die Argonauten von '49": Ich besorgte mir einige seiner Bücher aus der Buchhandlung eines lahmen Mannes namens Crew, glaube ich, in der Massachusetts Street, und las sie aufmerksam. Seine Gedichte machten keinen großen Eindruck auf mich, bloße Verse, dachte ich; aber „The Outcasts of Poker Flat" und andere Geschichten schienen mir trotz ihrer romantischen Färbung und ihres Anflugs von Melodramatik fast wie Meisterwerke. Besonders die Beschreibung von Oakhurst, dem Spieler, blieb mir im Gedächtnis: Man wird sich erinnern, dass Oakhurst der Gruppe der Ausgestoßenen beim Überqueren der „Wasserscheide" riet, weiterzureisen, bis sie einen sicheren Ort erreichten. Aber er beharrte nicht auf seinem Standpunkt: Er kam zu dem Schluss, dass es hoffnungslos war, und dann kam Bret Hartes außergewöhnlicher Satz aus seinem Gemälde: „Für Oakhurst war das Leben bestenfalls ein unsicheres Spiel, und er erkannte, dass der Prozentsatz normalerweise zugunsten des Gebers lag." In diesem einen Satz steckt mehr Humor und Einsicht als in all den lächerlich überbewerteten Werken von Mark Twain.

Eines Nachmittags war ich allein an der Kasse der Liberty Hall, als Rose hereinkam, so hübsch wie immer. Ich freute mich, unsere Bekanntschaft zu erneuern, und noch mehr freute ich mich, als ich erfuhr, dass sie Karten für

Bret Hartes Vortrag haben wollte. „Ich wusste nicht, dass Sie gerne lesen, Rose?", sagte ich ein wenig überrascht.

„Professor Smith und Sie würden jeden zum Lesen bringen", rief sie, „jedenfalls haben Sie mich dazu gebracht." Ich gab ihr die Tickets und versprach, sie am nächsten Tag auf eine Kutschenfahrt mitzunehmen. Ich war mir sicher, dass Rose mich mochte; aber bald überraschte sie mich, indem sie eine stärkere Tugend zeigte, als ich sie sonst erlebte.

Sie küsste mich, als ich sie im Buggy darum bat, sagte mir aber gleichzeitig, dass sie nicht viel aus Küssen mache: „Alle Männer", sagte sie, „sind aus demselben Grund hinter einem Mädchen her; es ist widerlich; sie alle wollen Küsse und versuchen, dich zu berühren und zu sagen, dass sie dich lieben; aber sie können nicht lieben und ich will ihre Küsse nicht."

„Rose, Rose", sagte ich, „du darfst nicht zu streng mit uns sein: Wir sind anders als ihr Mädchen, und das ist alles."

„Wie meinst du das?", fragte sie. „Ich meine, dass der Mann zuerst von bloßem Verlangen überwältigt wird", sagte ich, „nur der Wunsch, dich zu küssen und dich zu genießen; aber hinter dieser Lust verbirgt sich oft eine Menge Zuneigung, und manchmal erblüht eine tiefe und heilige Zärtlichkeit; während das Mädchen mit der Zuneigung und Zuneigung beginnt und lernt, das Küssen und Streicheln danach zu genießen."

„Ich verstehe", erwiderte sie ruhig, „ich glaube, ich verstehe: Das glaube ich gern."

Ihre unerwartete Tiefe und Aufrichtigkeit beeindruckte mich und ich fuhr fort:

„Wir Männer sind vielleicht so hungrig, dass wir gierig sehr schlechtes Obst essen, nur weil es zur Hand ist; aber das beweist nicht, dass wir nicht gutes, süßes und nahrhaftes Essen vorziehen, wenn wir es bekommen können." Sie ließ ihren Blick auf meinem ruhen: „Ich verstehe", sagte sie, „ich verstehe!"

Und dann erzählte ich ihr, wie reizend sie sei und wie sie einen unsterblichen Eindruck auf mich gemacht habe, und ich wagte zu hoffen, dass sie mich ein wenig mochte und doch nett zu mir sein und sich um mich kümmern würde, und ich war unendlich erfreut, dass dies die richtige Art von Gespräch war, und ich tat mein Bestes in dieser neuen Art. Drei- oder viermal pro Woche fuhr ich mit ihr in einem Buggy aus, und nach kurzer Zeit hatte ich ihr das Küssen beigebracht und sie dazu gebracht, zu gestehen, dass sie mich mochte, mich wirklich liebte, und nach und nach gestattete sie mir die kleinen Vertraulichkeiten der Liebe.

Eines Tages nahm ich sie früh mit zu einem Picknick und sagte: „Ich spiele Türke und du musst mich einladen", und ich streckte mich auf einer Decke unter einem Baum aus. Sie war voller Begeisterung bei dem Spiel dabei, brachte mir Essen und schließlich, als sie dicht neben mir stand, konnte ich mich nicht mehr beherrschen; ich schob meine Hand unter ihr Kleid, auf ihre festen Beine und ihr Geschlecht. Im nächsten Moment kniete ich neben ihr: „Lieb mich, Rose", flehte ich, „ich will dich so sehr: ich bin hungrig nach dir, Liebling!"

Sie sah mich ernst mit weit aufgerissenen Augen an: „Ich liebe dich auch", sagte sie, „aber oh! Ich fürchte: Hab Geduld mit mir!", fügte sie wie ein kleines Mädchen hinzu. Ich war geduldig, aber beharrlich, und streichelte sie weiter, bis ihre heißen Lippen mir sagten, dass ich sie wirklich erregt hatte.

Meine Finger verrieten mir, dass sie perfekten Sex hatte und ihre Beine wunderbar fest und verführerisch waren, und in ihrem Nachgeben lag der Nervenkitzel eines bewussten Nachgebens aus Zuneigung zu mir, den ich nur schwer in Worte fassen kann. Ich überredete sie bald, am nächsten Tag in mein Büro zu kommen. Sie kam gegen vier Uhr und ich küsste und streichelte sie und brachte sie schließlich in der Dämmerung dazu, sich auszuziehen. Sie hatte die beste Figur, die ich je gesehen hatte, und das ließ sie mir mehr gefallen, als ich für möglich gehalten hätte; aber als ich in sie eindrang, stellte ich bald fest, dass sie nicht annähernd so leidenschaftlich war wie Kate, von Lily ganz zu schweigen. Sie war eine kühle Geliebte, wäre aber eine wunderbare Ehefrau geworden, da sie voller Selbstaufopferung und zärtlicher, aufmerksamer Zuneigung war: Ich habe immer noch eine sehr warme Ecke in meinem Herzen für diese schöne, kindliche Frau und schäme mich ein wenig, sie verführt zu haben, denn sie war nie als Spielzeug oder Zeitvertreib gedacht.

Aber ich war unheilbar wankelmütig und bekam Lily ein oder zwei Tage später und schickte Rose eine Sammlung Bücher, anstatt sie zu besuchen. Trotzdem ging ich jede Woche mit ihr aus, bis ich Lawrence verließ, und lernte sie immer mehr zu schätzen.

Lily hingegen war eine geborene „Tochter des Spiels", um Shakespeares Ausdruck zu verwenden, und versuchte, darin immer besser zu werden: Sie wollte wissen, wann und wie sie mir am meisten Freude bereitete, und tat wirklich ihr Bestes, um mich zu erregen. Außerdem entwickelte sie bald einen Geschmack für Hüte und Kleider, und wenn ich für ein neues Outfit bezahlte, tanzte sie vor Freude. Sie war auch eine unterhaltsame, lockere Gesellschaft und fand oft seltsame, kleine, freche Sprüche, die mich amüsierten. Ihre größte Abneigung galt Mrs. Mayhew: Sie nannte sie immer „die Piratin", weil sie sagte, Lorna mochte nur „gestohlene Waren" und wollte, dass jeder Mann „über die Planke in ihr Schlafzimmer ging". Lily bestand darauf, dass Lorna weinen konnte, wann immer sie wollte; aber sie hatte keine echte Zuneigung in sich, und ihr Mann überschüttete Lily mit

Verachtung: „Ein gut zueinander passendes Paar", rief sie eines Tages aus, „eine Stute und ein Maultier, und die Stute, wie die Leute sagen, in Hitze – ganz nass", und sie rümpfte angewidert ihre kleine Nase.

Bei der Vorlesung von Bret Harte hatten sowohl Rose als auch Lily einen Sitzplatz und sie verstanden beide, dass ich danach hingehen und mit dem großartigen Mann sprechen würde.

Ich versprach mir viel von dem Vortrag und Hartes Vorabagent hatte dafür gesorgt, dass der Held des Abends mich nach der Ansprache im Eldridge House empfangen würde.

Ich sollte ihn im Hotel abholen und ihn in die Halle bringen. Als ich anrief, kam mir ein mittelgroßer Mann mit einem recht gutaussehenden, angenehmen Lächeln und nachdenklichen, nachdenklichen Augen entgegen. Harte trug ein Abendkleid, das seiner schlanken Figur schmeichelte, und da er nicht gern reden wollte, brachte ich ihn sofort in die Halle und eilte nach vorne, um seinen Eintritt zu beobachten. Er ging ganz einfach zum Schreibtisch, ordnete seine Notizen methodisch und begann in einem schlichten, umgangssprachlichen Tonfall „Die Argonauten" und wiederholte es: „Die Argonauten von '49."

Mir fiel auf, dass sein Akzent keinen amerikanischen nasalen Akzent hatte; aber beim besten Willen kann ich weder den Vortrag wiedergeben, noch ein Porträt des Mannes zeichnen. Ich erinnere mich nur an einen Satz, aber ich denke, er ist wahrscheinlich der beste: In Bezug auf die alten Hasen, die die Great Plains durchquerten, sagte er: „Ich werde euch von einem neuen Kreuzzug erzählen, einem Kreuzzug ohne Kreuz, einem Exodus ohne Propheten!"

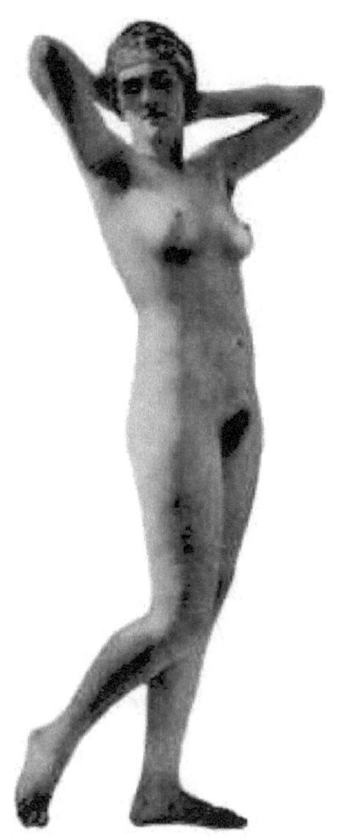

Ich traf ihn zehn Jahre später in London, als ich mehr Selbstvertrauen und ein viel tieferes Verständnis für Talent und Genie hatte; aber ich konnte nie etwas Wertvolles aus Bret Harte herausholen, obwohl ich damals und immer noch eine Menge Bewunderung für sein unbestrittenes Talent empfand. Später in London tat ich mein Bestes, um ihn aus der Reserve zu locken, ihn dazu zu bringen, zu sagen, was er über Leben, Tod und das unentdeckte Land dachte; aber er murmelte entweder Gemeinplätze oder zog sich in sein Schneckenhaus des völligen, aber scheinbar nachdenklichen Schweigens zurück.

Die monotone Arbeit und die leidenschaftlichen Zwischenspiele meines Lebens wurden plötzlich durch ein völlig unerwartetes Ereignis unterbrochen. Eines Tages kam Barker in mein kleines Büro und stand dort und schluckte von Zeit zu Zeit: „Kenne ich ein Heilmittel gegen Schluckauf?" Ich wusste nur, dass ein Schluck kaltes Wasser normalerweise dagegen half.

„Ich habe schon alles Mögliche getrunken", sagte er, „aber ich glaube, ich werde mein Bestes geben und nach Hause gehen, und wenn es so weitergeht, lasse ich den Arzt holen!" Ich konnte nur zustimmen: Am nächsten Tag hörte ich, dass es ihm schlechter ging und er im Bett lag. Eine Woche später sagte ihm Sommerfeld , ich solle den armen Barker besuchen, denn er sei ernsthaft krank.

Am selben Nachmittag rief ich an und war entsetzt über die Veränderung: Das ständige Schluckauf hatte die ganze unhandliche Fleischmasse von seinen Knochen geschüttelt; die Haut seines Gesichts war schlaff, die knochigen Umrisse waren unter den dünnen Falten zu sehen. Ich tat so, als ginge es ihm besser und versuchte, ihm zu gratulieren; aber er versuchte nicht einmal, sich selbst etwas vorzumachen. „Wenn sie es nicht stoppen können, wird es mich stoppen", sagte er, „aber niemand hat je gehört, dass ein Mann an Schluckauf gestorben ist, und ich bin noch keine vierzig."

Ein paar Tage später kam die Nachricht, dass er tot war – der große dicke Mann!

Sein Tod veränderte mein ganzes Leben, obwohl ich damals nicht im Traum daran dachte, dass er irgendeinen Einfluss auf mich haben könnte. Eines Tages war ich vor Gericht und verhandelte vor Richter Bassett einen Fall. Obwohl ich den Mann mochte, brachte er mich an diesem Tag zur Verzweiflung, indem er meiner Meinung nach eine falsche Ansicht vertrat. Ich brachte meinen Standpunkt so gut ich konnte zum Ausdruck, aber er ließ sich nicht beirren und erhob schließlich Anklage gegen mich. Als ich meine Papiere eingesammelt hatte und aufsah, lächelte er:

„Ich werde diesen Fall auf meine Kosten vor den Obersten Gerichtshof bringen", erklärte ich verbittert, „und Ihre Entscheidung rückgängig machen lassen."

„Wenn Sie Ihre Zeit und Ihr Geld verschwenden wollen", bemerkte er freundlich, „kann ich Sie nicht daran hindern."

Ich verließ den Saal und fand plötzlich Sommerfeld neben mir:

„Sie haben diesen Fall sehr gut gekämpft", sagte er, „und Sie werden ihn vor dem Obersten Gerichtshof gewinnen, aber Sie hätten das Bassett nicht in seinem eigenen – ‚Bereich' sagen sollen", schlug ich vor, und er nickte.

Als wir auf unserer Etage ankamen und ich mich in Richtung meines Büros umdrehte, sagte er: „Wollen Sie nicht reinkommen und eine Zigarre rauchen? Ich würde gern reden –"

Sommerfelds Zigarren waren durchweg ausgezeichnet und ich folgte ihm sehr bereitwillig in sein großes, ruhiges Büro im hinteren Teil, das auf einige leere Grundstücke hinausging. Ich war nicht im Geringsten neugierig; denn ein Gespräch mit Sommerfeld bedeutete normalerweise, dass man eher in aller Stille rauchte. Diesmal jedoch hatte er etwas zu sagen und sagte es sehr abrupt:

„Barker ist weg", bemerkte er in die Luft, und dann: „Warum sollten Sie nicht hierher kommen und seinen Platz einnehmen?"

„Als Ihr Partner?", rief ich aus. „Sicher", antwortete er, „ich werde die Akten in den Fällen ausarbeiten, wie ich es für Barker getan habe, und Sie werden sie vor Gericht vertreten. Zum Beispiel", fügte er in seiner langsamen Art hinzu, „gibt es eine Entscheidung des Obersten Gerichtshofs des Staates Ohio, die Ihren heutigen Fall fast in Ihren Worten entscheidet, und wenn Sie sie zitiert hätten, hätten Sie Bassett überzeugt", und er drehte sich um und las den Bericht vor.

„Der Staat Ohio", fuhr er fort, „ist einer der vier Staaten, wie Sie wissen (ich wusste es nicht), die den New York Code übernommen haben – New York, Ohio, Kansas und Kalifornien" – er fuhr fort, „die vier Staaten, die in einer Reihe über den Kontinent verteilt sind; keiner dieser hohen Gerichte wird dem anderen widersprechen. Sie können sich also Ihres Urteils sicher sein – also, was sagen Sie dazu?", schloss er.

„Das wird mir ein Vergnügen sein", antwortete ich sofort, „ich bin sogar stolz, mit Ihnen zusammenzuarbeiten. Ich hätte mir kein besseres Glück wünschen können."

Er streckte schweigend die Hand aus und die Sache war erledigt.

Sommerfeld rauchte eine Weile schweigend und bemerkte dann beiläufig: „Früher gab ich Barker hundert Dollar pro Woche für seine Haushaltsausgaben. Ist das für Sie in Ordnung?"

„Vollkommen, vollkommen", rief ich, „ich hoffe nur, dass ich es verdiene und Ihre gute Meinung rechtfertige –"

„Sie sind schon jetzt ein besserer Anwalt als Barker", sagte er, „aber Sie haben einen – Nachteil" – er zögerte.

„Bitte machen Sie weiter", rief ich, „haben Sie keine Angst, ich kann jede Kritik ertragen und daraus lernen – hoffe ich."

„Ihr Akzent ist ein wenig englisch, nicht wahr?", sagte er, „und das bringt sowohl Richter als auch Geschworene gegen Sie ein, besonders die Geschworenen: Wenn Sie Barkers Akzent hätten, wären Sie der beste Verteidiger im Staat –"

„Ich werde mir den Akzent aneignen", rief ich aus, „Sie haben völlig recht: ich hatte bereits das Bedürfnis danach gespürt, aber ich war stur, jetzt werde ich es mir aneignen: Darauf können Sie wetten, ich werde es innerhalb einer Woche schaffen", und das schaffte ich.

In der Stadt gab es einen Anwalt namens Hoysradt, der einen heftigen Streit mit meinem Bruder Willie hatte. Er hatte den ausgeprägtesten westamerikanischen Akzent, den ich je gehört hatte, und ich stellte mir jeden Morgen und Abend die Aufgabe, Hoysradts Akzent und Sprechweise nachzuahmen. Ich machte es mir auch zur Regel, im Alltag die langsame westliche Aussprache zu verwenden, und nach einer Woche hätte mich niemand mehr für jemand anderen als einen Amerikaner gehalten .

Sommerfeld war entzückt und sagte mir, er habe mehr Vertrauen zu mir als je zuvor, und von da an war unsere Übereinstimmung perfekt, denn je besser ich ihn kannte, desto mehr schätzte ich ihn: Er war tatsächlich fähig, fleißig, wahrhaftig und ehrlich – eine Person, die alle Tugenden in sich trug, aber so bescheiden und ungeschickt, dass er sich selbst oft selbst der schlimmste Feind war.

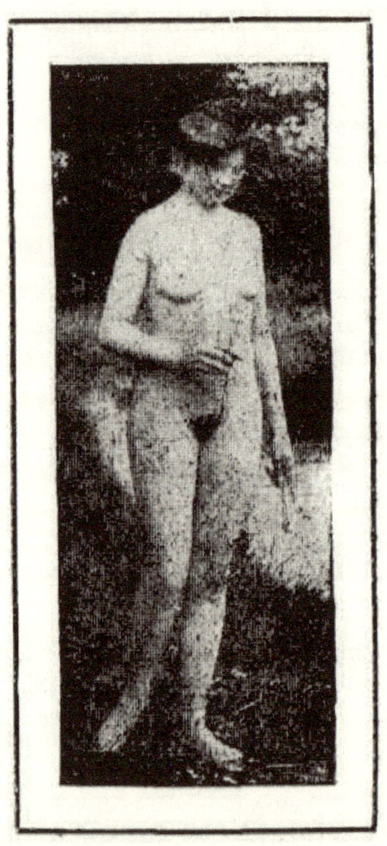

ARBEIT UND SOPHIE.

Kapitel XIV.

Nun begann für mich eine höchst erfreuliche Zeit. Sommerfeld nahm mir fast alle Büroarbeiten ab; ich brauchte nur die Reden zu schreiben, denn er bereitete die Fälle für mich vor. Mein Einkommen war so hoch, dass ich nur der Bequemlichkeit oder vielmehr meiner Geilheit wegen in meinem Bürozimmer schlief.

Ich hatte eine Kutsche und ein Pferd in einem Mietstall und fuhr Lily oder Rose fast jeden Tag aus. Da Rose auf der anderen Seite des Flusses lebte, war es leicht, die beiden auseinanderzuhalten, und tatsächlich träumte keine von beiden jemals von der Existenz der anderen. Ich hatte eine große Schwäche für Rose: Ihre Schönheit von Gesicht und Figur erregte und erfreute mich immer, und auch ihr Geist entwickelte sich schnell durch unsere Gespräche und die Bücher, die ich ihr gab. Ich werde nie ihre Freude vergessen, als ich ihr eines Morgens zum ersten Mal ein kleines Bücherregal kaufte und es ihr nach Hause schickte, voll mit Büchern, von denen ich dachte, dass sie ihr gefallen und sie lesen sollte.

Am Abend kam sie direkt in mein Büro, sagte mir, dass es genau das sei, was sie sich am meisten gewünscht habe, und ließ mich ihre Schönheiten eine nach der anderen studieren; doch als ich sie umdrehte und ihren Hintern küsste, wollte sie, dass ich aufhöre: „Das kann dir unmöglich gefallen oder bewundern", war ihr Urteil.

„Das tue ich in der Tat", rief ich; aber ich gestand mir, dass sie recht hatte; ihr Hintern hatte entzückende Grübchen; aber er war ein wenig zu dick und die Linie darunter war nicht perfekt. Auch eine ihrer Brüste war hübscher als die andere, obwohl beide klein waren und kühn hervorstanden; mein kritischer Sinn konnte an ihrem Dreieck oder ihrem Geschlecht nichts aussetzen; die Lippen waren perfekt, sehr klein und rosarot und ihre Klitoris war wie ein winziger, winziger Knopf. Ich wünschte mir oft, sie wäre einen halben Zoll lang wie die von Mrs. Mayhew. Nur einmal während unseres Geschlechtsverkehrs versuchte ich, sie zur Ekstase zu bringen, und es gelang mir nur halb; deshalb hatte ich sie einfach, nur um mich zu amüsieren, und nur ab und zu kam ich zu einem zweiten Orgasmus, um sie wirklich für das Liebesspiel zu erwärmen; Rose war alles andere als sinnlich, obwohl sie ausnahmslos süß und eine ausgezeichnete Gefährtin war. Wie sie so liebevoll und doch sexuell kalt sein konnte, war mir immer ein Rätsel.

Lily war, wie ich schon sagte, völlig anders: ein fröhliches kleines Mädchen und ein geborenes Kind der Venus. Ab und zu löste sie bei mir ein wirklich ergreifendes Gefühl aus. Sie machte sich immer über Mrs. Mayhew lustig, aber seltsamerweise war sie ihr in vielen intimen Dingen sehr ähnlich – eine Art Zweitbesetzung der älteren und leidenschaftlicheren Frau, mit der schelmischen Fröhlichkeit eines Kindes und einer kindlichen Lebensfreude.

Doch nun sollte eine große, neue Sensation in mein Leben treten. Eines Abends kam ein Mädchen ohne Hut und ohne anzuklopfen in mein Büro. Sommerfeld war für die Nacht nach Hause gegangen und ich war gerade dabei, meine Sachen zurechtzurücken, bevor ich ausging ; sie raubte mir den Atem; sie sah erstaunlich gut aus, war sehr dunkel, mit großen, schwarzen Augen und einer schlanken, mädchenhaften Figur: „Ich bin Topsy “, verkündete sie und stand lächelnd da, als ob der bloße Name schon genug sagte.

„Kommen Sie herein“, sagte ich, „und nehmen Sie Platz: Ich habe von Ihnen gehört!“ und das hatte ich.

Sie war eine privilegierte Persönlichkeit in der Stadt: Sie fuhr auch mit der Straßenbahn und der Eisenbahn, ohne zu bezahlen; diejenigen, die sie herausforderten, waren alle „plumper weißer Abschaum“, sagte sie, und irgendein Mann war immer bereit, für sie zu bezahlen: Sie zögerte nie, auf einen Mann zuzugehen und ihn um einen Dollar oder sogar fünf Dollar zu bitten – und bekam ausnahmslos, was sie wollte: Ihre Schönheit war für Männer ebenso überzeugend wie ihre verächtliche Zurückhaltung. Ich hatte oft von ihr als „diesem verdammten hübschen Niggermädchen“ gehört, aber ich konnte in ihrer reinen Schönheit keine Spur irgendwelcher Negereigenschaften erkennen .

Sie nahm Platz und sagte mit einem leichten Südstaatenakzent, der mir gefiel: „Ihr Name ist Harris?“

„Das ist mein Name“, antwortete ich lächelnd: „Sind Sie hier stattdessen Barker?“, fuhr sie fort: „Er hat es sicher verdient, Schluckauf zu sterben : poröser weißer Abschaum!“

„Wie ist Ihr richtiger Name?“, fragte ich.

„Sie nennen mich , Topsy “‘, antwortete sie, „aber mein richtiger Name ist Sophy , Sophy Beveridge. Sie waren sehr nett zu meiner Mutter, die oben wohnt. Ja“, fuhr sie trotzig fort, „sie ist meine Mutter und noch dazu eine sehr gute Mutter, und vergessen Sie das nicht !“, fügte sie hinzu und warf verächtlich über mein Erstaunen den Kopf in den Nacken.

„Dein Vater muss weiß gewesen sein!“, musste ich unwillkürlich sagen, denn ich konnte Topsy nicht mit dem alten Oktaroon in Verbindung bringen , egal, was ich wollte. Sie nickte. „Er war wirklich weiß, das heißt, seine Haut war weiß!“, und sie stand auf und ging im Büro umher, als gehörte es ihr.

„Ich werde dich ‚ Sophy ‘ nennen“, sagte ich, denn ich spürte, wie sich ihr verletzter Stolz leidenschaftlich auflehnte. Sie lächelte mich vergnügt an.

Ich wusste nicht, was ich tun sollte. Ich durfte nicht mit einem farbigen Mädchen gehen, obwohl ich bei Sophy keine Spur von schwarzem Blut erkennen konnte und sie selbst in ihrem schlichten, mit Blumen verzierten Kleid erstaunlich gut aussah. Als sie sich bewegte, fiel mir ihre geschmeidige, pantherartige Anmut auf, und ihre kleinen Brüste hoben sich mit einer höchst aufreizenden Anziehungskraft von dem dünnen Baumwollgewand ab. Mein Mund brannte, als sie sich zu mir umdrehte. „Du ziehst mich an“, sagte sie lächelnd, „und ich bin froh, denn meine Mutter mag dich und ich liebe sie – ganz sicher, Alter!“

Ihre Offenheit hatte etwas Kindliches, Direktes, Unschuldiges an sich, das mich faszinierte, und ihr gutes Aussehen ließ Sonnenschein in den dunkler werdenden Raum scheinen.

„Ich mag dich, Sophy “, sagte ich, „aber jeder hätte so viel für deine Mutter getan wie ich. Sie war krank!“

„ Huhu !“, schnaubte sie empört. „Die meisten Weißen hätten sie gleich dort auf der Treppe sterben lassen. Ich kenne sie. Sie wären wütend auf sie gewesen, weil sie gestöhnt hätte. Ich hasse sie ! “ Und ihre großen Augen funkelten.

Blitzschnell kam sie auf mich zu:

„Wenn du Amerikanerin gewesen wärst, hätte ich nie zu dir kommen können, nie! Ich wäre lieber gestorben oder hätte gespart und gestohlen und dich bezahlt –“ Die Verachtung in ihrer Stimme war bitter vor Hass: Offensichtlich hatte die Negerfrage eine Seite, die mir nie bewusst gewesen war .

„Aber du bist anders“, fuhr sie fort, „und ich bin gerade gekommen –“ und sie hielt inne, hob ihre großen Augen zu mir, mit einem unausgesprochenen Angebot in ihrem anhaltenden Blick.

„Das freut mich“, sagte ich lahm und widerstand der Versuchung, „und ich hoffe, du kommst bald wieder und wir werden gute Freunde – was, Sophy ?“ und ich streckte lächelnd meine Hand aus; aber sie schmollte und sah mich mit Vorwurf oder Bitte oder Enttäuschung in den Augen an. Ich konnte nicht widerstehen: Ich nahm ihre Hand und zog sie an mich und küsste sie auf die Lippen, während ich meine rechte Hand zu ihrer linken Brust gleiten ließ: sie war so fest wie Gummi : sofort fühlte ich, wie mein Geschlecht erstarrte und pochte: Entschlossenheit und Verlangen kämpften in mir, aber ich war es gewohnt, meinen Willen durchzusetzen:

„Du bist das hübscheste Mädchen in Lawrence", sagte ich, „aber ich muss jetzt wirklich los: Ich habe eine Verabredung und bin spät dran."

Sie lächelte geheimnisvoll, als ich meinen Hut nahm und ging, ohne auch nur anzuhalten, um die Bürotür zu schließen oder abzuschließen.

Als ich die Straße entlangging, wirbelten meine Gedanken und Gefühle durcheinander: „Will ich sie? Sollte ich sie haben? Würde sie wiederkommen?"

„Oh, verdammt! Frauen sind der reinste Teufel und er ist nicht so schwarz, wie er dargestellt wird! Schwarz?"

In dieser Nacht wurde ich durch ein lautes Klopfen an meiner Bürotür geweckt. Ich sprang auf und öffnete gedankenlos die Tür, und sofort kam Sophy lachend herein.

„Was ist los?", rief ich noch halb schlafend.

„ Ich bin es leid zu warten", antwortete sie frech, „und außerdem bin ich gerade gekommen." Ich wollte ihr gerade Vorwürfe machen, als sie rief: „Geh sofort ins Bett", und sie nahm meinen Kopf in ihre Hände und küsste mich. Ich war außer mir vor Widerstand. „Komm schnell!", sagte ich, legte mich ins Bett und sah ihr beim Ausziehen zu. Im Handumdrehen hatte sie sich bis auf ihr Hemdchen ausgezogen: „Ich denke, das reicht", sagte sie kokett.

„Bitte zieh es aus", rief ich und im nächsten Moment lag sie nackt in meinen Armen. Als ich ihr Geschlecht berührte, schlang sie ihre Arme um meinen Hals und küsste mich gierig mit heißen Lippen. Zu meinem Erstaunen war ihr Geschlecht wohlgeformt und sehr klein: Ich hatte immer gehört, dass Neger viel größere Genitalien als Weiße haben; aber die Lippen von Sophys Geschlecht waren dick und fest. „Wurdest du schon mal betrogen, Sophy ?", fragte ich.

„Nein, Sir!", antwortete sie. „Ich mochte Sie, weil Sie mir nie nachgelaufen sind und weil Sie so freundlich waren. Und ich dachte, dass ich es irgendwann bestimmt tun würde. Deshalb überlasse ich mich lieber Ihnen als irgendjemand anderem. Ich mag keine farbigen Männer", fügte sie hinzu. „Und die weißen Männer sehen alle auf mich herab und verachten mich und ich – ich liebe Sie", flüsterte sie und vergrub ihr Gesicht an meinem Hals.

„Am Anfang wird es dir wehtun, Sophy , fürchte ich", aber sie beruhigte alle Skrupel mit „Mist, das ist mir egal: Wenn ich dir Vergnügen bereite, bin ich zufrieden" und sie spreizte die Beine und streckte sich, als ich mich auf sie legte. Im nächsten Augenblick streichelte mein Geschlecht ihre Klitoris, und von sich aus zog sie die Knie an und brachte mein Geschlecht mit einer einzigen Bewegung in ihres und gegen die jungfräuliche Barriere. Sophy zögerte nicht: Sie bewegte ihren Körper geschmeidig gegen mich, und im nächsten Augenblick hatte ich mich durchgekämpft und war in ihr. Ich wartete einen Moment und begann dann das Liebesspiel. Sofort folgte Sophy meinen Bewegungen, hob ihr Geschlecht zu mir hoch, als ich hineindrang, und drückte es nach unten, um mich festzuhalten, als ich mich zurückzog. Selbst als ich schneller wurde, hielt sie den Takt und bereitete mir so das intensivste Vergnügen, einen Nervenkitzel nach dem anderen, und als ich kam und mein Samen in sie spritzte, umklammerte der Muskel in ihrer Vagina mein Geschlecht und steigerte das Gefühl zu einem heftigen Schmerz; sie küsste mich sogar leidenschaftlicher als jedes andere Mädchen und leckte mit ihrer heißen Zunge die Innenseite meiner Lippen. Als ich wieder mit den langsamen Hin- und Herbewegungen fortfuhr, folgte sie im perfekten Takt und ihr Trick, ihr Geschlecht auf meines zu beugen, während ich mich zurückzog, und es gleichzeitig zu packen, erregte mich wahnsinnig: bald wurde sie von selbst schneller, während sie mich packte und erregte, bis wir beide wieder gemeinsam in Ekstase gerieten.

„Du bist ein wahres Wunder!“, rief ich ihr dann zu und keuchte ebenfalls, „aber wie hast du es so schnell gelernt?“

„Ich liebe dich“, sagte sie, „also mache ich alles, was ich denke, dass du möchtest, und dann gefällt mir das auch, verstehst du?“ Und ihr hübsches Gesicht strahlte an meinem.

Ich stand auf, um ihr zu zeigen, wie man die Spritze benutzt, und sah, dass wir in einem Blutbad lagen. Im Nu hatte sie das Laken abgezogen: „Das wasche ich morgen früh“, sagte sie lachend, während sie es zu einem Ball zusammenrollte und in die Ecke warf. Ich drehte das Gas voll auf: Nie hatte ich eine verführerischere Figur gesehen. Ihre Haut war zwar dunkel, aber nicht dunkler als die eines gewöhnlichen italienischen oder spanischen Mädchens, und ihre Figur übte eine seltsame Anziehungskraft auf mich aus: Ihre Brüste, klein und fest wie Gummi, standen aufreizend hervor; ihre Hüften waren jedoch schmaler als die von Lily, obwohl die Pobacken voll waren; auch ihre Beine waren wohlgerundet, keine Spur von den Stöckchen der Neger; sogar ihre Füße waren schlank und hochgewölbt.

„Du bist das hübscheste Mädchen, das ich je gesehen habe!“, rief ich, während ich ihr half, die Spritze einzuführen und ihre Geschlechtsteile zu waschen.

„Du bist mein Mann!“, sagte sie stolz, „und ich möchte dir zeigen, dass ich besser lieben kann als jeder weiße Abschaum; die tun nur so, als ob sie sich aufspielen!“

„Du bist weiß“, rief ich, „sei nicht albern!“ Sie schüttelte ihr Köpfchen: „Wenn du wüsstest!“, sagte sie, „als ich ein Mädchen war, ein Kind, sagten alte weiße Männer, die besten der Stadt, auf der Straße Schimpfwörter zu mir und versuchten, mich anzufassen – die Bestien!" Ich schnappte nach Luft: Von solcher Verachtung und Verfolgung hatte ich keine Ahnung gehabt.

Als wir wieder zusammen im Bett waren: „Erzähl mir, liebe Sophy , wie du gelernt hast, dich so im Takt mit mir zu bewegen und mir solche Schauer zu bereiten!"

„ Huhu !", rief sie und gurgelte vor Freude, „das ist leicht zu sagen. Ich hatte Angst, dass du mich nicht magst, also ging ich heute Nachmittag zu einer klugen alten Niggerfrau und fragte sie, wie ich einen Mann dazu bringe, dich wirklich zu lieben! Sie sagte mir, ich solle gleich mit dir ins Bett gehen und das tun", und sie lächelte.

„Nichts weiter?", fragte ich. Ihre Augen öffneten sich hell. „Schu!", rief sie. „ Wenn du wieder Liebe machen willst, zeige ich es dir!" Im nächsten Moment war ich in ihr und jetzt hielt sie den Takt noch besser als am Anfang und irgendwie schienen mich die dicken, festen Lippen ihrer Scham mehr zu erregen, als mich jemals jemand erregt hatte. Instinktiv wuchs die Lust in mir und ich wurde schneller und als ich zu den kurzen, harten Stößen kam, schob sie plötzlich ihre Beine unter mir zusammen und schloss sie fest, hielt meine Scham wie in einem festen Griff und begann dann, mich zu „melken" – kein anderes Wort vermittelt die Bedeutung – mit außerordentlicher Geschicklichkeit und Geschwindigkeit, so dass ich im nächsten Moment vor Intensität der Empfindung keuchte und würgte und mein Samen in heißen Strahlen kam, während sie die Melkbewegung fortsetzte, unermüdlich, unermüdlich!

„Was für ein Wunder du bist!", rief ich aus, sobald ich wieder genug Luft zum Sprechen hatte, „der beste Bettgenosse, den ich je hatte, wunderbar, du, Liebling, du !"

Sie glühte vor Freude über mein Lob, schlang ihre Arme um meinen Hals und bestieg mich, wie Lorna Mayhew es einst getan hatte; aber was für ein Unterschied! Lorna war so darauf bedacht, ihre eigene Lust zu befriedigen, dass sie meine Gefühle oft völlig vergaß und ihre Bewegungen äußerst ungeschickt waren; Sophy hingegen dachte nur an mich, und während Lorna mein Geschlecht immer aus ihrer Scheide gleiten ließ, setzte sich Sophy irgendwie auf mich und begann dann, ihren Körper vor und zurück zu wiegen, während sie ihn bei jeder wirbelnden Bewegung ein wenig anhob, so dass mein Geschlecht im Griff ihrer festen, dicken Lippen eine Art doppelte Bewegung machte. Als sie fühlte, dass ich kam, was bald geschah, drehte sie sich mit einer neuen Bewegung ein halbes Dutzend Mal halb um mein Glied und begann dann wieder, sich zu wiegen, so dass mein Samen sozusagen aus mir herausgezogen wurde, was mir unbeschreiblich intensive, fast schmerzhafte Empfindungen bescherte. Ich war atemlos und erschauerte bei jeder ihrer Bewegungen.

„Hat es dir Spaß gemacht, Sophy ?“, fragte ich, sobald wir wieder nebeneinander lagen.

„ Schaaa !“, sagte sie lächelnd, „du bist sehr stark und du –“, fragte sie, „hast du dich gefreut?“

„Großer Gott!“, rief ich. „Mir kam es vor, als ob alle Haare auf meinem Kopf wie eine Armee über meine Wirbelsäule liefen! Du bist außergewöhnlich, du Liebes!“

„Behalte mich bei dir, Frank“, flüsterte sie, „wenn du mich willst, werde ich alles für dich tun: Ich hätte nie gehofft, einen solchen Liebhaber wie dich zu haben. Oh, dieses Kind freut sich wirklich, dass seine Brüste und sein Sex dir gefallen. Du hast mir dieses Wort beigebracht, statt des bösen Wortes, das alle Weißen verwenden; ‚Sex‘ ist ein gutes Wort, sehr gut!“ und sie krähte vor Freude. „Wie nennen es die Farbigen?“ Ich fragte: „ Coozie “, antwortete sie lächelnd, Coozie ! Auch ein gutes Wort, sehr gut!

Viele Jahre später hörte ich eine amerikanische Geschichte, die mich lebhaft an Sophys Auftritt erinnerte.

Ein Ingenieur mit einer hübschen Tochter hatte einen Assistenten, der außergewöhnliche Qualitäten als Maschinist zeigte und außerdem ruhig und wohlerzogen war. Der Vater stellte seinen Assistenten seiner Tochter vor und die Verbindung war bald arrangiert. Nach der Hochzeit zog sich der Schwiegersohn jedoch zurück und der Schwiegervater versuchte vergeblich, den Grund für die Entfremdung zu erraten. Schließlich fragte er seinen Schwiegersohn kühn nach dem Grund: „Ich meinte es richtig, Bill“, begann er ernsthaft, „aber wenn ich einen Fehler gemacht habe, werde ich es bereuen: Entsprach die Ware nicht den Spezifikationen? War sie nicht eine Jungfrau?“

„Es ist völlig egal ! “, antwortete Bill stirnrunzelnd.

„Behandle mich fair, Bill“, rief der Vater, „war sie eine Jungfrau?“

„Woher soll ich das wissen?“, rief Bill aus. „Ich kann nur sagen, dass ich noch nie eine Jungfrau kannte , die diese Bewegungen machen konnte, als ob sie Asche verrutschen würden.“

Sophy war die erste, die mir die „Aschenschieber“-Bewegung zeigte, und sie war ganz sicher noch Jungfrau!

Als Herrin war Sophy die Vollkommenheit in Vollendung und die langen Linien und leichten Rundungen ihres lieblichen Körpers übten auf mich als den Höchsten des Lust spendenden Typs eine besondere Anziehungskraft aus.

Zuerst waren Lily und dann Rose erstaunt und vielleicht ein wenig verletzt, als meine Leidenschaft für sie plötzlich abkühlte. Von Zeit zu Zeit nahm ich Rose mit oder schickte ihr Bücher, und ich hatte Lily überall und jederzeit dabei; aber keine von beiden konnte es als Bettgenossin mit Sophy aufnehmen , und ihre Gespräche faszinierten mich sogar noch mehr, je besser ich sie kannte. Sie hatte das Leben auf der Straße gelernt, zuerst von der tierischen Seite; aber es war erstaunlich, wie schnell ihr Verständnis wuchs: Liebe ist der einzige magische Lehrer! Nach vierzehn Tagen sprach sie besser als Lily; nach einem Monat sprach sie so gut wie jedes der amerikanischen Mädchen, die ich gehabt hatte; ihr Wissensdurst und ihre schwammartige Leichtigkeit, mit der sie sich Dinge aneignete, überraschten mich immer wieder. Sie hatte eine schönere Figur als Rose und war sogar zehnmal verführerischer als Lily: Sie zögerte nie, mein Geschlecht in die Hand zu nehmen und es zu streicheln; sie war ein Naturkind, kühn mit der Kühnheit eines Tieres und hatte außerdem tausend liebenswerte Vertrautheiten. Ich brauchte nur einen Wunsch anzudeuten, damit sie ihn erfüllte. Sophy war die Perle aller Mädchen, die ich in dieser ersten Phase meiner Entwicklung traf, und ich wünschte nur, ich könnte dem Leser zumindest eine Vorstellung ihrer sonderbaren, hinreißenden Liebkosungen vermitteln. Meine Bewunderung für Sophy reinigte mich von jeder möglichen Verachtung, die ich sonst gegenüber den Negern empfunden hätte , und ich bin froh darüber; denn sonst hätte ich mein Herz vielleicht vor den Hindus verschlossen und so den besten Teil meiner Lebenserfahrungen verpasst.

Ich habe einen großen Künstler mit der Skizze ihres Rückens beauftragt, die ich am Ende dieses Kapitels wiedergebe: Sie vermittelt etwas von der seltsamen Vitalität und Nervenstärke ihres schönen, festen Körpers.

Doch stand es geschrieben: Sobald ich mich beruhigt und zufrieden fühle, wird das Schicksal die Karten neu mischen und mir andere Karten geben.

Zunächst einmal kam ein Brief von Smith, in dem er mir erzählte, dass er eines Nachts stark eingenässt und sich eine schwere Erkältung zugezogen hatte. Der Husten war dann zurückgekehrt und er verlor an Gewicht und Herz. Er war zu dem Schluss gekommen, zu dem ich gekommen war, dass die feuchte Luft von Philadelphia ihm schadete, und die Ärzte begannen nun, ihn zu drängen, nach Denver, Colorado, zu gehen: Alle führenden Spezialisten waren sich einig, dass Bergluft das Beste für seine Lungenschwäche sei. Wenn ich nicht zu ihm kommen könnte, müsste ich ihm telegrafieren und er würde auf seinem Weg nach Westen in Lawrence Halt machen , um mich zu besuchen. Er hatte viel zu sagen –

Ein paar Tage später war er im Eldridge House und ich besuchte ihn. Sein Anblick schockierte mich: Er war geisterhaft dünn geworden und die großen Augen schienen wie Lampen in seinem weißen Gesicht zu brennen. Ich wusste sofort, dass er dem Untergang geweiht war und konnte meine Tränen kaum zurückhalten.

Wir verbrachten den ganzen Tag zusammen, und als er hörte, wie ich meine Tage mit gelegentlicher Lektüre und gelegentlichen Reden und meine turbulenten Nächte verbrachte, drängte er mich, das Jurastudium aufzugeben und nach Europa zu gehen, um ein richtiger Gelehrter und Denker zu werden. Aber ich konnte Sophy und mein überaus angenehmes Leben nicht aufgeben. Also widerstand ich und sagte ihm, er überschätze mich: Ich könnte mühelos der beste Anwalt im Staat sein, sagte ich, und viel Geld verdienen, und dann würde ich zurückgehen und nach Europa gehen und auch studieren.

Er warnte mich, ich müsse mich zwischen Gott und dem Mammon entscheiden. Ich entgegnete leichtfertig, der Mammon und meine Sinne hätten mir vieles gegeben, was Gott mir verwehrt hätte. „Ich werde beiden dienen", rief ich, aber er schüttelte den Kopf.

„Ich bin fertig, Frank", erklärte er schließlich, „aber ich würde mein Leben weniger bereuen, wenn ich wüsste, dass Sie die Arbeit übernehmen würden, die ich einst zu erledigen hoffte, nicht wahr?"

Ich konnte seiner Aufforderung nicht widerstehen: „Na gut", sagte ich und rang mit den Tränen. „Gib mir ein paar Monate, dann reise ich erst um die Welt und dann gehe ich zum Studieren nach Deutschland."

Er zog mich an sich und küsste mich auf die Stirn. Ich empfand es als eine Art Weihe.

Ungefähr einen Tag später nahm er den Zug nach Denver und ich fühlte mich, als wäre die Sonne aus meinem Leben verschwunden.

Ich hatte zu dieser Zeit in Lawrence nicht viel zu tun, außer viel zu lesen, und begann, jeden Tag ein paar Stunden in der Stadtbibliothek zu verbringen. Mrs. Trask, die Bibliothekarin, war die Witwe eines der ersten Siedler, der während des Quantrell-Überfalls brutal ermordet worden war, als Banditen aus Missouri die kleine Stadt Lawrence „überfallen" hatten, in einem letzten Versuch, Kansas in einen Sklavenhalterstaat zu verwandeln.

Mrs. Trask war eine recht hübsche kleine Frau, die zur Bibliothekarin ernannt worden war, um sie in gewisser Weise für den Verlust ihres Mannes zu entschädigen. Sie war belesen in amerikanischer Literatur und ich befolgte oft ihren Rat bei der Auswahl meiner Bücher. Ich glaube, sie mochte mich, denn sie war immer nett zu mir und ich verdanke ihr viele angenehme Stunden und einiges an Unterricht.

Nachdem Smith in den Westen gegangen war , verbrachte ich immer mehr Zeit in der Bibliothek, denn meine juristische Arbeit fiel mir mit jeder Stunde leichter. Eines Tages, etwa einen Monat nachdem Smith gegangen war, ging ich in die Bibliothek und konnte nichts Spannendes zum Lesen finden. Mrs. Trask kam zufällig vorbei und ich fragte sie: „Was soll ich lesen?"

„Haben Sie etwas davon gelesen?", antwortete sie und zeigte auf Bohns zweibändige Ausgabe von Emerson. „Er ist gut!"

„Ich habe ihn in Concord gesehen", sagte ich, „aber er war taub und hat auf mich keinen großen Eindruck gemacht."

„Er ist der größte amerikanische Denker", erwiderte sie, „und Sie sollten ihn lesen."

Automatisch nahm ich den Band zur Hand und er öffnete sich von selbst auf der letzten Seite von Emersons Ratschlag an die Gelehrten des Dartmouth College. Jedes Wort ist noch in mein Gedächtnis eingebrannt: Ich kann die linke Seite sehen und diese göttliche Botschaft noch einmal lesen: Ich habe keine Entschuldigung dafür, sie fast Wort für Wort zu zitieren:

„Meine Herren, ich habe es gewagt, Ihnen diese Überlegungen zum Platz und zur Hoffnung des Gelehrten anzubieten, weil ich dachte, dass Sie, da Sie, wie viele von Ihnen jetzt, an der Schwelle dieses Colleges stehen, gerüstet und bereit, in Ihrem Land öffentliche und private Aufgaben zu übernehmen, nicht bedauern würden, an jene primären Pflichten des Intellekts erinnert zu werden, von denen Sie selten aus dem Mund Ihrer neuen Gefährten hören werden. Sie werden jeden Tag die Maximen einer niedrigen Klugheit hören. Sie werden hören, dass die erste Pflicht darin besteht, Land und Geld, einen Platz und einen Namen zu bekommen. ‚Was ist diese Wahrheit, die Sie suchen? Was ist diese Schönheit!', werden die Menschen spöttisch fragen. Wenn Gott dennoch einen von Ihnen berufen hat, Wahrheit und Schönheit zu erforschen, seien Sie mutig, seien Sie fest, seien Sie ehrlich. Wenn Sie sagen werden: ‚Wie andere es tun, werde ich es auch tun: Ich verzichte, es tut mir leid, auf meine frühen Visionen; ich muss das Gute des Landes essen und Gelehrsamkeit und romantische Erwartungen aufgeben, bis eine günstigere Zeit kommt'; – dann stirbt der Mann in Ihnen; dann vergehen wieder einmal die Knospen der Kunst, der Poesie und der Wissenschaft, wie sie bereits bei tausenden von Menschen gestorben sind . Die Stunde dieser Entscheidung ist die Krise Ihrer Geschichte, und sorgen Sie dafür, dass Sie sich fest am Intellekt festhalten. Es ist diese herrschsüchtige Stimmung der sinnlichen Welt, die das extreme Bedürfnis der Priester der Wissenschaft hervorruft ... Geben Sie sich mit ein wenig Licht zufrieden, damit es Ihr eigenes ist. Erforschen Sie und erforschen Sie. Lassen Sie sich weder schimpfen noch schmeicheln, um Ihre Position der ständigen Forschung zu verdrängen. Dogmatisieren Sie weder, noch akzeptieren Sie den Dogmatismus eines anderen. Warum sollten Sie Ihr Recht aufgeben, die sternenbeleuchteten Wüsten der Wahrheit zu durchqueren, für die vorzeitigen Annehmlichkeiten eines Ackers, eines Hauses und einer Scheune? Auch die Wahrheit hat ihr Dach, ihr Bett und ihre Verpflegung. Machen Sie sich für die Welt unentbehrlich, und die Menschheit wird Ihnen Brot geben, und wenn nicht einen Vorrat davon, so doch solches, das Ihnen Ihr Eigentum an allen menschlichen Zuneigungen, in der Kunst, in der Natur und in der Hoffnung nicht wegnehmen wird."

Die Wahrheit darin schockierte mich: „Dann vergehen die Knospen der Kunst, der Poesie und der Wissenschaft in dir, wie sie bereits in Tausenden und Abertausenden von Menschen vergehen!" Das erklärte, warum es in Amerika keinen Shakespeare, keinen Bacon, keinen Swinburne gab, wo es der Bevölkerung und dem Wohlstand nach Dutzende geben sollte.

Mir wurde schlagartig klar, dass Reichtum gerade deshalb eine unvergleichliche Anziehungskraft ausübte, weil er hier so leicht zu erlangen war, und dass bei seinem Streben „tausende und abertausende" begabte Geister umkamen, die der Menschheit zu neuen und edleren Errungenschaften hätten verhelfen können.

Die Frage drängte sich auf: „Sollte auch ich in Fettleibigkeit versinken? In Sinnlichkeit schwelgen , mich für einen Nervenkitzel erniedrigen?"

„Nein!", rief ich mir selbst zu, „zehntausendmal nein! Nein! Ich werde in die sternenbeleuchteten Wüsten der Wahrheit gehen oder auf dem Weg sterben!"

Ich klappte das Buch zu und ging mit diesem und dem zweiten Band in der Hand zu Mrs. Trask.

„Ich möchte dieses Buch kaufen", sagte ich, „ es enthält eine Botschaft für mich, die ich nie vergessen darf!"

„Das freut mich", sagte die kleine Dame lächelnd, „was ist es?"

Ich las ihr einen Teil der Passage vor: „Ich verstehe", rief sie aus, „aber warum wollen Sie die Bücher?"

„Ich möchte sie mitnehmen", sagte ich. „Ich habe vor, Lawrence sofort zu verlassen und zum Studieren nach Deutschland zu gehen!"

„Du meine Güte!" rief sie, „ wie können Sie das tun? Ich dachte, Sie wären ein Kompagnon von Sommerfeld ; Sie können doch nicht gleich gehen!"

„Ich muss", sagte ich, „der Boden brennt unter meinen Füßen: Wenn ich jetzt nicht gehe, werde ich nie gehen: Morgen bin ich aus Lawrence raus!"

Mrs. Trask hob die Hände und machte mir Vorwürfe: Solche schnellen Entscheidungen seien gefährlich. „Warum sollte ich es so eilig haben?"

Ich wiederholte immer wieder: „Wenn ich nicht sofort gehe, werde ich nie gehen: Die ‚unedlen Freuden' werden mir immer süßer und ich werde allmählich versinken und im Schlammhonig des Lebens ertrinken."

Als sie schließlich sah, dass ich hartnäckig war und meinen Entschluss gefasst hatte, verkaufte sie mir die Bücher mit einigen Einwänden zum vollen Preis und fügte dann hinzu:

„Ich wünschte fast, ich hätte Ihnen Emerson nie empfohlen!" und die liebe Dame sah bekümmert aus, fast den Tränen nahe.

„Das werde ich nie bereuen!", rief ich. „Ich werde mich deshalb mein Leben lang an Sie erinnern und Ihnen immer dankbar sein. Professor Smith sagte mir, ich solle gehen, aber ich brauchte Emersons Wort, um mir den letzten Anstoß zu geben! Die Knospen der Poesie, der Wissenschaft und der Kunst werden in mir nicht vergehen, wie sie ‚schon in Tausenden, Tausenden von Menschen vergehen'! Dank Ihnen!", fügte ich herzlich hinzu, „von ganzem Herzen danke: Sie waren für mich der Bote des großen Glücks."

Ich ergriff ihre Hände und wollte sie küssen, hatte aber dummerweise Angst, sie zu verletzen, und begnügte mich daher mit einem langen Kuss auf ihre Hand und ging sofort hinaus, um Sommerfeld zu suchen .

Er war im Büro und ich erzählte ihm sofort die ganze Geschichte, wie Smith versucht hatte, mich zu überreden und wie ich widerstanden hatte, bis mich diese Seite von Emerson überzeugt hatte: „Es tut mir leid, Sie im Stich zu lassen", erklärte ich; aber „ich muss gehen und zwar sofort."

Er sagte mir, das sei Wahnsinn: Ich könne gleich hier in Lawrence Deutsch studieren, er würde mir dabei gerne helfen. „Man darf seine Existenz nicht wegen eines Wortes aufgeben", rief er, „das ist Wahnsinn, ich habe noch nie eine wahnsinnigere Entscheidung gehört!"

Wir stritten stundenlang: Ich konnte ihn ebenso wenig überzeugen wie er mich; er versuchte sein Bestes, mich dazu zu bewegen, auf jeden Fall zwei Jahre zu bleiben und dann mit vollen Taschen zu gehen: „Zwei Jahre kannst du locker erübrigen", rief er, aber ich entgegnete: „Nicht einmal zwei Tage: Ich habe Angst vor mir selbst."

Als er erfuhr, dass ich das Geld brauchte, um zuerst um die Welt zu reisen, sah er eine Möglichkeit für eine Verzögerung und sagte, ich müsse ihm etwas Zeit geben, um herauszufinden, was auf mich zukäme. Ich sagte ihm, ich vertraue ihm vollkommen (was ich tatsächlich tat) und könne ihm nur den Samstag und Sonntag geben, denn ich würde spätestens am Montag reisen. Schließlich gab er nach und war sehr freundlich.

Ich besorgte ein Kleid und einen kleinen Hut für Lily und jede Menge Bücher sowie einen Chinchillaumhang für Rose und teilte Lily die Neuigkeiten am nächsten Morgen mit, wobei ich den Nachmittag für Rose freihielt. Zu meinem Erstaunen hatte ich die meisten Schwierigkeiten mit Lily: Sie wollte keine Gründe hören: „Es gibt keinen Grund dafür", rief sie immer wieder und brach dann in einen Tränensturm aus: „Was wird aus mir?", schluchzte sie. „Ich habe immer gehofft, dass du mich heiratest!", gestand sie schließlich. „Und jetzt gehst du umsonst weg, umsonst – auf eine sinnlose Suche – um zu studieren", fügte sie in einem Ton absoluter Verachtung hinzu, „als ob du hier nicht studieren könntest!"

„Ich bin zu jung zum Heiraten, Lily", sagte ich, „und –"

„Du warst nicht zu jung, um mich dazu zu bringen, dich zu lieben", unterbrach sie mich, „und was soll ich jetzt tun? Sogar Mama hat gesagt, wir sollten uns verloben, und ich will dich so sehr – oh! oh !" und wieder fielen die Tränen in Strömen.

Ich konnte nicht umhin zu sagen, dass ich es mir noch einmal überlegen und es ihr mitteilen würde, und dann ging ich zu Rose. Rose hörte mir in völliger Stille zu und sagte dann, während sie mir in zärtlicher Zuneigung in die Augen sah:

„Weißt du, ich habe mich oft vor einer Entscheidung wie dieser gefürchtet. Ich habe mir ein Dutzend Mal gesagt: ‚Warum sollte er hier bleiben? Die weite Welt ruft ihn', und wenn ich schon dazu neige, meine Arbeit zu hassen, weil sie mich am Lernen hindert, was muss es dann für ihn sein, an diesem schrecklichen Gericht Tag für Tag zu kämpfen? Ich wusste immer, dass ich dich verlieren würde, Liebling!", fügte sie hinzu, „aber du warst der Erste, der mir beim Denken und Lesen geholfen hat, also darf ich mich nicht beschweren. Gehst du bald?"

„Am Montag", antwortete ich, und ihre lieben Augen wurden düster und ihre Lippen zitterten. „Du wirst schreiben?", fragte sie, „bitte, Frank! Egal, was passiert, ich werde dich nie vergessen: du hast mir geholfen, mich mehr ermutigt, als ich sagen kann. Habe ich dir gesagt, dass ich einen Platz in Crews Buchladen habe? Als ich sagte, dass ich von dir gelernt habe, Bücher zu lieben, war er froh und sagte: „Wenn du sie so gut kennenlernst wie er oder nur halb so gut, wirst du von unschätzbarem Wert sein"; du siehst also, ich trete in deine Fußstapfen, so wie du in die von Smith trittst."

„Wenn du wüsstest, wie froh ich bin, dass ich dir wirklich geholfen und dich nicht verletzt habe, Rose?", sagte ich traurig, denn Lilys anklagende Stimme klang immer noch in meinen Ohren.

„Sie könnten niemandem wehtun", rief sie aus, fast so, als ob sie meine Reue erahnte, „Sie sind so sanft und freundlich und verständnisvoll."

Ihre Worte waren Balsam für mich und sie ging mit mir zur Brücke, wo ich ihr sagte, dass sie am nächsten Tag von mir hören würde. Ich wollte wissen, was sie von den Büchern und dem Umhang halten würde. Das Letzte, was ich von ihr sah, war ihre erhobene Hand, als ob sie sie segnen wollte.

Den Sonntagmorgen habe ich für Sommerfeld und meinen Freund Will Thompson reserviert und den Rest des Tages für Sophy .

Sommerfeld kam vor neun ins Büro und teilte mir mit, dass die Firma mir dreitausend Dollar schuldete. Ich wollte das Geld nicht annehmen und konnte nicht glauben, dass er vorgehabt hatte, mit mir zu teilen, aber er bestand darauf und zahlte es mir.

„Ich bin mit deiner plötzlichen Entschlossenheit nicht einverstanden", sagte er, „vielleicht, weil sie plötzlich kam; aber ich zweifle nicht daran, dass du alles, was du anfängst, gut hinbekommst. Lass ab und zu von dir hören und wenn du jemals einen Freund brauchst, weißt du, wo du mich findest!"

Als wir uns die Hände schüttelten, wurde mir klar , dass ein Abschied genauso schmerzhaft sein kann wie das Zerreißen von Fleisch.

Ich erfuhr, dass Will Thompson die Plakatwand und meine Stelle in Liberty Hall unbedingt übernehmen wollte. Er hatte seinen Vater mitgebracht, und nach langem Verhandeln überließ ich ihm für 3.500 Dollar alles, was ich konnte, und so hatte ich nach vier Jahren Arbeit genau so viel Geld wie vier Jahre zuvor in Chicago!

Ich aß im Eldridge House zu Abend und ging dann zurück ins Büro, um Sophy zu treffen , die mich bestimmt noch mehr überraschen würde als Lily oder Rose: „Ich komme mit", verkündete sie kühl, „wenn Sie sich nicht schämen, mich dabei zu haben; Sie fahren nach Frisco – zumindest bis hierher –", flehte sie, meine Überraschung und Abneigung erahnend.

„Natürlich, das freut mich", sagte ich, „aber –" Ich konnte ihr einfach nichts abschlagen.

Sie gurgelte vor Freude und zog ihre Geldbörse heraus: „Ich habe vierhundert Dollar", sagte sie stolz, „und damit kommt dieses Kind weit."

Sie sollte das Geld weglegen und mir versprechen, keinen Cent davon auszugeben, während wir zusammen waren. Dann erzählte ich ihr, wie ich sie in Denver anziehen wollte. Ich wollte nämlich ein paar Tage dort bleiben und Smith besuchen, der mir geschrieben hatte, dass er alles, was ich tat, guthieß und zu meiner großen Freude hinzufügte, dass es ihm viel besser ginge.

Am Montagmorgen machten sich Sophy und ich auf den Weg nach Westen: Sie hatte den Takt bewiesen, zuerst zum Depot zu gehen, damit niemand in Lawrence unsere Namen miteinander in Verbindung brachte. Sommerfeld und Richter Bassett verabschiedeten mich am Depot und wünschten mir „viel Glück!“ Und so ging die zweite Etappe meines Lebens zu Ende.

Sophy war eine lebhafte, süße Gefährtin; nachdem wir Topeka verlassen hatten, kam sie kühn in mein Abteil und verließ mich nicht mehr. Darf ich es gestehen? Mir wäre es lieber gewesen, sie wäre in Lawrence geblieben; ich wollte das Abenteuer, allein zu sein, und da war ein Mädchen im Zug, deren lange Augen meine festhielten, als ich an ihrem Sitz vorbeiging, und ich ging oft daran vorbei: Ich hätte mit ihr gesprochen, wenn Sophy nicht bei mir gewesen wäre.

Als wir in Denver ankamen, besuchte ich Smith und ließ Sophy im Hotel zurück. Ich fand ihn besser, ahnte aber, dass die verfluchte Krankheit sozusagen nur Luft holte, bevor sie ihren letzten Angriff startete. Er kam mit mir in mein Hotel zurück und als er Sophy sah , erklärte er, ich müsse mit ihm zurückgehen, er habe vergessen, mir etwas mitzugeben, das ich unbedingt haben müsse. Ich lächelte Sophy an , zu der Smith sehr höflich und freundlich war und ihn begleitete. Sobald wir auf der Straße waren, begann Smith entsetzt:

„Frank, sie ist ein farbiges Mädchen. Du musst sie sofort verlassen, sonst machst du dir später furchtbare Schwierigkeiten.“ „Woher wusstest du, dass sie farbig ist?“, fragte ich. „Schau dir ihre Nägel an!“, rief er, „und ihre Augen. Kein Südstaatler würde auch nur einen Moment lang daran zweifeln. Du musst sie sofort verlassen, bitte!“

„Wir werden uns in Frisco trennen“, sagte ich. Und als er mich drängte, sie sofort zurückzuschicken, lehnte ich ab. Ich wollte ihr keine solche Schande auferlegen und bin mir auch heute noch sicher, dass ich mit diesem Entschluss richtig lag.

Smith war traurig, aber nett zu mir, und so trennten wir uns für immer.

Er hat mehr für mich getan als jeder andere Mensch, und jetzt, nach fünfzig Jahren, kann ich nur meine unermessliche Schuld ihm gegenüber bekennen, und die heißen Tränen steigen mir jetzt in die Augen, wie damals, als sich unsere Hände zum letzten Mal trafen: Er war der liebste, süßeste, edelste Mensch im Geiste, den ich auf dieser irdischen Pilgerreise getroffen habe. *Ave atque vale.*

Als der Tag der Abfahrt des Bootes näher rückte, wurde Sophy nachdenklich. Ich kaufte ihr ein hübsches maisfarbenes Kleid, das ihre Schönheit so hervorhob wie goldenes Sonnenlicht in einem schönen Wald, und als sie sich bedankte und mich umarmte, wollte ich meine Hand unter ihre Kleider schieben, denn sie hatte eine schelmische, freche Bemerkung gemacht, die mich amüsierte und mich daran erinnerte, dass wir den ganzen Tag zuvor gefahren waren und ich sie nicht gehabt hatte. Zu meiner Überraschung unterbrach sie mich: „Ich habe mich nicht gewaschen, seit wir angekommen sind“, erklärte sie.

„Waschst du dich so oft?“ „ Schuuh “, antwortete sie und fixierte mich.

„Warum?“, fragte ich und suchte ihren Blick.

„Weil ich Angst vor Niggergeruch habe“, warf sie leidenschaftlich ein –

„So ein Unsinn!“, rief ich.

„Das ist es auch nicht“, widersprach sie mir wütend. „Meine Mutter hat mich einmal in die Negerkirche mitgenommen, und ich wäre fast erstickt. Ich bin nie wieder hingegangen. Ich konnte einfach nicht. Wenn sie heiß werden, stinken sie – pah !“ Und sie schüttelte den Kopf und verzog das Gesicht voller Abscheu und Verachtung.

„Deshalb wirst du mich verlassen", fügte sie nach einer langen Pause mit Tränen in der Stimme hinzu; „wenn nicht dieses verdammte Niggerblut in mir wäre, würde ich dich nie verlassen: Ich würde einfach als Dienerin oder so weitermachen: oh Gott, wie ich dich liebe und wie einsam diese Topsy sein wird!" und die Tränen liefen über ihr zitterndes Gesicht. „Wenn ich nur ganz weiß oder ganz schwarz wäre", schluchzte sie: „Ich bin so unglücklich!" Mein Herz blutete für sie.

Wäre ich nicht an Smiths Verachtung erinnert worden, hätte ich nachgegeben und sie mitgenommen. So konnte ich sie nur trösten, indem ich sagte: „Noch ein paar Jahre, Sophy , und ich komme zurück; sie werden schnell vergehen: Ich werde dir oft schreiben, Liebes!"

Aber Sophy wusste es besser, und als die letzte Nacht kam, übertraf sie sich selbst. Es war warm, und wir gingen früh zu Bett: „Es ist meine Nacht!", sagte sie: „Lass es mich dir nur zeigen, du Liebes! Ich will nicht, dass du auf diesen Inseln irgendeinem weißen Mädchen nachgehst, bis du in China bist, und du willst nicht mit diesen gelben Mädchen mit den Schlitzaugen gehen

– deshalb liebe ich dich so, weil du dich für die aufhebst, die du magst: – aber du bist unartig, so viele zu mögen – mein Mann!" und sie küsste mich leidenschaftlich : sie ließ mich sie fast ohne Reaktion haben, aber nach dem ersten Orgasmus packte sie mein Geschlecht und melkte mich, und danach bestieg sie mich, ließ mich immer wieder erzittern, bis ich sprachlos war, und wie Kinder schliefen wir in den Armen des anderen ein und weinten dem Abschied am nächsten Tag entgegen.

Ich verabschiedete mich im Hotel und ging allein an Bord des Dampfers. Mein Blick richtete sich auf die Golden Gate-Brücke zum großen Pazifik und auf die Hoffnungen und Gefahren des neuen Lebens. Endlich sollte ich die Welt sehen: Was würde ich darin finden? Ich hatte damals keine Ahnung, dass ich im genauen Verhältnis zu dem, was ich mitgebracht hatte, wenig oder viel finden würde, und das ist jetzt der traurigste Teil dieser Bekenntnisse, dass ich auf dieser ersten Weltreise so ungebildet und gedankenlos war, dass ich praktisch nichts aus meiner langen Reise mitnahm.

Wie Odysseus sah ich viele Städte voller Menschen; aber selten bereichern solche Szenen den Geist: dennoch hinterließen ein oder zwei Orte einen deutlichen Eindruck auf mich, so jung und hart ich auch war: Sydney Bay und Heights, auch Hongkong; aber vor allem das alte chinesische Tor, das in die chinesische Stadt Shanghai führt, die so nah an der europäischen Stadt liegt und so erstaunlich anders ist. Auch Kioto hat sich in mein Gedächtnis eingeprägt, ebenso wie die japanischen Männer und Mädchen, die nackt aus ihren heißen Bädern liefen, um zu sehen, ob ich wirklich überall weiß war.

Doch ich lernte nichts Erinnernswertes, bis ich die Tafelbucht erreichte und über mir die lange Linie des Tafelbergs sah, eine Klippe, die den Himmel mit einer unvergleichlichen Wirkung von Würde und Erhabenheit durchschnitt. Ich blieb etwa einen Monat in Kapstadt und hatte dort das Glück, Jan Hofmeyr kennenzulernen , der mir beibrachte, was für gute Kerle die Buren wirklich waren und wie hoch der englische Premierminister Gladstone geschätzt wurde, weil er ihnen nach Majuba die Freiheit gab : „Wir betrachten ihn mit Ehrfurcht", sagte mein Freund Hofmeyr , „als das verkörperte Gewissen Englands"; aber ach! England konnte Majuba nicht ertragen und musste später Blut und Schätze verschwenden, um der Welt die Männlichkeit der Buren zu beweisen. Doch Gott sei Dank gab England Südafrika dann wieder Freiheit und Selbstverwaltung und sühnte so für seine schändlichen „Konzentrationslager". Dank Jan Hofmeyr lernte ich die südafrikanischen Buren schon bei dieser ersten kurzen Bekanntschaft kennen und schätzen.

Als ich zwanzig Jahre später zum zweiten Mal um die Welt reiste, versuchte ich, die Hofmeyrs aller Länder zu finden und lernte dabei allerlei wertvolle und seltsame Dinge, von denen ich hoffentlich am Ende meines nächsten

Bandes berichten werde. Denn der einzige Weg zum Wissen führt über den Umgang mit weisen und begabten Männern.

Jetzt muss ich etwas über meine ersten sechs Monate voller Wahnsinn und Vergnügen in Paris gestehen und dann wieder über England und Thomas Carlyle und seinen unvergleichlichen Einfluss auf mich sprechen und Sie, lieber Verfasser, zu meinen späteren Lehrjahren in Deutschland und Griechenland führen.

Dort in Athen erfuhr ich neue Sexgeheimnisse, die vielleicht sogar die Philister interessieren, obwohl man sie auch in Paris lernen kann. Sie werden einfach im zweiten Band dieser „Bekenntnisse" dargelegt, der die gesamte „Kunst der Liebe" beschreibt, wie sie in Europa verstanden wird, und vielleicht auch meine zweite Weltreise und die weitere Unterweisung in der großen Kunst enthält, die ich von den Adepten des Ostens erhielt – unvorstellbare Verfeinerungen, denn sie haben den Körper ebenso gründlich studiert wie die Seele.

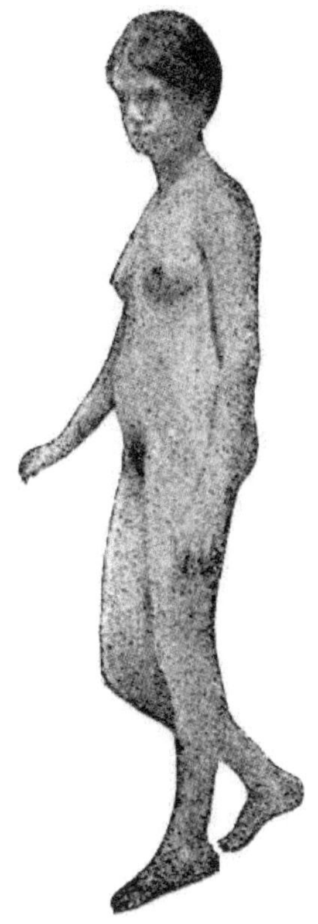

EU ROPE UND DIE CARLYLES.

Kapitel XV.

Ich kehrte nach Europa zurück, machte einen Abstecher nach Bombay und bekam einen Hauch des berauschenden Duftes dieses Wunderlandes mit seiner edlen, wenn auch traurigen spirituellen Lehre zu spüren, die nun durch das Rigveda beginnt, das beste europäische Denken zu prägen.

Ich machte auch in Alexandria Halt und fuhr eine Woche lang nach Kairo, um die großen Moscheen zu besichtigen. Ich bewunderte ihre großartige Rhetorik, verliebte mich aber in die Wüste und ihre Pyramiden und vor allem in die Sphinx und ihre ewige Infragestellung von Sinn und äußeren Dingen. So gelangte ich über einfache, denkwürdige Etappen, die Genua und Florenz mit ihren sagenumwobenen Palästen, Kirchen und Galerien umfassten, schließlich nach Paris.

Ich misstraue dem ersten Eindruck von großen Orten, Ereignissen oder Menschen. Wer könnte einem jungen Studenten oder Künstler einer anderen Rasse die unsterbliche Faszination beschreiben, die der bloße Name und der erste Anblick von Paris auf ihn ausüben! Wenn er gelesen und nachgedacht hat, wird er im Fieber sein; mit Tränen in den Augen, einem Herzen, das vor freudiger Erwartung erzittert, wird er in diese Welt der Wunder eintauchen!

Ich kam eines Sommermorgens früh am Bahnhof an und schickte mein Gepäck sofort mit einem Fiaker zum Hotel Meurice in der Rue Rivoli , demselben alten Hotel, das der Romanautor Lever gelobt hatte. Dann stieg ich in ein kleines Victoria-Auto und fuhr zum Place de la Bastille. Das typische Café-Leben der Leute gefiel mir nicht; aber als ich die Glorie aus der Julisäule aufsteigen sah, strömten mir Tränen in die Augen, denn ich erinnerte mich an Carlyles Beschreibung der Eroberung des Gefängnisses.

Ich bezahlte die Taxifahrt und schlenderte die Rue Rivoli hinauf , vorbei am Louvre, vorbei an den geschwärzten Mauern mit den blinden Fenstern des Tuilerienpalastes – ein Jammer in ihrer trostlosen Ausstrahlung – und dann zum Place de la Grève mit seinen Erinnerungen an die Guillotine und die große Revolution, die jetzt in den Place de la Concorde übergehen. Genau gegenüber konnte ich die vergoldete Kuppel der Invalidenkirche erkennen, in der der Leichnam Napoleons ruht, wie er es wünschte: „An den Ufern der Seine, inmitten jenes französischen Volkes, das ich so leidenschaftlich geliebt habe!"

Und da waren die Pferde von Marly , die am Eingang zu den Champs Elysées und am anderen Ende des langen Hügels, dem Arch, galoppierten! Die Worte kamen mir über die Lippen:

Die lange, dunkle Straße hinauf, wo es donnerte

Die Armee Italiens weiter

Beim großen blassen Bogen des Sterns.

Es war das tiefe Geschichtsbewusstsein dieses großartigen Volkes, das mich zuerst überzeugte, und seine liebevolle Bewunderung für seine Dichter, Künstler und Führer. Ich kann nicht beschreiben, wie begeistert ich war, als ich an einem kleinen Haus eine Marmortafel fand, die daran erinnerte, dass der arme de Musset einst dort gelebt hatte, und eine weitere an dem Haus, in dem er gestorben war. Oh, wie recht die Franzosen haben, einen Place Malherbe und eine Avenue Victor Hugo zu haben, außerdem eine Avenue de la Grande Armée und auch eine Avenue de L'Imperatrice , obwohl sie inzwischen prosaisch in die Avenue du Bois de Boulogne umbenannt wurde.

Vom Place de la Concorde aus überquerte ich die Seine und ging die Kais nach links hinunter, vorbei an der Conciergerie und Ste Chapelle mit ihren herrlichen, tausend Jahre alten bemalten Glasfenstern und dort vor mir auf der Ile de la Cité raubten mir die Zwillingstürme von Notre Dame den Blick und den Atem, und schließlich, am frühen Nachmittag, bog ich in den Boul ' Mich ein , kam an der Sorbonne vorbei und verlor mich dann irgendwie in der alten Rue St. Jacques, die mir Dumas père und andere Liebesromanautoren tausendmal beschrieben hatten.

Ich war etwas müde, als ich die Luxemburger Gärten mit ihren Statuen, die ich mir bald genauer ansehen wollte, weit hinter mir ließ, und ging in ein kleines Weinrestaurant, das von einer stämmigen und netten Dame geführt wurde, deren Name, wie ich bald erfuhr, Marguerite war. Nach einem ausgezeichneten Essen mietete ich für vierzig Francs im Monat ein großes Zimmer im ersten Stock mit Blick auf die Straße, und wenn ein Freund zu mir kommen sollte, versprach Marguerite mit einem breiten Lächeln, für weitere zehn Francs im Monat ein weiteres Bett aufzustellen und uns außerdem morgens mit Kaffee und allen Mahlzeiten, die wir wollten, zu den vernünftigsten Preisen zu versorgen: Dort verbrachte ich drei himmlische Wochen lang bunte, goldene Tage.

Ich stürzte mich wie ein Vielfraß auf Französisch, und das war meine Methode, die ich nicht empfehle, sondern einfach aufschreibe, obwohl sie mir am Ende der ersten Woche dabei half, alles zu verstehen, was gesagt wurde. Zuerst verbrachte ich fünf ganze Tage mit der Grammatik und lernte alle Verben auswendig, insbesondere die Hilfsverben und unregelmäßigen Verben, bis ich sie so gut beherrschte wie mein Alphabet. Dann las ich an einem weiteren langen Tag von achtzehn Stunden Hugos Hernani mit einem Wörterbuch und ging am nächsten Abend in die Galerie der Comédie Française, um das Stück mit Sarah Bernhardt als Doña Sol und Mounet Sully als Hernani zu sehen. Eine Zeit lang verwirrte mich die schnelle Sprache und der seltsame Akzent; aber nach dem ersten Akt begann ich zu verstehen, was auf der Bühne gesagt wurde, und nach dem zweiten Akt verstand ich jedes Wort, und zu meiner Freude verstand ich, als ich auf die Straße ging, alles, was zu mir gesagt wurde. Nach dieser goldenen Nacht mit Sarahs ernster, *traînante* Stimme in meinen Ohren machte ich schnelle, weil unbewusste Fortschritte.

Am nächsten Tag nahm ich im Restaurant ein schmutziges, zerrissenes Exemplar von Madame Bovary mit, dem die ersten achtzig Seiten fehlten. Ich nahm es mit auf mein Zimmer und verschlang es in ein paar atemlosen Stunden. Dabei war mir sofort klar , dass es ein Meisterwerk war. Ich markierte jedoch hundertfünfzig neue Wörter, um sie später in meinem Taschenwörterbuch nachzuschlagen. Ich lernte diese Wörter sorgfältig auswendig und habe mir seitdem nie wieder Mühe mit Französisch gemacht.

Was ich darüber weiß, und ich kann es inzwischen ziemlich gut, verdanke ich dem Lesen und Sprechen der Sprache über dreißig Jahre. Leider mache ich immer noch Fehler, hauptsächlich was das Geschlecht betrifft, und mein Akzent ist der eines Ausländers, aber im Großen und Ganzen kenne ich die Sprache und ihre Literatur und spreche sie besser als die meisten Ausländer, und das genügt mir.

Nach etwa drei Wochen kam Ned Bancroft aus den Staaten, um bei mir zu leben. Er war mir gegenüber nie besonders sympathisch, und ich kann unsere Kameradschaft nur damit erklären, dass ich besonders rücksichtslos und voller menschlicher, unbedachter Güte war. Ich habe wenig über Ned Bancroft gesagt, der in Kate Stevens verliebt war, bevor sie sich in Professor Smith verliebte; ich habe nur die selbstlose Art beschrieben, in der er sich zurückzog, während er seine Freundschaft sowohl zu Smith als auch zu dem Mädchen aufrechterhielt. Ich fand das sehr nett von ihm.

Er verließ Lawrence und die Universität kurz nachdem wir uns kennengelernt hatten und bekam durch „Pull" eine gute Stelle bei der Eisenbahn in Columbus, Ohio.

Er schrieb mir immer, ich solle ihn besuchen kommen, und nach meiner Rückkehr aus Philadelphia, ich glaube, im Jahr 1875, machte ich in Columbus Halt und verbrachte ein paar Tage bei ihm. Als er hörte, dass ich nach Europa gereist und in Paris angekommen war, schrieb er mir, er wünschte, ich hätte ihn gebeten, mitzukommen, und so schrieb ich ihm, legte ihm mein Vorhaben dar, und sofort gab er seine guten Aussichten auf Reichtum und Ehre auf und kam zu mir nach Paris. Wir lebten etwa sechs Monate zusammen: Er war ein großer, kräftiger Kerl mit blassem Gesicht und grauen Augen, ein guter Schüler, ein ehrenhafter, freundlicher und sehr intelligenter

Mann, aber wir sahen das Leben von völlig unterschiedlichen Seiten, und je länger wir zusammen waren, desto weniger verstanden wir einander.

Wir waren in jeder Hinsicht Antipoden. Er hätte ein Engländer sein sollen, denn er war ein geborener Aristokrat mit herrischem, teurem Geschmack, wohingegen ich in Wirklichkeit eine Amerikanerin aus dem Westen geworden war, der Kleidung, Essen oder Stellung egal waren und der nur darauf aus war, Wissen und, wenn möglich, Weisheit zu erwerben, um Größe zu erreichen.

Am ersten Abend speisten wir bei Marguerite und verbrachten die Nacht damit, uns zu unterhalten und Neuigkeiten auszutauschen. Gleich am nächsten Nachmittag wollte Ned nach Paris fahren, und wir speisten in einem tollen Restaurant am Grand Boulevard. Ein paar Tische weiter speiste eine große, prächtig aussehende Brünette von vielleicht dreißig Jahren mit zwei Männern: Ich sah bald, dass Ned und sie Blicke austauschten und Zeichen machten. Er sagte mir, er wolle mit ihr nach Hause gehen: Ich protestierte, aber er war so stur wie Charlie, und als ich ihm von den Risiken erzählte, sagte er, er würde es nie wieder tun; aber dieses Mal konnte er sich nicht davor drücken. „Ich bezahle die Rechnung sofort“, sagte ich, „und lass uns gehen!“, aber er wollte nicht, die Lust brannte in ihm, und ein Gefühl falscher Scham hinderte ihn daran, meinen Rat anzunehmen. Eine halbe Stunde später machte die Dame ein Zeichen, und er ging mit der Gesellschaft hinaus, und als sie in ihren Victoria stieg, stieg er mit ihr ein; das Paar auf dem Bürgersteig, sagte er und brach in Gelächter aus, als er und die Frau zusammen wegfuhren.

Am nächsten Morgen war er früh wieder bei mir und sagte nur, dass er sich sehr amüsiert habe und nicht einmal Angst habe. Ihre Zimmer seien wunderschön, erklärte er; er müsse ihr hundert Francs geben; die Bad- und Toilettenausstattung sei die einer Königin: Es bestehe keine Gefahr. Und er erzählte mir eine ebenso verrückte Theorie, wie Charlie sie sich ausgedacht hatte: Er erzählte mir, dass die großen *Kokotten* , die einen Haufen Geld verdienen, genauso gut auf sich aufpassten wie Gentlemen. „Gehen Sie mit einer gewöhnlichen Prostituierten, und Sie werden etwas fangen; gehen Sie mit einer echten Spitzenprostituierten , und sie wird bestimmt in Ordnung sein!“ Und vollkommen entspannt machte er sich voller Tatendrang an die Arbeit.

Bancrofts Art, Französisch zu lernen, war sogar völlig anders als meine: Er nahm sich Grammatik und Syntax vor und beherrschte sie: Nach vier Monaten konnte er ausgezeichnetes Französisch schreiben, sprach es aber sehr stockend und mit einem wilden amerikanischen Akzent. Als ich ihm sagte, ich würde Taines Vorlesung über die Philosophie der Kunst und das Ideal in der Kunst hören, lachte er mich aus; aber ich glaube, ich habe mehr von Taine gelernt als er von seinen genaueren Französischkenntnissen. Als ich Taine kennenlernte und ihn besuchen und mit ihm sprechen konnte, wollte auch Bancroft ihn kennenlernen. Ich brachte sie zusammen; aber Taine war offensichtlich nicht beeindruckt, denn Ned öffnete aus falscher Scham kaum den Mund. Aber ich habe viel von Taine gelernt und ein Beispiel von ihm ist mir im Gedächtnis geblieben, weil es eine wahre und lebendige Vorstellung von Kunst und ihrem Ideal vermittelt. In einer Vorlesung wies er seine Studenten darauf hin, dass ein Löwe kein rennendes Tier sei, sondern ein großes Kinn, das auf vier kräftigen Federn aus kurzen, massiven Beinen sitzt. Der Künstler, fuhr er fort, der die *Idee* des Tieres aufgreift, kann die Größe und Stärke des Kiefers ein wenig übertreiben, auch die Sprungkraft in seinen Lenden und Beinen und die Reißkraft seiner Vorderpfoten und Klauen betonen; aber wenn er seine Beine verlängert oder seinen Kiefer verkleinert, würde er die wahre *Idee* des Tieres entnaturalisieren und eine Fehlgeburt hervorrufen. Das Ideal sollte jedoch nur angedeutet werden. Auch Taines Vorträge über Literatur und die Bedeutung der Umwelt selbst für große Männer machten einen tiefen Eindruck auf mich. Nachdem ich ihm eine Zeit lang zugehört hatte, begann ich meinen Weg nach oben klarer zu sehen. Ich werde auch einige seiner zum Nachdenken anregenden Worte nie vergessen. Als er eines Tages vom Kloster Monte Casino sprach, wo hundert Generationen von Studenten, befreit von allen schmutzigen Sorgen des Lebens, Tag und Nacht dem Studium und Denken gewidmet und außerdem die unbezahlbaren Manuskripte längst vergangener Zeiten bewahrt und so den Weg für eine Wiedergeburt des Lernens und Denkens geebnet hatten, fügte er ernst hinzu:

„Ich frage mich, ob die Wissenschaft jemals so viel für ihre Anhänger tun wird, wie die Religion für ihre. Mit anderen Worten, ich frage mich, ob es jemals ein laizistisches Monte Casino geben wird!"

Taine war ein großartiger Lehrer und ich verdanke ihm viel freundliche Ermutigung und sogar Aufklärung.

Ich füge dieses letzte Wort hinzu, weil seine französische Redefreiheit meiner durstigen Seele wie reines Quellwasser war. Ein Dutzend von uns saßen eines Tages um ihn herum und unterhielten sich, als ein Student mit einer bemerkenswerten Begabung für vage Gedanken und hochtrabende Rhetorik wissen wollte, was Taine von der Idee hielt, dass sich alle Welten und Planeten und Sonnensysteme um eine Achse drehten und einer göttlichen Erfüllung (accomplissement) entgegensteuerten. Taine, der langatmige Rhetorik immer verabscheut hatte, bemerkte ruhig: „Die einzige Achse, die meines Wissens nach um die sich alles auf eine Erfüllung zubewegt, ist die Möse einer Frau (le con d'une femme)." Sie lachten, aber nicht, als hätte sie das kühne Wort überrascht. Er benutzte es, wenn es nötig war, so wie ich es seither oft von Anatole France gehört habe, und niemand dachte sich etwas dabei.

Trotz der prachtvollen Erscheinung seiner Brünetten fand Ned am Ende der Woche heraus, wie gesegnet jene sind, die in der Heiligen Schrift beschrieben werden, die die ganze Nacht gefischt und nichts gefangen haben. Er hatte sich eine schreckliche Tripperfotze eingefangen und durfte bis zu seiner Genesung weder Alkohol noch Wein oder Kaffee trinken. Auch körperliche Betätigung durfte nur in kleinen Dosen erfolgen, und so kam es, dass er, wenn ich ausging, zu Hause bleiben musste, und die Aussicht auf die Rue St. Jacques war alles andere als berauschend. Dies steigerte natürlich seinen Wunsch, herumzukommen und Dinge zu sehen, und sobald er anfing, gesprochenes Französisch zu verstehen und es ein wenig zu sprechen, ärgerte er sich über die Enge und ein Zimmer ohne Bad; er sehnte sich nach dem Zentrum , nach der Oper und den Boulevards, und nichts kam in Frage, als dass wir uns Zimmer im Herzen von Paris nehmen sollten: Er würde sich Geld von seinen Eltern leihen, sagte er.

Wie ein Narr war ich bereit, und so nahmen wir eines Tages ein Zimmer in einer ruhigen Straße gleich hinter der Madeleine, für den zehnfachen Preis, den wir Marguerite zahlten. Ich merkte bald, dass mein Geld dahinschmolz; aber das Leben war sehr angenehm. Wir fuhren oft in den Bois, gingen häufig in die Oper, ins Theater und in die Varietés und schätzten auch die tollen Restaurants, das Café Anglais und die Trois Frères, als wären wir Millionäre.

Wie es der Zufall wollte, wurden Neds Geschlechtskrankheit und die Ärzte zu einer hohen zusätzlichen Ausgabe, die ich mir kaum leisten konnte. Eines Tages wurde mir plötzlich klar , dass ich nur noch sechshundert Dollar auf der Bank hatte: Sofort beschloss ich, aufzuhören und einen Neuanfang zu wagen. Ich teilte Bancroft meinen Entschluss mit: Er bat mich zu warten: „Er hatte seinen Leuten um Geld geschrieben", sagte er, „er würde seine Schuld bei mir bald begleichen"; aber das war nicht das, was ich wollte: Ich hatte das Gefühl, dass ich seinetwegen vom richtigen Weg abgekommen war, und war wütend auf mich selbst, weil ich mein Vermögen mit einem verschwenderischen Leben und, was am schlimmsten war, mit albernem Luxus und hirnloser Angeberei vergeudet hatte.

Ich erklärte, ich sei krank und würde sofort nach England reisen. Ich müsse einen Neuanfang wagen und etwas mehr Geld ansparen, und ein paar Tage später verabschiedete ich mich von Bancroft, überquerte den Kanal und reiste weiter zu meiner Schwester und meinem Vater nach Tenby. Dort kam ich mit einem schlimmen Schüttelfrostanfall, starken Kopfschmerzen und allen Symptomen eines Fieberanfalls an.

Ich war wirklich krank und erschöpft: Ich hatte doppelte Dosen Leben und Literatur zu mir genommen, hatte alle großen französischen Schriftsteller von Rabelais und Montaigne bis Flaubert, Zola und Balzac verschlungen, Pascal und Vauvenargues , Renan und Hugo ausgelassen, sechs Monate lang ein Völlereifest. Dann hatte ich auch das Atelier dieses und jenes Künstlers erkundet, hatte Stunden damit verbracht, Rodin bei der Arbeit zuzusehen, und noch mehr Stunden damit verbracht, dieses Malermodell mit jenem zu vergleichen, diese Brüste und Hüften mit jenen.

Meine Liebe zu plastischer Schönheit hat mich mindestens einmal fast ins Unglück gestürzt, und vielleicht sollte ich diesen Vorfall besser aufzeichnen, obwohl er damals meine Eitelkeit ziemlich verletzte. Eines Tages besuchte ich Manets altes Atelier, das jetzt von einem amerikanischen Maler namens Alexander gemietet wurde. Er war ein wirklich begabter Handwerker, aber nur ein mäßiger Verstand, und er versuchte immer, seinen eigenen Mangel an Originalität durch Schönheit oder etwas Bemerkenswertes an seinem Modell auszugleichen. Bei diesem Besuch fiel mir eine außergewöhnliche Skizze eines jungen Mädchens auf, das an der Schnittstelle von Kindheit und Fraulichkeit stand: Sie hatte ihr Haar kurz geschnitten, und ihre kastanienbraunen dunklen Augen verliehen ihr eine verblüffende Vornehmheit.

„Gefällt es dir?", fragte Alexander. „Sie hat die perfekteste Figur, die ich je gesehen habe!"

„Mir gefällt es", antwortete ich. „Ich frage mich, ob die Magie im Modell oder in deinem Pinsel steckt." „Das wirst du gleich sehen", erwiderte er leicht gekränkt, „sie wird schon hier erwartet", und fast während er sprach, kam sie mit schnellen, aufmerksamen Schritten herein. Sie war nicht mittelgroß, aber offensichtlich schon eine Frau. Ohne ein Wort ging sie hinter die Trennwände, um sich auszuziehen, als Alexander sagte: „Und?" Ich musste einen Moment nachdenken, bevor ich antwortete.

„Gott und du haben euch verschworen!", rief ich aus, und tatsächlich übertraf sein Pinselstrich sich selbst. Er hatte eine kindliche Unschuld in seinem Ausdruck eingefangen und wiedergegeben, die mir nicht aufgefallen war, und er hatte die Züge mit großartiger *Lebendigkeit hervorgehoben* :

„Es ist Ihr bislang bestes Werk", fuhr ich fort, „und fast jeder hätte es unterschrieben."

In diesem Moment kam das Modell mit einem Laken umhüllt heraus, und wahrscheinlich aufgrund meines Lobes stellte Alexander mich Mlle. Jeanne vor und sagte, ich sei ein angesehener amerikanischer Schriftsteller. Sie nickte mir keck zu, blitzte mit ihren weißen Zähnen, bestieg die Estrade , warf das Laken ab und nahm ihre Pose ein – alles im Nu. Ich war hin und weg; je länger ich hinsah, desto mehr Vollkommenheiten entdeckte ich. Zum ersten Mal sah ich eine Figur, an der ich nichts auszusetzen hatte. Unnötig zu sagen, dass ich ihr das in meinem besten Französisch mit hundert Gleichnissen sagte. Auch Alexander versöhnte ich, indem ich ihn bat, an der Skizze nichts weiter zu machen, sondern sie mir zu verkaufen und eine neue anzufertigen. Schließlich nahm er vierhundertfünfzig Francs dafür und hatte innerhalb einer Stunde eine neue Skizze angefertigt.

Mein Kauf hatte Mlle Jeanne davon überzeugt, dass ich ein junger Millionär war, und als ich sie fragte, ob ich sie zu ihrem Haus begleiten dürfe, willigte sie mehr als bereitwillig ein. Tatsächlich unternahm ich mit ihr eine Spazierfahrt in den Bois de Boulogne und von dort aus ein Abendessen in einem privaten Raum im Café Anglais . Während des Essens hatte ich sie liebgewonnen: Sie lebte bei ihrer Mutter, hatte mir Alexander erzählt; obwohl sie keineswegs prüde und noch weniger jungfräulich war, war sie keine *Coureuse* . Ich dachte, ich könnte eine Beziehung wagen; aber als ich sie dazu brachte, ihre Kleider auszuziehen und begann, ihr Geschlecht zu streicheln, zog sie sich zurück und sagte ganz selbstverständlich: „Warum nicht *faire minette* ?“

Als ich sie fragte, was sie damit meine, sagte sie mir freimütig: „Wir Frauen sind nicht so spontan erregt wie ihr Männer; warum küsst und leckst du mich nicht ein paar Minuten lang, dann habe ich es genossen und bin bereit …“

Ich fürchte, ich habe ein ziemliches Gesicht gemacht, denn sie bemerkte kühl: „Ganz wie Sie wollen, wissen Sie. Ich ziehe bei einer Mahlzeit die *Vorspeisen* der *Hauptspeise vor* , wie viele andere Frauen auch: Tatsächlich begnüge ich mich oft mit den *Vorspeisen* und nehme nichts mehr. Sie verstehen doch sicher, dass eine Frau ein oder zwei Stunden lang immer erregter wird und kein Mann in der Lage ist, sie auf den höchsten Grad der Lust zu bringen, während er sich selbst befriedigt.“

„Das kann ich“, sagte ich stur, „ich kann die ganze Nacht weitermachen, wenn du mir einen Gefallen tust, also sollten wir die Vorspeisen auslassen.“

„Nein, nein!“, antwortete sie lachend. „Dann lasst uns ein Festmahl veranstalten, aber fangt mit Lippen und Zunge an!“

Die Verzögerung, das Hin und Her der Argumente und vor allem die Vorstellung, sie zu küssen und mit der Zunge zu liebkosen, hatten mich wieder zur Ruhe und Vernunft gebracht. War ich nicht genauso dumm wie Bancroft, wenn ich dem – einem unbekannten Mädchen – nachgab?

Ich antwortete schließlich: „Nein, kleine Dame, Ihre Reize sind nichts für mich“, setzte mich wieder an den Tisch und schenkte mir etwas Wein ein. Ich hatte die Abneigung der gewöhnlichen amerikanischen oder englischen Jugend gegenüber dem, was wie Erniedrigung aussah, und ahnte nicht, dass Jeanne mir die zweite Lektion in der edlen Kunst der Verführung erteilte, deren Grundlagen mir meine Schwester vor langer Zeit beigebracht hatte.

Minette anbot , war ich klüger geworden und hatte keine Skrupel mehr; aber das ist eine andere Geschichte. Tatsache ist, dass ich bei meinem ersten Besuch in Paris vollkommen keusch blieb, was zum Teil dem Beispiel von Neds Schnitzer zu verdanken war; aber auch meiner Abneigung, mich sexuell mit Mädchen einzulassen, die mir nicht wirklich gefielen, und Jeanne war mir nicht gefiel: Sie war zu herrisch, und Herrschsucht ist die Eigenschaft, die ich bei Mädchen am meisten verabscheue, vielleicht weil ich an einer Überdosis Humor leide. Jedenfalls war es nicht meine sexuelle Hingabe, die meine Gesundheit in Paris ruinierte, sondern mein leidenschaftlicher Lernwille, der meine Schlafstunden verkürzte und meine Nerven strapazierte: Ich erkältete mich und erlitt einen fürchterlichen Malariarückfall. Ich brauchte Ruhe und Zeit zum Durchatmen und Nachdenken.

Das kleine Haus in einer Seitenstraße des schönen walisischen Badeortes war genau die Oase der Ruhe, die ich brauchte. Ich wurde bald gesund und kräftig und lernte zum ersten Mal meinen Vater kennen. Er begleitete mich auf langen Spaziergängen, obwohl er schon über sechzig war. Nach seinem schrecklichen Unfall vor sieben Jahren (er rutschte aus und fiel zehn Meter tief in ein Trockendock, während sein Schiff repariert wurde) war eine Seite seines Haares und seines Schnurrbarts weiß geworden, während die andere pechschwarz blieb. Ich war zunächst erstaunt über seine Energie: Er hielt nichts von einem zehn Meilen langen Fußmarsch, und auf einem unserer Ausflüge fragte ich ihn, warum er mir nicht die gewünschte Ernennung zum Fähnrich gegeben hatte.

Er schwieg merkwürdig und winkte das Thema mit den Worten ab: „Die Marine für dich? Nein!" und schüttelte den Kopf. Ein paar Tage später kam er jedoch von selbst auf das Thema zurück.

„Sie haben mich gefragt", begann er, „warum ich Ihnen die Nominierung für die Fähnrichsprüfung nicht geschickt habe. Jetzt werde ich es Ihnen sagen. Um in der britischen Marine weiterzukommen und dort Karriere zu machen, muss man entweder aus gutem Hause oder wohlhabend sein: Sie waren weder das eine noch das andere. Für einen jungen Mann ohne Stellung oder Geld gibt es nur zwei Wege nach oben: Unterwürfigkeit oder Schweigen, und Sie waren zu beidem nicht fähig."

„Oh, Gouverneur, wie wahr und wie weise von Ihnen!", rief ich, „ aber warum, warum haben Sie es mir nicht gesagt? Ich hätte es damals genauso gut verstanden wie heute und hätte mehr von Ihnen gehalten, weil Sie mich daran gehindert haben."

„Sie vergessen", fuhr er fort, „dass ich den anderen Weg des Schweigens geübt habe: Es fällt mir sogar jetzt noch schwer, mich auszudrücken", und er fuhr mit bitterer Stimme und Akzent fort:

„Sie haben mich zum Schweigen gebracht: Wenn Sie wüssten, was ich ertragen musste, bevor ich meinen ersten Schritt als Leutnant machte. Wenn ich nicht entschlossen gewesen wäre, Ihre Mutter zu heiraten, hätte ich die zahllosen Demütigungen meiner hirnlosen Vorgesetzten nie ertragen können! Was mit Ihnen geschehen wäre, sah ich wie in einem Spiegel. Sie waren außerordentlich schnell, impulsiv und aufbrausend: Wissen Sie nicht, dass Verstand, Energie und Willenskraft von allen Verschwendern gehasst werden und in dieser Welt überall in der überwiegenden Mehrheit sind? Ein Leutnant oder Kapitän hätte eine sofortige Abneigung gegen Sie empfunden, die bei jeder Manifestation Ihrer Überlegenheit gewachsen wäre: Er hätte Ihnen wahrscheinlich monatelang Fallen der Gehorsamsverweigerung und Unverschämtheit gestellt und Sie dann in einem Hafen, in dem er Macht hatte, vor ein Kriegsgericht gebracht und Sie wären in Ungnade aus der Marine entlassen worden und vielleicht wäre Ihr ganzes Leben ruiniert worden. Die britische Marine ist der schlimmste Ort der Welt für Genies.“

Mit dieser Szene begann meine Versöhnung mit meinem Vater; ein weiteres Erlebnis vollendete sie.

Ich wurde bei einem unserer Spaziergänge völlig nass und hatte am nächsten Tag einen Hexenschuss. Ich ging zu einem netten walisischen Arzt, den ich kennengelernt hatte, und er gab mir eine Flasche mit einer Belladonna-Mischung zur äußerlichen Anwendung: „Ich habe keine richtige Giftflasche", fügte er hinzu, „und es steht mir nicht zu, Ihnen das zu geben" (in Großbritannien ist es verboten, Gifte zu verabreichen, außer in groben achteckigen Flaschen, die bei Berührung die Beschaffenheit ihres Inhalts verraten). „Ich werde es nicht trinken", sagte ich lachend. „Na gut, wenn Sie es tun", sagte er, „dann lassen Sie mich nicht rufen, denn hier ist mehr als genug, um ein Dutzend Männer zu töten!" Ich nahm die Flasche und merkwürdigerweise unterhielten wir uns einige Minuten lang über Belladonna und ihre Wirkung. Richards (so hieß er) versprach mir, mir noch am selben Abend einen schwarzen Trank zu schicken, und er versicherte mir, dass mein Hexenschuss bald geheilt sein würde, und er hatte recht: aber die Heilung verlief nicht so, wie er es erwartet hatte.

Meine Schwester hatte zu dieser Zeit ein ganz besonderes Mädchen namens Eliza, Eliza Gibby , wenn ich mich recht erinnere. Lizzie, wie wir sie nannten, war ein zierliches, rothaariges Mädchen von vielleicht achtzehn Jahren mit richtig großen kastanienbraunen Augen und einer frechen Stupsnase und sommersprossigem Hals und Armen. Ich weiß wirklich nicht, was mich zuerst dazu bewog, mich mit ihr zu versöhnen; aber bald küsste ich sie; als ich jedoch ihr Geschlecht berühren wollte, zog sie sich zurück und gestand mir, dass sie Angst vor den möglichen Folgen habe. Ich erklärte ihr sofort, dass ich mich nach dem ersten Krampf zurückziehen würde und dann kein Risiko mehr bestünde. Sie vertraute mir und kam eines Nachts im Nachthemd in mein Zimmer. Ich zog es unter vielen Küssen aus und war wirklich erstaunt über ihre elfenbeinweiße Haut und ihre fast perfekten, mädchenhaften Formen. Ich legte sie auf die Bettkante, schob ihre Knie bequem unter meine Achselhöhlen und begann, ihre Klitoris zu reiben: Im nächsten Moment wandten sich die braunen Augen nach oben und ich wagte es, die Spitze meines Geschlechts hineinzuschieben; zu meiner Überraschung gab es keine Jungfräulichkeit, die durchbrechen konnte, und bald war mein Geschlecht in die engste Fotze gerutscht , die ich je gesehen hatte. Sehr bald spielte ich Onan und wie dieser biblische Held „verschüttete ich meinen Samen auf den Boden" – was in meinem Fall ein Teppich war.

Dann legte ich mich zu ihr ins Bett und praktizierte die ganze Kunst der Liebe, wie ich sie damals verstand. Ein paar Stunden brachten mir vier oder fünf Orgasmen und Lizzie ein paar Dutzend, nach hastigen Atemzügen, unartikulierten Schreien und langen Küssen zu urteilen , die bald zu Mundbewegungen wurden .

Lizzie war das, was die meisten Männer für eine perfekte Bettgenossin gehalten hätten; aber ich vermisste Sophys Wissenschaft und Sophys leidenschaftliche Entschlossenheit, mir den größtmöglichen Nervenkitzel zu verschaffen. Dennoch wurden wir in einem Dutzend angenehmer Nächte gute Freunde und ich bemerkte, dass ich, indem ich sehr langsam rein und raus ging, nach dem ersten Orgasmus unbegrenzt weitermachen konnte, ohne wieder zu spritzen. Ach! Damals hatte ich keine Ahnung, dass diese Kontrolle lediglich den ersten Rückgang meiner sexuellen Kraft bedeutete. Wenn ich es nur gewusst hätte, hätte ich alle Lizzies, die mein Leben verseuchten, aus meinem Leben verbannt und mich für die Liebe reserviert, die bald den bloßen Sexualtrieb verdrängen sollte.

Neben uns wohnte die Witwe eines Arztes mit zwei Töchtern, die älteste war ein mittelgroßes Mädchen mit großem Kopf und schönen grauen Augen, kaum hübsch zu nennen, obwohl alle Mädchen hübsch genug waren, um mich die nächsten zehn Jahre oder länger zu begeistern. Dieses älteste Mädchen hieß Molly – ein Kosename für Maria. Ihre Schwester Kathleen war körperlich weitaus attraktiver: Sie war ziemlich groß und schlank, mit einer geschmeidigen, anmutigen Figur, die äußerst aufreizend war. Doch obwohl ich Kathleens katzenhafte Hexerei bemerkte, verliebte ich mich in Molly. Sie schien mir sowohl intelligent als auch geistreich zu sein: Sie hatte auch viel gelesen und konnte sowohl Französisch als auch Deutsch; sie war allen amerikanischen Mädchen, die ich kennengelernt hatte, in Bezug auf Bücher und Kunst ebenso weit überlegen, wie sie den besten von ihnen in Bezug auf körperliche Schönheit unterlegen war. Zum ersten Mal war mein Geist erregt und interessiert und ich dachte, ich sei verliebt, und eines späten Nachmittags oder frühen Abends auf Castle Hill sagte ich ihr, dass ich sie liebte, und wir verlobten uns. Oh, die süße Torheit von all dem! Als sie mich fragte, wie wir leben sollten, was ich vorhatte, hatte ich keine Antwort parat, außer dem vollkommenen Selbstvertrauen des Mannes, der sich bereits im Kampf des Lebens bewährt hatte. Zum Glück für mich schien das ihr nicht sehr überzeugend: Sie gab zu, dass sie drei Jahre älter war als ich, und wenn sie vier gesagt hätte, wäre sie der Wahrheit näher gewesen, und sie war ganz sicher, dass es mir in England nicht so leicht fallen würde, zu gewinnen wie in Amerika: er unterschätzte sowohl meinen Verstand als auch meine Willensstärke. Sie vertraute mir an, dass sie selbst hundert Pfund pro Jahr zur Verfügung hatte: aber das war natürlich völlig unzureichend. Obwohl sie mich also freimütig küsste und mir ein paar kleine Privatheiten gewährte, war sie entschlossen, sich nicht völlig hinzugeben. Ihr Misstrauen gegenüber meinen Fähigkeiten und ihre entzückend pikante Zurückhaltung steigerten meine Leidenschaft, und als ich einmal ihre Einwilligung zu einer sofortigen Heirat erhielt. In ihren besten Momenten war Molly erstaunlich intelligent und offen. Eines Abends allein in unserem Wohnzimmer, das mein Vater und meine Schwester uns überlassen hatten, versuchte ich mein Bestes, sie dazu zu bringen, sich mir hinzugeben. Aber sie schüttelte den Kopf: „Das wäre nicht richtig, Liebling, bevor wir verheiratet sind", beharrte sie.

„Angenommen, wir wären auf einer einsamen Insel", sagte ich, „und eine Heirat wäre nicht möglich?" „Mein Liebling!", sagte sie, küsste mich auf den Mund und lachte laut, „weißt du nicht, ich würde dann auch ohne dein Drängen nachgeben: du Liebling! Ich will dich, Sir, vielleicht mehr als du mich willst." Aber sie trug geschlossene Unterhosen und ich wusste nicht, wie ich sie an den Seiten aufknöpfen sollte, und obwohl sie schnell und intensiv erregt wurde, konnte ich die letzte Barriere nicht durchbrechen. Bevor ich jedenfalls gewinnen konnte, griff das Schicksal entschieden zu seinen Scheren.

Eines Morgens machte ich Lizzie Vorwürfe, weil sie mir keinen schwarzen Trank mitgebracht hatte, den mir Doktor Richards versprochen hatte. „Er steht auf dem Kaminsims im Esszimmer", sagte ich, „aber machen Sie sich keine Mühe, ich hole ihn selbst", und lief so hinunter. Ein oder zwei Abende später stellte ich die Belladonna-Mischung, die der Doktor für mich zubereitet hatte, auf den Kaminsims! Wie der schwarze Trank war er dunkelbraun und befand sich in einer ähnlichen Flasche.

Am nächsten Morgen weckte mich Lizzie und bot mir ein Glas mit der dunklen Flüssigkeit an. „Deine Medizin", sagte sie, und noch halb schlafend sagte ich ihr, sie solle das Frühstückstablett auf dem Tisch neben meinem Bett abstellen, und trank dann das Glas aus, das sie mir anbot. Der Geschmack weckte mich. Der Drink hatte meinen ganzen Mund und Rachen ausgetrocknet. Ich sprang aus dem Bett und ging zum Spiegel. Ja! Ja ! Meine Pupillen waren unnatürlich geweitet. Hatte sie mir den ganzen Tollkirschentrank gegeben statt eines schwarzen Trankes? Ich hörte sie noch immer auf der Treppe, aber warum Zeit damit verschwenden, sie zu fragen? Ich ging zum Tisch, schenkte mir eine Tasse Tee nach der anderen ein und trank sie leer. Dann rannte ich hinunter ins Esszimmer, wo meine Schwester und mein Vater beim Frühstück saßen. Ich schenkte ihnen den Tee ein und trank schweigend Tassen voll. Dann bat ich meine Schwester, mir Senf und warmes Wasser zu holen, und begegnete der Frage meines Vaters mit einer kurzen Erklärung und Bitte. „Geh zu Dr. Richards und sag ihm, er soll sofort kommen. Ich habe die Tollkirschenmischung aus Versehen getrunken. wir haben keine Zeit zu verlieren." Mein Vater war schon aus dem Haus! Meine Schwester brachte mir den Senf und ich mischte eine starke Dosis mit heißem Wasser und nahm es als Brechmittel; aber es half nicht. Ich ging wieder nach oben in mein Schlafzimmer und steckte mir über der Badewanne die Finger in den Hals: Ich würgte und würgte, aber es kam nichts: mein Magen war eindeutig gelähmt . Meine Schwester kam weinend herein. „Ich fürchte, es gibt keine Hoffnung, Nita", sagte ich, „der Doktor hat mir gesagt, es sei genug, um ein Dutzend Männer zu töten, und ich habe es alles auf nüchternen Magen getrunken; aber du warst immer gut und freundlich zu mir, Liebes, und der Tod bedeutet nichts."

Sie schluchzte fürchterlich, und um ihr etwas zu tun zu geben, bat ich sie, mir einen Kessel mit heißem Wasser zu holen. Sie verschwand nach unten, um es zu holen, und ich stand vor dem Spiegel, um mit meiner eigenen Seele abzurechnen. Ich wusste jetzt, dass es die Tollkirsche war, die ich genommen hatte, alles auf leeren Magen: keine Chance; in zehn Minuten würde ich bewusstlos sein, in ein paar Stunden tot: tot! Hatte ich Angst? Ich erkannte mit Stolz, dass ich nicht die geringste Angst hatte oder irgendwelche Zweifel hatte. Der Tod ist nichts als ein ewiger Schlaf, nichts! Und doch wünschte ich, ich hätte Zeit gehabt, mich zu beweisen und zu zeigen, was in mir steckte! Hatte Smith recht? Hätte ich tatsächlich einer der besten Köpfe der Welt werden können? Hätte ich zu den wirklich Großen gehören können, wenn ich gelebt hätte? Niemand konnte es jetzt sagen, aber ich beschloss, wie damals, als die Klapperschlange mich biss, mein Bestes zu tun, um zu überleben. Die ganze Zeit trank ich kaltes Wasser. Dann brachte mir meine Schwester den Krug mit warmem Wasser und sagte: „Vielleicht musst du dich übergeben, Liebes", und ich begann, es in großen Zügen zu trinken. Nach und nach fiel es mir immer schwerer zu denken, also küsste ich meine Schwester und sagte: „Ich gehe lieber ins Bett, solange ich noch laufen kann, denn ich bin ziemlich schwer!" Und als ich dann ins Bett ging, sagte ich: „Ich frage mich, ob ich wohl mit den Füßen voran hinausgetragen werde, während sie das Miserere singen! Macht nichts, ich habe viel vom Leben getrunken und bin bereit zu gehen, wenn ich gehen muss!"

In diesem Moment kam Dr. Richards herein: „Wie, in Gottes Namen, Mann, wie sind Sie nach all unserem Gespräch dazu gekommen, es zu nehmen?" Seine Aufregung und sein starker walisischer Akzent brachten mich zum Lachen: „Geben Sie mir die Magenpumpe, Doktor, denn ich bin bis zum Hals voll Flüssigkeit", rief ich. Ich nahm den Schlauch und schob ihn nach unten, setzte mich im Bett auf, und er drückte ihn nach unten; aber es kam nur ein bräunlicher Strahl: Ich hatte den größten Teil der Belladonna aufgenommen. Das war fast mein letzter bewusster Gedanke, nur in mir selbst beschloss ich, so lange wie möglich weiterzudenken. Ich hörte den Doktor sagen: „Ich werde ihm Opium geben – eine große Dosis", und ich lächelte in mich hinein bei dem Gedanken, dass das narkotische Opium und das stimulierende Belladonna gleichermaßen Bewusstlosigkeit herbeiführen würden, das eine durch Anregung der Herztätigkeit, das andere durch Erschlaffung …

Viele Stunden später erwachte ich: es war Nacht, Kerzen brannten und Dr. Richards beugte sich über mich: „Kennen Sie mich?" fragte er und sofort antwortete ich: „Natürlich kenne ich Sie, Richards", und jubelte weiter: „Ich bin gerettet: Ich habe es geschafft. Wäre ich sterben gewesen, hätte ich nie das Bewusstsein wiedererlangt." Zu meinem Erstaunen runzelte er die Stirn und sagte: „Trink das und schlaf dann wieder ruhig ein: es ist alles in

Ordnung", und er hielt mir ein Glas mit einer weißlichen Flüssigkeit an die Lippen. Ich trank das Glas leer und sagte freudig: „Milch! Wie komisch, dass Sie mir Milch geben; das steht in keinem Ihrer Bücher." Hinterher erzählte er mir, dass er mir Rizinusöl gegeben hatte und ich es mit Milch verwechselt hätte. Ich hatte irgendwie das Gefühl, dass meine Zunge mit mir durchging, noch bevor er seine Hand auf meine Stirn legte, um mich zu beruhigen und sagte: „So, bitte! Nicht reden, ausruhen! Bitte !" und ich tat so, als gehorche ich ihm; aber ich konnte nicht begreifen, warum er mich zum Schweigen brachte! Ich konnte mich auch nicht an meine Worte erinnern – warum?

Plötzlich schüttelte mich ein schrecklicher Gedanke: Hatte ich Unsinn geredet? Auch das Gesicht meines Vaters schien schrecklich verstört zu sein, während ich sprach.

„Kann man vernünftig denken und dennoch wie ein Verrückter reden? Was für ein entsetzliches Schicksal!" Ich beschloss in diesem Fall, meinen Revolver gegen mich selbst einzusetzen, sobald ich wusste, dass mein Zustand hoffnungslos war: Dieser Gedanke beruhigte mich und ich drehte mich sofort um, um mich zu beruhigen. Ein paar Minuten später war ich fest eingeschlafen.

Als ich das nächste Mal aufwachte, war es wieder Nacht und wieder war der Doktor neben mir und meiner Schwester: „Kennen Sie mich?", fragte er wieder und wieder antwortete ich: „Natürlich kenne ich Sie und Ihre Schwester hier auch."

„Das ist ja toll", rief er freudig, „jetzt wirst du bald wieder gesund."

„Natürlich werde ich das", rief ich freudig. „Das habe ich dir schon gesagt, aber du schienst verletzt zu sein. Bin ich in Gedanken abgeschweift?"

„Na, na", rief er, „reg dich nicht auf, dann wird es dir bald wieder gut gehen!"

„War es fast ein Quietschen?", fragte ich.

„Das müssen Sie wissen", antwortete er, „Sie haben 60 Gran Belladonna auf nüchternen Magen eingenommen, und in den Büchern wird höchstens ein Viertel Gran pro Dosis angegeben, und ein Gran gilt im Allgemeinen als tödlich. Ich werde in den medizinischen Fachzeitschriften nie mit Ihrem Fall prahlen können", fuhr er lächelnd fort, „denn niemand würde jemals glauben, dass ein Herz so schnell galoppieren kann, dass man es nicht mehr zählen kann, aber sicherlich über dreißig Stunden lang zweihundert Mal pro Minute schlagen kann, ohne zu platzen. Sie wurden getestet", schloss er, „ wie noch nie jemand zuvor getestet wurde, und sind sicher zurückgekehrt! Aber jetzt schlafen Sie wieder", sagte er, „ Schlaf ist das Stärkungsmittel der Natur."

Am nächsten Morgen erwachte ich ausgeruht, aber sehr schwach: Der Arzt kam herein, wusch mich mit einem Schwamm in warmem Wasser ab und wechselte meine Wäsche: Mein Nachthemd und ein großer Teil des Lakens waren ganz braun. „Können Sie Wasser machen?", fragte er und reichte mir eine Bettschüssel: Ich versuchte es und es gelang mir sofort.

„Das Wunder ist vollkommen!!", rief er, „ich wette, Sie haben auch Ihren Hexenschuss geheilt", und tatsächlich war ich völlig schmerzfrei.

An diesem oder am nächsten Abend hatten mein Vater und ich ein großes, offenes Gespräch. Ich erzählte ihm von all meinen Ambitionen und er versuchte mich zu überreden, ihm 100 Pfund pro Jahr zu geben, um mein Studium fortzusetzen. Ich sagte ihm, das könne ich nicht, war aber trotzdem dankbar. „Ich werde mir Arbeit suchen, sobald ich wieder stark bin", sagte ich; aber seine selbstlose Zuneigung erschütterte meine Seele und als er mir sagte, dass auch meine Schwester zugestimmt hatte, dass er mir das Taschengeld geben sollte, konnte ich nur den Kopf schütteln und ihm danken. An diesem Abend ging ich früh zu Bett und er kam und aß mit mir: Er sagte, der Arzt habe mir geraten, mich lange auszuruhen. Jedes Mal, wenn ich die Augen schloss, huschten seltsame farbige Lichter über mein Sichtfeld: also bat ich ihn, sich neben mich zu legen und meine Hand zu halten. Sofort legte er sich neben mich und mit seiner Hand in meiner schlief ich bald ein und schlief wie ein Murmeltier bis sieben Uhr am nächsten Morgen. Ich erwachte vollkommen gesund und erfrischt und war schockiert, als ich sah, dass das Gesicht meines Vaters seltsam eingefallen und weiß war und als er versuchte, aus dem Bett zu steigen, wäre er beinahe hingefallen. Da sah ich, dass er die ganze Nacht auf der Messingkante des Bettes gelegen hatte, anstatt mich zu stören und ihm mehr Platz zu geben. Von diesem Zeitpunkt an bis zum Ende seines edlen und selbstlosen Lebens, etwa 25 Jahre später, hatte ich nur Lob und Bewunderung für ihn übrig.

Sobald ich begann, Dinge zu notieren, bemerkte ich, dass Lizzie sich meinem Zimmer nicht mehr näherte. Eines Tages fragte ich meine Schwester, was aus ihr geworden sei. Zu meinem Erstaunen brach bei meiner Schwester leidenschaftliche Abneigung gegen sie aus: „Als du bewusstlos dalagst", rief sie, „und der Arzt alle paar Minuten deinen Puls maß, offensichtlich verängstigt: Er fragte mich, ob er mir sofort ein Rezept ausstellen könne: Er wolle dir Morphium spritzen , sagte er, um dein Herzrasen zu stoppen oder zu dämpfen. Er schrieb das Rezept und ich schickte es Lizzie mit und sagte ihr, sie solle sich so schnell wie möglich beeilen, denn dein Leben könne davon abhängen. Als sie nach zehn Minuten nicht zurückkam, ließ ich den Arzt das Rezept noch einmal ausstellen und schickte Vater damit los. Er brachte es im Handumdrehen zurück. Stunden vergingen und Lizzie kam nicht zurück: Sie war vor zehn ausgegangen und kam erst zurück, als es fast eins war. Ich fragte sie, wo sie gewesen sei ? Warum sie nicht früher zurückgekommen sei? Sie antwortete kühl, sie habe der Band zugehört. Ich war so schockiert und wütend, dass ich sie keinen Augenblick länger behalten wollte. Ich schickte sie sofort weg. Stell dir das vor! Ich habe keine Geduld mit solchen herzlosen Bestien!"

Lizzies Gefühllosigkeit kam mir noch seltsamer vor als meiner Schwester. Mir ist schon oft aufgefallen, dass Mädchen weniger Rücksicht auf andere nehmen als Jungen, es sei denn, ihre Gefühle sind erregend, aber ich dachte, ich hätte Lizzie zumindest halb gewonnen! Die Tatsache ist jedoch so eigenartig, dass ich sie hier einfüge, so viel sie auch wert sein mag.

Während meiner dreimonatigen Genesung besuchte Molly einige Freunde. Damals bedauerte ich es, aber im Rückblick bin ich mir sicher, dass sie wegging, um sich von einer Verpflichtung zu befreien, die sie für unangebracht hielt. Da ich sie vermisste, ging ich mit ihrer jüngeren, hübscheren Schwester Kathleen umher, die sinnlicher und liebevoller war als Molly.

Etwas später ging Molly nach Dresden, um bei einer älteren verheirateten Schwester zu bleiben. Von dort schrieb sie mir, ich solle sie freilassen, und ich stimmte ganz selbstverständlich und sehr bereitwillig zu. Tatsächlich empfand ich bereits mehr echte Zuneigung für Kathleen, als Molly je in mir zum Leben erweckt hatte.

Als ich wieder zu Kräften kam, lernte ich einen jungen Mann aus Oxford kennen, der vorgab, über meine Literaturkenntnisse erstaunt zu sein. Eines Tages kam er zu mir und erzählte mir, dass der Schriftsteller Grant Allen seine Stelle als Literaturprofessor am Brighton College aufgegeben hatte: „Warum sollten Sie sich nicht bewerben? Sie verdienen etwa zweihundert Pfund im Jahr, und sie können Ihnen nichts Schlimmeres anbieten, als Sie abzulehnen."

Ich schrieb sofort an Taine, erzählte ihm von der Stelle und meiner Krankheit und bat ihn, mir ein Empfehlungsschreiben zu schicken, wenn er mich für geeignet hielt. Postwendend erhielt ich einen Brief von ihm, in dem er mich aufs Wärmste empfahl. Diesen Brief schickte ich zusammen mit einem Brief von Professor Smith von Lawrence an Dr. Bigge , den Schulleiter, und Dr. Bigge antwortete, indem er mich bat, ihn in Brighton zu besuchen. Innerhalb von vierundzwanzig Stunden ging ich hin und wurde sofort angenommen, obwohl er dachte, ich sähe zu jung aus, um Disziplin aufrechtzuerhalten. Er erkannte bald , dass seine Ängste nur eingebildet waren: Ich hätte in einem Hyänenkäfig für Ordnung sorgen können.

Ein langes Buch würde mein Jahr als Lehrer am Brighton College nicht erschöpfen; aber nur zwei oder drei Ereignisse, die meinen Charakter und seine Entwicklung beeinflusst haben, müssen hier erwähnt werden. Zunächst einmal fand ich in jeder Klasse von dreißig Jungen fünf oder sechs wirklich begabte und in der ganzen Schule drei oder vier erstaunliche Köpfe, die auch in ihren Manieren und ihrem Geist gut aussahen. Aber sechs von zehn waren sowohl dumm als auch stur, und diese überließ ich ganz sich selbst.

Dr. Bigge machte mich durch einen Bericht über meine Arbeit am schwarzen Brett der Oberstufe darauf aufmerksam, dass einige meiner Schüler zwar große Fortschritte machten, die große Mehrheit jedoch überhaupt keine. Ich ging sofort zu ihm und überreichte ihm meine schriftliche Kündigung, die er jederzeit in Kraft setzen konnte. „Mit den Narren, die nicht einmal lernen wollen, kann ich mich nicht abgeben", sagte ich, „aber für die anderen tue ich alles."

Ich glaube, die meisten der begabteren Jungen mochten mich, und ein kleiner, charakteristischer Vorfall kam mir dabei zugute. Es gab einen Klassenlehrer namens Wolverton , einen Mann aus Oxford und Sohn eines bekannten Archidiakons, der manchmal mit mir ins Theater oder zur Rollschuhbahn in der West Street ging. Eines Abends machte er mich auf der Eisbahn auf einen Jugendlichen mit Strohhut aufmerksam, der in Begleitung einer Frau ausging.

„Schauen Sie sich das an", sagte Wolverton , „da geht der und der in unseren Farben und mit einer Frau! Haben Sie ihn gesehen?"

„Ich habe nicht besonders darauf geachtet", antwortete ich, „aber es ist doch sicher nichts Ungewöhnliches, wenn ein Junge aus der Oberstufe seine Flügel außerhalb des Nests ausprobiert."

Beim nächsten Meistertreffen erzählte Wolverton mir zu meinem Entsetzen den Vorfall und erklärte schließlich, dass der Junge von der Schule verwiesen werden sollte, wenn er den Namen der Frau nicht nennen könne. Er rief mich als Zeugen auf.

Ich stand sofort auf und sagte, dass ich viel zu kurzsichtig sei, um den Jungen auf halbe Entfernung zu erkennen, und dass ich mich weigere, in dieser Angelegenheit in irgendeiner Weise benutzt zu werden.

Dr. Bigge hielt das Vergehen für sehr schwerwiegend: „Die Moral eines Jungen", erklärte er, „sei der wichtigste Teil seiner Erziehung: Der Sache müsse auf den Grund gegangen werden: Er meinte, dass ich nach einigem Nachdenken nicht leugnen würde, dass ich an diesem Abend einen College-Jungen in Flaggen und in verdächtiger Gesellschaft gesehen hätte."

Ich stand daraufhin auf und ließ meiner Seele freien Lauf; die ganze Mannschaft kam mir wie bloße Heuchler vor.

„Im Haus des Doktors", sagte ich, „wo ich abends Vorbereitungskurse gebe, könnte ich ihm eine Liste von Jungen geben, die als Liebhaber bekannt, ja berüchtigt sind, und solange dieses Laster in der ganzen Schule geduldet wird, werde ich mich nicht daran beteiligen, jemanden zu verfolgen, der einer legitimen und natürlichen Leidenschaft nachgibt." Ich hatte die letzten Worte kaum ausgesprochen, als Cotteril , der Sohn des Bischofs von Edinburgh, aufstand und mich aufforderte, sein Haus von jedem solch abscheulichen und unerträglichen Verdacht zu befreien.

Ich entgegnete sofort, dass es in seinem Haus ein Paar gebe, das als „Die Unzertrennlichen" bekannt sei, und führte weiter aus, dass ich einen Streit mit dem gesamten Internatssystem hätte und nicht mit einzelnen Besitzern, die, wie ich glauben wollte, ihr Bestes täten.

Der stellvertretende Schulleiter, Dr. Newton, war der einzige, der meine guten Absichten überhaupt erkannte: Er verließ das Treffen mit mir und riet mir, seine Frau zu konsultieren. Danach wurde ich von den Lehrern praktisch boykottiert: Ich hatte es gewagt, öffentlich zu sagen, was Wolverton und andere von ihnen mir ein Dutzend Mal privat zugegeben hatten.

Mrs. Newton, die Frau des stellvertretenden Schulleiters, war eine der führenden Persönlichkeiten der Brightoner Gesellschaft: Sie war das, was die Franzosen eine Maitresse Femme und eine geborene Führungspersönlichkeit in jeder Gesellschaft. Sie riet mir, für die halben Ferien jede Woche Literaturklassen für Mädchen zu bilden; sie war so freundlich, Rundschreiben zu verschicken und mir ihren Salon für meine ersten Vorlesungen zu überlassen. In einer Woche hatte ich fünfzig Schülerinnen, die mir eine halbe Krone pro Unterrichtsstunde zahlten, und bald verdiente ich zusätzlich zu meinem Gehalt zehn Pfund pro Woche. Ich sparte jeden Penny und erlangte so in einem Jahr finanzielle Unabhängigkeit.

In jeder Krise meines Lebens haben mir gute Freunde geholfen, die mir aus reiner Freundlichkeit geholfen haben, obwohl sie selbst dafür Zeit und Mühe aufwendeten. Smith hat mir in Lawrence geholfen und Mrs. Newton in Brighton aus überschwänglichem menschlichen Mitgefühl.

Zuvor hatte ich einen Mann namens Harold Hamilton kennengelernt, der, glaube ich, der Direktor der London & County Bank in Brighton war. Es amüsierte ihn, wie schnell und regelmäßig mein Guthaben wuchs. Bald vertraute ich ihm meine Pläne und meine Absichten an. Er war voller Mitgefühl. Ich lieh ihm Bücher und seine Tochter Ada besuchte eifrig alle meine Vorlesungen.

Gerade noch rechtzeitig brach der Krieg zwischen Chile und Peru aus: Die chilenischen Anleihen fielen von 90 auf 60: Ich sprach mit Hamilton und versicherte ihm, dass Chile, wenn man es in Ruhe ließe, ganz Südamerika schlagen könnte: Er riet mir, abzuwarten. Etwas später schloss sich Bolivien Peru an und die chilenischen Anleihen fielen auf 43 oder 44. Sofort ging ich zu Hamilton und bat ihn, für alles, was ich besaß, Chilis zu kaufen, mit einem Abstand von drei oder vier. Nach langem Reden tat er, was ich wollte, mit einem Abstand von zehn: Vierzehn Tage später kam die Nachricht vom ersten chilenischen Sieg und die Chilis sprangen auf über 60 und stiegen weiter stetig: Ich verkaufte für über 80 und machte so von meinen ersten fünfhundert Pfund über zweitausend Pfund netto und war zu Weihnachten wieder frei, um mit dem Kopf an den Fall zu denken. Hamilton erzählte mir, dass er meinem Beispiel etwas später gefolgt war, aber mit einer größeren Investition mehr verdient hatte.

Das wichtigste Ereignis in Brighton muss ich nun erzählen. Ich habe bereits in einem Porträt Carlyles, das Austin Harrison vor etwa zwölf Jahren in der „English Review" veröffentlichte, erzählt, wie ich eines Sonntagmorgens meinen Helden Thomas Carlyle in Chelsea besuchte. Ich erzählte dort auch, wie ich ihn an mehr als einem Sonntag auf seinem Morgenspaziergang entlang der Chelsea-Uferpromenade traf und wie er zumindest einmal mit mir über seine Frau sprach und seine Impotenz zugab.

Ich habe in meinem Porträt über ihn nur eine Zusammenfassung einiger Vorträge gegeben, da die Charakterzüge nicht durch Wiederholung gefestigt werden mussten. Doch hier bin ich geneigt, einige Einzelheiten hinzuzufügen, denn alles über Carlyle in seinen besten Zeiten ist von bleibendem Interesse!

Als ich ihm erzählte, wie sehr mich die Lektüre von Emersons Rede vor den Studenten des Dartmouth College berührt hatte und wie sie mich in gewisser Weise dazu gezwungen hatte, meine Anwaltstätigkeit aufzugeben und zum Studium nach Europa zu gehen, fiel er mir aufgeregt ins Wort:

„Ich erinnere mich noch gut daran, meiner Frau genau diese Seite vorgelesen zu haben und zu sagen, dass man seit Schillers Verstummen nichts Vergleichbares mehr an reiner Noblesse gehört habe. Es hatte eine große Kraft ... Und das hat Ihren Lebenswandel in Gang gesetzt ? ... Das wundert mich nicht ... es war ein großer Ruf."

Danach schien Carlyle mich zu mögen. Auch bei unserem letzten Abschied, als ich zum Studium nach Deutschland ging und er mir „Gott schütze dich und alles Gute auf deinem Weg" wünschte, sprach er wieder von Emerson und dem Kummer, den er beim Abschied von ihm empfunden hatte, tiefe, tiefe Trauer und Bedauern, und er fügte hinzu, während er seine Hände auf meine Schultern legte: „Am meisten trauerte es ihn, dass sie sein Gesicht nie mehr sehen sollten." Ich erinnerte mich an die Stelle und rief:

„Oh, Sir, das hätte ich sagen sollen, denn der Verlust ist mein, das unsägliche Unglück ist jetzt mein", und durch meine Tränen sah ich, dass auch seine Augen voller Tränen waren.

Er hatte mir gerade einen Brief an Froude gegeben, „den guten, freundlichen Froude", der mir seiner Überzeugung nach auf jede erdenkliche Weise bei der Vermittlung in eine literarische Position helfen würde, „wenn ich gegangen bin, was höchstwahrscheinlich ist", und zu gegebener Zeit half mir Froude tatsächlich, wie ich an geeigneter Stelle berichten werde.

Mein Porträt von Carlyle wurde von einem Verwandten, Alexander Carlyle, heftig angegriffen, der offenbar glaubte, ich hätte mein Wissen über Carlyles Schwäche aus Froudes Enthüllungen im Jahr 1904 gewonnen. Doch zu meinem Glück erinnerte sich Sir Charles Jessel an ein Abendessen im Garrick Club, das er 1886 oder 1887 gegeben hatte und bei dem sowohl Sir Richard Quain als auch ich anwesend waren. Jessel erinnerte sich deutlich daran, dass ich an diesem Abend die Geschichte von Carlyles Impotenz als Erklärung für die Traurigkeit seines Ehelebens erzählt und dann behauptet hatte, das Geständnis stamme von Carlyle selbst.

Bei diesem Abendessen sagte Sir Richard Quain , er sei Mrs. Carlyles Arzt gewesen und würde mir später genau erzählen, was Mrs. Carlyle ihm gestanden hatte. Hier ist Quains Bericht, wie er ihn mir an diesem Abend in einem Privatzimmer im Garrick gab. Er sagte:

Carlyles befreundet : Er war für mich ein Held, einer der weisesten und besten Menschen: Sie war außergewöhnlich witzig und lebensklug und gefiel mir sogar noch mehr als der Weise. Eines Abends fand ich sie mit großen Schmerzen auf dem Sofa: Als ich sie fragte, wo die Schmerzen seien, deutete sie auf ihren Unterleib und ich vermutete sofort, dass es sich um ein Problem im Zusammenhang mit den Wechseljahren handeln musste.

„Ich bat sie, in ihr Schlafzimmer zu gehen. Ich würde in einer Viertelstunde wiederkommen und sie untersuchen. Dabei versicherte ich ihr, dass ich ihr fast sofort Linderung verschaffen könnte. Sie ging nach oben. Nach etwa zehn Minuten fragte ich ihren Mann, ob er mitkommen würde. Er antwortete mit seinem breitesten schottischen Akzent, der bei ihm immer ein Zeichen von Erregung ist:

„Ich will damit nichts zu tun haben. Ihr müsst das einfach selbst arrangieren "

„Daraufhin ging ich nach oben und klopfte an Mrs. Carlyles Schlafzimmertür: keine Antwort. Ich versuchte hineinzugehen: die Tür war verschlossen und da ich keine Antwort bekam, ging ich verärgert die Treppe hinunter und stürzte aus dem Haus.

„Ich blieb vierzehn Tage lang weg, aber als ich eines Abends zurückkam, war ich entsetzt, als ich sah, wie krank Mrs. Carlyle auf dem Sofa lag und totenbleich war. ‚Ihnen geht es schlechter?', fragte ich.

„Viel schlimmer und schwächer!", antwortete sie.

„Du freches, stures Geschöpf!", rief ich.

„Ich bin Ihr Freund und Ihr Arzt und alles andere als ein Narr. Ich bin sicher, ich kann Sie im Handumdrehen heilen, und Sie möchten lieber leiden. Das ist dumm von Ihnen und schlimmer noch – Kommen Sie jetzt sofort herauf und betrachten Sie mich nur als Ihren Arzt", und ich hob sie halb hoch, halb half ich ihr zur Tür. Ich stützte sie die Treppe hinauf und an der Tür ihres Zimmers sagte sie:

„Geben Sie mir zehn Minuten, Doktor, dann bin ich fertig. Ich verspreche Ihnen, dass ich die Tür nicht wieder abschließen werde."

„Mit dieser Zusicherung wartete ich, klopfte zehn Minuten später an und ging hinein.

„Mrs. Carlyle lag auf dem Bett mit einem wollweißen Schal um Kopf und Gesicht. Ich fand das absurde Affektiertheit bei einer alten verheirateten Frau, also beschloss ich drastische Maßnahmen: Ich schaltete das Licht voll an, dann steckte ich meine Hand unter ihr Kleid und warf es ihr mit einem Ruck direkt über den Kopf. Ich zog ihre Beine auseinander, zog sie an die Bettkante und begann, das Spekulum in ihre Vulva einzuführen: Ich stieß auf ein Hindernis: Ich schaute – und sprang sofort auf: „Na, du bist eine Jungfrau „ intakta " (eine unberührte Jungfrau!), rief ich.

Sie zog den Schal vom Kopf und sagte: „Was hast du erwartet?"

„Alles, nur das", rief ich, „von einer Frau, die seit fünfundzwanzig Jahren verheiratet ist!"

„Ich fand bald die Ursache ihres Leidens und heilte es oder vielmehr beseitigte es: In dieser Nacht schlief sie gut und war wieder ihr altes, fröhliches, rebellisches Selbst, als ich sie am nächsten Tag besuchte.

„Wenig später erzählte sie mir ihre Geschichte.

„Nach der Hochzeit", sagte sie, „war Carlyle seltsam und verstimmt, sehr nervös und reizbar. Als wir das Haus erreichten, aßen wir zu Abend und gegen elf Uhr sagte ich, ich würde zu Bett gehen, da ich ziemlich müde sei: Er nickte und grunzte etwas. Ich legte ihm im Vorbeigehen die Hände auf die Schultern und sagte: ‚Liebling, weißt du, dass du mich den ganzen Tag nicht ein einziges Mal geküsst hast – diesen ganzen Tag!' Und ich beugte mich hinunter und legte meine Wange an seine. Er küsste mich, sagte aber: ‚Du, Frauen küssen immer – ich bin gleich auf!' Ich musste mich damit zufrieden geben, ging nach oben, zog mich aus und legte mich ins Bett: Er hatte mich den ganzen Tag nicht einmal von sich aus geküsst!

„Kurz darauf kam er herauf, zog sich aus und legte sich neben mich ins Bett. Ich erwartete, dass er mich in die Arme nehmen und küssen und streicheln würde.

„‚Nichts dergleichen, er lag da und wackelte wie', („Ich ahnte, was sie meinte", sagte Quain , „der arme Teufel in einem blauen Schlamassel rieb sich, um einen Ständer zu bekommen.") ‚Eine Zeit lang dachte ich', fuhr Mrs. Carlyle fort, ‚in einem Moment wollte ich ihn küssen und streicheln, im nächsten Moment war ich empört. Plötzlich fiel mir auf, dass ich in all meinen Hoffnungen und Vorstellungen von einer Premierennacht nie an die Realität herangekommen war: Schweigend lag der Mann da und wackelte, wackelte. Plötzlich brach ich in Gelächter aus: Es war alles zu erbärmlich! Zu absurd!'

„Sofort stieg er mit einem einzigen verächtlichen Wort ‚Frau Mann!' aus dem Bett und ging ins Nebenzimmer: Er kam nie wieder in mein Bett zurück.

„‚Dennoch ist er einer der besten und edelsten Männer der Welt, und wenn er offener gewesen wäre und mir öfter gesagt hätte, dass er mich liebt, hätte ich ihm jede körperliche Schwäche leicht verzeihen können; Schweigen ist der schlimmste Feind der Liebe, und schließlich hat er mich nie wirklich eifersüchtig gemacht, abgesehen von einer kurzen Zeit mit Lady Ashburnham. Ich glaube, ich war mit ihm so glücklich, wie ich es mit niemandem hätte sein können –'

„Das ist meine Geschichte", sagte Quain abschließend, „und ich mache sie Ihnen zum Geschenk: Selbst in den elysischen Gefilden werde ich mich in der Gesellschaft der Carlyles wohlfühlen . Sie waren ein tolles Paar!"

Nur noch eine Szene. Als ich Carlyle erzählte, dass ich im Jahr etwa 2500 Pfund verdient hatte und ihm außerdem erzählte, dass mir ein Bankier fast die Gewissheit eines großen Vermögens angeboten hatte, wenn ich mit ihm einen bestimmten Kohlekai in Tunbridge Wells kaufte (das war Hamiltons Lieblingsprojekt), war er sehr erstaunt. „Ich möchte wissen", fuhr ich fort, „ ob Sie glauben, dass ich in der Lage sein werde, gute literarische Arbeit zu leisten; wenn ja, werde ich mein Bestes geben. Ansonsten sollte ich Geld verdienen und keine Zeit damit verschwenden, mich zu einem weiteren zweitklassigen Schriftsteller zu machen."

„Das kann Ihnen niemand sagen", sagte Carlyle langsam. „Sie können von Glück reden, wenn Sie es selbst erfahren, bevor Sie sterben! Ich dachte, mein Frederic wäre ein großartiges Werk. Doch neulich sagten Sie, ich hätte ihn unter einem Dutzend Bänden begraben, und Sie könnten Recht haben. Aber habe ich jemals etwas getan, das Bestand haben wird? –"

„Sicher", unterbrach ich sie, zutiefst betrübt über meine Stichelei, „Sicher, Ihre Französische Revolution muss weiterleben und die ‚Helden und die Heldenverehrung' und die ‚Pamphlete der Letzten Tage' und, und –"

„Genug", rief er, „bist du sicher?"

„Ganz, ganz sicher", wiederholte ich. Dann sagte er: „Sie können sich Ihres eigenen Platzes ebenso sicher sein; denn wir alle können die Höhen erreichen, die wir überblicken können."

NACHWORT ZUM ERSTEN BAND MEINER LEBENSGESCHICHTE.

Ich hatte das „Finis" am Ende dieses Buches kaum niedergeschrieben, als sich die darin enthaltenen Fehler, Unterlassungs- und Ausführungsfehler, in Massen häuften und mir die Freude an der Arbeit raubten.

Es wird mindestens sechs oder sieben Jahre dauern, bis ich wissen werde, ob das Buch gut und lebenswert ist oder nicht, und dennoch treibt mich die Notwendigkeit, es sofort zu veröffentlichen.

Brauchte Horaz nicht neun Jahre, um sein Werk zu beurteilen?

Ich möchte daher, dass der Leser meine Absicht kennt; ich möchte ihm sozusagen den Schlüssel zu dieser Kammer meiner Seele geben.

Zuallererst wollte ich die allgemeine Meinung zerstören oder zumindest relativieren, dass die Liebe in der Jugend nur aus Romantik und Idealismus besteht. Alle Meister malen sie gekrönt mit Rosen der Illusion: Julia ist erst vierzehn; Romeo, der seine Liebe verloren hat, lehnt das Leben ab; Goethe folgt Shakespeare in Mignon und Marguerite; sogar der große Humorist Heine und der sogenannte Realist Balzac übernehmen dieselbe Konvention. Für mich jedoch ist dies in Bezug auf den Mann in der Kindheit und frühen Jugend, sagen wir von dreizehn bis zwanzig, absolut unwahr: Der Sexualtrieb, die Fleischeslust waren in mir so überwältigend, dass ich mir nur des Verlangens bewusst war. Wenn der Giftbeutel der Klapperschlange voll ist, schlägt sie nach allem, was sich bewegt, sogar nach Grashalmen; das arme Tier ist geblendet und hat Schmerzen durch das Übermaß . In meiner Jugend war auch ich blind, weil ich zu viel Sperma hatte.

Ich sage oft, dass ich 35 Jahre alt war, bevor ich eine hässliche Frau sah, eine Frau, die ich nicht begehrte. In der frühen Pubertät reizten mich alle Frauen, und alle Mädchen noch mehr.

Im Alter von zwanzig bis dreiundzwanzig begann ich, zwischen geistigen, inneren und seelischen Qualitäten zu unterscheiden. Zu meinem Erstaunen zog ich Kate Lily vor, obwohl Lily bei mir stärkere Gefühle auslöste. Rose erregte mich kaum, doch wusste ich, dass sie von noch seltenerer und feinerer Qualität war als selbst Sophy , die mir als unvergleichliche Bettgenossin erschien.

Von da an zogen mich die Reize von Geist, Herz und Seele mit immer stärkerer Anziehungskraft an und überwältigten die Sinnesfreuden, obwohl plastische Schönheit heute noch genauso viel Faszination auf mich ausübt wie vor fünfzig Jahren. Ich kannte die Illusion der Liebe, den Rosennebel der

Leidenschaft, erst mit siebenundzwanzig, und war jahrelang davon berauscht; aber diese Geschichte wird in meinem zweiten Band behandelt.

Nun, so seltsam es auch klingen mag, meine Lieben, bis ich Amerika verließ, haben mir nur so viel über die Feinheiten der Leidenschaft beigebracht, wie man sie in diesen Staaten allgemein kennt.

Durch Frankreich und Griechenland habe ich gelernt, was Europa alles zu lehren hat; auch dieses tiefere Wissen ist dem zweiten Band vorbehalten, in dem ich erzählen werde, wie ein französisches Mädchen Sophys Kunst ebenso übertraf, wie Sophy Roses naives Nachgeben übertraf.

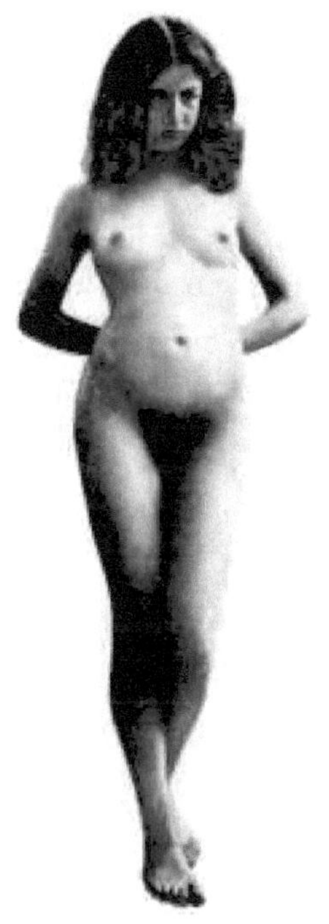

Aber erst als ich über vierzig war und meine zweite Weltreise gemacht hatte, lernte ich in Indien und Burma all die großen Geheimnisse der Sinne und die tiefere Kunstfertigkeit des uralten Orients kennen. Ich hoffe, all das in einem dritten Band zusammen mit meiner Vision der europäischen und der Weltpolitik erzählen zu können. Dann kann ich in einem vierten Band von meinem Gesundheitszusammenbruch erzählen und wie ich ihn wiedererlangte und wie ich eine Perle unter den Frauen fand und von ihr lernte, was Zuneigung wirklich bedeutet, die Schätze der Zärtlichkeit, der Weisheit und der Selbstverleugnung, die die Seele der Frau ausmachen. Vergil kann Dante durch Hölle und Fegefeuer führen: Nur Beatrice kann ihm das Paradies zeigen und ihn zum Göttlichen führen. Nachdem ich die Weisheit der Frauen gelernt hatte – aufzunehmen und nicht zu überlegen –, nachdem ich die unwiderstehliche Macht der Sanftheit und des seelenbezwingenden Mitleids erfahren hatte, kann ich von meinen Anfängen in Literatur und Kunst erzählen und wie ich mich an die Spitze setzte und mit meinen Kollegen zusammenarbeitete und mich an ihren Leistungen erfreute, immer in dem Glauben, dass meine eigenen besser waren. Ohne diese gesegnete Überzeugung hätte ich je die Mühen auf mich nehmen, die Schande ertragen, die Einsamkeit des Gartens ertragen oder das Kreuz meiner eigenen Kreuzigung tragen können. Denn das Leben eines jeden Künstlers beginnt in Freude und Hoffnung und endet im Schatten des Zweifels und der Niederlage und in der Kälte der ewigen Nacht.

In diesen Büchern wie in meinem Leben sollte das Interesse und das Verständnis immer mehr zunehmen: Zuerst werde ich die Ohren der Menschen und ihre Sinne gewinnen, später ihren Verstand und ihr Herz und schließlich ihre Seele. Denn ich werde ihnen all die schönen Dinge zeigen, die ich auf meiner Pilgerreise durch das Leben entdeckt habe, auch all die süßen und liebenswerten Dinge, und werde sie und meine Nachkommen , meine Altersgenossen, deren Schritte ich bereits zu hören scheine, so ermutigen und aufmuntern. Und über Niederlagen, Stürze und Schande werde ich so wenig wie möglich sagen, außer als Warnung. Denn was die Menschen im Leben am meisten brauchen, ist Mut, Mut und liebevolle Güte.

Steht im Buch des Schicksals nicht geschrieben, dass derjenige am meisten erhält, der am meisten gibt? Und gewinnen wir nicht alle, wenn wir die Wahrheit sagen, mehr Liebe, als wir geben? Sind wir nicht alle Schuldner der überfließenden Gaben Gottes?

Frank Harris.

Die Catskills Berge, am 25. August 1922.

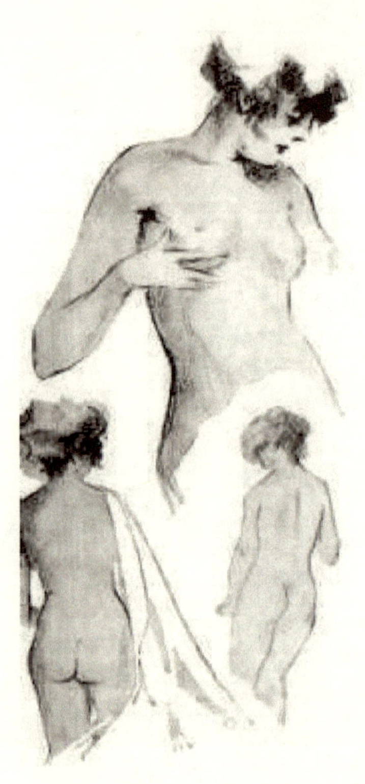